高等职业教育社区管理与服务专业系列教材

民政工作

主　编　徐静春　李光华
副主编　陈　辉
参　编　梁俊华　韩华平　雷建玲　杨颂平
　　　　吴　昆　何秀琴　刘霁雯　吕　露
主　审　黄永红

机械工业出版社

本书为项目教材。开发的理论依据是当代高职教育的前沿课程理论和教育部基于工作过程导向的课程开发指导方针。本教材立足于单项民政工作的探索，既阐述了具体工作的概念、特征、政策辑要、工作方略，又提出问题，重点突出如何创新地去开拓，将实践中行之有效而又有创新意识的各种工作经验进行概括浓缩，具有较强的指导作用。

本书主要面向高职高专和应用型本科院校公共事业大类专业（如社区管理与服务、民政管理、老年服务、家政服务、社会福利等专业）学生，也可作为社会工作师、助理社会工作师、社区管理师、社区管理员、民政系统管理人员、非政府组织（NGO）工作人员等自我进修和提高的参考读物。

为方便教学，本书配备了电子课件等教学资源。凡选用本书作为教材的教师均可登录机械工业出版社教育服务网 www.cmpedu.com 免费下载。如有问题请致电 010-88379375 联系营销人员。

图书在版编目（CIP）数据

民政工作/徐静春，李光华主编. —北京：机械工业出版社，2012.10（2021.7 重印）
高等职业教育社区管理与服务专业系列教材
ISBN 978-7-111-39066-4

Ⅰ. ①民… Ⅱ. ①徐… ②李… Ⅲ. ①民政工作—中国—高等学校—教材
Ⅳ. ①D632

中国版本图书馆 CIP 数据核字（2012）第 145483 号

机械工业出版社（北京市百万庄大街 22 号 邮政编码 100037）
策划编辑：徐春涛 责任编辑：罗子超
封面设计：张 静 责任印制：李 昂

北京捷迅佳彩印刷有限公司印刷

2021 年 7 月第 1 版第 7 次印刷
184mm×260mm · 21.25 印张 · 524 千字
标准书号：ISBN 978-7-111-39066-4
定价：49.80 元

电话服务
客服电话：010-88361066
010-88379833
010-68326294

网络服务
机 工 官 网：www.cmpbook.com
机 工 官 博：weibo.com/cmp1952
金 书 网：www.golden-book.com
机工教育服务网：www.cmpedu.com

序　言

中共十六届六中全会以来，在全党全国上下努力构建社会主义和谐社会的形势下，社区建设被赋予了新的政治内涵、历史任务和时代特点。社区服务深入人心，和谐社区建设成效显著，农村社区建设全面推进。社区建设在中国社会转型、体制转轨、新的社会管理格局构建过程中的地位更加凸显，作用更加重要。随着社区建设的全面深入推进，对工作人员的专业素质要求也日益提高。教材是教学的重要依据，为了适应新形势下基层社区管理与服务专业人才培养需要，我们组织了社区管理与服务专业教育单位有关专家、学者，编写了这套高职高专社区管理与服务专业系列教材。

这套教材内容涵盖了高职社区管理与服务专业主要基本技术课程和专业综合能力课程，准确定位人才培养目标，紧扣该专业人才核心能力，突出应用性、操作性、实践性、技术性，符合高等职业教育的基本规律和特征。

本套教材共 9 本，根据教材所对应课程的特点，分为两种模式进行编写：

（1）项目教材（5 本）　按照任务驱动、项目导向的特征进行编写。这 5 本教材是《社区服务》（王红阳主编，重庆青年职业技术学院）、《社会工作方法》（芮洋主编，重庆城市管理职业学院）、《社会调查方法》（赵淑兰主编，重庆城市管理职业学院）、《社区管理实务》（刘燕主编，长沙民政职业技术学院）、《民政工作》（徐静春主编，武汉民政职业学院）。

（2）改良型的理实结合教材（4 本）　在编写中，我们针对社区管理与服务专业对象的特殊性，深刻理解理论知识的"必需、够用"，准确把握社区管理与服务专业人才理论素养与操作技术需求之间的关系，最大限度地简化知识体系，提炼操作实务，凸显操作性、应用性和技术性，同时涉猎理论亮点，兼顾理论热点，化解理论难点，淡化理论色彩，意在把近期需要与长期发展有机结合，培养学生可持续发展能力。案例导入、相关资料等立体板块的设置，更是为构建理论知识简明平实，操作实务系统扎实的编写风格锦上添花。这 4 本教材是《社会学基础》（钟俊主编，武汉民政职业学院）、《社会保障基础》（张剑主编，中华女子学院山东分院）、《社会心理学基础》（杨珺主编，中华女子学院山东分院）、《社区建设政策与法规》（黄永红主编，重庆城市管理职业学院）。

本套教材不仅具有系统的知识体系，同时还根据编者理解，设计了教学环节相关要素，具体包括案例（文摘）导入、学习目标、要点提示、问题思考、学习重点及本章小结等，意在为教师的教学提供参考；各章之后所设计的各类练习题、案例分析等，目的在于方便学生自主学习；教材之后所配的电子课件等教学资源，目的在于适应现代教育教学的需要。

本套教材的编写得到了机械工业出版社有关领导的高度重视和大力支持；策划编辑徐春涛自始至终负责了教材编写的相关策划、推进、指导工作；重庆城市管理职业学院黄永红教授担任该套系列教材的主审，负责整套教材的人员组织协调、总体策划，方案确定、大纲审定、体例规范，编写风格拟厘及最终审稿工作；各位主编均为全国社区管理与服务专业教学单位的专家骨干，本着高度的责任感和事业心，为该套教材的撰写付出了艰辛的劳动，在此一并表示诚挚谢意。

本套教材不仅针对了高职学生的学习实际，也大量吸纳了当前社区建设工作的新成果、新经验、新信息，既反映了社区建设的实践动态，也对社区建设管理与服务中的实际问题给予了回应，因此不仅可以作为高职社区管理与服务专业学生的专业教材，也可供社区建设一线实际工作者参考阅读之用。当然，限于编者水平和编写时间，不足之处在所难免，敬请业内同仁予以指正。

重庆城市管理职业学院　黄永红

模块一

认识民政工作

项目一 什么是民政工作

项目概述

民政工作源远流长，当前已成为和谐社会建设的重要工作力量。本项目要求学生了解、知悉民政工作，清楚民政工作的任务和内容，探索民政工作的改革与发展趋势，促使学生对民政工作有概貌性了解，培养学生一定的宏观思维能力。

背景介绍

2008年年初，我国南方发生大范围冰冻雪灾，接着发生的“5·12汶川大地震”令举国哀伤。中国幅员辽阔，地理气候条件复杂，自然灾害种类多且发生频繁，除现代火山活动导致的灾害外，几乎所有的自然灾害每年都有发生。灾害发生后，我们的政府该做些什么？由哪个部门来组织救灾呢？日常生活中，你的邻居因失业、家庭成员又患重大疾病而生活困难时怎么办？该找哪个部门寻求救助？办理婚姻登记去哪里？遇到路边遗弃的婴儿该怎么办？各级民政部门代表政府所从事的社会救助、救灾、社会福利、基层社会组织管理、优抚安置、社会事务管理等工作，与人们的生活密不可分，与社会的稳定、和谐、可持续发展息息相关。

任务一　知道什么是民政

任务描述

什么是民政？民政工作到底是干什么的？通过大家日常生活中的所见所闻，通过阅读“孺子牛奖”获得者——民政助理员梁启波同志的事迹，来感知你周围的民政社会管理与公共服务工作，了解民政的起源及民政工作的内涵、性质、特点、功能与宗旨等。

任务实施

（1）请谈谈自己、家人、所在社区与民政的联系，举一个你认为能说明民政是什么的例子。

（2）阅读材料：

用生命奏响爱民长歌

每逢雨季汛期，梁启波常在电闪雷鸣的晚上惊醒。

身为广西壮族自治区玉林市兴业县一名基层民政干部，他在担忧：那些还住在破旧失修的危房里的孤寡老人、困难群众能否挨过一个个暴雨突袭的夜晚？

走上民政工作岗位15年来，孤寡老人、困难群众的困苦忧患一直是他心头的最大牵挂。谁家缺粮少油、谁家缺衣少被、谁家住房属于危房、谁家老人无人赡养、谁家小孩没钱上学……他都一一记录在随身携带的“民情日记”上，一一想办法解决。堆在梁启波办公桌上的52本“民情日记”，摞起来近半米高，15万余字记录了3000多件事，涉及群众超过1.25万人，这是他15年来爱民情怀的最真实记录。

2005年下半年，梁启波的事迹经媒体报道引起巨大的社会反响。直到这时，那些经他扶助、照顾多年的老人和群众才惊讶地知道——原来阿波早患上了鼻咽癌！梁启波先后被评选为全国、自治区、市、县级“优秀共产党员”、“模范基层干部”。2006年10月，国家民政部、人事部联合授予他“孺子牛”奖。这是民政系统的最高荣誉。

在2011年7月挂职县民政局副局长前，梁启波一直是兴业县沙塘镇民政助理。沙塘镇6万多人口中，70岁以上的高龄老人就有3960人，五保户有203人，特困户有428户，军属烈属有384户，这些都是他的工作对象。

众所周知，民政工作十分繁杂，“上管天文地理，下管鸡毛蒜皮”，何况沙塘镇民政办只有梁启波一个“光杆司令”。为避免有所遗漏，他把民政对象的情况统统记录在随身携带的“民情日记”上。随手翻开一本“民情日记”，都会看到诸如此类的记录：1月6日，平塘村覃丙生无收入，送去大米50斤，脚伤残，要多费点心；敬老院的陈英老人摔了一跤，得赶快去看看；张榕村特困户甘海光一家三口的土坯房年久失修，已成危房，尽快想办法解决……一些急、难的问题一直是他脑海中紧绷的弦。

对于民政对象，梁启波向来十分慷慨，又是带头捐款，又是拿钱资助。其实，梁启波一家一直过着清贫拮据的生活。10余年来，经他发放的救灾救济、优抚安置等款物近410万元，救灾粮食28万千克，可他始终滴水不沾，每笔钱、粮都清清楚楚，丝毫不差。

在一则“民情日记”里，他这样鼓励自己：“我要像一支燃烧的蜡烛，要在有限的生命中多为群众做些实事，宁可工作累而故，不可群众怨而离。”

任务引导

民政是以基层社会事务为中心，以广大人民群众为对象，以社会行政事务和基层社会保障为主要内容，以稳定社会、稳定统治秩序、稳定政权为目的的一种社会活动体系。民政由民政事务、民政对象、民政管理统一构成，要民政事务与民政对象切实统一起来，还必须发挥民政管理的作用。只有发挥民政管理的作用，才能使民政事务与民政对象结合起来，并与民政管理统一构成“民政”这一社会活动体系。在不同的社会形态、不同的历史时期，民政具有不同的内涵及不同的社会功能和作用。封建社会和半殖民地半封建社会的民政都是剥削阶级的一种阶级统治工具。社会主义民政是社会主义国家在人民政府的统一领导下，政府与人民结合一体，有组织、有领导地运用各种社会力量，解决社会问题，调节人际关系，发挥社会稳定机制作用的社会活动体系。社会主义民政不再是阶级统治的工具，而是体现人民群众的社会权利、真正为人民群众服务的为民之政。

基础知识

1. 民政的源起

“民政”一词，源远流长，始见于唐末，多见于北宋，演变于南宋，广用于清朝，深化于新中国。据考证，民政工作历史悠久，是最原始、最古老的国家行政管理工作。许多民政业务已有 3000 多年的历史，在西周时期就有地官司徒掌管领土疆域划分、基层行政组织设置、调解民事纠纷、救灾救济等社会行政事务管理。“民政”源于“民事”一词，首见于先秦古籍，如《尚书·商书·甲天下》中就有“无轻民事，惟难”之句。民事在古代泛指民间诸事，民事是民政最早的来源，它涵盖了民政工作最初的内涵和外延。

“民政”首次出现于唐德宗贞元十六年（公元 800 年），有“安民立政”之说，记载于《旧唐书·卷一百五十三·姚南仲传》。北宋时期，民政是与军政相对而言的，基本囊括了全部地方政权工作。《两汉会要》首次系统地列举了民政事务，从而初步形成了民政概念。清朝末年，“预备立宪”时期设置民政部，民政工作内容进一步增加，如地方行政、警政治安、疆里版图、救灾救济、营缮公用、风俗礼教、卫生防疫等。

新中国成立之初，中央设立内务部管理民政事务，内容有很大的调整。随着经济社会的发展，民政的内容又有了新的发展。从 1978 年设立“中华人民共和国民政部”延续至今，民政工作主要涉及基层民主政治建设、社会救助、社会福利、最低生活保障、慈善事业、优抚安置、双拥、老龄、减灾防灾等工作。

2. 民政工作的内涵

历史上民政工作有广义、狭义之分。广义的民政与军政相对应，泛指国家对除军事以外的一切社会事务的管理。狭义的是指国家对一部分社会事务的行政管理，这些事务是以人民群众为对象的。

民政工作是指具体的民政业务和工作，是国家对社会事务行政管理的一个重要内容，承担着解决社会问题、调整社会关系、稳定社会秩序的重要任务。其作用是服务于国家经济和社会进步，在社会管理和建设中发挥调解、稳定、能动的作用。在不同的历史时期，民政内容有所不同，但其本质没有变，都是与人民群众的切身利益密切相关，都是为民之政，在和谐社会建设中发挥着社会“稳定器”和“减压阀”的作用。

3. 民政工作的性质

社会主义制度条件下的民政工作，是人民政府与人民群众紧密结合，充分发挥人民群众民主自治作用的一种社会管理工作。它是政府的一种行政管理工作，具有社会行政管理的属性；它是党和政府紧密同人民群众联系的一种行政性社会工作；它是人民群众民主自治的社会性管理工作。

4. 民政工作的特点

民政工作具有多元性、社会性、群众性和政治性特点。民政工作内容繁杂，各项业务可自成体系，工作中牵涉部门多；民政工作所涉及的社会事务多具有社会性，人们从出生到死亡，各个生活周期都有问题牵涉到民政工作的内容；民政工作的根本工作目的、活动宗旨以及全部活动的出发点和归宿，就是为广大人民群众谋利益，为群众排忧解难。人民群众是民政工作活动的主体，直接参加民政工作，参加民政社会管理，既是民政工作的创造者和建设者，也是民政工作的受益者；民政工作历来具有鲜明的政治特点，民政部门讲政治，要求民政干部坚持正确的政治观点、保持正确的政治方向和政治立场，要求民政工作贯彻执行党的基本路线，围绕中心，服务大局，处理好党和政府与人民群众的关系问题。

5. 民政工作的功能

一是保障基本人权，促进人的发展。通过社会再分配保障了贫困人口、灾民、残疾人、老年人、孤儿等社会弱势群体的基本生存权，通过基层政权和社区建设来实现公民的选举权和被选举权以及参与社会管理的权利，通过对民间组织的管理实现公民的自由结社权。

二是维护社会公平。民政工作的基本对象是社会弱势群体，优抚对象虽然在自身能力上并非社会弱者，但由于转业也就有了生活来源和再社会化的问题。

三是维护社会稳定，促进社会发展。民政工作通过保障基本人权，通过满足人们的基本生活和社会需要，维护了社会公平，促进了人的发展，这就自然发挥了维护社会稳定，促进社会发展的功能。

四是促进社会主义精神文明建设。民政工作是做人的工作，保障了基本人权，它直接面对的是广大人民群众，在工作中必然要体现社会主义精神文明的要求。民政工作所倡导的扶老、助残、恤孤、济困，还有救灾中一方有难、八方支援的精神等也是精神文明建设的直接体现。

6. 民政工作的宗旨

民政工作的宗旨从最初的“上为国家分忧，下为百姓解愁”，到第十一次全国民政会议确定的“三个服务”(为广大人民群众服务，为最需要帮助的困难群众服务，为改革发展稳定的大局服务)，都是适应不同历史发展时期和形势要求的理论概括。2004 年，全国民政厅（局）长会议上，原民政部部长李学举将民政工作宗旨提炼为“以民为本，为民解困”。2006 年，第十二次全国民政会议在“以民为本，为民解困”的基础上增加了“为民服务”。“以民为本，为民解困，为民服务”更加全面地体现了民政工作的本质特征，是党和政府重点关注、感情所系，也是民政工作职责所在、使命所系，是对民政部门践行“三个代表”重要思想、实践科学发展观、构建社会主义和谐社会的具体要求，是指导各级民政部门与时俱进、推进民政事业全面协调发展的行动纲领。

案例阅读

民政部追授陈声伟“孺子牛奖”

经民政部决定，追授衡南县民政局原局长陈声伟同志“孺子牛奖”。

陈声伟同志2003年1月任衡南县民政局局长、党组副书记。担任县民政局局长7年多，他时刻牢记全心全意为人民服务的宗旨，处处以一个优秀共产党员的标准严格要求自己，自觉践行“以民为本、为民解困、为民服务”的民政工作理念，即使在身患重病的情况下，仍然坚守岗位，千方百计为困难群众排忧解难，把党和政府的关怀送到困难群众手中，用一生谱写了勤廉为民的动人篇章，得到了当地干部群众的衷心爱戴。2010年3月19日，陈声伟同志因积劳成疾，突发肝脏昏迷性病变，病逝在工作岗位上。

【思考】你从“孺子牛奖”获得者陈声伟的身上看到了什么？

任务二 熟悉民政工作主要内容

任务描述

在不同的历史时期，民政工作的任务内容各有不同，伴随经济社会的发展，民政工作也因应社会建设的需要而变化。比如，20世纪90年代初开展的农村养老保险到21世纪初划转到当时的劳动保障部门，同时又增加了指导社区建设、老龄工作、民办非企业登记和管理等工作。但是变中有恒，民政工作为民之政的性质没变。试通过搜索民政部门的职责，概括总结其主要工作内容。

任务实施

中华人民共和国民政部主要职责

（1）拟订民政事业发展规划和方针政策，起草有关法律法规草案，制定部门规章，并组织实施和监督检查。

（2）承担依法对社会团体、基金会、民办非企业单位进行登记管理和监察责任。

（3）拟订优抚政策、标准和办法，拟订退役士兵、复员干部、军队离退休干部和军队无军籍退休退职职工安置政策及计划，拟订烈士褒扬办法，组织和指导拥军优属工作，承担全国拥军优属、拥政爱民工作领导小组的有关具体工作。

（4）拟订救灾工作政策，负责组织、协调救灾工作，组织自然灾害救助应急体系建设，负责组织核查并统一发布灾情，管理、分配中央救灾款物并监督使用，组织、指导救灾捐赠，承担国家减灾委员会具体工作。

（5）牵头拟订社会救助规划、政策和标准，健全城乡社会救助体系，负责城乡居民最低生活保障、医疗救助、临时救助、生活无着人员救助工作。

（6）拟订行政区划管理政策和行政区域界线、地名管理办法，负责县级以上行政区域的设立、命名、变更和政府驻地迁移的审核工作，组织、指导省县级行政区域界线的勘定和管理工作，负责重要自然地理实体以及国际公有领域、天体地理实体的命名、更名的审核工作。

（7）拟订城乡基层群众自治建设和社区建设政策，指导社区服务体系建设，提出加强和改进城乡基层政权建设的建议，推动基层民主政治建设。

（8）拟订社会福利事业发展规划、政策和标准，拟订社会福利机构管理办法和福利彩票发行管理办法，组织拟订促进慈善事业的政策，组织、指导社会捐助工作，指导老年人、孤儿和残疾人等特殊群体权益保障工作。

（9）拟订婚姻管理、殡葬管理和儿童收养的政策，负责推进婚俗和殡葬改革，指导婚姻、殡葬、收养、救助服务机构管理工作。

（10）会同有关部门按规定拟订社会工作发展规划、政策和职业规范，推进社会工作人才队伍建设和相关志愿者队伍建设。

（11）负责相关国际交流与合作工作，参与拟订在华国际难民管理办法，会同有关部门负责在华国际难民的临时安置和遣返事宜。

（12）承办国务院交办的其他事项。

任务引导

（1）有人说民政服务的对象就是最可爱的人（部队官兵）、最困难的人（弱势群体）、最可怜的人（流浪、乞讨人员）、最悲伤的人（失去亲人的丧属）和最幸福的人（结婚登记对象），你认为这样概括全面吗？

（2）结合你家乡民政部门的特点，谈谈你印象最深刻的民政工作内容。

（3）2006年11月23日，第十二次全国民政会议在北京举行。中共中央政治局常委、国务院总理温家宝会见与会代表并讲话，强调民政工作关乎千家万户，关乎亿万群众。各级民政干部都要做一个有心的人，用心了解社情民意；做一个心重的人，把群众的事情看得比泰山还重；做一个心诚的人，诚心诚意帮助群众解决困难，为群众服务。谈谈你怎样理解总理的讲话精神。

基础知识

1．民政工作内容的学说

（1）“三个一部分”说　1983年，时任民政部部长的崔乃夫提出了“三个一部分”的说法。关于民政工作的历史，他认为“民政作为一种思想和一些工作（如优抚、救灾），历史是很长的；但作为一个独立行政机构，历史是短暂的，是近代产生的”。关于民政工作的任务，他认为“民政部的任务有九类，十几个方面”，“可以说基本上是社会行政工作”，如果把这些方面进行一次归纳，可以划分为“三个一部分”，即政权建设的一部分、社会保障的一部分、行政管理的一部分（包括行政区划、社会团体、结婚登记、殡葬改革）。

（2）“四个方面”说　1998年国务院机构改革以后，时任民政部部长多吉才让首次提出“四个方面”的说法，并系统地回答了关于民政工作的职能定位等一系列重要理论问题。四个方面的内容为：一是以行政区划管理、省县边界管理、地名管理、社团管理、民办非企业单位管理、婚姻管理、殡葬管理、收养管理、流浪乞讨救助管理等为主要内容的社会事务管理方面的工作；二是以乡镇、街道政权的规范化建设和村委会、居委会等群众性自治组织建设为主要内容的基层民主政治建设方面的工作；三是以拥军优属、优待抚恤、烈士褒扬、安置退役战士和军队离退休干部等为主要内容的为军队和国防建设服务方面的工作；四是以为城乡贫困户、鳏寡孤独、老弱病残、灾民难民、流浪乞讨人员实施救助，以及为老年人、残疾人等社会群体提供福利服务为主要内容的社会救助和社会福利方面的工作。

（3）“五大或六大体系”说 2004 年南京就提出要构建民政工作的六大体系，即构建以低保制度为基础的社会救济救助体系，以民主自治为核心的社区工作体系，以优抚安置为重点的双拥工作体系，以居家为基础、社区为抓手、机构为补充的社会养老体系，以民间组织培育发展与管理为重点的社会成员利益诉求网络体系，以及以科学考评制度为重点的民政工作运作体系。同时，也有的学者提出五大体系，即积极构建有效的社会救助体系、完善的基层民主政治体系、优质的社会福利体系、有力的优抚安置保障体系和规范的专项社会事务管理体系。

（4）“大民政”说 20 世纪末，上海市首先提出建立“大民政”管理格局的理念。所谓“大民政”就是以社区为载体，全面整合各项与人的发展和社会发展相关的政府、社会、个人的所有行政性、服务性、自助性社会工作，建构一张既包括传统民政业务又协调各部门相关工作，既覆盖全体市民又连接家庭、单位和社会保障，既符合中国文化和中国人的心理特征又具有鲜明时代特征的社会安全网络。其管理框架主要包括五个方面，即社区创新、福利发展、中介培育、健全保障和居民自治，其运行机制为“民政主导、各方配合、依托社区、中介运作、群众参与”。2009 年全国民政工作年中分析会认为，北京市“大民政”、“大民生”、“大保障”的措施，推动了民政事业向更深、更广、更宽的领域发展，实现了民生事业的统筹发展、民生问题的整体解决，北京的经验在全国有重要的宣传推广价值。

1）覆盖范围宽。做到了社会救助无盲点，社会福利服务适度普惠，特别是城乡所有老年人都能享受到多种形式的社会优待，城乡所有无保障老年居民都能享受到福利养老金。

2）涉及领域广。主要包括资助农村贫困人口参加新型农村合作医疗和新型农村养老保险，资助城乡贫困家庭参加“一老一小”大病医疗保险；为优抚对象和社会救助对象翻建住房，为无保障老年人发放居家养老服务券；提高孤残儿童养育标准，设立专款解决其成年后的住房、就业和社保问题；建设公益性公墓，为农民和城镇失业人员普遍发放丧葬费补助，惠及百姓生活的方方面面。

3）投入力度大。全市公共财政不断向保障和改善民生方面倾斜，把保障好老年人、困难群体、优抚对象、儿童生活作为重点，不断提高保障标准、大幅增加财政投入。

4）配套衔接强。加强了社会救助、社会福利、优抚安置和慈善事业等方面政策的有机整合和城乡统筹，促进了民政与卫生、教育、住房和人力资源等部门相关政策的配套衔接。

5）机制模式新。通过落实税收优惠政策和实施财政补贴政策，吸引和扩大社会力量参与民政服务；建立了慈善组织行业自律机制，创新了社区管理和服务模式，有效提高了为民服务的质量和效率。

2. 民政工作的对象

民政工作的对象是民政工作活动领域中所涉及的人、财、物、事的统称，包括主体对象、物质对象和抽象对象。

（1）主体对象　主体对象就是人，具体可划分为三类。

1）直接对象与间接对象。前者是指民政工作中的直接当事人，如结婚登记的男女婚姻当事人、安置退伍的退伍军人本人。后者是指与直接对象关系极其密切的相关亲属等人员。

2）比较稳定、定型的对象与不稳定、不定型的对象。前者是指长期相对稳定的优待抚恤的烈军属、荣誉军人和社会给予保障的五保户等。后者主要指抢险急救的灾民，临时补助、救济、扶持的户与人等。

3）普遍性、全民性的对象与局部性、专项性的对象。前者主要指基层政权与社区建设中的城乡居民、村民和移风易俗、殡葬改革、社区建设等全社会性改革活动的全民参与。后者主要是指优抚对象、救济对象、扶贫对象、五保对象、社区服务对象、社会救助对象、安置对象、扶持对象、培训对象、教育对象等。

（2）物质对象　物质对象包括救灾物资、社会福利基金、有奖募捐款、福利产品、民政事业费等财物。

（3）抽象对象　抽象对象包括民政理论、民政教育、民政思想研究等内容。民政工作的对象具有可变性，包括三层内涵：一是指具体到人、到户的民政工作对象，某些人与户是不断变化的，为个体变化；二是指在一定环境、条件下形成，又在一定环境、条件下改变了的民政工作对象群体，为群体变化；三是指不同历史时期、不同条件下，民政工作对象会发生部分的社会性变化。

案例阅读

在历次国务院机构改革中，民政部都是保留单位，其基本职能一直没有改变，“上为中央分忧，下为百姓解愁”的宗旨没有改变，社会稳定机制的作用没有改变，发展社会主义民主、维护社会主义法制、改善优抚救济对象的生活、促进国防建设、移风易俗、建立新型的社会主义人际关系的功能没有改变。特别是在建立社会主义市场经济的过程中，民政部门通过对社会收入的再分配，在帮助社会弱势群体解决生活困难、化解社会矛盾方面，发挥着越来越重要的作用。1988 年和 1993 年国务院两次机构改革都确定“民政部是国务院主管社会行政事务的职能部门”，1998 年的职能定位除了规定民政部是主管社会行政事务的政府职能部门之外，还在政府部门序列上将民政部列入“国家政务部门”，这表明民政部门行政管理职能有进一步强化的趋势。

目前，中华人民共和国民政部内设机构：办公厅、政策法规司、民间组织管理局、优抚安置局、救灾司、社会救助司、基层政权和社区建设司、区划地名司、社会福利和慈善事业促进司、社会事务司、规划财务司、国际合作司、人事司（社会工作司）、监察局、离退休干部局。

部属单位：机关服务中心、民政部干部管理学院、民政部政策研究中心、中国社会新闻出版总社、中国福利彩票发行管理中心、民政部地名研究所、中国收养中心、民政部社会福利中心、民间组织服务中心、中国老年报社、国家减灾中心、民政部信息中心、国家康复辅

基础知识

1．民政工作改革的基本原则

（1）以民为本、服务全局　紧紧围绕国家经济和社会发展全局，把解决关系人民群众切身利益的根本问题作为推进各项民政事业的出发点和落脚点，优先发展与困难群众生活密切相关的民政事业。加强社会建设和管理，提高公共服务水平，服务国防和军队建设，促进社会公平，维护社会稳定。

（2）政府主导、社会参与　进一步坚持和发挥各级政府在民政事业发展中的主导作用，完善以公共财政为主渠道的民政事业资金投入机制。组织和动员社会力量，充分利用各种社会资源，推进民政事业的健康发展。

（3）求真务实、改革创新　适应经济和社会发展水平，兼顾需要和可能，加大改革力度，学习和借鉴国外经验，创新发展模式，健全管理体制，完善运行机制，形成更加开放、更具活力的民政事业发展的新局面。

（4）统筹兼顾、分类指导　坚持城乡、区域协调发展，积极支持农村、中西部和贫困地区民政事业的发展。因地制宜，分类指导，科学规划和部署各项民政事业。

2．民政工作改革的政策措施

（1）健全民政事业管理体制和运行机制　将民政事业纳入各级政府国民经济和社会发展规划，列入政府重要议事日程和考核内容，明确相关部门和人员的任务与职责，精心组织规划的实施，确保规划目标和任务的完成。深化民政事业单位体制改革，创新管理理念。实行政事分开、管办分离，认真履行政府职责，充分发挥社会力量和市场配置资源的基础性作用。引入竞争机制，引导基层自治组织、民间组织以及企业和事业单位进入与民政相关的社会公共服务领域，提高供给能力和水平。推进事业单位分类管理，按照任务的公益性程度及营利和非营利性质，实施不同的经济政策、管理方式和运行模式，建立有效的激励和约束机制。

（2）加大民政事业资金投入　建立健全以国家财政为主的多渠道、多形式、多层次的民政事业发展资金筹措机制，逐步提高民政事业经费在国家公共财政预算中的比例，确保优抚对象和困难群众的基本生活。加强民政基础服务设施建设，切实解决各级民政工作经费短缺问题。大力发展社会慈善事业，鼓励民间资本和外资依法进入社会福利服务领域。制定优惠政策，充分动员社会力量，整合社会资源，拓展筹资渠道。

（3）完善民政法律法规体系　按照加强社会管理和提高公共服务水平的要求，加快民政法律法规建设步伐。制定《社会救助法》、《慈善事业法》、《民间组织法》、《军人抚恤优待法》、《退役士兵安置法》、《灾害援助条例》、《行政区划管理条例》、《双拥工作条例》和《社会工作者条例》。修订《居民委员会组织法》、《村民委员会组织法》和《民办非企业单位登记管理暂行条例》、《城市居民最低生活保障条例》、《革命烈士褒扬条例》、《殡葬管理条例》和《地名管理条例》等法律法规，及时清理和修订规范性文件。严格依法行政，推进政务公开，完善执法监督措施和办法，健全行政执法责任制和行政执法过错追究制。推进民政“五五”普法工作，提高依法管理行政事务和社会公共事务的能力。

（4）加强民政机构和队伍建设　加强民政机构和队伍建设，充实各级特别是基层民政部门的工作力量，改善工作环境和依法行政的条件。积极开展各类培训工作，不断提高民政干部的知识水平和开拓创新、依法行政、协调配合以及做群众工作等方面的能力，形成一支政治坚定、业务精通、作风优良的民政干部队伍。推进民政企业、事业单位人事制度改革，加强民政专业技术和高技能人才队伍建设，实施民政专业技术人员和职业技能人员职业资格认证制度。实施社会工作者职业水平评价制度，推进社会工作专业教育培训、岗位开发和资格认证等工作。培育和发展社会服务机构，探索和建立政府购买社会工作者服务的机制，加快社会工作者队伍和志愿者队伍建设。

（5）加强民政科技和标准化建设　深化民政科研管理体制改革，整合民政科技资源，推进民政科技基础平台和重点实验室建设，建立健全现代科研机构管理制度，加强康复辅具、殡葬等民政特殊行业技术研究与开发，提升民政软科学研究水平，提高民政工作的科技含量，增强民政事业发展的科技支撑能力和整体创新能力。建立健全民政标准化体系，制定认证、认可、检验、合格评定等实施办法，规范民政行业管理和服务。

案例阅读

省政府与民政部签署协议　共同推进皖江示范区民政工作改革发展

2010年9月10号下午，民政部与安徽省政府在合肥签署共同推进皖江城市带承接产业转移示范区民政事业改革发展协议。民政部部长李立国、安徽省委书记张宝顺和省长王三运出席签字仪式。

签字仪式前，李立国与张宝顺、王三运等进行了会谈。张宝顺代表省委、省政府对民政部长期以来给予安徽工作的关心支持表示感谢，并简要介绍了全省经济社会发展情况。他说，近几年来，安徽省委、省政府深入贯彻落实科学发展观，坚持“以民为本、为民解困、为民服务”的宗旨，扎实推进民政事业发展，社会救助制度逐步完善，救灾应急体系不断健全，基层民主政治建设扎实推进，社会组织管理创新步伐加快，双拥创建活动深入开展，社会福利社会化加快推进，各项工作取得了新的成绩，在调节社会利益、化解社会矛盾、促进社会公平、增进社会和谐等方面发挥了重要作用。

张宝顺指出，这次部省合作协议的签署，必将对皖江示范区的建设发展产生积极推动作用。安徽省将以此为契机，深入推进民政工作改革创新，努力把皖江示范区打造成为现代民政事业发展的先行区、创新区，推动全省民政事业又好又快发展。

李立国说，民政部与安徽省签署共同推进皖江示范区民政事业改革发展协议，是加强部省合作、支持示范区建设发展的实际行动，也是发挥示范区先行先试作用、推动全国民政事业创新发展的有益尝试。

会见结束后，李立国、王三运分别代表双方签署了《民政部与安徽省人民政府共同推进皖江城市带承接产业转移示范区民政工作改革发展协议》。协议主要内容包括：进一步推进社会组织改革与发展，深化社区建设和基层管理与服务体制改革，建立现代社会工作制度，探索建立普惠型社会福利制度，加快健全救灾救助体系，建立完善拥军优抚安置服务体系，做好行政区划和行政管理体制改革等相关工作。

【思考】皖江示范区的意义何在？

工作与社会工作的异同。

任务实施

1. 民政工作和社会工作具有本质的相同性

（1）从民政工作和社会工作的使命来看，两者是相同的。民政工作是从“以人为本”的价值观出发，遵循“以民为本，为民解困，为民服务”的理念开展工作。社会工作也是从“以人为本”的价值观出发提供社会服务。无论在民政工作还是在社会工作中，工作者都注意到被服务对象的价值和需要。

（2）从服务对象和工作内容上看，两者都是为困难群体、弱势群体、特殊群体等有服务需要的群体提供福利服务。

（3）从工作内容和方法来看，两者都以服务为手段开展助人活动。

（4）从服务功能上看，两者都有助人的功能。民政工作和社会工作没有本质的区别，所以雷洁琼曾精辟地说：“民政工作是中国特色的社会工作。”

2. 民政工作和社会工作有着明显的不同点

（1）从服务理念看，民政工作代表党和政府依法行政，依法服务。社会工作遵循“助人自助”、“平等”、“尊重”、“接纳”、“案主自决”等专业伦理，更强调与服务对象的地位平等，使服务对象能够自立自强。

（2）从服务内容看，民政部门还有大量其他社会事务，如民间组织管理、行政区划管理、婚姻登记、殡葬等社会管理职能，社会工作主要是为服务对象提供专业服务。

（3）从服务方式看，现阶段我国的民政工作主要是对不同对象施以不同帮助：对受灾对象和低保户、特困户、优抚对象等，主要是给钱给物，即救济型助人；对集中供养的城市“三无对象”和农村“五保户”提供生活护理服务，即服务型助人。而社会工作主要是用个案工作、小组工作、社区工作、社会福利行政等专业方法进行服务型助人。

（4）从服务功能看，目前我国民政工作多侧重于救济性、保障性功能，而国际流行的社会工作则多侧重于福利性、服务性功能。

（5）在“主体”和“应用”上的关系不同，即民政工作（包括本土的工青妇等部门团体开展的各类社会福利服务工作）是主体，是业务领域，当人们说起民政工作的时候，首先想到的是社会福利、社会救助、优抚安置、社区建设等业务领域；而社会工作是一门专业，是人们从长期社会服务实践中总结、提炼并不断丰富、发展的专业操守、理论和方法，是一门实务性很强的专业技术，当人们说起社会工作时，首先想到的是个案工作、小组工作、社区工作等专业理论和方法，而不是主要工作领域。

任务引导

（1）有人说民政工作和社会工作是包含与被包含的关系，谈谈你的看法。

（2）有人认为现代社会工作是民政工作专业化的有力支撑，谈谈你的看法。

帮邓××把房子维修好。为了让邓××能够有一份收入、改善家庭生活情况，罗小琴与县恒通出租车公司联系，安排邓××到恒通公司当仓库保管员，同时发挥社会支持网络的作用，发动邻居、亲友照顾盲人妻子，解决他的后顾之忧。

万载县是全国双拥模范县，优抚安置是双拥工作的重要方面，罗小琴同样运用社会工作理念来强化服务。特别在退役士兵开发使用上，她运用社会工作地区发展模式，引导退役士兵建立各种种植和养殖基地，创办了猛辉村、里泉村退伍军人农村经济发展协会，建立了蔬菜栽培示范基地。目前，协会建立蔬菜、林木生产示范基地 2 个，会员有 43 人，新技术示范户 18 户，为全街道退伍军人搭建了学习农业、林业技术的平台。通过会员带动示范，辐射受益群众达 200 多户。

康乐街道敬老院原来的旧院院务管理较为落后，服务水平相对低下。2007 年，新院建成后，罗小琴引导管理人员做好社会工作这篇文章，运用社会工作中个案、小组、社区工作方法，加强服务管理：开展了以“相亲相爱一家人”为主题的“认干亲”、“手拉手”等系列活动；出台了《院办经济发展方案》，创办了鸡、鸭、猪养殖场等。敬老院的这些建设和管理，让老人们由过去的脸上难见笑、嘴里埋怨叫、除了吃饭就睡觉、生活枯燥又单调，变成了现在的脸上常露笑、嘴里歌声亮、天天把操跳、生活再也不单调，享受到了晚年的幸福生活。

罗小琴在做社区工作时，同样运用了社会工作理念、方法和技巧，着重做好社会工作实务。康乐街道是全省和谐社区示范街道，为了创出自己的特色，罗小琴带领工作人员在丰富社区文化生活方面通过帮助居民组建舞剑队、太极队、腰鼓队，开展书法、合唱、跳舞等比赛活动，极大地丰富了居民生活，大大提高了社区的文明度与和谐度；同时在化解社区居民矛盾、提高居民生活质量等方面，罗小琴根据社区居民生活特点、个人特长组建了社会工作协会百合艺术团等多个团体，现在各艺术团人员越来越多，活动越来越频繁、越来越红火。在社区，她先后组织实施维稳个案、小组和社区方案 100 多个，调处矛盾纠纷 24 例，有效熄访 20 多起，为促进社区和谐发展作出了积极的贡献。

在运用社会工作理念做好民政工作的同时，罗小琴还用社会工作的方法和技巧来帮助社区的特殊困难群体。比如，针对社区中的重症患者，把他们组织起来，建立彼此之间的支援网络，组织他们开展各种小组活动，疏解患病的冲击和压力，降低自卑自怜心理，加强他们之间的交流与沟通，使他们树立战胜病魔的信心和勇气，增强生活适应力，重拾生命斗志。

北门社区烈属杨××，属于二级残疾，唯一的女儿也意外死亡，外甥又患精神疾病，一个个打击令她几乎崩溃：情绪异常暴躁，心理极度不平衡，不断地上访。罗小琴了解到她的现实情况后，就主动上门对她进行心理疏导和精神慰藉。从帮她解决实际困难入手，一边为她的外甥积极联系精神病医院免费治疗，一边联系社工与她结对帮扶，让她感受社会的温暖、人间的真情。

四年来，罗小琴作为一个民政人，一个踏踏实实的民政人，一个社会工作理念方法的践行者，在工作理念上，将社会工作的价值伦理内化到日常工作中，进一步强化了“以民为本、为民解困、为民服务”的宗旨意识，密切了与群众之间的关系；在工作方法上，将社会工作专业技巧融入民政工作中，使民政工作进一步规范化、专业化、标准化，服务质量和工作效率得到提高，使群众对她的工作越来越认同，满意度越来越高。她在平凡的岗位上发光发热，先后获得“感动万载十佳诚信人”、全市基层低保规范化建设先进个人、优秀县人大代表等荣誉称号。她运用社会工作的理念方法从事民政工作，为更多的民政对象提供更优质的服务。

任务引导

（1）了解全国民政部门社会工作试点情况。

（2）搜索资料并调查了解你家乡所在地的民政部门设置社会工作岗位的情况。

基础知识

在民政工作中引入社会工作既不是一种形式，也不是另辟一块独立的业务，而是把社会工作的理念方法引入到既有的业务中去，更新服务理念，充实业务内涵，提高服务水平。在此，提高认识是基础，没有真正提高对社会工作的认识，就不可能真正在业务服务领域引入社会工作。

（1）要对民政业务、民政范围的服务队伍进行专业教育和培训　既然认识到民政工作社会工作化的必要性和重要性，认识到社会工作是民政业务的核心和基础专业，在具体服务中起着主导、策划、组织、协调和推动实施的作用，就需要组织所有民政服务队伍，进行社会工作专业价值观、知识、方法的培训，让所有民政工作人员掌握社会工作理念和基本方法，并能灵活运用到实际工作中去。

（2）要研究设置专职社会工作岗位　在我国，目前各类提供公益性社会服务的事业单位是主要载体，引入社会工作的主要标志和重要结果，就是在各类提供社会服务功能的事业单位中研究设置专职社会工作岗位并纳入专业技术岗位管理。要研究制定专职社工岗位的岗位名称、专业级别、结构比例、工作范围、职责、从业人员资质要求等规范，并通过培训现有工作人员和吸引社会工作专业大学毕业生积极参加全国助理社会工作师、社会工作师职业水平考试，引导大家从事专业社会工作。

（3）要勇于试点探索，大力发展民办非营利专业社会服务机构　随着经济的不断发展和人民生活水平的不断提高，人们对专业社会服务的要求也越来越多样化。作为政府提供社会福利和社会救助、从事专项社会事务的职能部门，民政部门的责任必然越来越重、任务必然越来越多，但又不可能大包大揽。所以，必须进一步深化社会福利社会化的改革，建立起符合社会主义市场经济要求的社会管理体制，明确政府职能部门和社会服务机构各自在提供专业社会服务方面的职能、职责与权限。一方面，强化民政部门依法行政的行政职能，弱化并逐渐退出具体的社会服务工作领域；另一方面，制定鼓励扶持和规范发展的政策，促进民办专业社会工作机构的发展，并加强管理与监督，使之更好地满足人民生活的需要。

案例阅读

宜昌市第二福利院开展“晴天小组”社工小组活动

宜昌市第二福利院始终把提高服务质量作为工作的重心，与此同时对服务对象进行亲情人文关怀服务，开展社工活动。该院充分发挥武汉民政职业学院三位实习生的特长，继“智力障碍互助成长小组”活动之后，在服务对象当中又开展了名为“晴天小组”的社工小组活动，优化了该院的社会工作服务体系，充实了该院的细微化服务。

2010 年 11 月 10 日上午，以“Hi！你好！”为主题的第一小节小组活动在该院图书阅览室正式开展。活动小组成员包括社工人员和服务对象在内共 15 人，所针对的服务对象主要是有自闭倾向的精神分裂症患者和刚入院的服务对象。活动包括组员之间进行自我介绍、签订小组契约、小组游戏——按摩操、小组分享和布置作业等环节，每一个步骤都严格按照小组计划进行，运用专业的社会工作理念，充分尊重每一位小组成员，并对于积极踊跃发言和表现较佳的小组成员给予饼干、糖果和香烟等物质奖励。整个活动过程中，大家始终热情高涨，所有的小组成员在轻松愉快的氛围之中充分地展现了自我。

此小节活动在该院党支部书记、院长骆德智的关注和大力支持下，取得了圆满的成功，达到了预期的效果。该院服务工作人员在参与了活动之后，纷纷感慨：他们大多数都是久治不愈的精神病患者，在小组活动中能够表现自如，并通过活动肯定了自我和认识了他人，还了解和学习了人际交往规则，体验到了人际交往的乐趣，真好！

该院将在今后的工作中不断运用社工理念来指导服务，鼓励服务对象增强与他人的沟通与交流能力，增强他们的自信心，增加他们对该院的归属感，并继续优化和完善社会工作服务项目，切实做到“创一流服务水平，树一流窗口形象”。

（本案例由武汉民政职业学院社工 0081 班曹×、邓×、陈×同学根据在宜昌市第二社会福利院实习情况整理）

【思考】“晴天小组”社工小组活动的意义何在？

拓展训练

阅读题

专业社工时代到来，如何运用社工理念使民政工作更加专业化、职业化、规范化，是所有民政人面临的共同课题。阅读全国部分省市区民政厅（局）长对未来社会工作发展和走向的看法，巩固所学知识。

扎实推进首都社会工作

北京市民政局党委书记、局长　吴世民

党的十六届六中全会将“建设宏大的社会工作人才队伍”作为构建社会主义和谐社会的重要人才支撑首次提出，党的十七大又进一步提出了经济建设、政治建设、文化建设和社会建设“四位一体”的全面建设和谐社会的统筹发展理论。这充分体现了党和政府对目前经济社会发展阶段的任务的准确把握和对发展社会工作重要性和紧迫性的深刻认识。民政部门作为社会建设的主要部门，在构建和谐社会中承担着重要的基础性作用，应该也必须结合自己的职能全面推进社会建设。

当前和今后一个时期，首都民政将以广阔的视野、全新的理念、扎实的作风全面加强社会工作：一是解放思想、振奋精神，运用社会工作理念创新管理体制、运行机制，不断提高社会管理和公共服务能力；二是加强社区和社会组织建设，打造发展社会工作的基础平台；

三是建立完善教育培养、使用管理的人才激励机制体系，使社工人才队伍建设步入规范化轨道；四是加强社会工作前沿理论研究，积极探索发展规律，不断开创社会工作新局面，为构建和谐社会、首善之区作出应有的贡献。

以提升社工实务能力为核心　加快推进上海社会工作发展

上海市民政局党委书记、局长　马伊里

社会工作将在我国社会建设中发挥重要作用，切实提升社工的实务能力迫在眉睫。在民政部的关心指导下，10 年前，上海开始在多领域探索基层社会工作实务，除了在福利保障、教育辅导、医疗卫生、司法矫治等基本领域开展社会工作外，还尝试结合国情市情在人口计生、民族宗教、社区党务、学生辅导、救灾援助、哀伤服务、社会重大应急事件等方面开展社工介入。特别是今年以来，在抗击雨雪冰冻灾害、组织清明祭扫和汶川地震灾后重建等工作中，连续组织上海社工开展专业服务，使上海社工的实务能力得到快速提高，同时受到各方面的广泛关注和好评。应该说，社工职业化、专业化发展的生命线在于能否确立起这一专业与职业的权威。其中，最核心的就是他们的实务能力。这种实务能力，包括专业理念和专业技巧的运用、职业精神的传承、专业伦理的坚持、团队文化的形成以及管理非营利机构的基本能力等。我们要从一开始就鼓励社工到基层去，到第一线去。我们的政策应该向第一线社工倾斜。

社会工作实践在中国还只是刚刚起步，历史决定了这一代社会工作者是赋有开拓使命的一代，是艰苦奋斗的一代。我们将以提升社工实务能力为核心，加快推进上海社会工作发展和人才队伍建设。

政府推动　民间运作　推动深圳社工建设

深圳市民政局党组书记、局长　刘润华

2007 年以来，在中组部、民政部等中央部委的大力支持和推动下，深圳市把社会工作作为强化政府公共服务、增进民生福利、建设和谐社会的重要举措予以大力推进。市委、市政府出台了社会工作“1+7”文件，健全了社会工作的管理体制，建立了以公共财政支持为主体的社会工作资金支持体系，开展了广泛深入的宣传培训，培育发展了一批公益性民间组织，开发了 500 多个社会工作岗位，在各相关领域开展社工服务。

总体上看，经过一年多的努力，深圳社会工作虽然仍处在起步阶段，但已经取得了明显的成绩，呈现出良好的发展态势，得到了社会各界的关注和认同，以“政府推动、民间运作”为根本特征的深圳社会工作体系的基本架构已经初步成形。2009 年，深圳将继续加大力度、扩大规模、提升水平，推动深圳社会工作不断向前发展。

社会工作引入中国，既是我国改革开放和经济社会发展的客观要求，也拥有广阔的发展空间和无比光明的前景。作为特区民政人，能在这样一个改革开放和民族复兴的伟大时代，为中国社会工作的发展奉献微薄之力，我们感到万分光荣。让我们并肩携手，迎难而进，为中国社工事业的发展与辉煌而共同努力。

大力发展社会工作　促进和谐社会建设

江西省民政厅党组书记、厅长　徐毅

发展社会工作是党中央在经济快速发展和社会结构转型的关键时期提出的一项新的重

大战略任务，是社会建设与经济建设、政治建设、文化建设“四位一体”的客观要求。

我们从江西经济欠发达的省情实际出发，借鉴发达地区的社会工作经验，明确了“以农村社会工作为重点，以基层群众最关心、最直接、最现实、最容易解决的问题为突破口，立足民政福利事业单位，辐射广大城乡社区”的工作思路，坚持“两个到位”（即组织领导到位、宣传发动到位），抓好“三个关键”（即人员培训、岗位设置、制度建设），注重“四个发挥”（即发挥社会工作者专业基础扎实的作用、发挥民政干部实务经验丰富的作用、发挥当地干部宣传引领的作用、发挥相关单位协调推动的作用），推进试点工作的持续和深化。在试点过程中，社会工作者在关怀弱势群体、提供社会服务、化解矛盾纠纷、提升幸福指数等方面发挥了专业的、不可替代的作用，为基层解决了大量过去依靠传统手段无法解决的困难和问题，受到了试点单位的认可和基层群众的欢迎。

实践表明，社会工作的发展，既加快了民政系统体制内人员能力建设的步伐，又发挥了体制外相关单位和志愿者的积极作用，不仅有利于促进和谐社会建设，而且有利于提升民政工作的专业水准，起到进一步强化民政工作的“社会稳定器”作用。

（节选自《中国社会导刊·社会工作》2008 年 10 月下）

讨论题

主题：社会工作人才队伍建设的展望。

提示：结合在职人员的培训、专业社会工作教育的培养等方面考量。

模块二

建设基层政权与基层社区

项目三 知道基层政权建设中的民政工作

项目概述

基层政权是国家依据宪法和组织法的规定，在最低一级行政区域设立的国家政权。基层政权建设，是民政工作的重要内容之一。

本项目要求学生通过学习，熟悉基层政权的基本含义，认识基层政权在国家治理中的意义和地位，探讨如何发挥民政部门的传统优势，在国家的基层政权建设中进行卓有成效的工作。

背景介绍

基层政权是相对于高层政权、中层政权而言的，在国家政权系统中处于基层，是国家为治理社会依法设立的直接面对民众的政权组织，它处于“上传下达”和“下情上达”的位置，是联结国家与民众的桥梁与纽带，发挥着重要的组织与协调作用。基层政权是国家政权的基础。

任务一 熟悉民政部门在基层政权建设中的职责与任务

任务描述

党和政府通过基层政权组织，了解大众、体察民情、传达政令；人民群众通过基层政权组织这个“窗口”，参与国事、感受关怀、反映自己的意见和建议。

党中央、国务院在中发（1982）36 号文件和（1986）22 号文件中已经明确规定了民政部门在基层政权建设中的职责与任务。民政部门负责基层政权建设的日常工作，其主要职责是：调查了解基层政权的现状和存在的问题，提出改进和加强基层政权建设的意见；总结交流经验；组织先进乡镇和先进村（居）民委员会的评比、表彰活动；培训乡镇长和村（居）

民委员会主任；指导村（居）民委员会的组织建设和制度建设；制定和修改有关的条例和规章制度。各级党委和政府要支持和监督民政部门做好这项工作，民政部门要把基层政权建设工作列为自己的重要任务，切实抓好。

任务实施

推进基层民主政治建设，保障人民群众民主权利。引导人民群众在基层民主实践的过程中提高自我管理能力和自我服务水平。深入开展以“民主选举、民主决策、民主管理、民主监督”为主要内容的村民自治示范活动。要注重把握城乡社区共性因素，促进城乡社区全面、协调、可持续发展。在加强社区硬件设施和社区综合服务平台建设的同时，积极推进各项服务实体建设，方便社区居民生产生活。加大对社区服务体系建设的投入，改善社区服务发展的设施条件，特别是搞好城乡社区民生综合服务中心建设，努力健全服务功能，提高社区综合服务能力。推行社区管理服务社会化，发挥政府公共服务、居民自治服务、志愿者志愿服务、驻区单位社会化服务的综合作用。

要建立政府引导、社会积极投入的运行机制，用市场化的手段，进一步整合资源、协调力量，通过社区这个平台推进基层民主，搞好基层社会化服务工作。

任务引导

了解民政与政府职能的一般关系，认识基层政权在国家政权体系中的地位，深入思考我国城乡基层政权建设中的重点和难点。

讨论：基层政权的职能应当如何转变？乡镇改革的重点在哪里？

基础知识

1. 基层政权的含义

我国的基层政权在农村是乡（民族乡）、镇政权，在城市是不设区的市、市辖区政权。基层政权反映人民群众的意愿，不仅有助于维护当地的社会秩序、促进地方经济发展，也保证了国家在当地的政治统治，从而为整个国家的政治稳定和社会发展创造条件、打好基础。基层既是民众最直接参与国家管理的场所，也是民众表达和维护自身利益最明显和尖锐的地方。民众对国家政权的评价以及支持和维护的程度，在相当大程度上取决于民众对基层政权所持的态度。

基层政权在农村，按照我国宪法和地方组织法的规定，是指由乡（民族乡）、镇人民代表大会与乡（民族乡）、镇人民政府两者有机构成的统一体。基层政权在城市是指由人民代表大会、人民政府、基层检察院、基层法院组成的政权统一体。

2. 民政部门在基层政权建设中的职责

（1）调查了解基层政权的现状和存在的问题，提出改进和加强基层政权建设的意见　民政部门调查了解基层政权的现状包括：在农村，了解政权的设置及组织机构现状、法制完善与职能完备、干部监督及绩效考核等问题；在城市，了解城市基层政权体制改革、基层民主和群众自治组织建设、社区建设和社区服务等问题。这些问题需要民政部门做深入细致的调查研究，取得典型材料，给党委和政府提供有价值的解决方案。

（2）总结交流经验　民政部门应及时把握基层政权建设的动态和发展趋势，发现典型，树立榜样，把各地的典型经验，通过各种行之有效的方式，如报纸、杂志、广播、电视、文件、简报、座谈会、现场会、经验交流会等形式，向全国各地宣传、推广，以点带面，推动全盘，使基层政权建设更能适应国家经济建设的需要。

（3）组织先进乡镇和先进村（居）民委员会的评比、表彰活动　主要包括指导评比、表彰先进集体，如先进乡镇和先进街道、先进村委会和先进社区居委会；指导评比、表彰先进个人，如先进乡镇长、先进街道办事处主任、先进村（居）委会主任。通过评比、表彰先进集体和先进个人，树立典型集体和典型个人的形象，推动基层政权和基层群众性自治组织的建设工作。

（4）培训乡镇长和村（居）民委员会主任　近几年，随着新农村建设和城市社区建设的开展，基层政权需要面对很多新问题、新矛盾，基层干部需要不断地更新知识和观念，因此，培训乡镇长和村（居）民委员会主任是党和政府搞好基层政权建设的首要工作。培训的内容主要是：马克思主义基本理论，法律知识，科学技术和现代管理知识，党和政府在农村和城市的改革及发展经济的各项政策。培训的目的是：教育基层干部全心全意为人民服务，知法、懂法、守法、依法办事，掌握组织发展商品经济和科学管理的基本技能。地方财政要在培训经费上给予适当安排。

（5）指导村（居）民委员会的组织建设和制度建设　村民委员会和社区居民委员会虽然不是一级政权组织，但是它们是基层政权开展各项工作的依托。目前，有相当一部分地区，特别是经济困难地区的村（居）民委员会组织不健全，甚至无人负责，处于瘫痪、半瘫痪状态，这个问题必须引起各级党委和政府的高度重视。

各地要采取措施，认真整顿农村基层组织。首先要把思想整顿放在首位，教育基层干部全心全意为人民服务，积极带领群众勤劳致富，遵纪守法，抓好物质文明和精神文明建设。其次是组织整顿，要帮助村（居）民委员会建立健全人民调解、治安保卫、公共卫生、社会福利等工作委员会（组）和各项工作制度，妥善解决村（居）民委员会工作人员的经济补贴和工作中遇到的困难。经济特别困难的地区，地方财政要帮助解决村（居）民委员会工作人员的经济补贴。

（6）制定和修改有关的条例和规章制度　为了保障基层政权建设的制度化、规范化和法制化，民政部门要担负起起草、制定和修改有关基层政权建设的条例和规章制度的责任。过去，民政部门代中央和国务院起草过《关于实行政社分开建立人民政府的通知》和《中共中央、国务院关于加强农村基层政权建设工作的通知》，拟定了《中华人民共和国村民委员会组织法（试行）》，修改和重新拟定了《城市居民委员会组织法》。下一步亟待制定和修改的法律、法规有《乡镇人民政府工作条例》、《街道办事处组织条例》、《城镇居委会经济管理办法》、《村委会选举办法》、《社区居委会选举办法》等。

3．民政部门在基层政权建设中的任务

（1）民政部门要争取党和政府对基层政权建设工作的重视和支持，这是加强基层政权建设的根本前提。坚持党的领导、坚持社会主义是中国人民的共同愿望，也是把具有中国特色社会主义事业全面推向21世纪的基本保障。党对国家政权机关的领导，在地方是通过各级党委的领导来实现的，在乡镇表现为乡镇党委对乡镇政权机关的领导。这就要求民政部门积极争取党和政府对基层政权建设工作的重视和支持，勤请示，多汇报，多提合理化的建议，遇到困难和问题及时向领导反映，为进一步加强和巩固基层政权创造根本前提。

（2）民政部门要坚持和完善基层人民代表大会制度，这是加强基层政权建设的核心内容。坚持和巩固我国的人民民主专政，在任何时候都要坚持和完善各级人民代表大会制度。当前民政部门要根据城市和农村的实际情况，进一步完善基层民主制度，坚持和完善市辖区和乡镇人民代表大会制度。

1）要树立乡镇人民代表大会的权威。恩格斯指出："把权威说成是绝对坏的东西，而丝毫看不到树立权威的必要性和重要性，是极其荒谬的。"（《马克思恩格斯选集》第2卷第553页）我们不能把权威等同于专制和独裁。在社会主义条件下，国家和人民同样需要民主的、法制的权威。在农村现实的社会政治生活中，不少人认为乡镇人民代表大会有无权威无关紧要，乡镇党委或行政部门才是权力的中心。这种观点既违背我国的宪政体制和法理，在实际工作中也会带来不良后果。树立乡镇人民代表大会的权威，要求权力机关的工作人员政治素质好、业务能力强、法律和政策水平高，更重要的是要敢于行使法定的权力；要求行政部门自觉地接受人民代表大会的领导和监督并自觉地在宪法和其他法律规定的范围内活动。

2）要坚持和完善选举制度。我国的选举制度是人民代表大会制度的重要内容和存在方式。因此，不坚持和完善选举制度，也就谈不上坚持和完善人民代表大会制度。这要求任何领导、任何组织、任何部门，都必须按选举法规定的选举制度办事，不搞"人治"、不搞"钦定"、不搞"委派"，以便把那些大公无私、作风正派、密切联系群众且有参政议政能力的人，由选民根据选举程序和规则选为人民代表；要花工夫做好选区划分的工作，特别要注意乡镇人大代表的合理性问题。据有关部门调查，有些较大的乡镇，特别是居住分散的乡，要好几个自然村或好几个行政村才能分配到一个代表名额，从而使代表的广泛性难以得到保证。还有些乡镇的人民代表大会，列席人员等于甚至超过正式代表。例如，浙江嘉兴某乡召开人民代表大会时，其直属机关的列席代表与正式代表相等，均为51名。这是很严重的问题，应高度重视并加以解决。

3）要完善人民代表大会的会议制度。人民代表履行其职责、权力机关履行其功能，最主要的方式之一是通过日常工作和代表大会来完成和实施的。因此，完善基层人民代表大会的会议制度，是保证代表更好地依法行使职权、树立基层人民代表大会权威的重要步骤和得力措施。民政部门要从人力、物力、财力上给予支持和帮助。会议要把质量和效率统一起来，要把会议开成民主、团结、求实、奋进的大会，切忌借此拉山头、搞派系。

案例阅读

改革难，但一定要有信心

湖北"咸安乡改"是我国乡镇机构改革的范本，被全国许多地方学习和借鉴。横沟桥镇党委书记、镇长杜新国直言不讳地告诉记者，改革之初他也有畏难情绪，因为矛盾太尖锐了。一方面，在农村有个干部身份那是很风光的事，很多人通过升学、参军或领导批条等方式好不容易挤进来，以期分享财政蛋糕；另一方面，在现行体制下，哪个政府部门都认为在乡镇中该有自己的站所。而改革恰恰是从这里开刀：精减乡镇机关人员，撤销“七站八所”，富余人员置换为社会自由人。

这在当时无异于刮起了一场风暴，咸安一时风起云涌。各乡镇“七站八所”的人员集体上访、越级上访不断。为此，上级一些部门对咸安实施了项目制裁、资金制裁甚至进行政治处理。双溪镇党委副书记、常务副镇长孙金海还记得，有一个干部就曾当面威胁他说：我不能下，我下了以后到你家里去吃，下了以后我要杀你。

杜新国则差点搭进了自己的政治前途。当时计生站被撤销后，上级计生部门要对他们实行计划生育“一票否决”。时任咸宁市委书记的李明波得知情况后决定当这个“裁判”，亲率调查组，裁决这场上下级之间的改革之争，并明确指出：改革是好是坏让事实说话。

事实表明，计生站虽然没了，人员也分流了，但政府通过把计生服务面向社会公开招标，并配以严格的管理考核机制，计生服务反而比有站有牌有人的时候做得更好。

杜新国深有感触地说：“我们当初走这条路，胆子可以说是大了点。但我们有信心，直面矛盾，因为我们的方向是对的，是符合人民利益的。”

改革的核心是要给群众话语权、评价权

咸宁市咸安区农村综合改革办公室主任李昌平说，咸安的改革是发自一股内在的动力，在处理改革中遇到矛盾和压力时，他们都选择了群众参与的方式。通过让群众参与到改革中并表达他们的意愿，改革获得了最广泛的群众基础。

许多乡镇干部对当初的竞争上岗记忆犹新。就乡镇级的领导干部看，当时每个乡镇平均有18人，多的有20多人，改革要把人数精减到9人，如果仅靠组织部门考察、圈定，很难避免错综复杂矛盾的发生及各种权力或关系的交锋。如何破解这一难题？咸安区委、区政府选择了“两票推选、竞争择优”的办法：符合规定条件的干部都可以报名参加竞聘乡镇班子成员，然后由乡、村干部和村民中产生的村民代表推举，按得票高低产生10～12个候选人，党代会再从产生的候选人中差额选举产生9名领导班子成员。

“打破旧的制度不容易，而建立一个新的机制更需要智慧。”李昌平说，咸安乡镇机构改革的成果之所以能够得到巩固，关键在于建立了“以钱养事”的新机制。在这种新机制下，原来“七站八所”的事业单位“公家人”都已经变成了社会人，政府通过招标的方式，向他们购买服务，从而实现“突出服务、体现效率”的目标，用咸安区委书记袁善谋的话讲：“改革的核心是群众签单、政府埋单，给了群众以话语权、鉴定权。”

杜新国说，在选择服务对象时，不是政府指定，而是群众选择，“每个岗位35张票，15个村民代表加上主管局、分管领导和村级代表，四个层面的代表一起投票决定。在2008年的竞聘中，我们有一个农技人员，大学毕业，演讲口才也不错，但是老百姓不投他的票，因为他的服务不热心、不主动、不积极，他就不能再上了。”

农村公益服务事项，每年需要多少钱，都通过岗位设置经费，不仅要竞争上岗，还要严格地进行考核。“这个事项一年多少钱，我考核你：你做到了，钱给你；你做不到，就按得分的情况进行扣减。这个考核不是你自己说了算，也不是我们说了算，得群众说了算，让群众有话语权、有评价权，考核才会发挥作用。”孙金海说。

“我们有了监督权，他们在服务中就不能马虎了，我们要是不满意，还可以去投诉，我们一投诉，政府就要扣钱了。”横沟桥镇孙祠村村民周本源说。

政府职能转变面临诸多制约

“历史上机构改革进行过多次，但往往走不出‘膨胀—精减—再膨胀—再精减’的怪圈。我认为，不重蹈覆辙的关键在于改革要上下联动。”沅江市改革办主任周锋说。

周锋认为，乡镇机构改革成果能否巩固，在很大程度上要看上级政府是否顶得住压力。同时，改革的氛围也十分重要。如果单靠一个地方“单兵突进”，也难免会使基层干部产生抵触情绪，改革很难推进。

此外，乡镇机构改革的目的是促使乡镇实现职能转变，但仅靠乡镇自身的改革，这一目的也难以实现。李志文说，机构改革后，乡镇干部服务意识确实有所加强，但与“服务型”政府的要求相比差距仍然很大。原因有二：一是财力有限，二是村民自治水平难以跟上。

“我认为，服务型政府必须建立在节余型财政的基础上。”李志文说。他认为，通过机构改革，乡镇的行政成本虽然大幅降低，但还仅仅停留在“温饱型”，巨额的乡村债务化解也并非一朝一夕的事情，作为公共服务和公共产品的提供者，在目前的财政状况下，即使乡镇干部意识转变了，履行公共服务职责时还是捉襟见肘。

另外，村民自治制度不完善也是乡镇职能转变的一大制约。李志文认为，正是由于村民自治步伐远远跟不上农村形势的发展，许多本来应在村一级解决的问题都变成了乡镇干部的事。在这种情况下，即使完成了乡镇机构改革，乡镇政府还是“无限政府”，乡镇干部还是“万金油干部”，难以从根本上实现政府职能的转变。这是在下一步的改革中，我们必须要面对和解决的问题。

（资料来源：谭剑，皮曙初：《乡镇机构改革——听听基层干部心里话》，《半月谈》2009年第5期，有删改。）

【思考】咸安的乡镇改革给了我们怎样的启示？

任务二　了解调查研究的焦点和重点

任务描述

近几年来，民政工作遇到了许多新情况、新问题，也出现了许多困惑和难点，这是社会转型时期的必然现象。不断研究新情况、新问题，用理性思考研究和掌握民政工作特点及其发展规律，调研工作才能真正找准自己的位置，民政工作才能不断跟上时代的发展和社会的进步。民政工作千头万绪，但从其工作性质和职能来看，其重点工作如社区建设、村民自治、社会救助、优抚安置等都与人民群众的根本利益紧密相连，与人民群众的日常生活息息相关。“突出重点”，就是要统揽全局，紧紧围绕对民政事业乃至对经济和社会发展有重要影响的中心工作搞好调研工作，为科学制定民政事业发展战略服务。

任务实施

（1）强化调研工作的组织领导　要把调查研究作为掌握实际情况、理清工作思路、实现科学决策、解决矛盾和问题的有效手段。

（2）加强调研工作队伍建设　专业调研机构和调研队伍是领导的智囊团和“外脑”。在知识经济时代，领导层的正确决策，离不开“外脑”的作用。因此，在充分发挥调研职能部门作用的同时，必须不断加强调研队伍建设。要注意发现、培养和吸收思想敏锐、工作勤奋、作风严谨、政策水平和文字写作能力强的调研人才，充分发挥他们的优势。

（3）健全组织网络和运行机制　要积极创造条件，健全组织机构，明确工作职责，形成连接上下、覆盖辖区的组织网络；要把调研工作作为一项经常性的工作任务，规范运作、科学组织；建立健全绩效考评制度，积极创造条件搞好信息化建设，推进办公自动化的进程，充分利用现代网络技术手段。

任务引导

（1）了解民政部门在中国政权体系中的由来和沿革，熟悉民政部门在基层政权建设中的职责。

（2）如何评价民政局对民政部门在基层政权建设中角色的理解？

（3）基层政权建设的重点和难点何在？

基础知识

1．调查研究的含义和方法

调查研究，是指人们在一定理论的指导下，应用科学方法有目的、有计划地考察了解、分析研究某种事物或现象的状况和存在的问题，以认识事物或现象的本质特征，寻求其发展规律的一种自觉的社会活动。调查研究我国基层政权和群众性自治组织的现状及存在的问题，给党和政府提出改进和加强的建议和意见，是民政部门负责基层政权建设工作的一项基本职责，是解决问题的一种基本方法。

调查研究工作是民政工作的重要组成部分，是保证党和政府正确决策、实施坚强领导的基础和前提。随着社会转型和城市化进程的加快，民政工作的任务将日益繁重。认清形势，采取措施，大力加强调研工作，对于不断研究民政工作出现的新情况、新问题，提高决策科学化、民主化的水平，推动民政各项工作的发展具有重要的现实意义。

民政调查研究的主要方法有问卷法、访谈法、观察法和文献法等。

（1）问卷法　问卷法也称“书面调查法”，或称“填表法”，是用书面形式间接搜集研究材料的一种调查手段。该方法通过向调查者发出简明扼要的征询单（表），请其填写对有关问题的意见和建议来间接获得材料和信息。

（2）访谈法　访谈法是指通过访谈员和受访人面对面交谈来了解受访人的心理和行为、询问有关问题等，以达到收集资料的目的的一种调查方法。访谈法运用面广，能够简单而迅速地收集多方面的工作分析资料，因而深受人们的青睐。

（3）观察法　观察法是指观察者根据一定的调查目的、调查提纲或观察表，用自己的感官和辅助工具去直接观察被调查对象，从而获得资料的一种方法。养成观察习惯，集中精力勤奋、全面、多角度地思考对于熟练运用观察法至关重要。观察者可制定观察提纲，列出观察内容、起止时间、观察地点和观察对象或制成观察表（卡片），按计划（提纲）进行观察，作好详细记录，得出观察结论。

（4）文献法　文献法就是搜集和分析研究各种现存的有关文献资料，从中选取信息，以达到某种调查研究目的的方法。调研人员要根据课题的需要，对选取资料进行恰当的分析和使用，最终实现对某一问题进行描述和评论，找出其形成的客观原因，从而找出研究对象与事物间的新联系、新规律，形成新观点、新理论。

2．基层政权建设调查研究的焦点和重点

基层政权管理是不是公平公正，基层政权建设是不是富有效率，直接影响基层政权的效能。例如，城乡救助对象的界定，救助标准和覆盖面的确立要体现社会的公平正义；村委会换届选举要彰显制度的合法性、公正性、公开性和监督性特色；基层政权建设在落实党的根本宗旨和坚持党的群众路线方面，要深入到群众中去，要带着现实中的问题与群众交流接触，针对不同层面、不同人群，多角度、深层次，采取集体座谈、个别访问、问卷调查、网络征集、热线电话、领导走访、解剖典型、抽象分析等方法调研，不仅从现象中感受，更重要的是从理性上感悟，提升理性思维，把调查研究的想法上升到理论，去指导城乡基层政权建设。

“跟踪热点”，就是要紧紧围绕各级党委、政府和社会其他各个方面关注的问题搞好调研工作。“突出重点”，就是要集中精力抓好社区建设、社会救助、社会专项事务管理等重点工作。

项目四 开展民政工作与建设基层群众自治组织

项目概述

基层群众性自治组织是指在城市和农村按居民的居住地区建立起来的居民委员会和村民委员会。它是建立在我国社会中的基层、与群众直接联系的组织，是在自愿的基础上由群众按照居住地区自己组织起来管理自己事务的组织。基层群众性自治组织建设，是民政工作的重要内容之一。

本项目要求学生通过学习，熟悉基层群众性自治组织的基本含义，了解基层群众性自治组织的概念和历史发展，认识基层群众性自治组织的性质、地位和作用，明确基层群众性自治组织与基层政权的关系，探讨如何发挥民政部门的职能，在基层群众性自治组织的建设中进行卓有成效的工作。

背景介绍

基层群众性自治是指依据宪法和法律规定，一定地域的居民（村民）成立基层群众性自治组织，实行自我管理、自我教育、自我服务，管理国家事务，管理经济和文化事业，管理社会事务的一种民主形式，是我国社会主义民主的重要形式。

我国宪法第二条第三款规定："人民依照法律规定，通过各种途径和形式，管理国家事务，管理经济和文化事业，管理社会事务。"第一百一十一条规定："城市和农村按居民居住地区设立的居民委员会或者村民委员会是基层群众性自治组织。"

基层群众性自治组织不是国家政权机关，非经行政机关和法律授权不享有国家权力，相对于国家政权，它们享有的是自治权利，这种权利具有宪法地位。

基层群众性自治属于民主的范畴，具有政治性。基层群众性自治是人民代表大会制度的补充。从基层群众性自治的实践上看，这种"民主训练"正在发挥越来越大的影响。

任务一　掌握民政部门在基层群众自治组织建设中的任务

任务描述

基层群众自治制度处于政治建设的基础位置，主要是通过城市社区建设、村民自治以及社会组织的自我管理来体现群众自治制度的优越性。

十七大报告明确提出“人民当家做主是社会主义民主政治的本质和核心”，把发展基层民主、保障人民享有更多更切实的民主权利作为一项重大任务，并且要求把它作为发展社会主义民主政治的基础性工程重点推进。要求“要健全基层党组织领导的充满活力的基层群众自治机制，扩大基层群众自治范围，完善民主管理制度”，“完善政务公开、村务公开等制度，实现政府行政管理与基层群众自治有效衔接和良性互动”，“发挥社会组织在扩大群众参与、反映群众诉求方面的积极作用，增强社会自治功能”。

民政工作中的社区建设、基层民主建设和社会组织的培育发展，是政治建设的基础，对于巩固党的执政基础和社会管理基础具有十分重要的作用。

任务实施

党的十七大报告明确提出：“要坚持中国特色社会主义政治发展道路，坚持党的领导、人民当家做主、依法治国有机统一，坚持和完善人民代表大会制度、中国共产党领导的多党合作和政治协商制度、民族区域自治制度以及基层群众自治制度，不断推进社会主义政治制度自我完善和发展。”把基层群众自治制度确立为我国民主政治的四项制度之一，把坚持和完善基层群众自治制度作为坚持中国特色社会主义政治发展道路的重要内容，这是我们党的一个重大决策，是对基层群众自治制度地位的重大提升。根据十七大精神，民政部门要着重抓好以下工作：

（1）加强法制建设，保证基层群众自治在法治轨道上健康有序发展　依法自治，是开展基层群众自治的基本要求。要抓紧制定和完善保障人民群众在基层行使民主权利的法律法规。在国家立法层面，要及时修订《村民委员会组织法》、《城市居民委员会组织法》，研究制定基层政府指导村（居）委会工作办法，形成有利于发展基层群众自治的法制环境。在地方立法层面，要不断健全《村（居）委会组织法实施办法》、《村（居）委会选举办法》、《村（居）务公开办法》、《村（居）务管理条例》，不断完善地方法规。在城乡基层，要以保证人民当家做主为根本目标，不断制定、完善、创新、落实各项基层群众自治的具体制度。

（2）不断扩大基层群众自治范围，规范民主实践，提高广大干部群众的民主法治素质　发扬民主、扩大民主，是基层群众自治制度的生命所系、本质所在。要进一步完善和落实好现有的基层群众自治制度，切实保障群众应当享有的民主权利。要适应经济社会发展的要求，不断丰富民主形式，创新民主内容。从目前看，基层群众自治范围应当不断扩大，做到哪里有群众的利益，民主就应该延伸到哪里；哪里有公共决策，民主就应该延伸到哪里。要加强对基层干部群众的民主法制宣传教育，满腔热情地帮助和引导他们。

（3）进一步发挥基层党组织的领导核心作用　发挥基层党组织的领导核心作用和党员的先锋模范作用，是搞好基层群众自治的关键和基础。在民主选举过程中，基层党组织要积极参加各项准备工作，把握选举的正确方向。基层党组织领导班子成员应通过合法程序，进入基层民主选举机构，主持选举机构的工作。在民主决策中，基层党组织要与基层群众性自治组织一道，积极组织群众参与民主决策，保障群众当家做主的权利。在日常管理和民主监督中，要组织党员和群众监督民主决策事项的实施情况。党的基层组织干部和党员，要在基层民主实践中，充分发挥先锋模范作用。要适应经济社会发展的需要，不断完善基层党组织的领导方式、领导机制。

（4）进一步做好基层群众自治制度建设的统筹协调工作　要把做好基层群众自治工作作为政府履行社会管理和公共服务职能的重要组成部分，建立长期稳定、有效的政府投入保障机制。要充实和加强基层群众自治制度建设指导部门的工作力量，不断提高其依法办事的能力和服务群众的水平。要统筹发展城乡村（居）民自治和社区建设，推动城乡社区在发展民主自治、加强管理服务上实现良性互动、共同进步。要统筹协调基层群众自治制度建设与其他方面基层民主制度建设，共同推进基层群众自治制度建设与人民代表大会制度建设、中国共产党领导的多党合作和政治协商制度建设、民族区域自治制度建设，使基层群众自治制度在发展社会主义民主政治的大局中更好地发挥基础性作用。

任务引导

了解我国基层群众性自治组织的历史及其发展趋势，明确其性质、地位、作用和任务，理解自治制度的发展对我国民主法治建设的重要意义。

基础知识

1．基层群众自治组织的主体

我国宪法规定了基层群众自治组织的性质。自治的主体是“基层群众”，也就是“村民”或者“居民”及其民主选举产生的组织，如村民（居民）委员会、村民（居民）会议、村民（居民）代表会议、村民（居民）小组、村民（居民）代表、村民（居民）以及党支部等。

村民（居民）委员会相对于村民（居民），行使的是自治权力，这种权力属于社会权力的范畴，在协助基层人民政府工作时，村民（居民）委员会可以因被授权而行使行政权力。根据法律规定，村民（居民）委员会办理本辖区的公共事务和公益事业，调解民间纠纷，协助维护社会治安，向人民政府反映村民（居民）的意见、要求和提出建议。

由于我国基层群众性自治组织的法律规范是以组织法而非自治法的形式出现的，村民（居民）自治权利的内容和行使方式还有待完善。从现行的法律上看，村民（居民）的自治权利至少有选举权和被选举权、通过村民（居民）会议参与决策权、决定权、监督权及法律规定的管理自治事务的权力等。

村民（居民）小组，是按村民（居民）居住情况划分的。其中，居民小组在实践中的主要功能是联系居民和产生居民代表等；村民小组除有居民小组的功能外，通常还是一种集体经济组织。村民（居民）小组不是村民（居民）委员会下属机构或者派出组织，村民（居民）小组的小组长由村民（居民）小组会议推选。

村民（居民）代表，由村民（居民）或村民（居民）小组产生，通过村民（居民）代表会议依法行使自治权力。

党支部是中国共产党的基层组织，按照中国共产党章程开展工作，发挥领导核心作用；依照宪法和法律，支持和保障村民（居民）开展自治活动、维护村民（居民）依法行使民主权利。党支部不是基层群众自治权力（或权利）的行使主体。

2．我国宪法规定的基层群众自治权的意义

在我国，社会主义民主主要是通过人民代表大会制度实现的，基层群众性自治是社会主义民主的补充形式。基层群众性自治通过实行直接民主，使社会主义民主赋予广大群众的民主权利从基本制度和法律的规定，变为普通民众可以看得见且能够实际操作的具体方式。随着基层自治的逐步发展和不断完善，社会主义直接民主的范围将不断扩大，将会有更多的人能享受和学会运用民主权利。

正如前全国人大常委会委员长彭真在通过《村民委员会组织法（试行）》时指出："中国几千年的封建制度，没有民主法制思想传统，新中国成立以后又在相当长的一段时间里忽视了民主政治建设，因此不论是群众，还是基层政府，民主法制意识都不强。我们党领导人民搞革命，革命成功掌握了政权，都不是为了自己，而是为了人民。建立政权后一定要支持、帮助人民当家做主。我们要建设一个社会主义法治国家，单有人民代表大会还不够，还缺少一个重要方面。在最基层，涉及人民群众自身利益的事，要按群众的意愿由群众自己决定。在一个村子里，哪些事情可以办，哪些不可以办，哪些可以先办，哪些可以缓办，群众最了解，可以用民主的程序讨论，按照多数人的意见办。这是最广泛的民主实践。他们把一个村子的事情管好了，逐渐就会管一个乡的事情；把一个乡的事情管好了，逐渐就会管一个县的事情。有人说，群众的民主意识不强，很难实行自治。民主意识也是要在实践中培养的。从这个意义上讲，村民委员会就是一个民主训练班。"㊀

从我国民主政治的实践上看，基层群众性自治确实发挥了民主训练的作用，这种夹缝中的"草根民主"，现在却越来越多地引起了人们的注意。

群众性基层自治激发了基层群众参与政治的欲望和热情，基层民主发展的一个重大突破是推动了基层人民代表大会改革，尤其是推动了基层人民代表大会选举制度的改革，在一些地方还开始了直接选举乡镇长的试验。

"关于我国的民主政治发展，有不同的看法，有基层民主论、党内民主论、行政体制改革、司法改革、人民代表大会制度改革等"。㊁我国的基层群众自治，在高层实行宽松政策和维护群众权益特别是农民权益的号召之下已经得到了很大的发展，虽然不时有地方政府对基层群众自治的发展表示担忧，但这种基层民主自治的趋势已经无法阻挡。在我国的政治发展路径选择中，一直有自上而下还是自下而上的争论，从现实中看，我国显然选择了优先发展基层民主的路径。基层民主在达到了一定程度以后，必然对高层和中层产生一定的影响，甚至是冲击，进而引发中层和高层的变化，推动高层和中层的政治发展。至于中国民主发展和

㊀ 参见《彭真文选》，人民出版社1991年版，第611页以下。

㊁ 参见周其明：《中国法治与选举制度改革》，《中国选举与治理》2005年第2期。

政治改革在基层民主的影响下，下一步是先走高层还是先走中层，需要看具体情况，基层群众性自治在我国政治发展中无疑充当了先行者的角色。

3. 基层群众性自治组织与基层人民政府的关系

《村民委员会组织法》第四条规定："乡、民族乡、镇的人民政府对村民委员会的工作给予指导、支持和帮助，但是不得干预依法属于村民自治范围内的事项。村民委员会协助乡、民族乡、镇的人民政府开展工作。"《城市居民委员会组织法》第二条规定："不设区的市、市辖区的人民政府或者它的派出机关对居民委员会的工作给予指导、支持和帮助。居民委员会协助不设区的市、市辖区的人民政府或者它的派出机关开展工作。"

从上述法律规定中可以看出，基层群众性自治组织与基层人民政府的关系，被法律定位为基层人民政府对基层群众性自治组织的指导和基层群众性自治组织对基层人民政府的协助上。这种指导和协助的关系表明：①基层群众性自治组织不是基层人民政府的下级行政机关，基层人民政府不宜对基层群众性自治组织采取行政命令的方式；②基层人民政府对基层群众性自治组织的指导不具有法律上的拘束力，基层群众性自治组织可以根据自己的需要进行有选择性的接受；③基层群众性自治组织有义务协助基层人民政府的工作。

4. 基层群众性自治组织与基层人民代表大会的关系

基层群众性自治组织与基层人民代表大会的关系，在《城市居民委员会组织法》中没有规定，在《村民委员会组织法》中有一定的体现。

根据《村民委员会组织法》的规定，基层群众性自治组织与基层人民代表大会的关系主要体现在基层人民代表大会对基层群众行使自治权利的保障上：①地方各级人民代表大会和县级以上地方各级人民代表大会常务委员会在本行政区域内保证《村民委员会组织法》的实施，保障村民依法行使自治权利；②对妨害村民行使选举权、被选举权，破坏村民委员会选举的，乡（民族乡）镇的人民代表大会或者县级人民代表大会常务委员会应当负责调查并依法处理。

基层人民代表大会是国家权力机关，在基层政府或其他组织损害基层群众的自治权利时，具有重要的作用。

5. 基层群众性自治组织与基层党组织的关系

基层党组织，在法律上不属于基层政权的序列，但在基层群众性自治中发挥着独特的作用。《村民委员会组织法》第三条规定："中国共产党在农村的基层组织，按照中国共产党章程进行工作，发挥领导核心作用；依照宪法和法律，支持和保障村民开展自治活动、直接行使民主权利。"这里规定基层党组织是"领导核心"，但在基层具体自治事务中，很难分清基层群众性自治组织与基层党组织的工作界限，法律赋予基层群众性自治组织的自治权，与传统的人民公社实行党的一元化领导有区别，有待今后的立法进一步明确。

案例阅读

通过民主程序解决社会问题

2000 年 6 月，浙江省温州市鹿城区水心村村民怀疑村干部在劳力安置、集体店面出租、村干部报酬、集体资产投资等方面存在问题，于是300多人涌入村委会，要求村干部作出解释，并组织公开审计村集体的财务状况。双方发生了争执，不欢而散。后来村民多次到有关部门上诉，但都没得到满意答复。于是村民们联名提出罢免议案。

2001年7月，经过一年的努力，水心村在7名村民代表的主持下召开了罢免大会。半数以上的选民对罢免议案投了赞成票，议案通过后，全场响起了经久不息的掌声。

【评点】中国农民在历史上没有过通过民主程序解决矛盾的经验，即使是现在，许多地方农民在遇到与政府和官员的矛盾时，仍然想不到用民主的和法定的程序解决问题，而是过度运用信访、到政府门前抗议的方式，甚至破坏正常的社会治安秩序。农民通过自治组织、通过民主程序化解矛盾，可以解决中国农村绝大多数的社会问题，这也是中国推行基层民主的目标之一。民主是一个学习和积累的过程，鼓励村民自治符合中国民主的发展进程，但还需要很长时间。

【思考】案例给了我们哪些方面的启示？

任务二　指导开展村（居）民自治示范

任务描述

民政部门的一项重要职能是负责城乡基层政权建设和基层群众性自治组织建设的日常工作，居委会作为城市社区的群众性自治组织，自然属于民政部门管理的范围。但二者性质不同，没有行政上的隶属关系，是指导与被指导的关系。

各级政府的民政部门应在如下方面发挥指导居委会建设的作用：一是调查研究居委会组织的现状及其存在的问题，给党和政府提出加强居委会建设的意见、建议；二是总结、交流居民委员会工作的经验，通过典型经验引路，以点带面，推动居委会工作不断向纵深发展；三是组织评比、表彰先进居委会、先进居委会干部的活动；四是采取多种形式培训居委会干部，不断提高他们的政治思想水平和业务素质；五是指导居委会搞好组织建设和制度建设，指导居委会搞好换届选举工作，选配好领导班子，建立健全下属工作委员会，建立健全各项工作制度，还要帮助居委会解决办公用房、办公设施、办公经费以及居委会干部的生活补贴等实际困难；六是指导居委会做好优抚救济、社区服务等项民政福利工作。

任务实施

强化村级民主管理，既是加强农村基层党风廉政建设的客观要求，又是推进社会主义新农村建设的重要举措。近年来，孝感市孝南区注重从解决群众反映最强烈的问题入手，着力在民主决策、民主理财、民主公开3方面下工夫，实行“五步工作法”，即“五步议事法”和“五步理财法”。

“五步议事法”是指采取“提”、“听”、“理”、“议”、“督”的程序进行议事。“提”，就是会前向全村群众提出议事会议题，让他们充分酝酿讨论；“听”，就是会前广泛听取群众对村支部村委会工作、议事内容的意见及建议；“理”，就是将群众意见和建议进行整理分类，并形成议事材料；“议”，就是两委班子成员初议后，召开村民会议或村民代表会议进行充分讨论，形成正式议案；“督”，就是由村级纪检小组全程监督村支部、村委会按照要求执行议事方案。

议事成员主要是村民会议和村民代表会议。村民会议每户派一人参加，每年召开一至两次。村民代表会议由村民推举代表或每组推选一人，并吸纳部分热心村级事务的老党员、知名人士参与。

凡村干部选举、党员发展、财务收支、资产管理、公益事业建设、项目建设、土地征用、发展规划、规章制度、村招待费、干部工资待遇、村民福利、村民救济等群众关注的热点难点问题，都可以作为议事范围。

议事采取定期例会制和急事召会制。每年年初、年中、年末3次定期召开由村干部、村民代表、纪检小组成员参加的民主议事会议，主要讨论商议村级日常性工作。如果遇突发事情以及临时性重要工作，村两委随时召集村干部、村民代表、纪检小组成员进行商议讨论，做到特事特议、急事急议、议必有果、议后必行。

“五步理财法”是指采取“查”、“核”、“审”、“改”、“示”的程序进行理财。“查”，就是查看村级台账、收支平衡账、库存账，查清本月或本季度资金运行情况，是否入不敷出、是否有贪污挪用、是否有白条入账等现象；“核”，就是核实费用支出是否符合财经制度，是否符合实际；“审”，就是审查招待费、会务费、村干部工资补贴等是否超标，工程项目投资是否超出预算等；“改”，就是理财小组拒付不合理的开支后，要求村委会进行整改，凡不能入账的白条或发票一律不予入账；“示”，就是按月或按季度对财务收支情况进行公示，给群众一个明白，还干部一个清白。

民主理财小组成员一般按照大村7人、小村5人配备。推行民主理财月审制度，每月定期对财务收支情况进行逐一清理审核，每季度进行一次复核，全年进行一次集中审查。

一般事项每季度公开一次，涉及群众利益的重大问题以及重要事项随时公开。集体财务往来较多的村，财务收支应做到每月公布一次。

任务引导

认识村民委员会制度运行中存在的问题，探讨村民自治发展的方向。

基础知识

1. 农村村委会自治与民政部门的工作指导

村民委员会是村民自我管理、自我教育、自我服务的基层群众性自治组织。在改革开放和现代化建设的进程中，村民委员会肩负着凝聚村民群众、推动农村改革、发展和保持农村社会稳定的重要职责。几年来，随着农村改革和社会主义市场经济的发展，村民委员会适应新的形势，不断加强农村基层民主政治建设，团结带领广大村民致富、奔小康，完成国家的各项任务，日益成为农村基层的重要组织实体。

各级民政部门是负责村民委员会建设日常工作的部门，要将村民委员会建设工作列入重要议事日程。民政部门的工作人员需要深入基层，调查研究，制定加强村民委员会建设的具体规划并组织实施。要充分利用地方机构改革和各级党政抓基层组织建设的有利时机，及时反映人员不足和经费缺乏的问题，争取党委、政府和有关部门的重视和支持，切实负起抓基层群众性自治组织建设工作的责任，并督促下属民政部门做好这项工作，指导帮助解决工作中的困难，进一步把基层政权和基层群众性自治组织建设工作做好。

2．民政部门开展村民自治示范活动

村民自治示范活动最初由辽宁省沈阳市提出。1990 年中央 19 号文件要求：“每个县都要选择几个或十几个村，开展村民自治示范活动，摸索经验，树立典型。”根据这一要求，民政部于 1990 年 9 月 26 日专门下发了《关于在全国农村开展村民自治示范活动的通知》，要求各级民政部门选择有一定工作基础的县（市）、乡（镇）、村作为示范单位，组织示范活动。县级民政部门侧重抓示范村，有条件的也可以抓示范乡（镇）；地级民政部门侧重抓示范乡（镇）；省级民政部门主要抓示范县。

村民自治示范工作要在各级党委和政府的统一领导下进行，主动接受各级人大党委的检查监督，民政部门具体负责日常工作。其主要工作是：确定村民自治示范单位；帮助示范单位制定方案；依法指导村民委员会建设；总结推广示范单位经验，组织对示范单位进行检查验收；向党委、政府汇报工作开展情况等。具体措施有：

（1）检查验收　对村民自治示范单位分级进行检查验收：省级民政部门负责村民自治示范县（市）的检查验收，地（市）级民政部门负责村民自治示范县（市）的初查和村民自治示范乡（镇）的检查验收，县级民政部门负责村民自治示范乡（镇）的初查和村民自治示范村的检查验收。凡验收合格者，由省、地（市）、县各级分别予以命名表彰。在各地命名表彰的基础上，民政部择先选优，进行全国性的命名表彰。

（2）组织观摩　各地要有计划地组织各种形式的交流、观摩，充分发挥村民自治示范单位的引导、带动和辐射作用，逐步把村民自治向面上推进。民政部可根据情况，组织观摩各省、自治区、直辖市的村民自治示范县（市）。

（3）培训骨干　各地要从实际出发，分期、分批、分层次培训示范（市）、乡（镇）、村的领导干部和村民骨干以及民政系统从事基层政权和群众自治组织建设工作的干部，使全国逐步形成一批推进村民自治工作的骨干力量。

（4）点面结合　在非试点单位，根据村民自治的工作内容提出要求，开展村民自治活动，促进村民自治活动的全面发展。

（5）宣传配合　充分运用报刊、电台、电视台等新闻媒介，宣传村民自治典型。

任务三　指导监督村（居）民委员会的选举

任务描述

村（居）民委员会的选举工作是广大村（居）民民主政治生活中的一件大事，是巩固基层政权，依法管理农村和城市社区，推进基层民主政治建设的基础工作。各级民政部门要加强领导，建立健全工作机构，做好指导和监督村（居）民委员会选举的相关工作。

任务实施

民政部门在社区居委会选举过程中怎样发挥指导和监督作用？

（1）建立健全组织机构　由党委、人大、政府及有关部门组成的社区居委会换届选举工作指导小组，指导和监督工作的开展。对因特殊原因不能进行直选的，经市（区）指导小组批准后，可采取户代表或社区居民代表选举方式。各有关部门要在当地党委、政府的统一领导下，各司其职，密切配合，确保换届选举工作顺利进行。

（2）加强对换届选举工作的监督　必须坚持依法办事，做到法定的程序不变、规定的步骤不少。要严格执行责任追究制度，对干扰破坏选举或阻碍他人正常行使选举权等违法行为，要根据情节轻重分别予以惩处。建立选举观察员制度，聘请人大代表、政协委员、离退休老同志等担任选举观察员，在宣传发动、选民登记、投票选举等重要环节发挥选举观察作用。重视并正确对待群众的来信来访，对居民反应强烈的问题要及时解决，依法维护居民的合法权益。

（3）落实选举工作经费　选举工作经费纳入各级政府财政预算，主要用于召开会议、培训骨干、宣传发动、印发资料、检查指导等。

（4）做好换届选举的各项衔接工作　换届选举前期，要按照省、市有关文件要求，适度调整社区规模。对社区账目要普遍进行审计，审计结果向全体社区居民公布。换届选举期间，要加强换届选举工作的指导和监督，对情况复杂的社区，要帮助其制定好选举工作方案，并选派得力干部进驻社区指导选举工作。选举结束后，要及时做好新老成员的工作交接和新一届班子成员的培训。

任务引导

结合具体事例，认识村民委员会制度运行中存在的问题，探讨村民自治发展的方向。

基础知识

1．农村村委会的选举工作

村民委员会由主任、副主任和委员共 3～7 人组成。村民委员会成员中，妇女应当有适当的名额，多民族居住的村应当有人数较少的民族的成员。村民委员会成员不脱离生产，根据情况，可以给予适当补贴。

村民委员会每届任期 3 年，其成员可以连选连任。根据工作需要可以设人民调解、治安保卫、公共卫生等委员会。村民委员会成员可以兼任下属委员会的成员。人口少的村由村民委员会成员分工负责人民调解、治安保卫、公共卫生等工作。

村民委员会可以按照村民居住状况分设若干村民小组，小组长由村民小组会议推选。

（1）村委会的选举原则

1）直接选举原则。村民委员会主任、副主任和委员，由村民直接选举产生。任何组织或者个人不得指定、委派或者撤换村民委员会成员。

2）普遍选举原则。年满 18 周岁的村民，不分民族、种族、性别、职业、家庭出身、宗教信仰、教育程度、财产状况、居住期限，都有选举权和被选举权；但是，依照法律被剥夺政治权利的人除外。

3）差额选举原则。选举村民委员会，由本村有选举权和被选举权的村民直接提名候选人。候选人的名额应当多于应选名额。

4）无记名投票原则。选举实行无记名投票。

5）秘密写票原则。村民委员会选举时，应设立秘密写票处，村民填写选票，不能有其他人看到。

6）竞争选举原则。一般采取差额选举原则。

7）平等原则。所有选民在一次选举中只能投一张选票，每张选票效力平等。

8）公开原则。选举实行公开计票的方法，选票结果应当当场公布。

（2）村委会的选举步骤

1）成立村民选举委员会。由选举委员会主持村委会的换届选举工作。选举委员会由 5～9 人单数组成，其成员由村民会议、村民代表会议或者各村民小组推选产生。具体由乡镇街道指导各村结合实际进行选择。推选村民选举委员会由村党支部主持，村民委员会协助工作；如遇“两委”班子不健全或其他特殊情况，乡镇街道村级组织换届工作领导小组可以派人主持。村民选举委员会产生后，由内部推选产生主任一名，负责主持选举工作，同时告知全体选民。

2）选民登记。村民选举委员会确定选民资格时，对一些特殊情况下的村民是否认定为选民，要提交村民会议或村民代表会议讨论决定。凡年满 18 周岁，具有选民资格的村民都应进行登记（被法律剥夺政治权利的人除外）。选民登记开始前，村民选举委员会应公告本届村委会选举日和选民登记日，明确告知选民登记的起止时间和登记办法，要求选民互相转告。确定和培训选民登记员，挑选既有文化又熟悉本村情况的人担任登记员，并对有关法律和上级有关文件精神进行宣讲培训。选民登记要做到不错、不重、不漏。在具体操作时，可在上届选民登记的基础上，进行补充登记和对死亡、依照法律被剥夺政治权利的进行除名。选民登记花名册（区换届办统一印制），要按顺序号登记造册。登记造册的选民名单，经村民选举委员会审核确认后，于选举日 20 日以前在本村显著位置进行张贴公告。村民对公布的选民名单有异议的，可以在选民名单公布后的 5 日内向村民选举委员会提出，超过 5 日的不再受理。对受理的名单异议，村民选举委员会要在 3 日内作出解释或者纠正。村民选举委员会根据选民名单填写选民证（区换届办统一印制），并将选民证发到选民手中。

3）提名候选人。村民选举委员会提出候选人的条件要结合本村的实际情况，提请村民会议或者村民代表会议讨论通过并公布。会前 3 天，村民选举委员会将提名大会的时间、地点和要求通知全体选民，并做好提名大会的准备工作，包括对选举工作人员进行培训，准备票箱和提名选票，布置选举大会会场等工作。会前应向选民讲清候选人条件、提名表的填写要求和计票方法。而后，每个选民凭选民证领取一张提名表，采取秘密写票，无记名投票的方法进行（提名可以按照村委会主任、副主任、委员职数等额一次性提名；也可以不按具体职务，按照职数的多少，等额一次提名，按得票多少，即简单多数确定候选人）。提名结束，当场公开唱票、计票，当场公布提名结果。在正式选举日 7 日前，以公告形式，按提名人数的多少顺序张榜公布提名结果。要分职务确定正式候选人人数，村委会主任、副主任的候选人人数应当比应选名额各多 1 人，委员的候选人人数应当比应选名额多 1～2 人；不分职务提名时，所确定候选人的人数至少是应选名额的一倍。如果提名的人数相等，正式候选人难以确定的，应当召开村民会议对提名人数相等的初步候选人进行无记名投票，按照得票多少的顺序确定正式候选人。候选人不接受提名的，本人应当在选举日的 5 日前向村民选举委员会提出书面意见。由此造成候选人名额不足的，在原被提名人中，按得票多少顺序依次递补。村民选举委员会在选举日 3 日以前按提名人数多少的顺序公布正式候选人名单。在正式候选人公布后到正式选举日，村民选举委员会应当向选民介绍正式候选人的基本情况，可以组织正式候选人进行竞选演讲并接受村民的询问。

4）正式选举。选举日前三天，村民选举委员会应将投票选举的具体时间、地点和方法，以公告形式通知全体选民。选民在选举期间因外出或者其他特殊原因不能直接投票的，经村民选举委员会确认，可以在选举日以前委托除正式候选人之外的其他选民代为投票。村民选举委员会应将委托办理时间、地点以公告方式提前通知选民，选举日停止办理委托；每一选民接受委托投票不得超过 3 人，接受委托的选民，在选举日当天，凭委托投票证和本人选民证领取选票，代写代投。选举前，村民选举委员会应组织参与选举的监票、计票、唱票及其他选举工作人员进行相关知识的培训，准备票箱和选票，布置选举会场。选举必须设主会场。选举大会由村民选举委员会主持，大会开始时，要介绍选民登记和候选人产生情况；宣布投票方式和选举大会纪律；讲解选票填写方法；检查并密封票箱；投票选举；集中票箱、开箱清点选票，并当场唱票、计票；宣布当选结果；当选人发表就职演说；大会结束。根据选举办法的规定，所有票箱接受投票多于发出选票的选举无效，等于或少于的选举有效。投票总数超过本村选民半数的，选举有效，少于或等于本村选民半数的选举无效。候选人或另选人获得参加投票的选民的过半数的选票，始得当选。如果遇到票数相等不能确定当选人时，应当在当日或者次日对得票数相等的候选人、竞选人或者另选人再次投票，以得票多的当选。选举结果经村民选举委员会确认后，于投票选举当日或次日以公告形式张榜公布。

2．民政部门在村委会选举过程中的指导和监督

（1）加强县乡两级尤其是县级选举指导机构建设。建议从组织、纪检、民政、监察、公安和司法等部门抽调工作人员，组建选举指导机构，加强指导力量。

（2）采取各种措施提高县乡两级指导机构依法指导选举的能力。要加强调查研究，摸清农村情况，全面分析影响村民委员会选举的各种因素，增强工作的预见性、科学性和实效性。特别是在各级民政部门从事基层政权建设工作的人员，既要积极宣传有关法律法规，带头拥护村民自治，又要加强学习，善于钻研，注重积累，不断提高思想水平和业务能力，以良好的自身形象和过硬的综合素质取得指导工作的发言权、主动权。

（3）加强党委、人大和政府对选举的监督力度，及时查处和纠正各种违法行为。民政部门作为执法部门，要在各级党委和政府的领导下，理直气壮地纠正不按《村民委员会组织法》规定办事的做法，对不符合法定程序的选举要坚决推倒重来，维护《村民委员会组织法》的尊严。

（4）积极探索将《村民委员会组织法》纳入司法程序的有效途径，发挥司法机关对选举的监督作用。凡以威胁、贿赂、伪造选票等不正当手段，妨害村民行使选举权、被选举权，破坏村民委员会选举的，村民有权向乡(民族乡)、镇的人民代表大会和人民政府或者县级人民代表大会常务委员会和人民政府及其有关主管部门举报，有关机关应当负责调查并依法处理。

（5）进一步探索和创新选举监督形式，进一步做好选举观察员制度、巡视指导组、监督指导小组、选举监督委员会的试点工作，积累经验，及时推广。当村里选举竞争非常激烈，各种矛盾相互交织的时候，有一个相对比较客观、公正的力量介入，对参加选举的各方都是一个监督和约束，有利于选举的依法顺利进行。村民委员会选举观察员制度，比较好地借用了现有的人力资源，但对观察员队伍的培训一定要严格，要规范其工作的方式、程序，让观察员知道应该做些什么，不应该做什么，遇到问题怎么处理。

（6）加强群众监督，充分发挥村民、村民代表和村民代表会议的监督作用。人数较多或者居住分散的村，可以推选产生村民代表，由村民委员会召集村民代表开会，讨论决定村民会议授权的事项，以充分发挥群众的监督作用。

3. 城市社区居委会的选举工作

居民委员会由主任、副主任和委员 5～9 人组成。多民族居住地区，居民委员会中应当有人数较少的民族的成员。居民委员会的组成人员，由选举产生。年满 18 周岁的本居住地区居民，没有被剥夺政治权利的，不分民族、种族、性别、职业、家庭出身、宗教信仰、教育程度、财产状况、居住期限，都有选举权和被选举权。

居民委员会的组成人员，由本居住地区全体有选举权的居民或者由每户派代表选举产生；根据居民意见，也可以由每个居民小组选举代表 2～3 人选举产生。

居民委员会每届任期 3 年，其成员可以连选连任。

（1）社区居委会选举的原则

1）差额选举原则。社区居委会主任、副主任及委员正式候选人人数应多于应选人数。选举时，由选民对候选人直接进行差额选举，不得先选委员，再从委员中选举产生主任、副主任。

2）竞争择优原则。在社区选举委员会的统一组织下，可以开展组织介绍和候选（竞选）人自我介绍等竞选活动，社区居委会主任、副主任及委员的参选（竞选）人都要向选举会议进行治居演说，回答居民的提问，以让选民在充分了解的基础上真正做到好中选优，把热心为居民服务的人选进居委会。

3）无记名投票原则。设立秘密写票处，实行无记名投票，投入指定的密封票箱，保证选民按照自己的意愿填写选票。

4）公开、公平、公正原则。选举中要做到推选选举委员会组成人员过程公开，选民资格公开，选民名单公开，候选人条件公开，选举工作人员名单公开，选举时间和地点公开，唱票及计票公开，选举结果公开。任何组织和个人都不得干扰选举工作，不得侵犯选民的民主选举权利。

（2）社区居委会选举的基本程序

1）成立选举组织。选举期间，县（市）、区和街道（镇）应分别建立选举工作指导小组，摸清本辖区内人口（包括居住一年以上的暂住人口）状况、选民数量和分布情况，拟定选举工作方案，使选举工作既符合法律要求，又结合本地区社区建设的实际。各社区要召开居民代表会议或组织居民小组推选产生社区选举委员会，以负责组织本社区的选举工作。选举委员会由 5～7 人组成，选举委员会成员被确定为居委会成员正式候选人（竞选人）后，不再参加选举委员会工作，由本届居民代表会议或居民小组另行推选人员，补足缺额。

本届社区居民小组会议在选举社区选举委员会的同时，选举新一届社区居民代表和社区居民小组长。居民小组会议由本届社区居民小组长召集和主持，本组 18 周岁以上的社区居民参加，按照简单多数的原则，采用无记名投票的方法进行选举，并以社区选举委员会的名义分别发布公告。

2）确定选举形式。社区居委会由主任、副主任、委员 5～11 人组成，其中妇女应当有适当名额。要充分尊重少数民族的政治参与意愿，充分发挥其在社区建设中的作用。主任、副主任及委员的产生可根据社区的民情和社区居委会干部队伍状况，采取居民代表会议选举、户代表会议选举和居民会议选举 3 种选举形式。上述 3 种形式均要有过半数以上人员参加，会议才能举行。会议形成的决定，须由会议出席人过半数通过方能生效。

3）选民资格及选民登记。对“户在人不在”或“人在户不在”的社区居民，其选民资格由各地根据居民自治的原则决定，可采取“登记选民”和“选民登记”相结合的方法进行选民登记。

4）候（竞）选人条件及其产生。候选人可由本届社区党组织或选举委员会根据各职位候选人条件提出初步人选。选举委员会要召开居民会议，审查确认正式候选人资格。采取无候选人一次直选的社区，由竞选人根据居委会成员的任职条件自主报名，选举委员会组织资格确认。

5）投票选举。社区选举委员会提名的监票人、唱票人、计票人，应当经过选举大会举手表决通过。正式候选人及其配偶、直系亲属不得担任监票人、唱票人、计票人。投票箱应当当众验箱，加贴封条。投票结束后，应当场公开唱票、计票，公布选举结果并颁发当选证书。

6）总结完善。新一届社区居委会选举产生后，原社区居委会成员应当在规定时间内，将公章、办公场所、办公用具、集体财务账目、固定资产、工作档案、债权债务及其他遗留问题等，移交给新一届社区居委会。移交工作由所在街道办事处（镇政府）主持。新一届社区居委会应结合本社区实际，制定 3 年任期目标规划，将居委会成员分工及所负责的工作制度等向居民公开，设置居民意见箱，便于居民联系和监督。对新当选的社区居委会成员进行培训，使其尽快适应和开展工作。新一届社区居委会主任应在上任一个月内将居民自治制度执行情况向居民会议报告。

任务四　指导协助业主委员会的选举

任务描述

业主委员会是业主大会的执行机构，担负着召集业主大会会议、代表业主与业主大会选聘的物业服务企业签订物业服务合同、及时了解业主与物业使用人的意见和建议、监督和协助物业服务企业履行物业服务合同以及监督管理规约的实施等重要职责。目前，法律法规的不完善使有关业主委员会选举程序的争议日渐增多，而业主委员会的“难产”又进一步影响了物业服务合同的签订和业主的生活质量。无疑，完善业主委员会的选举程序是维护业主合法权益的必由之路，是顺利推行物业管理制度的前提。

任务实施

怎样召开业主大会？成立业主委员会需要经过哪些步骤？

物业管理区域内，已交付使用的专有部分占建筑物总面积过半数且占总人数过半数，选举产生业主委员会。

成立的步骤是：提出申请，成立筹备组。

（1）由建设单位书面告知或由一个物业管理区域5个以上业主联名提出书面申请。

（2）经审查后，对符合条件的，指导成立业主大会筹备组。筹备组由业主代表、建设单位代表组成，其成员应为不超过15人的单数。必要时，可邀请所在地街道办事处、派出所的代表列席。筹备组报名及成员名单必须在本物业管理区域内公示7日征求业主意见。

（3）筹备组在召开业主大会前需完成的筹备工作：筹备组负责起草《业主大会议事规则》、《管理规约》草案和《业主委员会选举办法》，并公示7日，广泛征求业主意见；筹备组负责确认业主身份及其在业主大会上的投票权，并将结果告知全体业主；筹备组可以以幢、单元、楼层为单位成立业主小组，并可推选小组代表出席业主大会；筹备组负责审查业主委员会候选人的资格，业主委员会候选人可采用自荐、业主联名推荐、筹备组商议等方式产生，候选人报名及确认后必须公示7日，广泛征求业主意见。

业主认为有必要补充推荐候选人的，可由10人以上联名提出符合条件的候选人，名单必须在业主大会召开7日前提交筹备组并由其公示7日征求全体意见。

（4）筹备组负责召开业主大会。业主大会的召开必须提前15日在本物业管理区域内公示业主大会地点、会议程序、需要业主投票表决的事项；业主大会审议通过《业主大会议事规则》和《管理规约》，选举产生首届业主委员会委员，业主委员会应当是5～15人的单数；筹备组应当事先将业主大会的内容和召开方式告知区物业行政主管部门和所在地街道办事处；筹备组必须保管好筹备业主大会的所有档案、资料；业主委员会应当自选举产生之日起3日内召开业主委员会委员会议，推荐产生业主委员主任1人，副主任1～2人；首次选举产生的业主委员会，全体委员的名单必须在本物业管理区域内公示7日听取业主反映，并在选举产生之日起30日内向物业所在区物业行政主管部门书面申请备案，书面申请包括成立过程和备案理由，同时，将选举结果告知所在地的街道办事处；业主委员会在自物业行政主管部门同意备案之日起正式履行其职责。

（5）召开业主大会后的备案工作。物业行政主管部门同意备案后，出具《××市业主委员会备案登记表》和《刻章证明》；业主委员会凭《××市业主委员会备案登记表》和《刻章证明》到公安部门办理刻章手续。

备案材料包括：业主或建设单位向区局递交成立业主委员会的报告、业主大会筹备组的请示；成立申请中应含物业区域基本情况（四界、门牌、占地面积、建筑面积、开发建设单位、物业管理单位、入住率、总幢数、总户数）；业主大会筹备组成立过程资料（筹备组报名公示、报名表、筹备组组成人员公示及所有公示照片，筹备组会议记录）；物业区域内业主清册及汇总表；业主大会业主代表产生过程资料（含业主代表报名公示、报名表、业主代表组成人员公示及所有公示照片）；《业主大会议事规则》、《管理规约》草案及选举办法（含公示内容及照片）；业主委员会委员候选人产生过程资料（含业主委员会候选人报名公示、报名表、业主委员会候选人公示及所有公示照片），业主委员会候选人基本情况介绍；召开业主大会资料（含提前 15 天召开业主大会公示、会议流程、会议记录、选票样本、所有公示及会议照片）；召开业主大会通过的资料（含业主委员会候选人、《管理规约》、《业主大会议事规则》选票的统计结果，业主委员会成员及分工名单公示，业主委员会组成人员基本情况表，《管理规约》、《业主大会议事规则》通过稿及公示，所有公示照片）；业主委员会备案书面申请书。

任务引导

思考一下，小区的业主委员会该如何成立？

基础知识

1．业主委员会的性质和地位

业主委员会由业主大会依法选举产生，履行业主大会赋予的职责，执行业主大会决定的事项，接受业主的监督。业主委员会是在物业管理区域内代表全体业主对物业实施自治管理的组织，对业主大会负责并报告工作，不享有自治管理规范订立权。

业主委员会的职责：召集业主大会会议，报告物业管理的实施情况；代表业主与业主大会选聘的物业管理企业签订《物业服务合同》；及时了解业主、物业使用人的意见和建议，监督和协助物业管理企业履行《物业服务合同》；监督《管理规约》的实施；业主大会赋予的其他职责。

2．业主委员会的选举工作

业主委员会由 5～11 人单数组成。业主委员会委员应当符合下列条件：具有完全民事行为能力；遵守国家有关法律、法规；遵守《业主大会议事规则》、《管理规约》，模范履行业主义务；热心公益事业，责任心强，公正廉洁；具有一定的组织能力；具备必要的工作时间。

业主委员会委员实行任期制，每届任期不超过 5 年，可连选连任，业主委员会委员具有同等表决权。业主委员会应当自选举之日起 7 日内召开首次会议，推选业主委员会主任和副主任。

业主委员会的选举奉行国家有限干预原则，即在业主委员会选举程序中，应尽量发挥业主和业主大会的作用，只有在前者凭自身能力无法推进选举程序时，国家方可介入。

确立国家有限干预原则的根据在于：业主的选举权与被选举权来自其对房屋拥有的建筑物区分所有权，而建筑物区分所有权属于私有财产权。根据《中华人民共和国宪法》的规定：“公民的合法的私有财产不受侵犯。”因此，国家不宜过度介入业主委员会选举程序。为防止业主委员会的选举被物业服务企业、部分业主或任期已经届满的业主委员会所操纵，《物业管理条例》规定物业所在地的区、县人民政府房地产行政主管部门或者街道办事处、乡镇人民政府有权对业主委员会的选举实施指导。

业主委员会委员候选人名单、投票时间、投票地点、计票规则等与业主委员会选举相关的事项都应当以适当方式向全体业主公开。选举中要做到推选候选人过程公开，选举权资格公开，候选人条件公开，筹备组成员名单公开，选举时间和地点公开，唱票及计票公开，选举结果公开。

在业主委员会筹备组的统一组织下，可以开展组织介绍和候选（竞选）人自我介绍等竞选活动，业主委员会委员的参选（竞选）人都要向业主大会进行竞职演说，回答业主的提问，以让业主在充分了解的基础上真正做到好中选优，把热心为业主服务的人选进业委会。

业主委员会选举投票采用记名投票，业主投票时须出具身份证和选举证，经核对业主投票权清册后方可投票。为便于核对已投票权数，业主大会筹备组工作人员须记录业主已投票情况。

业主委员会的选举由上一届业主委员会主持。第一届业主委员会的选举依照相关规定成立首次业主大会筹备组，指导、监督业主委员会的选举工作。筹备组由 5 名成员组成，其中社区工作站或社区居民委员会、建设单位代表各 1 名，业主代表 3 名。

首次业主大会的业主投票权按照业主拥有的产权面积确定，按每 10 平方米为一个投票权，不足 10 平方米的按四舍五入计算。每一投票人在一次选举中只有一次投票权。投票前须进行业主产权登记，并确认业主身份，形成业主投票权清册；业主投票权清册须在投票前公示。业主登记产权时需出示房产证或购房合同。筹备组应当在确认业主身份后发放业主委员会选举证。选举证应当写明业主姓名、性别、住址、有效的联系方式及拥有的投票权数等基本内容。业主收到选举证须签收。选举证用于业主大会事务中核实业主身份和领取选票。

代表 10%以上表决权的业主有权推荐 1 名候选人；代表的表决权每增加 10%，可增加 1 名候选人；业主委员会委员是下一届业主委员会委员候选人。

首次业主大会选举业主委员会的，代表 10%以上表决权的业主推荐的候选人应在业主大会举行之日 2 日以前持代表 10%以上表决权的业主联名推荐的推荐信，证明有 10%以上表决权的书面文件，本人的身份证明、简历和联系方式向建设单位申请候选人登记；业主委员会换届选举的，代表 10%以上表决权的业主推荐的候选人应在业主大会举行之日 2 日以前持前述文件向业主委员会申请候选人登记。候选人逾期申请登记的，建设单位或业主委员会有权拒绝登记。建设单位或业主委员会受理候选人的登记申请的，应向申请人出具已经登记的证明。

筹备组或业主委员会应在选举日 15 日以前向全体业主送达选票。选票以产权人为单位，一个产权人一张选票；产权共有的，共有人共用一张选票。筹备组或业主委员会应按每一位候选人申请候选人登记的时间顺序安排各候选人向业主大会作不超过 5 分钟的竞选演说。各候选人完成竞选演说后，筹备组或业主委员会应及时提请业主大会对该候选人进行投票。

因故不能举行业主大会的，筹备组应在选举日 15 日以前发出受理候选人登记申请和申请候选人登记期限的公告；业主委员会应在任期届满 15 日以前发出受理候选人登记申请和申请候选人登记期限的公告。（申请候选人登记期限期满，筹备组或业主委员会应将符合申请登记条件的全体候选人的身份证明、简历、联系方法，选举业主委员会的日期、选票，以公告或其他方法送达小区全体业主。）

所得赞成票数排名在前的候选人当选为业主委员会委员。

下列事项，建设单位或业主委员会应当委托公证员予以公证：申请候选人登记的申请人申请登记时持有的文件；在申请候选人登记的期限期满前申请候选人登记的申请人名单；在规定的期限前送达的选票数；在选举日收回的选票数。

3．政府部门在业主委员会选举中的作用

物业所在地的区、县房地产行政主管部门和街道办事处、乡镇人民政府负责对设立业主大会和选举业主委员会给予指导和协助，负责对业主大会和业主委员会的日常活动进行指导和监督。各地区也颁布地方法规规定，规划、土地、建设、城管、价格、民政、环保、水务、工商行政管理、园林等主管部门按照各自职责协同实施。街道办事处、乡（镇）人民政府指导、协助本辖区内业主大会成立及业主委员会的选举工作，指导、监督业主大会和业主委员会的日常活动，配合调解处理物业管理中的投诉，协调物业管理与社区管理、社区服务的关系。

从这些规定中，我们不难看出民政部门在业主委员会选举中的作用是非常重要的，它对于业主委员的会合法产生提供了行政保障。

讨论题

认识业主、物业公司、开发建设单位、居民委员会、政府主管部门之间的关系。

项目五 开展民政工作与建设基层社区

项目概述

社区是指聚居在一定地域范围内的人们所组成的社会生活区域。民政部门要充分发挥主管部门的职能作用，搞好综合协调和服务。

本项目要求学生通过学习，熟悉社区的基本含义，了解社区建设的历史背景，认识社区建设的重要意义，掌握新形势下社区建设的基本方法。

背景介绍

村落、城镇和城市是人类共同经营社会生活时给大自然留下的主要印记。从严格的意义上说，人类的集体生活要先于与一定地域和聚落相联系的社区生活，相对固定居住习惯的养成和修造人工住所能力的拥有只为社区的形成奠基了基础。农业聚落的形成才是具有相对完整意义的社区生活的开始，城镇社区等都是在农业社区的基础上成长起来的。20世纪初，在英法美等国，出现了“睦邻运动”，其核心在于加强社区成员之间的友善、培养社区成员的自治精神，这可以视为社区建设和社区发展的初始形式。在第二次世界大战以后，经联合国倡导，社区建设已引起了世界各国的重视，最终成为一项世界性运动。自20世纪中叶以来，复兴社区逐渐成了一股世界性的趋势，但随着大众社会的兴起，社区之间的不同在标准、价值和行为上已经降低到相当的程度，社区理论和研究也就衰落了。到20世纪70年代，社区社会学又到其复兴阶段，人们终于发现，“社区”与“社会”这两个概念，是理解现今社会的很好的钥匙。人们认识到，必须通过再认和重建社区，去努力发现、描述并理解在大众社会和当地社区之间的交互作用。社区建设因受到越来越多的国家、政府和非政府组织的欢迎和推广而得到迅速发展。回归社区已成为人们发自内心的呼唤，对于社区建设的重视也汇成一股世界潮流。

任务一　了解邻里相助、患难相恤与和谐社区建设

任务描述

了解邻里相助、患难相恤，认识我国社区建设的基本情况。

社区建设，一要把服务居民、造福群众作为和谐社区建设的出发点和落脚点，把居民群众满意不满意、高兴不高兴作为想事情、做工作的标准。二要把建设管理有序、服务完善、文明祥和的社会生活共同体作为和谐社区建设的基本目标，建立健全社区组织，完善社区服务体系，优化社区环境，实现居民邻里间的和睦相处。三要把统筹推进城乡社区建设作为和谐社区建设的重要方针，推进城乡社区交流与合作，形成以城带乡、以乡促城、优势互补、共同提高的城乡社区和谐发展新格局。四要把体制机制创新作为和谐社区建设的根本动力，把创新贯穿于和谐社区建设的各个环节、各个领域，构建党委领导、政府负责、民政部门组织协调、相关部门协同配合、社会力量广泛参与的工作格局。五要把加强以社区党组织为核心的社区组织体系和社区工作者队伍建设作为和谐社区建设的基础保证，发挥社区党组织在和谐社区建设中的领导核心作用，培养和造就一支政治可靠、业务过硬、作风扎实、结构合理的社区工作者队伍。

任务实施

社区建设工作涉及方方面面，必须切实加强组织领导，做到思想上高度重视、工作上强力推进、政策上大力支持，扎扎实实地把社区建设的各项工作任务落到实处。

（1）制定规划　规划的核心是明确工作思路、指导思想、目标任务，提出落实措施。制定规划要有前瞻性，立足长远，实施规划要有计划性，有步骤地分步实施。

（2）改革创新　要以改革创新的精神来推动社区建设工作。社区建设作为一项职能由民政部门主管，这是一个新生事物，是一项开创性的工作，推动这项工作要有改革意识、创新意识和超前意识。农村包产到户引发的改革是从安徽小岗村开始的，民主选举村民委员会的改革是从广西宜山、罗城农村开始的，非常不易。社区建设也一样，它是对原有计划体制下城乡基层管理体制的改革。

（3）体现特色　各个社区的区域位置、发展水平、工作基础有一定区别，在实践探索中，可以有多种模式，积极创造出符合自己实际的路子。推进社区建设要借鉴国外先进经验，符合中国国情，体现地方特色。只有这样，社区建设才能具有生命力和活力。

任务引导

（1）社区建设的基本概念。

（2）中国建设和谐社区的背景。

基础知识

1. 邻里相助

子女上班了，家中需要照料的老人怎么办？老人退休后，如何帮助他们走出寂寞？请护理员为老人服务到“家”、鼓励老人去社区托老所结伴解“闲愁”……上海“居家养老”服务体系的建立，使138个街道（乡镇）每月有5000多位老人得到服务。在中国，随着市场经济秩序的逐渐完善、各级政府服务意识的不断强化，社区建设越来越体现出互助、合作的关系和自理、自治的能力，这直接涉及社区的基本功能，关系到城市建设中“人文关怀”水平的提高。

邻里之间守望相助是中华民族的传统美德。《孟子·滕文公上》：“死徙无出乡，乡由同井，出入相友，守望相助，疾病相扶持，则百姓亲睦。”这句话反映了孟子的一种社会理想：老百姓无论埋葬或搬家都用不着背井离乡，在家乡同耕一块田地，大家都和睦、友好地相处，防守盗贼也互相帮助，一家有病人，大家共照顾。从此，“守望相助”就成了一句成语，表示人们彼此关心、相互帮助。冰心在《寄小读者》一文中就说：“他们知道自己的弱小，常常是守望相助。”

良好的邻里关系，能促进社会和谐。其实，美好的生活总是少不了一个好的生活环境，而好的环境中更重要的是人际环境。孟母三迁，讲的就是这个意思。《南史·吕僧珍传》记载有“一百万买宅，一千万买邻”的故事，这个历史典故说明自古“邻里关系”就是生活环境的重要组成部分。

在城市，社区被称为“社会细胞”、“百姓家园”、“执政基础”。构建和谐社区是构建和谐社会不可分割的重要组成部分。随着城市现代化步伐加快，高楼大厦取代了老的居民院所，新型住宅小区打破了原有的同一单位职工住在同一区域的模式，加上生活节奏加快、社会竞争压力越来越大，致使居民生活条件虽然改善了，但是人与人之间的距离却似乎越来越疏远了，有的相邻多年却素不相识，同住在一个楼里却老死不相往来。孤独、寂寞、郁闷等心理疾患在一些大都市人口中远比农村发病率高。人与人之间缺乏沟通，没有沟通就没有相互信任、相互理解，遑论和谐。邻里之间守望相助，是中华民族优秀传统文化的一部分。一方有难，八方支援；一家有难，众人相帮……这样的中华传统与我们血脉相连。当前，构建和谐社会已经成为全国上下共同的目标。创建文明和睦的邻里关系，是构建和谐社会的重要组成部分。

那么在构建和谐社区的过程中，邻里相助发挥了什么作用呢？

（1）倡导和谐理念，可以培育和谐的社区文化，营造睦邻友好氛围。社区内一般存在多个单位、住宅区，结构较为复杂，人际、群际关系松散，难免会产生一些摩擦或矛盾。消除摩擦、化解矛盾虽然可依靠法律法规或政府部门力量，但依此方式解决往往比较生硬，难以做到人性化，有时还易引发其他矛盾等不和谐因素；而社区文化作为社区居民在长期的生活居住过程中表现出来的一种精神状态，其所形成的共同思想、作风、价值观和行为准则，具有非常明显的社区个性信念和行为方式，必会对融洽社区人际关系、凝聚社区力量、消除社区矛盾起到很好的调剂作用。目前，我国政治昌明，经济繁荣，人民安居乐业，社区文化亦日趋完善和欣欣向荣，出现了一个前所未有的好局面。培育和谐的社区文化，要用社会主义核心价值体系引领社区文化建设，以倡导睦邻理念，培育和谐精神来形成邻里之间相互关爱、相互体谅、尊重差异、包容各样的社区氛围，形成“我为人人，人人为我”的精神境界和以奉献为荣的价值观，营造与邻为德、与邻为善、与邻为亲、与邻为乐的邻里氛围，让“社区”这个平台搭起邻居间友谊的桥梁，搭起莫逆之交的邻里融洽关系。

（2）整合资源，能够激发社区居民参与热情，共建和谐社区。我们所倡导的和谐邻里，既包括居民群众之间的和谐关系，亦包括居民群众与驻区单位、社会组织之间的和谐友好关系。驻区单位、社会组织和居民本身就有一种共生共荣关系和相互依赖的需要。只有充分调动社区所有群体参与共建，使社区居民把单位目标、个人目标与社区建设目标有机地整合在一起，才能实现共建各方互助合作与互利互赢。

当前，社区建设面临着许多矛盾和问题，具体表现是参与人群以中老年和退休无职人员为主，青壮年和在职者明显偏少；参与方式以集体组织较多、自发志愿较少；活动方式以宣传表演多、实体活动少，存在走过场、效果不明显的问题。我们应该充分发挥社区居委会、其他社区组织、社区中介组织和各类“社区小社团”的作用，让这些正式、非正式的社区组织共同合作，建立各级各类志愿服务组织和普遍的社区居民志愿服务项目，倡导志愿服务理念。

（3）丰富和谐邻里创建活动的内容和形式，构筑良好的社区人文体系。要坚持贴近社区、贴近群众、贴近生活的原则，开展形式多样让群众乐于接受、乐于参与的睦邻活动。通过和谐邻里活动，为社区居民创造沟通的机会和平台，引导社区居民相识相知、互敬互爱，让陌生的邻居熟悉起来、让疏远的邻居亲近起来、让寂寞的楼门热闹起来。

推广“邻居节”，让邻里之间搭建交流和沟通的平台，可以提高邻里团结互助的意识，增强社会关系的内部调节能力，低成本化解社会矛盾，为建设和谐社会创造重要条件。例如，开展邻里美食比赛，邻里好媳妇、好儿女评选活动，邀请宠物专家义诊倡导文明养宠等。把社区志愿者活动、邻里互助活动、党员先进性教育活动、居民自发组织的活动紧密结合起来，吸引群众广泛参与，使和谐邻里创建活动常做常新，取得实效。

在和谐邻里创建活动中，应充分发挥党员干部的先锋模范作用，争当楼栋长，组建楼栋理事会，参与业主委员会选举，开展扶贫“一帮一”结对子助弱献爱心活动。

利用社区文化广场、社区舞台及社区各类文化设施，持续、深入地开展丰富多彩、群众喜闻乐见的文化体育活动，丰富群众业余文化生活。

2．患难相恤

患难相恤是指遇到患难彼此互相救助，甚至不惜生命。中华民族历来有扶贫济困、乐善好施的优良传统。早在西周时期就有赈贫、恤贫、济穷乏的记载，以后各朝代对鳏寡孤独废疾者多采取国家收养的方式。我国宪法规定：中华人民共和国公民在年老、疾病或丧失劳动能力的情况下，有从国家获得物质帮助的权利。这说明公民在维持不了基本生活时可以获得国家的救助，体现了公民基本生存权。广大民政工作者则本着上为国家分忧、下为百姓解愁的宗旨，在保障贫困者基本生活的同时，帮助其解决困难，树立自强信念，使其摆脱贫困，走向富裕。同时民间慈善公益事业也已形成一定规模，互济互助的民间行为在中华慈善总会的领导、协调下，帮助了大量的社会弱势群体，起到了雪中送炭的作用。政府的救济行为加上民间开展的慈善公益活动，对缓解社会矛盾、维护社会稳定起了重要作用。

由于多方原因，我国城乡低收入人口为数不少，部分群众的生活还比较困难。每年因各种灾害需要救助的有上亿人次，还有大量残疾人、五保老人和孤儿需要扶助。解决他们的生活困难，保障他们的基本生活，是各级政府、各级民政部门的重要职责。加强患难相恤、扶贫帮困，切实解决好城乡困难群众基本生活问题，让他们共享改革发展成果，是我党执政为民的具体体现，是社会保障的最后一道防线，也是平衡不同群体利益关系、促进不同收入阶层和谐共处、构建社会主义和谐社会的要求。

3. 和谐社区建设

社区是社会的基本单元，是人们休憩的港湾、安居的乐园，社区和谐是社会和谐的基础。加强社会管理的重心在社区，改善民生的依托在社区，维护稳定的根基在社区。我们应该努力把社区建设成为管理有序、服务完善、环境优美、治安良好、生活便利、人际关系和谐、各个社会群体和谐相处的社会生活共同体。

随着工业化、信息化、城镇化、市场化、国际化的深入发展，我国正处在社会结构深刻变动、利益格局深刻调整、思想观念深刻变化的重要时期，社区日益成为各种利益关系的交汇点、各种社会矛盾的集聚点、社会建设的着力点和党在基层执政的支撑点。大量“单位人”转为“社会人”，同时社会流动人口增加，加上教育、管理工作存在一些薄弱环节，致使人口的管理相对滞后，迫切需要建立一种新的社区式管理模式。随着国有企业深化改革、机构改革，企业剥离的社会职能和政府转移出来的服务职能，大部分落到了城市社区。建立一个独立于企业事业单位之外的社会保障体系和社会化服务网络，显得尤为重要。

社区建设是对社区工作的总体概括，是指在党和政府的领导下，依靠社区力量，利用社区资源，强化社区功能，解决社区问题，促进社区政治、经济、文化、环境协调和健康发展，不断提高社区成员的生活水平和生活质量的过程。

（1）社区建设的基本原则　①以人为本、服务居民。坚持以不断满足社区居民的社会需求，提高居民生活质量和文明程度为宗旨，把服务社区居民作为社区建设的根本出发点和归宿点。②资源共享、共驻共建。充分调动社区内机关、团体、部队、企业事业组织等一切力量广泛参与社区建设，最大限度地实现社区资源的共有、共享，营造共驻社区、共建社区的良好氛围。③责权统一、管理有序。改革基层社会管理体制，建立健全社区组织，明确社区组织的职责和权利，改进社区的管理与服务，寓管理于服务之中，增强社区的凝聚力。④扩大民主、居民自治。坚持按地域性、认同感等社区构成要素科学合理地划分社区；在社区内实行民主选举、民主决策、民主管理、民主监督，逐步实现社区居民自我管理、自我教育、自我服务、自我监督。⑤因地制宜、循序渐进。坚持实事求是，一切从实际出发，突出地方特色，从居民群众迫切要求解决和热切关注的问题入手，有计划、有步骤地实现社区建设的发展目标。

（2）社区建设的主要目标　①适应现代化的要求，加强社区党的组织和社区群众性自治组织建设，建立起以地域性为特征、以认同感为纽带的新型社区，构建新的社区组织体系。②以拓展社区服务为龙头，不断丰富社区建设的内容，增加服务的发展项目，促进社区服务网络化和产业化，努力提高居民生活质量，不断满足人民群众日益增长的物质文化需求。③加强社区管理，理顺社区关系，完善社区功能，改革基层管理体制，建立与社会主义市场经济体制相适应的社区管理体制和运行机制。④坚持政府指导和社会共同参与相结合，充分发挥社区力量，合理配置社区资源，大力发展社区事业，不断提高居民的素质和整个社区的文明程度，努力建设管理有序、服务完善、环境优美、治安良好、生活便利、人际关系和谐的新型现代化社区。

案例阅读

厦港街道东依千年古刹南普陀寺和百年名校厦门大学，南止演武大桥，西望海上花园鼓浪屿，北靠万石植物园五老峰。辖区内有厦门理工大学、国家海洋三所等高等院校、科研单位，还有党政机关、驻军及企事业单位共100多个，是厦门市思明区政府办公所在地。辖区面积1.76平方公里，常住人口近4万人，下设7个社区居委会。街道在2005年和2006年连续两年被评为“全国和谐社区建设示范街道”。2007年，厦港片区有两个楼道被评为厦门市“十佳文明楼院”。这些成绩，都体现了社区教育在构建和谐社会中起到的巨大作用。2007年的秋天，还是厦港街道和谐邻里活动收获的季节：厦港街道办事处、下沃社区和南华社区都获得“全国创建和谐邻里先进单位”的奖励；下沃社区73111部队第一干休所的孙念祥老人，获得了先进个人的称号。

一、在爱中体现邻里真情

和谐邻里、和谐社区、和谐社会都离不开社会成员的那颗爱心，而爱心的由来需要居民素质的提高。一个缺少爱的社会是冷漠的、没有前途的社会，一个缺乏爱心的人是孤独无助的、与社会分离的人。厦港街道的社区教育就紧紧围绕“以人为本”的社区服务理念，教育辖区居民，用“爱心”换“真心”，用爱创建和谐邻里、和谐社区。

1．塑造品牌，享誉央视“夕阳红”

厦港街道下沃社区首创的“十代三帮”（代看门户、代送报纸、代送煤气、代烧开水、代买菜做饭、代修电器、代看孩子、代送幼儿入托、代找房出租、代上门收垃圾，帮找保姆、帮找对象、帮看护病人）社区便民服务活动，营造了一种温馨的社区互助合作氛围，在全国产生了一定影响，被央视“夕阳红”编辑为专题节目在中央电视台播出，并被市民政局评为“社区建设十佳创意奖”。随着时代的变迁，厦港街道又赋予“十代三帮”新的内容与内涵，进一步创造性地开展了“爱心联动在厦港”系列社区服务活动，内容涉及扶老助困、家庭教育、医疗保健、劳动就业等和谐社区建设的各个领域，通过各个社区市民学校教学点开展的“爱心为党旗添光彩”、“爱心伴你成长”等12个系列活动，以及社区居委会开展的“五百”活动（串百家门，知百家情，管百家事，解百家难，暖百家心），从立足构建“和谐社区”的高度，让邻里在社区教育活动中互帮互助，使社区市民学校成为居民的温馨之家。“爱心联动在厦港”成为了厦港街道一个社区教育的品牌，得到广大居民群众的积极响应并产生共鸣：社区卫生服务中心的党员志愿者定期上门为社区特困居民、老人免费体检；区人大代表、辉宏达发展公司总经理陈建辉，在企业发展时不忘回馈社会，建立高帝助学慈善基金，连续4年每个学期都拿出资金资助困难家庭学生（近300人次）交纳学费，累计资金十几万元；居民庄锡珠自己出资购买消防灭火器捐赠社区，支持和谐创建活动；部队离休老干部孙念祥自办花卉科普基地教育下一代；退休教师郭鹏传开展义务家教服务……在社区教育的影响下，社区逐步形成了一种“我为人人，人人为我”的新型人际关系。厦港街道的“爱心联动在厦港”活动被表彰为“全国和谐社区建设自主创新奖”。

2．凝聚民心，弘扬志愿者奉献精神

针对社区群众生活中出现的需求，社区市民学校将一些愿意为别人提供服务的热心人组织起来，架起一座服务需求者与志愿服务者之间的桥梁。这些志愿者在社区教育的旗帜下聚集起来，从大学生到小学生，从企业家到低保户，从军人到退休老人。他们走街串巷，为困难群众、优抚对象、社区单位和居民提供无偿和低偿服务。邻里互助服务便利了百姓生活，培育了邻里亲情，广大群众从一桩桩小事中感受着雷锋精神的光和热，亲切地称这些志愿者为“小巷雷锋”。在“小巷雷锋”的带动下，更多的受益者变为奉献者。

3．整合资源，拓展社区服务功能

街道市民学校整合了社区资源，建立起单位、家庭、街道和共建单位“四结合”的社区服务工作网络，把“爱心联动在厦港”当成社区教育的一项重要活动，使之成为面向所有对象、覆盖不同层次、满足各类需求的社区服务活动。一是联合辖区学校开展大学生与中、小学生“一助一”家教帮扶活动，干休所军医免费为社区老人、儿童体检等群众性精神文明服务活动，这些活动得到社区单位、党组织、职工、群众的拥护、支持和积极参与。二是同驻厦海军政工科、73111 部队干休所、空军驻厦办、武警消防中队等部队携手开展军民共建、社区服务联动等活动。社区教育发挥了以街道牵头，以居委会为依托，部队和辖区单位共同参与的社区服务作用，共同开展军地社区服务活动，共同开展创建文明安全小区、文明单位、文明楼院和争当文明市民活动，如举办科普、法制夏令营，洁净家园等活动。在社区教育的推动下，厦港街道的军民在创建文明城市、抗击台风、处治突发事件等工作中，不畏艰难，冲锋在前，共同唱响了一曲曲军民鱼水情、共建温馨社区的和谐之歌。

4．扶贫济困，提升社区向心力

厦港街道市民学校与街道再就业中心、民政部门等联手，整合社区资源，开展家教援助、庇护救助、就业援助、法律援助、医疗援助、实物救助和邻里互助“七位一体”的社会援助活动。为实现社区成员和谐相处，街道还建立了“三解”工作机制。一是在经济上“解困”，设立下岗职工培训点，定期为社区“4050”人员提供业务技能培训。依托社区就业示范点建设，通过鼓励灵活就业、举办技能培训、多方联系企业经常举办就业推介会等促进再就业的方式，为他们荐岗、腾岗、送岗和开发就业岗位。二是在生活上“解难”，充分发挥街道“爱心超市”这一窗口的作用，抓好帮扶和慰问工作，重点帮助老年人、残疾人员和困难群体等解决日常生活中遇到的困难。街道 2007 年共发放城市最低生活保障金 3785 户次，8554 人次，发放总金额达 118 万元。为解决社区独居老人托老问题，街道把 1353 平方米的自有产权拿出来开办了医疗保健托老院，有 90 多位独居老人在此寄托。全力做好“安康计划”，有 90 名老人享受了政府购买医疗、家政服务。三是在思想上“解惑”，发挥街道市民学校和心理咨询室等载体作用，有针对性地帮助他们解决思想上的困惑，提高他们对新形势的认识，增强其实现自我价值的信心。

二、在文化中促进邻里和睦

深厚的闽南文化传统赋予了厦港片区邻里之间相互帮助、积极向上的文化渊源。在此基础上，厦港街道市民学校把文化教育建设作为一个载体来促进邻里关系和睦，以健康向上的文体活动密切社区成员关系，丰富居民群众的精神生活，提高居民的文明素质。

1. 夯实基础，扩大文化建设阵地

街道有市民学校1所，7个社区居委会均有市民学校教学点，2009年还在下沃社区成立了市社区科普大学示范点。这些学校面向辖区居民开放，制定有完整的教学课程，邀请专家教授定期进行授课。各种文化学习、交流都在这里进行。同时街道还加大了街道、社区的图书、文化活动场所建设。街道除自建3间图书室和3处综合文体活动的社区服务活动中心（老人活动中心）外，还积极打破单位封闭格局，拉开资源共享序幕。例如，利用厦门理工学院、第一干休所、国家海洋三所、华侨博物馆、华侨中学等辖区单位的文化活动场所，建立科普基地、体育场所和图书阅览室。现街道图书馆建筑面积达2324平方米，总藏书149732册；有多功能的室内文化活动场所8处、科普教育示范点3处。街道在73111部队干休所办起了老年大学，长年开设花卉班、书画班、音乐班、舞蹈班等，这些活动场所都向社区群众开放。居民们在文化学习当中更新了思想观念，人们的精神状态和精神面貌焕然一新。许多原来互不相识的人也在这里渐渐熟悉起来，成了朋友，更把这种交流从学校带到了日常的生活中。文化教育凝聚了大家、带动了大家，文化教育让居民之间的隔阂与淡漠逐渐消失，让邻里更加和睦，社区更加和谐。

2. 丰富载体，倡导健康向上的生活格调

为了提高居民素质，培养居民的社区意识，增强他们对社区的认同感，街道市民学校重视文化教育载体建设，推动学习型社区建设。厦港街道现有讲师团、社区宣传员队伍、社区教育志愿者队伍和社区文体指导员等队伍，有27支群众性的歌舞、健身操、登山、书法等文体队伍。街道还经常用群众喜闻乐见的方式，如闽南戏曲表演、歌舞演唱、文体活动、图片书画展等形式开展活动，极大地丰富了群众的业余文化生活。福海社区的南音小分队将闽南戏曲与现代先进文化相结合，把“八荣八耻”配上南音进行传唱；夏秋时节，各个社区放映的露天电影总是吸引了老老少少；文化广场活动、纳凉舞会和社区家庭才艺秀等活动更是拉近了邻里的距离，沟通了情感，让彼此的心靠得更近；在社区综合活动室里，几十种书刊杂志整齐地摆放在书架上，人们在这里安静地读书学习。现在，厦港街道辖区内乒乓球室、游泳馆、网球场等文体设施一应俱全，健身操、家庭趣味运动会等文体活动开展得热火朝天，健康向上的文体活动，让厦港居民们走得越来越近。

3. 互帮互助，推动邻里文化繁荣

终身学习是提高居民素质的途径，近年来厦港街道广泛开展“和谐楼院”、“和谐家庭”和“学习型家庭”的创建活动。“远亲不如近邻”，厦港街道就是这样引导社区邻里在学习中相识相知、互帮互助，营造社区邻里人与人、人与社区、人与自然和谐相处的氛围的。社区经常组织党员志愿者、社区志愿者为社区里的独居、孤寡老人提供“四帮一”

爱心志愿服务，建立“爱心联系卡”，让爱心充满社区。例如，“邻里互助服务日”就是让社区各类志愿者和有一技之长的社区居民，通过开展居民之间的义务便民互助服务活动，倡导邻里互帮互助，通过这些活动不断增强居民之间的沟通和交往，努力营造“邻里一家亲”的新型邻里文化氛围。

三、在特色创建中构建邻里和谐

在社区教育推动下的构建和谐邻里活动中，厦港街道注重各社区的创造性和积极性，根据7个社区不同的地理环境、人文氛围、社会基础等，因地制宜，致力打造“一居一特，一街多特”的社区教育工作格局。

1．社区“BBS”让沟通没有界限

针对社区活动参与的对象范围稍窄，以老年人和儿童偏多，而且传统的“大杂院式”的邻里交往方式已经不适应现代社会的发展，年轻的人们更希望在彼此尊重个人隐私的前提下，扩大交往、互通有无，以利于个人发展为目的参与邻里间的沟通，下沃社区利用互联网技术，创建了一个以社区互帮互助、互相交流为主要功能的社区网站。需要帮助的居民可以通过网站的平台发布求助信息，为服务需求者与志愿服务者之间架起了一座电子桥梁。同时，社区还装设了“社区爱心联动专用电话”——2089110，让不会操作电脑的居民也可以通过电话寻求帮助。每天都有居民通过下沃社区的“BBS”网站或2089110“社区爱心联动电话”，交流心得、嘘寒问暖，帮助遇到困难的邻居，共同抨击身边的不文明现象。更可贵的是，虚拟空间的讨论与现实生活的交流交织在一起，居民，尤其是年轻居民扩大了交往范围，在网上认识，在网下成为朋友。社区网络，让冷漠的邻里关系变得融洽起来。

2．“馨家园”让社区大家园更和谐

蜂巢山社区充分利用关工委的“五老”志愿者队和辖区内的老专家、老教师，组建了全市第一个“馨家园”——家庭教育义务咨询站，让咨询群体能够得到更多、更全面的家庭教育义务咨询服务。他们还以家庭义务咨询站为平台，加强与辖区中、小学的联系，与家长相互紧密沟通，构建成学校、家庭、社会“三位一体”的教育网络，为青少年健康成长营造良好的育人环境。

3．特色活动多彩纷呈

南华社区将辖内的市委老干局赤岭干休所和水务公司的老人活动场所等利用起来，组织邻里的老人成立了“社区老人乐园”；鸿山社区则将邻里们组织起来，建立了“社区教育小教室”，把居民们关心的问题收集起来，在“社区教育小教室”组织学习、讨论，如如何办理居民的“社保”、“医保”、“保障性住房”等事项的申请，街道当前的各项中心任务是什么等；巡司顶社区的“阳光之家”，发挥了社区党员志愿者作用，他们走街串巷为社区群众服务，并在“阳光之家”中学习，交流身边的好人好事，在居民心目中塑造了一名党员就是一面旗帜的良好形象。

四、在探索中完善社区和谐、邻里和谐

目前，厦港街道社区教育范畴内的“社区志愿者活动”、“爱心联动在厦港”活动和“创

建邻里”活动等项目取得了一定的成效，厦港街道也正散发着浓浓的温馨和谐之风。但是，需要清醒认识的是，邻里关系的隔阂并不仅仅是几次活动就能够打破的，新型邻里关系、和谐社区也不是短时期内就能够建立的。可以说，发挥社区教育的作用，用持之以恒的决心和行之有效的办法，长效地开展宣传教育工作更为重要。

1．继续挖掘潜力，将和谐进行到底

社区教育就是要真心真意为辖区居民办实事，要始终牢固树立“以人为本”的群众观，把群众的需求和愿望作为第一信号，把解决群众实际问题作为教育任务，把群众满意不满意作为检验社区工作的标准，要用社区教育工作者的真心和爱心去换取群众真诚的微笑。社区教育就是要整合社区资源，切实为居民办些实事、办些好事，将工作切实落到实处。例如，关注弱势群体，开展“爱心联动”，不是简单地“送”和“献”，而是要实实在在地走进群众之中，与他们一道解决他们急需解决的困难。社区教育要继续挖掘潜力，将和谐邻里工作做好、做广，因为这是惠及千家万户的实事、好事。每年搞一两次容易，但是要长期坚持，时时处处关心群众、居民的生活，让居民切实受益，可就不是一件容易的事情了，它更需要的是持之以恒的决心。要坚持以社区教育活动为载体，通过壮大社区教育队伍，将之规范为常态的教育工作。

2．深化内涵，拓展延伸活动方式

很多时候社区更侧重文艺活动，在开展活动时，只求一时的人气，在深化睦邻文化教育建设、丰富和谐文化内涵、扩大和谐影响力上的思考却还不够。各个社区可根据各楼幢、小区的具体情况，开展游园、文艺演出、便民服务、歌咏比赛、家庭趣味赛、读书交流会等活动。举办“邻里节”，要以点带面，让更多的家庭行动起来，共同营造文明、和谐的社区大家园。同时，社区学校教学点应不仅限于组织居民活动，还要完善自身功能：一方面多为社区居民提供沟通交流的场所和形式，另一方面通过帮助居民解决一些实际困难，让终身教育延伸到一年的365天当中。应当注意的是，创建文明、融洽的新型邻里关系是构建和谐社会的一个重要组成部分，社区和每一个居住者都应该为此而努力，社区教育要广泛发动居民积极参与。

3．发挥创造性思维，扩大活动参与范围

应看到现在社区举办的很多活动都存在着一些局限性，显现出的是年轻人工作忙，好像不太热情，参与较少，冷落社区活动。因此，要扩大活动的参与范围，抓住中青年力量，发挥他们承上启下的作用，形成参与主体合理的年龄梯次。这就更需要社区教育工作者去广泛宣传动员，结合年轻人的特色，努力开展一些年轻人喜爱的活动或运动，吸引更多的年轻人积极参与到终身学习这样的社区活动中来，让社区活动充满朝气和活力。此外，还可进一步突出大邻里、大和谐理念，把各辖区单位及外来务工人员作为特殊的邻居，融入到社区大家庭之中，让所有生活在一起的人们都能感受到大家庭的温馨与幸福。以终身学习活动，带动社区内的所有单位和广大居民群众都来为社区建设出主意、出力量，共同投入社区建设中，对社区产生认同感、归属感，从而实现社区居民健康快乐、生态环境优美和人际关系和谐。

厦港街道在构建和谐邻里、和谐社区中创造性地开展了一些工作，取得一定的成效，也得到社区、辖内企事业单位的充分支持和拥护，得到上级的表扬。厦港街道将牢牢把握住全国共创和谐社会的大好时机，乘着和谐的春风不断前进，编织一个更美好的幸福家园！

【思考】厦港街道的经验有哪些可供我们借鉴？

任务二　熟悉社区建设工作中的民政工作

任务描述

民政工作掌基层人民群众民主之政，基层组织是否是反映民意的组织，基层组织的决策是否是在民主基础上的科学决策，基层组织的干部是否来自于民、为民勤政，基层组织能否凝聚民心、整合社区资源、最大限度地为民谋利，直接关系到基层社区的生命与活力。

任务实施

一是以民为本，突出解决群众关心的热点问题。重点围绕“就业和社会保障到社区，城市管理到社区，社会治安综合治理到社区和社会服务到社区”，着力解决“民生”、“民居”、“民安”、“民需”的问题。

二是加大投入，社区硬软件建设水平全面提升。社区建设的基础设施方面的投资超过历史上任何一个时期。

三是扩大民主，实现社区组织建设及工作方式的有效创新。在社区推行社区居委会直选工作，提高参加直选的选民参选率。建立社区社会事务居民听证会制度，以制度的方式让广大社区居民参与社区的民主管理。

四是建好队伍，为社区建设提供有力的组织保障。民政部门要对社区专职工作者进行集中培训，政府出资可以为社区工作者办理基本养老保险和基本医疗保险。

五是建好网络，大力促进社区工作信息化。政府投入专项资金用于社区服务信息网络建设，将社区服务信息网络作为政务服务延伸到社区的基础平台。

任务引导

社区建设是一项崭新的事业，需要在实践探索的基础上，总结经验，从理论上作些研究；注意发挥专家学者的作用，多听听专家学者的意见；进行培训，培养一大批社区建设的骨干队伍。

基础知识

社区建设是一项政治性、综合性很强的系统工程，涉及方方面面，难度大、责任重，必须上下协调，左右联动。中央要求，各级党委和政府要高度重视城市社区建设工作，把社区建设工作摆上重要议事日程，切实帮助解决城市社区建设中的困难和问题。各级政府要做到思想上高度重视，组织上充分保障，工作上落实到位。省、市两级政府在推进城市社区建设中承担着统揽全局、宏观管理的领导职责，要对本地社区建设工作进行总体规划、政策指导和组织推进。城区政府在社区建设中发挥着承上启下、综合协调的作用，要建立有效的工作机制，政府负责同志要对本地区社区建设负起领导责任。街道办事处要充分发挥综合管理职能，对社区建设具体负责，落实工作任务。各有关部门要从本职工作出发，找到与社区建设工作结合的切入点，认真履行职责，为全面推进社区建设做好指导、服务工作。工会、共青团、妇联及老龄委、残联等群团组织要发挥各自优势，在社区建设中更好地发挥党和政府联系群众的桥梁和纽带作用。要制定相应政策，引导各类企业、事业等社会组织参与社区建设，动员社会力量发展社区各类事业。

党中央、国务院赋予民政部“指导社区服务，推动社区建设”的职能。民政部门是各级政府具体负责社区建设日常工作的职能部门，要在党委和政府的统一领导下，在有关部门的配合下，主动抓好社区建设工作，发挥民政部门综合协调和监督检查的职能，当好参谋助手，认真履行职责，把社区建设作为民政工作的重点和今后几年的主要任务抓紧抓好。

1. 组织领导

（1）建立科学高效的领导机制和工作机制，逐步完善社区党建工作责任制　为了进一步落实社区党组织工作责任制，要将社区党组织建设列入区委、街道党工委的重要日程，定期研究部署，实行全程领导。一是成立社区建设及党建工作领导小组，建立区级领导联系社区工作制度。每位区委常委和区级党员干部都与一个街道、一个社区建立社区党建工作联系点，定期深入联系点检查指导工作。二是按照“以块为主，条块结合，分级负责”的原则，建立区、街、社区一级对一级负责，各级一把手对本地区负责的社区党建工作责任制，明确街道党工委书记作为社区党建工作的第一责任人，并确定街道党工委副书记具体分管社区党建工作。三是建立起“不抓社区党建是失职，抓不好是不称职”的领导责任制，将其列入考核街道党工委领导班子和社区党组织工作业绩的重要内容，切实建立起工作有人抓、责任有人负的社区党建工作责任制。

（2）各级党委和政府要高度重视社区建设　在推进社区建设的工作中，党建主要领导要亲自过问，经常给予指导，分管领导要切实负起责任，将工作落到实处。尤其是城市和城区的党委、政府，要切实加强对社区建设工作的领导，把社区建设工作摆上重要议事日程，帮助解决推进社区建设中的困难和问题。各级民政部门要在同级党委和政府的领导下，积极发挥职能作用，当好参谋助手，主动地履行职责，把社区建设作为城市民政工作的主要依托，作为今后城市民政工作的重点积极推进。要在总结试点经验的基础上，开展社区建设示范活动。

2. 工作目标

一是依法执行社区居委会选举制度,认真组织实施社区居委会换届选举，确保换届的整个过程合法合理。

二是加强社区虚拟养老服务试点工作，根据当前实际，因地制宜，不断扩大试点范围，增添为老服务设施，逐步实现家庭养老和社区服务的密切结合，使社区成为老人的乐园。

三是继续做好社区志愿者的注册、培训和管理工作，增强社区社工专业队伍和社区志愿工作者的专业服务能力。

四是逐步建立区、街、社区网络连接的信息平台系统，提高社区办公效率，使社区管理尽快向标准化、网络化迈进。

五是加大社区民办非营利组织的培育发展和监督管理力度，引导社区民办非营利组织参与社区建设，为社区经济建设发展服务。

3．制订方案

各地在社区建设中的方案一般包括以下内容：

（1）整合资源，形成社区建设的强大合力。从省到县都成立由党委、政府主要领导或主管领导任组长的社区建设领导小组，党政主要领导亲自抓，相关部门各自负责；各地普遍采取领导和部门包保包建的办法，使社区基础设施建设工作始终保持高标准、高速度。

（2）破解难题，多渠道投入建设资金。采用多渠道投入办法，省财政对城市和农村两项工程分别出资，各级政府通过调整支出结构及利用社会资金，解决配套资金投入。各地普遍制定优惠政策，减免相关费用。

（3）建立机制，保证社区公共设施有效运行。由政府出资购买公益岗位，充实城乡社区公共服务机构及社区服务岗位。省政府为社区居委会成员每人每月增加专项补助，为每个社区居委会增拨工作经费。同时，将农村福利中心作为事业法人进行登记，其工作人员工资和运行经费列入财政预算。

4．明确责任

各级民政部门尤其是城市和城区民政部门的领导，要明确民政部门在社区建设中肩负的使命和应尽的职责，发挥职能作用，积极争取党委、政府的重视和支持，当好参谋助手。要主动协调各有关部门制定政策，进行业务指导，调动一切积极因素，共同参与和推进社区建设。要注重用社区工作平台整合城市的各项民政工作，使各项城市民政工作的任务落到实处，促进城市民政工作的全面发展。

社区居委会、民间组织、驻区单位、企业和个人在社区服务中，也要各司其职。

（1）社区居委会：一是协助城市基层政府提供社区公共服务；二是积极组织社区成员开展自助和互助服务；三是为发展社区服务提供便利条件。这样的定位符合社区居委会群众性自治组织的身份，有利于社区服务的发展。

（2）民间组织是兴办社区服务的主体之一，应支持社区成立形式多样的生活服务类民间组织，积极开展活动，并对之进行必要的指导和监督。这符合我国社会主义市场经济和民主法制建设的发展方向，有利于社区服务社会化。

（3）倡导和鼓励驻区单位、企业及居民个人参与社区服务，这对于合理利用社区服务资源、发展第三产业、扩大社区就业，将产生积极影响。

案例阅读

主持人：您说中美社区文化建设拉开了近100年的距离，这个差距是不是太大了？

白岩松：在某些地方，可能更大。我们采访了全美第一家公共图书馆，门上写着“自由穿行”。160多年前，美国的图书馆从建成就定义为公共图书馆，任何人都可以进去，而且提供公共服务：不仅仅是看书、利用免费的互联网休息，无家可归者还可以进去暖和地吃一顿早餐。你觉得那是一个大的家庭，一个城市当中的温暖的庇护所。金融危机导致它的人流量已经增加了65%。

在公共服务领域，美国有很多值得我们借鉴的东西，这也是我们为什么要去拍摄公共图书馆、拍摄食品药品的监管、拍摄免费接孩子上学的黄色的校车，我觉得中国必须去借鉴世界上一切的为公共提供服务的先进经验，这样的话我们每一个人才是受益者。你不喜欢一个免费的自由穿行的温暖的公共图书馆吗？即使一个无家可归者，依然没有人给你任何歧视的面孔，我们拍摄到一个无家可归者，拿着他捡的像破烂一样的东西，坐在那么漂亮的公共图书馆里面吃自己的早餐，那一瞬间我真的是非常的感动。

如果你觉得公共图书馆、黄色的校车都很好的话，你的关注会变成推动的力量，让这些在我们的身边开始生长，是最重要的。

【思考】我国的城乡社区建设如何借鉴别国的经验？

拓展训练

实训：就近选择社区进行调查。

实训目的：加深对我国城市社区建设的理解，提高感性认识。掌握社区建设的内容。

实训内容：

（1）了解社区居委会工作流程。

（2）了解该社区本年度的工作计划及内容，实施情况怎样。

（3）了解该社区近几年来社区建设中取得的一些成绩。

（4）实训采取访谈法及观察法进行调查。

实训作业：

（1）撰写一篇关于该社区的工作调研报告，可供民政部门参考。

（2）总结交流社区建设调查的心得体会。

模块三

开展社会救助

项目六 救灾工作

项目概述

救灾是民政工作的一项重要工作。科学、及时、有序、规范地组织救灾，是民政部门的一项重要工作职责。本项目通过掌握灾情表的填报，了解灾情核查的主要内容，掌握紧急救助原则与方式，协助开展恢复重建及冬春生活救助等，帮助学生熟悉救灾工作。

背景介绍

进入21世纪后，全球气候变化日益显著，我国经济社会快速发展，城市化进程不断加快，与此同时，重大自然灾害频发、多发，对人民群众的生命财产安全和经济社会的发展造成重大影响。积极做好新时期、新形势下的救灾工作，是构建和谐社会的现实要求。如何科学救灾、如何上报灾情报表、如何核查灾情，在应急救灾工作中，如何发挥基层民政工作人员的作用，以及协助灾民开展恢复重建和冬春救助，是我们要认真学习掌握的基本知识。

任务一 填写灾情报表

任务描述

灾害发生后，快速收集、统计、上报灾害信息是做好救灾工作的关键。学生应掌握其基本流程和方法。

任务实施

2010年7月8日，某乡镇发生暴雨洪涝灾害，镇民政办公室主任安排实习的王平同学协助完成灾情报表（见表6-1）。

表 6-1 自然灾害情况统计快报表（乡镇、街道、行政村、社区居委会）

填报单位（盖章）：________省（自治区、直辖市）________地（市）________县（市、区）________乡（镇、街道）________行政村（社区）

名称	灾害种类	灾害发生时间	灾害结束时间	受灾人口	因灾死亡人口	因灾失踪人口	因灾伤病人口	紧急转移安置人口	其中：投亲靠友人口	借住房屋人口	租用房屋人口	搭建帐篷、简易房人口	被困人口	饮水困难人口	饮水困难大牲畜	农作物受灾面积	其中：农作物成灾面积	农作物绝收面积	毁坏耕地面积	倒塌房屋间数	其中：倒塌居民住房间数	倒塌居民住房户数	其中：五保户	低保户	困难户	一般户	损坏房屋间数	因灾死亡大牲畜	直接经济损失	其中：农业直接经济损失	工矿企业损失	基础设施损失	公益设施损失	家庭财产损失	需救济人口	已救济人口	救灾工作和其他损失情况、附文字说明
单位				人	人	人	人	人	人	人	人	人	人	人	头只	公顷	公顷	公顷	公顷	间	间	户	户	户	户	户	间	头只	元	元	元	元	元	元	人	人	
代码	1	2	3	4	5	6	7	8	9	10	11	12	13	14	15	16	17	18	19	20	21	22	23	24	25	26	27	28	29	30	31	32	33	34	35	36	37
合计																																					

单位负责人： 填报人： 报出时间： 年 月 日

任务引导

（1）任务实施过程：收集各村灾情、统计汇总、上报县市民政部门。

（2）突发性自然灾害快报填报程序分为初报、续报和核报。

1）初报：发生上述突发性自然灾害，村（社区）级应在第一时间了解掌握灾情，并在灾害发生后的 1 小时内上报乡镇（街道），乡镇（街道）在接到灾情后半小时内汇总上报到县（市、区）。

2）续报：在重大自然灾害灾情稳定之前，需执行 24 小时零报告制度，即：灾害发生后，每 24 小时必须上报一次灾情，即使灾情没有变化也必须上报，直至灾害过程结束。村（社区）级每天 8 时之前将截止到前一天 24 时的灾情上报乡镇（街道），乡镇（街道）在每天 8 时 30 分之前汇总上报到县（市、区）。

3）核报：灾情稳定后，村（社区）级应在 1 个工作日内核定灾情，上报乡镇（街道），乡镇（街道）在 1 个工作日内汇总上报到县（市、区）。

对于因灾死亡（失踪）人口和倒损房屋情况，村（社区）级要同时填报《因灾死亡人口台账》和《因灾倒房户台账》（见任务二），并会同突发性自然灾害快报上报乡镇（街道），乡镇（街道）汇总上报到县（市、区）。

（3）旱灾情况报告。反映旱情的发生、发展情况，填报程序分为初报、续报和核报。在旱情初露，群众生产、生活受到一定影响时，村（社区）应及时了解灾情，并上报乡镇（街道），乡镇（街道）汇总情况后上报到县（市、区）。在旱情发展过程中，每10日上报一次，直至灾情解除，上报核报。

（4）报送方式。村（社区）向乡镇（街道）报送灾情时，有条件的应以传真或电子邮件上报；条件不具备的，可采用电话或其他方式报告，电话报告时应做好电话记录备案。

乡镇（街道）向县（市、区）上报灾情时，一律以传真或电子邮件上报，并加盖公章，主要领导签字；特殊情况下，可采用电话或其他方式。

（5）报送人员。原则上乡镇（街道）灾情报送人员为乡镇（街道）民政助理员，村（社区）灾情报送人员为村“两委”成员或社区灾害信息员。灾害信息员职业制度全面实施后，乡镇（街道）和村（社区）灾情报送人员原则上须取得五级灾害信息员职业资格。

基础知识

自然灾害情况统计指标解释如下：

（1）灾害种类：指旱灾（包括干热风）、洪涝（包括暴雨洪涝、融雪洪涝、冰凌洪涝、溃坝洪涝、风暴潮洪涝和山洪灾害等）、风雹（包括冰雹、大风、龙卷风、雷暴和沙尘暴灾害等）、台风（包括热带低压、热带风暴和强热带风暴等）、地震、低温冷冻和雪灾（包括冻害、冷害、寒潮灾害和雪灾等）、高温热浪、滑坡和泥石流（包括崩塌、地面沉陷、地裂缝等）、病虫害和其他灾害等。

（2）灾害发生时间：指灾害发生的日期和时间，采用公历年月日和 24 小时标准计时方式填写。

（3）灾害结束时间：指灾害过程基本结束的日期，采用公历年月日填写。

（4）受灾区域：指本行政区域内受到灾害影响且造成一定损失的地区。

（5）台风登陆地点：采用中国气象局公告的台风登陆地点。

（6）台风编号：采用中国气象局公告的台风编号填写，公历某年某号。

（7）地震震中经纬度：采用中国地震局公告的地震震中经纬度填写。

（8）地震震级：采用中国地震局公告的地震震级填写。

（9）地震烈度：指地震对地面及房屋等建（构）筑物所造成的破坏或影响的程度。采用中国地震局公告的地震烈度分布，填写本行政区域内的最大地震烈度。

（10）受灾人口：指本行政区域内因自然灾害遭受损失的人口数量（含非常住人口）。

（11）因灾死亡人口：指以自然灾害为直接原因导致死亡的人口数量（含非常住人口）。

（12）因灾失踪人口：指以自然灾害为直接原因导致的下落不明、暂时无法确认死亡的人口数量（含非常住人口）。

（13）因灾伤病人口：指以自然灾害为直接原因导致受伤或引发疾病的人口数量（含非常住人口）。

（14）紧急转移安置人口：指因受到灾害威胁、袭击，离开住所转移安置到其他地方，并提供紧急救助的人口数量，或因断水、断电、交通中断等原因生活困难，需提供紧急救助的人口数量（包括非常住人口以及农垦企业、国有林场、华侨农场的受灾人员）。

（15）被困人口：指因自然灾害造成交通中断，被围困在居住地48小时以上，生产、生活受到严重影响的人口数量（含非常住人口）。

（16）饮水困难人口：指因灾饮用水困难的人口数量（含非常住人口）。

（17）饮水困难大牲畜：指因灾饮用水困难的大牲畜（牛、马、驴、骡、骆驼等）数量。

（18）受淹县城：指受洪涝、台风等自然灾害影响，水位升高致使县城主要街区进水，居民住房、企事业单位等受淹，造成损失的县城数。

（19）农作物：指粮食、经济和其他作物的总称。其中粮食作物是指稻谷、小麦、薯类、玉米、高粱、谷子、其他杂粮和大豆等粮食作物的总称。经济作物是指棉花、油料、麻类、糖料、烟叶、蚕茧、茶叶、水果等经济作物的总称。其他作物是指蔬菜、青饲料、绿肥等作物的总称。

（20）农作物受灾面积：指因灾减产1成以上的农作物播种面积。如果同一地块的当季农作物多次受灾，只计算其中受灾最重的一次（下同）。

（21）农作物成灾面积：指农作物受灾面积中，因灾减产3成以上的农作物播种面积。

（22）农作物绝收面积：指农作物受灾面积中，因灾减产8成以上的农作物播种面积。

（23）毁坏耕地面积：指因灾导致被冲毁、掩埋、沙砾化等，在短期内不能恢复的耕地面积。

（24）倒塌房屋间数：指因灾导致房屋两面以上墙壁坍塌，或房顶坍塌，或房屋结构濒于崩溃、倒毁，必须进行拆除重建的房屋数量（包括农垦企业、国有林场、华侨农场中农户倒塌的房屋）。以自然间为计算单位，不统计独立的厨房、牲畜棚等辅助用房、活动房、工棚、简易房和临时房屋；因灾遭受严重损坏，无法修复的牧区帐篷，每顶按3间计算。

（25）倒塌居民住房间数：指倒塌房屋中以居住为使用目的，且正在使用的居民住房间数。

（26）倒塌居民住房户数：指因灾倒塌居民住房的家庭数量，包括五保户、低保户、困难户和一般户四类家庭。

（27）损坏房屋间数：指因灾导致房屋部分承重构件出现损坏，或非承重构件出现明显裂缝，或附属构件遭受破坏，需进行较大规模的修复才可以居住的房屋间数（包括农垦企业、国有林场、华侨农场中农户损坏的房屋）。以自然间为计算单位，不统计独立的厨房、牲畜棚等辅助用房、活动房、工棚、简易房和临时房屋；因灾遭受严重损坏，需进行较大规模修复的牧区帐篷，每顶按3间计算。

（28）因灾死亡大牲畜：以自然灾害为直接原因导致死亡的大牲畜（牛、马、驴、骡、骆驼等）数量。

（29）直接经济损失：指受灾体遭受自然灾害袭击后，自身价值降低或丧失所造成的损失。直接经济损失的基本计算方法是：受灾体损毁前的实际价值与损毁率的乘积。

（30）农业损失：指因灾造成种植业、林业、畜牧业、渔业的直接经济损失。

（31）工矿企业损失：指因灾造成采矿、制造、建筑、商业等企业的直接经济损失。

（32）基础设施损失：指因灾造成交通、电力、水利、通信、市政等公共设施的直接经济损失。

（33）公益设施损失：指因灾造成教育、卫生、科研、文化、体育、社会保障和社会福利等公益设施的直接经济损失。

（34）家庭财产损失：指因灾造成居民住房及其室内附属设备、室内财产、农机具、运输工具、牲畜等的直接经济损失。

（35）需救济人口：指因灾需要政府予以口粮、饮用水、衣被救济或伤病救治的人口数量（含农垦企业、国有林场、华侨农场中农户受灾人员）。

（36）已救济人口：指已经得到政府口粮、饮用水、衣被救济或伤病救治的人口数量。

（37）省级、地级、县级财政救灾款支出：指省（自治区、直辖市）级、地（市）级、县级财政支出的自然灾害生活补助费（不含上级政府财政补助的资金，不含救灾捐赠资金），由各级民政部门填写本级财政救灾款支出。

（38）省级、地级、县级政府救灾物资投入折款：指省（自治区、直辖市）级、地（市）级、县级政府拨付与分配给当地用于灾民生活救济的物资折款数，由各级民政部门填写本级政府救灾物资投入折款。

（39）救灾工作和其他损失情况：指其他需要补充说明的救灾工作和损失情况。

（40）需口粮救济人口：指无钱、无粮、无自救能力，需要政府予以口粮救济的人口数量。

（41）需救济粮数量：指按需口粮救济人口每人每天 500 克成品粮计算，维持到下一个收获季节期间，扣除自力可以解决的口粮后的粮食短缺数量。

（42）已救济口粮人口：指需口粮救济人口中已经得到救济粮或口粮救济款的人口数量。

（43）已安排口粮救济款：指已经直接发放给需口粮救济人口，用于口粮救济的资金数量（不含各级用于购买救济粮的资金）。

（44）已安排救济粮数量：指已经发放给需口粮救济人口的救济粮数量。

（45）需衣被救济人口：指因灾缺衣少被需要衣被救济的人口数量。

（46）需救济衣被数量：指因灾缺衣少被需要救济的衣被数量。

（47）已救济衣被人口：指需衣被救济人口中已经得到衣被救济或衣被救济款的人口数量。

（48）已安排衣被救济款：指已经直接发放到需衣被救济人口的用于衣被救济的资金数量（不含各级用于购买救济衣被的资金）。

（49）已救济衣被数量：指已经直接发放到需衣被救济人口的衣被数量。

（50）需救济伤病人口：指因灾造成伤病人口中需要医疗救济的人口数量。

（51）已救济伤病人口：指需救济伤病人口中已经得到医疗救济的人口数量。

（52）已安排治病救济款：指已经安排并投入实际使用的用于救治因灾伤病人口的资金数量和实物折款之和。

（53）需恢复居民住房间数：指因灾倒塌或严重损坏需要恢复重建的民房数量。

（54）需恢复居民住房户数：指因灾倒塌或严重损坏需要恢复重建民房的家庭数量。

（55）已安排恢复居民住房款：指已经安排并投入实际使用的用于恢复灾民住房的资金数量和实物折款数之和。

（56）已恢复居民住房间数：指需恢复住房中已经重新修建的永久性居民住房的间数。

（57）已恢复居民住房户数：指需恢复住房中已经重新修建的永久性居民住房的家庭数量。

案例阅读

××县民政局关于报灾的“四不准”

（1）不准缓报灾情。上报灾情要做到及时有效。灾害发生后，要在第一时间内收集、整理、上报灾情。基层工作人员不能按部就班地等待上班后才开始处理灾情信息。凡未在规定时间内上报灾情的，即为缓报灾情。

（2）不准谎报灾情。上报灾情要做到客观真实。灾害信息统计要尊重客观事实，真实地反映灾害的本来范围。不能依靠道听途说的信息或采取闭门造车的方法来编造灾情。

（3）不能漏报灾情。灾情上报要做到完整无缺。按照灾害信息统计指标全面统计灾情，不能遗漏应该统计的数据。

（4）不能瞒报灾情。只要是发生了灾害或突发事故，都要如实地上报，不得隐瞒不报。

【思考】报灾为什么要有四不准规则？

课间休息

（1）2007 年，劳动和社会保障部正式对社会公布“灾害信息员”新职业，同年 12 月，劳动和社会保障部会同民政部颁布《灾害信息员国家职业标准（试行）》，对灾害信息员的职业概况、基本要求、工作职责等进行了明确界定。本职业共设 5 个等级：初级灾害信息员、中级灾害信息员、高级灾害信息员、灾害信息师、高级灾害信息师。民政部计划在省、地、县、乡、村 5 级实行灾害信息员职业资格证制度。

（2）2008 年，根据《国家自然灾害救助应急预案》（国办函〔2005〕34 号）有关规定，民政部对原《自然灾害情况统计制度》进行了修订。修订后的报表共分 6 种表式，即《自然灾害情况统计快报表》、《自然灾害损失情况统计表》、《救灾工作情况统计表》3 个统计表和《因灾死亡人口台账》、《因灾倒房户台账》、《冬春因灾生活困难政府救济人口台账》3 个台账表。

（3）2009 年 6 月 1 日开始，民政部在全国范围内正式推广使用网络版的国家自然灾害重管理信息系统。该系统采用网页式管理模式，界面简单友好、功能完备、操作流程清晰、安全性和可靠性高。国家自然灾害灾情管理系统网址是 www.nndims.com，用户名为 6 位行政区划代码。

任务二　建立受灾户台账

任务描述

自然灾害发生后，基层单位应对受灾情况进行核查，对上报的受灾数据进行修正和补充。学生要掌握灾情核查的主要内容和方法，重点学会建立受灾户台账。

任务实施

灾情统计报表中的因灾死亡人口、因灾倒房间数、冬春因灾生活困难情况等，是与灾民救助直接相关的灾情指标。民政部门要逐户调查核实，填写台账（见表6-2、表6-3、表6-4），登记造册。

表6-2　因灾死亡人口台账

填报单位（盖章）：________省（自治区、直辖市）________地（市）________县（市、区）________乡（镇、街道）________行政村（社区）

序号	姓名	性别	年龄	民族	户口所在地	死亡地点	死亡时间	死亡原因	受灾种类	备注
单位	—	—	岁	—	—	—	年/月/日	—	—	—
1										
2										

说明：

1．本表由县级以上（含县级）民政部门组织填报、汇总、存档。

2．“户口所在地”指因灾死亡人员户籍所在的省（自治区、直辖市）、地（市）、县（市、区）、乡（镇、街道）、行政村（社区）。

3．“死亡地点”指因灾死亡发生的省（自治区、直辖市）、地（市）、县（市、区）、乡（镇、街道）、行政村（社区）、组（自然村）。

4．“死亡时间”指因灾死亡人员死亡的具体日期，包括年、月、日等。

5．“死亡原因”包括：①建筑物倒塌；②溺水；③石岩坍塌；④泥石流掩埋；⑤雷击；⑥其他。可填写序号。

6．“受灾种类”包括：①洪涝；②风雹；③台风；④地震；⑤低温冷冻和雪灾；⑥高温热浪；⑦滑坡和泥石流；⑧其他。可填写序号。

7．“备注”中可注明人员为“死亡”或“失踪”，并填写具体死亡原因和其他需要特别说明的情况。

单位负责人：　　　　　　填报人：　　　　　　报出日期：　　年　　月　　日

表6-3　因灾倒房户台账

填报单位（盖章）：________省（自治区、直辖市）________地（市）________县（市、区）________乡（镇、街道）________行政村（社区）

序　号	家庭情况					房屋倒塌、损坏情况				备　注
	户主姓名	家庭类型	家庭人口	房屋间数	房屋结构	受灾时间	受灾种类	倒塌房屋间数	损坏房屋间数	
单位	—	—	人	间	—	年/月/日	—	间	间	—
1										
2										

说明：

1．本表由县级以上（含县级）民政部门组织填报、汇总、存档。

2．“家庭类型”分为：①五保户；②低保户；③困难户；④一般户。可填写序号。

3．“房屋结构”分为：①土木结构；②砖木结构；③砖混结构；④钢筋混凝土；⑤其他。可填写序号。

4．“受灾种类”分为：①洪涝；②风雹；③台风；④地震；⑤低温冷冻和雪灾；⑥高温热浪；⑦滑坡和泥石流；⑧其他。可填写序号。

单位负责人：　　　　　　填报人：　　　　　　报出日期：　　年　　月　　日

表 6-4　冬春因灾生活困难政府救济人口台账

填报单位（盖章）：________省（自治区、直辖市）________地（市）________县（市、区）________乡（镇、街道）________行政村（社区）

序号	家庭情况					需救济情况					已救济情况						备注
						口粮救济		衣被救济			口粮救济		衣被救济		伤病救济		
	户主姓名	家庭类型	家庭人口	现有粮食	其他收入	需口粮救济人口	需救济粮数量	需救济人口	需衣被数量	需救济伤病人口	已救济口粮数量	已安排救济粮数量	已救济衣被人口	已救济衣被数量	已救济伤病人口	已安排治病救济款	
单位	—	—	人	千克/户	元/户	人	千克	人	件	人	人	千克	人	件	人	万元	—
1																	
2																	
3																	

说明：

1. 本表由县级以上（含县级）民政部门组织填报、汇总、存档。
2. “家庭类型”分为：①五保户；②低保户；③困难户；④一般户。可填写序号。

单位负责人：　　　　　　填报人：　　　　　　报出日期：　　年　　月　　日

任务引导

（1）灾情核实工作要力求提高准确性，指标评估标准是影响准确性的主要因素，在实际工作中常常容易混淆的指标有以下一些：失踪人口与死亡人口，被困人口与紧急转移安置人口，受灾面积与成灾面积、绝收面积，倒塌房屋与损坏房屋，毁坏耕地面积与受灾、成灾、绝收面积等。

（2）灾情统计报表其他指标如农作物受灾情况、各项经济损失情况等，一般采取测算的方法进行统计，并应会同农业、水利、气象等相关部门进行会商确定。

基础知识

按照不同的范围进行调查核实，核灾方式主要有普查、抽样调查、重点调查和典型调查 4 种。其中普查是基层单位调查、核实灾害信息的主要方式；而抽样调查、重点调查和典型调查，则是上级部门到受灾地区实地调查、核实灾害信息所采取的主要方式。

1. 普查

普查是一种不连续、非经常性的全面调查，是指对调查对象总体中的所有个体单位逐一进行调查登记的一种调查方式。普查涉及面广、统计指标多、工作量大、时间性强，需要动用较多的人力、物力和财力。

一般而言，当灾害发生后，其影响的方面比较多，需要统计的指标也比较多，要及时、准确、全面、客观地获取灾害信息，基层单位必须要采取普查的方式才能达到统计的要求。因此，普查是基层单位获取灾害信息最直接、最有效的常用统计调查方式。基层单位上报的《灾害情况统计快报表》、《因灾倒房户台账》、《冬春因灾生活困难政府救济人口台账》等统计表格都是通过普查的方式来完成的。

2. 抽样调查

抽样调查是按照随机原则从调查对象中选取一部分单位作为样本进行调查，以这一部分单位的统计指标数值来推算总体指标数值的一种非全面调查方式。抽样调查最主要的特点是调查单位是按照随机的原则抽取的，总体中的每一个单位都有同等被抽选的机会，它完全排除了人们主观有意的选择，这就保证了样本单位对总体具有较高的代表性。因此，抽样调查是一种比较科学、比较完善、比较可靠的非全面调查。

3. 重点调查

重点调查是指在调查对象中，只选择少数重点单位（部门或地区）进行的非全面调查。所谓重点单位，是指被调查单位的标志总量占总体标志总量的绝大比重的单位，这些单位的数目不多，但却能反映总体的基本情况。重点调查可以用较少的人力、物力、财力和时间，取得反映总体基本情况的资料。

4. 典型调查

典型调查是根据调查任务的目的，从众多的调查研究对象中，有意识地选取若干具有代表性的单位进行调查研究的一种非全面调查方式。典型调查的作用主要有两点：一是在特定条件下对数据的质量进行检查；二是了解与数字相关的具体情况。因此，采取典型调查的目的不在于取得社会经济现象的总体数值，而在于了解与有关数字相关的具体情况。典型调查也是一种较常用的核灾方式。比如，当某县突发重大灾害，上级部门赶到灾区后，总是希望在较短的时间内了解到灾情的严重程度，一般都是选择受灾最重的几个乡镇进行调查。

课间休息

救灾人员在不同灾区进行救助时，可能会遭遇不同的环境风险，应注意按防范提示采取措施（见表 6-5）。

表 6-5 救灾人员灾区环境风险

灾 害	主 要 风 险	防 范 提 示
地震	余震、次生灾害	避险、安全帽、急救包
洪涝	冲走溺水	避险、救生衣
台风	砸伤	避险、安全帽
冰雪	冻伤、感冒	保暖、食品
雷电	雷击、火灾	避险
火灾	烧伤、烟雾中毒	避险、湿毛巾、护面罩
化工厂爆炸	毒气	防毒面具
沙尘暴	眼和呼吸道疾病	防目镜、口罩
滑坡、泥石流	冲走、掩埋	避险
高温热浪	中暑	饮水
疫区	感染	口罩、鞋套、防水手套、隔离衣

任务三　制订转移安置预案

任务描述

灾民转移安置是灾害应急救助的重点。学生应了解灾民转移安置应急预案的主要内容。

任务实施

××镇灾民转移安置应急预案

为确保灾害发生时灾民及时转移安置，保障人民群众的生命财产安全，最大限度地减少灾害造成的损失，根据上级有关要求，特制定本预案。

一、转移安置对象

本预案所称的转移安置对象是指因洪涝、风暴（包括龙卷风、飓风、沙尘暴等）、台风（包括热带风暴）、地震、雪灾等异常自然现象将造成村庄受淹、冲毁、危房倒塌、地质塌方、河道冲毁、在建工程受淹冲毁的灾民。

二、转移安置办法

灾民转移安置坚持“分散安置为主，集中安置为辅”的原则。

（1）分散安置：根据灾情，由各村（社区）责任人组织灾民转移到相应的安置户安置。

（2）集中安置：根据灾情，将灾民转移到各镇街、村（社区）的避灾场所安置。外来人口的转移安置由暂住地村负责，实行属地管理。

三、组织机构及部门职责

（一）组织领导

镇政府成立由党委副书记×××同志任组长，副镇长×××、人武部长××同志任副组长，党政办、经发办、农办、财经办、村镇建设办、社会事务办、计生办、综治民政办负责人为领导小组成员的领导小组。领导小组下设办公室，办公地点设在镇民政办。各村建立相应的转移安置工作领导小组和工作班子，明确职责、落实责任。

（二）各部门职责

（1）党政办：负责做好避灾转移安置的信息通信联系应急后勤保障工作。

（2）经发办：负责企业职工避灾转移安置应急食品的货源，组织受灾时保证食品及时到位。

（3）农办：负责对天气、雨、水、汛情的预报和监测，分析、预报因气候变化可能出现的灾情，及时发布灾害预警信息。

（4）财经办：负责救灾资金的保障。

(5) 村镇建设办：负责避灾场所的质量鉴定，保证全镇所有避灾场所的质量安全，保障区域道路畅通及供水、供电等应急设施的配套；负责区域范围内建筑工地民工的避险转移应急处置工作。

(6) 社会事务办：负责有关学校的协调工作，配合、支持、协助有关部门和各村做好避灾场所的建设，及时宣传报道有关灾情信息，组织医务人员做好灾民伤病治疗及卫生防疫工作。

(7) 计生办：负责宣传发动疏导工作，协助救灾物资（衣被）等捐赠活动。

(8) 综治民政办：指导灾区所在村做好灾民的紧急转移，安置、安排好灾民的基本生活，综治办负责灾区治安防范，维持转移安置秩序，保证灾区治安稳定。

(9) 镇人武部：负责组织民兵预备役人员，开展抢险救灾和紧急转移工作。

镇级其他各相关部门都要按各自职责做好相关工作。

(三) 各村、社区、企事业单位职责

各村、社区、企事业单位做好区域内灾民转移安置工作的组织实施，保障灾民基本生活，维护灾区稳定。

四、应急保障

(1) 各单位的领导，在重特大自然灾害发生后，要恪尽职守、尽职尽责，服从指挥和调度，全力做好本职范围内的灾民救助工作。

(2) 要加强领导，落实责任，逐级建立相应组织，层层落实责任和任务，为灾民转移安置提供组织保证。

(3) 灾民转移安置预案的启动由镇避灾工程建设和转移安置工作领导小组办公室发布。各村、社区、企事业单位在本预案启动后，必须无条件服从转移安置命令，对拒不执行命令及时组织转移安置灾民、造成严重后果的，将追究其行政和法律责任。

五、其他事项

本预案由镇综治民政办负责解释，各村、社区应根据本地实际，制订应急预案，报镇民政办备案。

任务引导

应急救助的内容可分为两个方面，一是保障受灾群众基本生活条件的需求，主要是针对灾区口粮、衣被、临时住所、医疗卫生四个方面。二是保障灾区群众基本生活秩序，主要是针对交通、供电、通信等基础设施方面的救助需求。其中基本生活条件救助是民政工作的主要能责范围。应急救助的主要内容如下：

1. 基本生活物资救助

主要包括口粮、饮水、衣被、燃料、取暖设施等。生活保障的要求有：

(1) 保障受灾群众的基本口粮需要　包括大米、面粉、方便食品等。考虑到在应急救灾期间，粮食加工较为困难，在向灾区开展口粮救助时，应以成品粮和方便食品为主。

(2) 饮用水　包括可直接饮用的桶装水、瓶装水和干净的生活用水。

2．临时住所救助

对紧急转移的受灾人口或因灾涉险人员安排临时住所，通常采取投亲靠友、借住公房、搭建帐篷、租住房屋4种方式进行，其中搭建救灾帐篷是需要上级政府或部门给予紧急援助的重要方式。转移安置的要求有：

（1）安全　要选择远离灾源的场地，根据不同灾情可以分别选择上风、上游、上坡、空旷地等场地设置临时受灾群众集中转移安置点，转移安置受灾群众。

（2）就近　灾害发生后，可以就近选择公园、绿地、广场、操场（体育场）、人防工程、学校、工厂等场地和社会单位设置临时安置点，转移安置受灾群众。

（3）群众自救互救　灾害发生后，可以发动受灾群众自救互救，选择安全地带，自发搭建临时帐篷，转移安置受灾群众。

（4）以人为本　临时安置点要以人为本，尽快配置用水、如厕、垃圾处置、应急照明、应急医疗等受灾群众急需的设施设备，同时设立临时安置点应急指挥中心，确保临时安置点的秩序。

3．医疗卫生教育保障救助

包括对伤病人员的救治、灾区防疫、学生复学、心理抚慰等。

（1）根据受灾人口数量和具体灾情以及受伤受灾群众数量，配送所需急救药品的种类、数量以及常用药品的种类和数量，保障对受伤受灾群众的救治和其他受灾群众疾病的预防。

（2）对受灾群众中的学龄期儿童进行统计分析，便于编班，开展教学，帮助其尽快恢复学习，不让一个儿童因灾失学。

（3）在发生重大灾害并造成较大人员伤亡时，要及时组织专业医师对受灾人员尤其是未成年人进行必要的心理干预，尽量减少因痛失亲人或亲历灾难造成的心理伤害。

基础知识

救灾应急体系建设目标：用 3～5 年的时间，健全政府主导、分级负责、条块结合、属地为主的救灾应急管理体制；构建统一指挥、反应灵敏、协调有序、运转高效的救灾应急综合协调机制；建成覆盖各级政府和城乡社区的救灾应急预案系统；建立健全规范、高效的灾情管理系统；建成布局合理、品种齐备、数量充足、管理规范的救灾物资储备系统；完善救灾法律法规，打造救灾科技支撑平台，建立专兼结合的救灾应急队伍；建立部门协调、军地结合、全社会共同参与的救灾应急工作格局，形成具有中国特色的救灾应急体系，全面提升救灾应急工作的整体水平。

案例阅读

湖北监利县10万灾民转移安置纪实

1998年8月9日下午，烈焰当空。在湖北省长江段最大的一个民垸——三洲联垸，当代县长赵毓清挥泪下达扒口行洪的命令时，滚滚江水顿时泄入垸内，吞噬了一眼望不到边的葱绿的田野。至此，监利县15个民垸在坚守了40多天后弃守，全县10万受灾群众提前转移安置到长江干堤内的各个安全地带，无一人员伤亡。

10万灾民大转移，这是一场异常艰难的战斗。早在长江第三次洪峰到来之前，监利县防指就紧急制定了民垸群众转移预案。从7月下旬开始，全县共有500名县乡干部深入垸内村庄，动员、组织群众转移。公路上、围堤上、长江河道，转移的车辆和船只水陆并进，源源不断地撤离三洲垸，向各灾民安置点聚集。

稻谷垂穗，棉桃压枝，红墙青瓦，鸡犬相闻，丰收而宁静的家园实在难舍，然而为了确保大武汉，确保长江大堤，确保江汉平原和洞庭湖平原，确保更多的人民生命财产安全，监利人民却要作出牺牲，扒堤垸引水行洪，部分干部群众不理解。要做到洪水入垸后无一人伤亡，担负转移任务的基层干部们苦口婆心做好群众的思想工作，把他们一个个护送到安全地带。

同日下午4时，随着几声汽笛鸣响，新洲垸最后一批村民从水路安全转移，为加快转移速度，县船务管理所调集20艘货船，将近万名群众以及大量耕牛、生猪沿水路撤到安全区。老台村81岁的秦三姑躲在家里不肯转走，镇教育组组长谢向阳第五次上门劝说，耐心向老人介绍政府对灾民的生活安置情况，并掏出随身的100元钱送给老人，老人终于受感动而撤出。四台村一产妇因行动不便被洪水围困，在两名解放军战士的营救下脱险，两天后，她在城郊灾民安置点顺利产下一男婴。为接纳受灾群众，毗邻新洲垸的平桥管理区各所学校、机关以及农户们都伸出热情的援助之手，敞开爱的胸怀。

三洲联垸是监利第十五个也是最后一个扒口行洪的民垸，内有农田20万亩，灾民5万多人，扒口行洪前，垸内近2万老人、小孩和妇女被先期转移出去，由于灾民转移财产心情急迫，转移速度受阻。为此，县防指紧急调运卡车60辆、机动船100艘、农用车250辆，在转移灾民的同时，帮他们抢运家什和牲畜。部分群众聚在较高的墩台和楼房上不肯撤走，洪水漫垸后，三洲镇镇长黄勇乘坐冲锋舟，带领武警某部官兵进行拉网式搜索营救，将滞留群众一个个从即将坍塌的房中救了出来，从垸内转移上堤的耕牛有近万头，保养好耕牛是灾后恢复生产的关键之一。毗邻的尺八镇群众不仅热情接待从三洲垸转移来的灾民，镇干部还将耕牛编号，以村民小组为单位集中圈养，灾民们感叹地说："干部们替我们想得真周到。"

10万灾民，集中转移安置在监利县尺八镇、容城镇、红城乡的集镇、农户和大堤上，生活供给是救灾面临的最大难题。县民政部门按每个灾民每天1斤米、1两食油，每户3个蜂窝煤的标准及时供给。对特困灾民每人供应1个煤炉、水桶和100多个蜂窝煤。

县食品公司以高于市场价收购灾民手头的生猪，尽力保护灾民的利益。

县卫生部门成立了80多支救灾防病医疗队，400多名医务工作者在灾民点日夜巡回或驻点诊治，无偿发放药品近50万元，确保了转移灾民无大疫流行。

洪水无情人有情，情重如山，血浓于水。香港红十字会助理总监黄兆光先生率部长途跋涉，来到监利灾区，给灾民发放5万斤大米，4万元药品；鄂西北贫困山区恩施土家族苗族自治州运来了14车灾民急需的蔬菜；河南双汇集团运来了2000多箱价值20万元的火腿肠；省民政部门送来了帐篷……

新洲灾民点64岁的郑文松老人祖孙三代同居一棚，他不无感慨地说："托党和政府的福，沾人民的光。目前吃有粮，烧有柴，晚上有电灯照明，蛮不错！"

（来源：《人民日报》1998年8月19日第2版）

【思考】灾民紧急转移的工作顺序如何安排？

课间休息

救灾响应及其级别划分

据国务院2005年颁布的《国家自然灾害救助应急预案》，按照灾害损失情况，民政部将应对自然灾害工作设定为四个响应等级，其中一级救灾响应对应的灾害级别最为严重。

四级响应：指某一省（区、市）行政区域内，一次灾害过程中死亡30人以上、50人以下，或发生5级以上破坏性地震，死亡20人以上、50人以下；紧急转移安置10万人以上、30万人以下；倒塌房屋1万间以上、10万间以下；发生事故灾难、公共卫生事件、社会安全事件等其他突发公共事件造成大量人员伤亡、需要紧急转移安置或生活救助。符合上述情境之一的，由民政部救灾救济司司长决定进入四级响应状态并报分管副部长、部长。民政部向灾区派出工作组，慰问灾民，核查灾情，指导地方开展救灾工作。根据灾区省级政府或民政厅（局）与财政厅（局）申请，48小时内制定中央救灾应急救助资金补助方案并商财政部，按照拨款程序及时下拨到灾区。

三级救灾响应：死亡50人以上、100人以下；紧急转移安置30万人以上、80万人以下；倒塌房屋10万间以上、15万间以下。符合上述情境之一的，由民政部分管副部长决定进入三级响应状态并向部长报告。民政部向灾区派出工作组，或根据灾害损失情况，协调有关部门组成联合工作组赶赴灾区，慰问灾民，核查灾情，指导地方开展救灾工作。根据灾区省级政府或民政厅（局）与财政厅（局）申请，48小时内制定中央救灾应急救助资金补助方案并商财政部，按照拨款程序及时下拨到灾区。

二级救灾响应：死亡100人以上、200人以下；紧急转移安置80万人以上、100万人以下；倒塌房屋15万间以上、20万间以下。符合上述情境之一的，由民政部部长决定进入二级响应状态。灾情发生24小时内，以民政部名义向灾区发慰问电。民政部协调有关部门向灾区派出由民政部部级领导带队的抗灾救灾工作组，慰问灾民，核查灾情，指导抗灾救灾工作。根据灾区省级政府或民政厅（局）与财政厅（局）申请，24小时内制定中央救灾应急救助资金补助方案并商财政部，按照拨款程序及时下拨到灾区。

一级救灾响应：死亡200人以上；紧急转移安置100万人以上；倒塌房屋20万间以上。符合上述情境之一的，由国务院副总理（国家减灾委主任）决定进入一级响应状态。国家减灾委主任或副主任率有关部门赴灾区慰问灾民，查看灾情，指导抗灾救灾工作。民政部全部动员，成立救灾应急指挥部，建议以党中央、国务院名义向灾区发慰问电。灾害发生24小时内，民政部会商财政部下拨中央救灾应急资金，协调铁路、交通、民航等部门紧急调运救灾物资；每日14时前汇总国家减灾委成员单位提供的灾害和抗灾救灾情况，向国务院报告；组织开展跨省（自治区、直辖市）或者全国性救灾募捐活动，统一接收、管理、分配国内、国际救灾捐赠款物。

【思考】国家为什么要制定救灾响应预案？

任务四　起草恢复重建方案

任务描述

俗话说，安居才能乐业。对于地震、滑坡、泥石流、洪涝、雪灾、火灾等灾害，灾后往往面临民房恢复重建的艰巨任务。根据上级政府和部门的部署，尽快制定基层单位的重建方案，可争取工作的主动。

任务实施

××镇人民政府办公室关于印发《灾后民房恢复重建方案》的通知

×政办发[2008]19号

各村（居）委会，镇政府有关部门：

《灾后民房恢复重建方案》已经镇人民政府同意，现印发给你们，请认真组织实施。

二〇〇八年二月六日

××镇灾后民房恢复重建方案

2008年元月12日至2月1日，我镇遭受暴雪及冰冻灾害袭击，造成较大数量的民房倒塌和损坏。为确保灾民倒损房屋得到迅速恢复、维护灾区社会稳定，现根据市政府和市民政部门的部署，制定本方案。

一、基本原则

（一）以因灾倒损房屋对象投入为主，辅之以政府救助、政策优惠、亲邻资助、村组帮工帮料、驻村单位对口帮扶。

（二）统一规划。将倒损房屋恢复重建纳入新农村建设统一规划，建房选址要科学合理，尽量选择在地势较高和地质结构稳定地段，严禁在易灾地带建房。

（三）组织实施此项工作的责任主体是各村党支部和村委会。

（四）恢复重建要与农村低保户危房改造结合。

二、目标任务

在2008年6月15日前，将××户××间因雪灾倒塌房屋全部恢复重建，将××户××间因雪灾损坏民房进行修缮，确保所有灾民入住新居。新居按照人均不少于20平方米标准建造，确保安全、实用、卫生。

三、实施步骤

（一）第一阶段（2008年2月13日前）：调查摸底、核准对象、建立台账。各地对因灾倒损房屋对象进行分类统计，以下倒房不纳入重建计划：农户生产用房、独立的厨房、牲畜棚等辅助用房、活动房、工棚、简易房和临时房屋；已建新房、原未拆的闲置旧房。在确定救助标准时，全倒且完全无自救能力的农村低保对象和特困优抚对象作为一类救助对象；全倒但有一定自救能力的农村低保对象和困难优抚对象作为二类救助对象；部分倒损的困难户和因灾倒塌房屋的其他农村居民为三类救助对象。对于子女搬迁新居，父母居住老旧危房因雪灾倒损的原则上不纳入救助范围。

（二）第二阶段（2008年2月14日至28日）：安排部署及申报审批。2008年2月20日镇政府召开会议，对全镇恢复重建工作进行全面部署，明确工作目标和责任，各地结合实际制定恢复重建方案，落实领导包户的“一包一”责任。2008年2月28日前，按照本人申请、村民代表评议、张榜公示、逐村逐户登记造册、镇政府核查、上报市民政局审批六个程序，完成申报审批工作。

（三）第三阶段（2008年3月1日至6月10日）：组织实施。各村从3月1日起每隔10日向镇灾后民房恢复重建工作领导小组办公室上报竣工户名单，对竣工户逐户拍摄新居照片，统一设置“爱民新居”标志，建立完整档案。

（四）第四阶段（2008年6月11日至6月15日）：检查验收。镇灾后民房恢复重建工作领导小组办公室根据各地上报的恢复重建竣工档案和工作总结，逐户进行检查验收。

四、主要措施

（一）加强领导。镇政府成立灾后民房恢复重建工作领导小组（名单附后），领导小组下设办公室，办公室设在民政办公室，负责处理日常工作。各村成立相应的机构，做到机构健全、责任到人。

（二）落实领导责任制。镇政府与各村签订《灾后民房恢复重建工作责任状》。各地党支部、村委会主要领导为第一责任人，分管领导为直接责任人。2008年6月15日前对全镇灾后民房恢复重建工作进行检查验收，对完成任务好的单位给予奖励，对不按期完成工作任务的单位进行通报批评。

（三）落实重建优惠减免政策。市建委、规划、国土、林业等相关部门根据各自工作职责，已出台恢复重建优惠减免政策。镇相关部门要积极主动上报情况，将政策落到实处。

（四）多方筹集资金，加大恢复重建投入。全镇计划投入灾后民房恢复重建资金××万元。镇政府以村为单位按倒房户每户 6000 元救助标准下拨资金，由各村实施分类救助，原则上倒房困难户每间补助不低于 2000 元，补助间数不超过 3 间，对特殊困难的倒房户给予重点救助。因灾损坏房屋，根据对象困难程度按照每间 300～500 元的标准给予救助。

（五）加强资金管理。设立灾后民房恢复重建资金专户，实行封闭运行。各地财政所（分局）和民政办通过“一卡通”及时将倒房恢复重建补助资金按照工程进度分期直接发放到户。镇纪检监察等部门要加强监督检查，确保救助资金专款专用。对专项资金使用中有弄虚作假、挤占挪用、贪污等违法违纪行为的，一经查实将视情节轻重追究有关人员责任。

附件：××镇灾后民房恢复重建工作领导小组人员（略）

任务引导

（1）民房恢复重建的原则是“突出重点，民生优先；统筹规划，分类指导；科学重建，分步实施；明确标准，综合配套”。

（2）民房恢复重建评估要注意的问题：

1）合理确认重建救助对象。重建户是指经入户查实确认的住房倒塌或严重破坏急需重建的受灾户。在农村情况有些复杂，如同一户口簿、家庭成员同住一处住房，认定为可享受补助政策的一户受灾户比较容易确定；同一户口簿、家庭成员在两处住房居住，老人与儿女分家未另立户口簿的情况比较常见，应当以常年分灶吃饭事实存在、群众普遍认可为主要条件，分户享受补助政策。

2）因地制宜选择重建房址。住房和城乡建设部门应把受灾群众灾后新建住房纳入新农村建设规划范围，在进行新建房屋选址时，应坚持实事求是、量力而行，既立足当前、又着眼于长远，力戒盲目追求高起点、高标准的不切实际的做法。要充分考虑受灾群众的经济状况和承受能力，不盲目攀比、不搞贪大求洋、不搞一个模式，不搞强迫命令。受灾群众灾后规划选址要坚持适度集中、节约土地、有利生产、方便生活的原则。在评估山区、平原、丘陵等地受灾群众居住需求时，一定要体现本地特色和防灾减灾要求。

对连片倒房可规划建“爱民新村”，并附永久性标识（见图 6-1）。在评估集中建房时，交通、水电、卫生、文化、教育等基础设施方面要统筹考虑。

××镇××村爱民新村

××村于××××年××月××日遭受××灾害。在社会各界的支持下，新建住房××户，建设总投资××万元，其中：政府救助××万元，社会捐助××万元。

××镇人民政府

××××年××月××日

图 6-1　集中建房永久性标识

① 标识材料以普通石材为宜，嵌入新建住房墙体以便永久保存。标识大小一般为长 60 厘米、宽 50 厘米。

② 文字内容中的“政府救助”包括政府投入的“三通一平”建设资金、政府补助灾民建房资金及各种税费减免；“社会捐助”包括当地投入的社会捐助款物及群众帮工投劳折款。

③ 调查评估建筑材料供求和价格情况。在对受灾群众居住需求进行评估时，必须充分掌握当地及附近区域的水泥、钢材、木材、砖、黄沙、石子、毛竹、铝合金塑钢用品以及建筑机械的供求信息，要考虑到当地建筑资料供求的季节性波动情况。

④ 评估建筑施工力量情况。农村劳动力流动性较大，并有其客观必然性。灾害信息员要努力掌握其规律，及时掌握农村忙季和农闲时节建筑劳动力的供求信息，及时收集和掌握建筑劳动力的工酬水平，以便能够准确、详实地评估受灾群众倒房重建所需成本。

⑤ 评估群众可承受能力。根据当地建筑材料价格和农村建筑劳动力资源及工酬水平，评估受灾群众重建倒房需资金投入情况，结合受灾户经济情况，评估政府对受灾群众重建需补助资金的额度。

⑥ 建立重建倒房评估档案。要坚持做到一户一档，评估档案可一表（见表 6-6）多用，在不同阶段用于不同用途。在初始阶段，可作为灾害信息员的调查统计表；在申报审批阶段，可作为个人申请表和各级审核审批表；在实施倒房重建阶段，可作为建设记录和竣工验收表。

表 6-6　民房重建档案表样

镇（乡）

<table>
<tr><td rowspan="2">原住房情况</td><td>户　主</td><td></td><td>住　址</td><td colspan="3"></td><td>家庭人口</td><td></td><td>上年家庭总收入</td><td></td></tr>
<tr><td>占地面积（m²）</td><td></td><td>建筑面积（m²）</td><td></td><td>结构</td><td></td><td>间数</td><td></td><td>受灾种类</td><td></td></tr>
<tr><td rowspan="2">新建房情况</td><td>占地面积（m²）</td><td></td><td>建筑面积（m²）</td><td></td><td>结构</td><td></td><td>间数</td><td></td><td>地址</td><td></td></tr>
<tr><td>总投资（元）</td><td></td><td colspan="2">开工时间</td><td colspan="2"></td><td colspan="2">计划完工时间</td><td colspan="2"></td></tr>
<tr><td rowspan="4">新建住房资金来源</td><td colspan="2">民政补助（元）</td><td colspan="2"></td><td colspan="2">镇乡政府补助（元）</td><td></td><td>灾民自筹（元）</td><td colspan="2"></td></tr>
<tr><td colspan="2">帮工投劳折款（元）</td><td colspan="2"></td><td>借贷资金（元）</td><td></td><td>社会捐助（元）</td><td></td><td>其他</td><td></td></tr>
<tr><td rowspan="2">减免税费</td><td>项　目</td><td></td><td></td><td></td><td></td><td></td><td></td><td></td><td></td></tr>
<tr><td>数额（元）</td><td></td><td></td><td></td><td></td><td></td><td></td><td></td><td></td></tr>
<tr><td>责任制</td><td colspan="2">责 任 单 位</td><td colspan="3"></td><td colspan="2">责 任 人</td><td colspan="3"></td></tr>
<tr><td rowspan="2">验收情况</td><td colspan="2">验收人签字</td><td colspan="3"></td><td colspan="2">户主签字</td><td colspan="3"></td></tr>
<tr><td colspan="10">镇（乡）人民政府（公章）
年　　月　　日</td></tr>
</table>

⑦ 张榜公布受灾群众重建倒房评估和拟安排情况。根据分户评估结果，在村、组张贴重建倒房评估和拟安排情况表，公开、公示，征求村民意见，力求做到公平、公正。

基础知识

灾后恢复重建是救灾工作的延续，它既是对灾毁家园的基本恢复，也是经济发展的新的增长点。灾情稳定后，各级政府立即组织力量，核查、评估灾情，投入重建资金，抢修基础设施，恢复水、电、气等生命线工程。倒塌居民住房恢复重建，是恢复重建的重中之重，1990～2008 年 9 年间，全国因灾倒塌民房年均约 300 万间，2004 年 11 月民政部印发《灾区民房恢复重建管理工作规程》，要求灾区民房恢复重建项目要按照计划、申请、审批、实施、监督和评价的全过程进行管理。

案例阅读

1．彭州市出台《加快震后农村住房重建工作的实施意见》

《加快震后农村住房重建工作的实施意见》（以下简称《意见》）对永久性住房重建的补

助标准、重建方式、资金筹措等各方面作出了规定。

（1）救助对象为“5·12”地震后彭州市行政区内，经房屋安全评估为住房灾毁不能居住（灭失、倒塌、严重损坏）的本地正住户口的农村村民。

（2）平均补助标准，为每户2万元。根据受灾补助对象的经济状况和家庭人数实行分类分档补助，具体补助标准将分为两类三档。

一般农户：1～3人家庭16000元，4～5人家庭19000元，6人及以上家庭22000元。

低保户：1～3人家庭20000元，4～5人家庭23000元，6人及以上家庭26000元。

农户家庭人数、低保户的认定，以2008年5月11日户口和档案记载为准。恢复重建永久性住房的补助将按照建房进度等要求发放。

（3）在政策、措施的引导下，尊重补助对象意愿，由补助对象自主选择重建方式进行住房建设。

1）原址重建。在符合规划的前提下，补助对象可按原合法取得的宅基地面积重建。同时，必须遵守“不在地质灾害危险区；原址重建占地面积应不大于原合法取得的宅基地面积；补助对象不得在原村集体经济组织内再申请宅基地，且不得享受‘拆院并院’每人8000元的建房补助；原址重建不得在省道、县道路两边夹道建设，不得在统规自建和统规统建安置用地区内建设”等规定。

2）统规自建。经2/3以上村民同意，由村集体经济组织或其引进的社会资金投资者作为项目实施主体进行基础设施、公共服务设施建设，并给予补助对象每人8000元的建房补助，由补助对象按规划自行建设住房。如果是引进社会资金的，合作协议由村集体经济组织上报。节约的建设用地，项目实施主体可利用城乡建设用地增减挂钩的政策，挂钩到建新区依法使用，也可通过集体建设用地流转方式取得土地使用权，按照规划用于旅游业、服务业、商业和工业等。

3）统规统建。对规划确定的农村新型社区和集中居住点实行统一规划、集中建设；对补助对象自愿选择入住统一建设的安置住房，按照每户人均建筑面积35平方米的标准分配，每户应按政府给予的住房重建补助资金等额缴纳建房费。统规统建的实施主体可以是当地政府或农村集体经济组织，也可以引进社会资金按“拆院并院”项目实施。

4）异地安置。对有创业能力、自愿举家搬迁的补助对象，允许其自愿放弃宅基地异地安居置业，鼓励其到天彭镇、致和镇、蒙阳镇、丽春镇、通济镇居住，补助对象不再申请宅基地。补助对象自愿放弃宅基地的集体建设用地，按市场化配置的原则，由当地政府或“拆院并院”项目实施主体给予一次性货币补偿。在成都市范围内置业安居的，可享受廉租房、经济适用房、限价房等住房保障政策，并享受入户、社保、医疗、就业和子女入学等待遇。

5）开发重建。按照重建规划，经2/3以上的村民同意，由村集体经济组织对集体建设用地进行综合整理、集中使用；也可引入社会资金进行综合整理和产业开发。开发性重建的实施主体须按每户人均住房不低于建筑面积35平方米的标准安置补助对象，并按规划配套建设基础设施和公共服务设施。

6）加固维修。受损房屋通过维修加固可以入住的，由房屋所有权人按《四川省建筑抗震鉴定与加固技术规程》规定进行维修加固，政府将给予一定金额的补助，补助政策另行制定。

（4）以“群众自救、社会援助、市场运作、政府补助”等方式来筹集农村住房重建资金。除了引导受灾群众不等不靠，利用农村产权制度改革、集体建设用地流转、就业援助等政策多方面自筹资金外，还可争取住房重建贷款。通过农村产权制度改革，彭州支持受灾群众按照规定的程序向银行申请住房重建贷款，专项用于灾毁房屋的重建工作。

鼓励社会资金投入到农村灾后住房重建，支持有条件的镇和村集体经济组织，结合本地优势资源，自筹资金或招商引资开展住房重建，鼓励受灾群众利用宅基地和环境资源，吸引社会资金合作建房。有条件的镇，可将恢复重建与开发建设相结合，引导有实力的企业参与开发。

【思考】彭州市灾后住房重建的补助资金标准有哪些？为什么？

2.**《汶川县灾后城镇住房重建实施细则》**（节录）

第三十九条 税收优惠。

灾后重建住房（指廉租住房、经济适用房、安居住房、限价商品房、原址重建住房及镇乡居民自建住房）免征城镇土地使用税，转让时免征土地增值税，所签订的建筑安装、销售、租赁合同，免征印花税。

对在地震中损毁的应缴而未缴契税的居民住房，不再征收契税；对受灾居民购买安居住房、经济适用房，按法定税率减半征收契税，对购买其他住房的，契税减征80%。

经法定机构鉴定，对因灾损毁不能居住、使用的房屋和危房，停止使用后，在2008年年底前免征损毁房产、土地的房产税，城市房地产税和城镇土地使用税。

免收行政事业性收费和政府性基金。对建设灾后重建住房和加固住房，一律免收各项行政性、事业性收费和政府性基金，包括城市教育附加费、地方教育附加费、城镇公用事业附加费、城市基础设施配套费、建设工程质量监督费、工程定额测定费、征地管理费、城市房屋拆迁管理费、房屋所有权登记证书和土地使用权登记证书一次性工本费、房屋产籍查询费、房屋安全鉴定费、水土保持设施补偿费。

第四十条 全县实行住房信贷优惠政策。各商业银行要认真执行国务院《关于支持汶川地震灾后恢复重建政策措施的意见》（国发〔2008〕21号）和中国人民银行《关于汶川地震灾后重建金融支持和服务措施的意见》（银发〔2008〕225号）的规定。

优先发放住房建设贷款。县内各商业银行对政府组织的住房恢复重建项目优先给予贷款支持，对重灾区的安居住房、经济适用房等灾后重建住房和普通商品房建设项目在贷款条件方面给予优惠。

提供居民住房贷款额度信贷优惠。对全县居民购置自住房的贷款利率下限调为贷款基准利率的0.6倍，最低首付款比例下调为10%。

对受灾住房公积金缴存人原址重建住房、购买住房及加固住房，提供住房公积金优惠贷款支持，贷款利率在法定利率基础上优惠1个百分点，或可提取公积金个人账户余额。

第四十一条 土地政策。

县城规划区外各乡镇土地级差补偿根据用地区位划分为中心区和一般区，中心城镇级差为15万元/亩，一般城镇级差为8万元/亩；县城规划区内按《汶川县威州镇城区土地基准地价评估结果一览表》执行。

对廉租住房和政府组织建设的安居住房建设用地以划拨方式供应；在原址重建住房的可按原方式使用土地，免除相关费用。

根据灾后重建规划确定的城镇廉租住房、安居住房建设项目，涉及农用地转用和土地征收的，可以边建设边报批，按用地审批权限办理用地手续。

城镇住房毁损的，原房屋所有权人继续享有相应的法定土地使用权权益。因规划调整或避让灾害等原因不能原址重建和修复加固住房的，对所有权人原使用土地面积进行置换或依法对其进行经济补偿，由政府依法收回国有土地使用权。土地使用权人申购安居住房的，经济补偿中应扣除安居住房行政划拨土地与市场出让土地价格之间的差额；不申购安居住房的，依法全额补偿。

第四十二条 积极争取广东省对口支援。积极争取广东省各援建城市帮助受援乡（镇）开展房屋建筑安全鉴定、损毁住房拆除清理、受损住房的加固以及灾后住房恢复重建工作；积极争取广东省各援建城市对灾后城镇住房恢复重建提供资金援助，用于廉租住房、安居住房和公有房屋加固建设项目及其配套设施建设，成立城镇住房补助基金；积极争取广东省各援建城市参与城镇住房建设相关的服务设施和基础设施建设；积极争取广东省各援建城市对城镇重建项目的工程质量和施工安全给予技术力量支持；鼓励广东省各援建城市施工企业按照公开、公平、公正的原则参与汶川各乡（镇）重建项目施工。

任务五 阅读《冬春救助规程》

任务描述

自然灾害会延后影响当年冬季和来年春季的群众生活。阅读《冬春救助规程》，思考如何开展冬令和春荒的救助。

任务实施

××镇《冬春救助规程》

春荒、冬令灾民生活救助的重点是解决因灾造成的群众吃饭、穿衣等生活困难。冬令救助时段为当年的12月至第二年的2月，春荒救助时段为当年的3～5月（一季作物区为每年的3～7月）。

一、调查评估

春荒和冬令救助工作实施前一个月，乡镇民政办根据村委会上报的情况组织专门力量对灾民和特困户逐户开展荒情调查，并建立《需救济人口台账》。

二、制定救助方案

主要内容包括：自然灾害及区域分布情况；受灾人员需救助情况及需救助的重点区域分析；地方财政投入占比分析；中央财政安排救灾资金测算。

冬春救助重点是解决受灾人员口粮、饮水、衣被、取暖、医疗等基本生活困难，结合劳务输出、群众互助等措施，最大限度地保障受灾群众的基本生活。

三、救助款物申报

汇总填写《受灾人员冬春生活需救助情况统计表》。9月30日前村上报乡镇，10月10日前乡镇上报县民政局。

四、救助工作的实施

1. 根据县民政局下拨的实际救灾资金补助数量和本级配套资金情况等因素，及时对原灾民救助计划进行修改，确定实际的救助对象和救助款物。

由灾民所在行政村召开村民大会或村民代表会议进行民主评议，由村民委员会根据评议结果报乡镇审核。

2. 将审核的救助对象的救助情况输入计算机，制成《灾民救助花名册》电子文本，用磁盘或电子邮件上报到县民政局审批。

3. 根据《灾民救助花名册》，以户为单位向救助对象发放《灾民救助卡》。

4. 根据《灾民救助花名册》和救助时段直接向救助对象发放救灾物。

五、监督检查

组织（包括上级部门）人员，检查监督救济款物分配、落实情况，对在检查中发现的问题要及时协商解决，确保救灾款物发放到最需要救助的家庭。

任务引导

（1）调查评估的主要任务是掌握冬春群众生活困难情况。要重点调查当年灾害损失情况，受灾困难人员的家庭基本情况、自救能力、定期救济金收入及口粮、饮水、衣被、取暖、医疗等方面的困难。建立《冬春因灾生活困难政府救济人口台账》。

（2）救助方案的主要内容包括：本行政区域内农业人口、人均收入、当年自然灾害情况；受灾人员需救助情况及分析；本级投入及可解决的问题；存在的资金缺口。

（3）救灾资金的申请是指自下而上逐级上报救助方案，并附《受灾人员冬春生活需救助情况统计表》、《冬春因灾生活困难政府救济人口台账》（填报的数据与需救济人口台账相符）。

（4）救灾资金的发放。根据实际可使用的救灾款物总量，完善冬春救助方案，确定实际的救助对象和救灾款物。救灾款物应在15日内发放到救助对象手中。具体程序是：

1）确定救助对象。由受灾人员本人申请或者村（居）民小组提名，经村（居）民委员会民主评议，符合救助条件的，在社区范围内公告；无异议或者经村（居）民委员会民主评议异议不能成立的，由村（居）民委员会将评议意见和有关材料提交乡（镇）审核后，报县级民政部门审批。

2）建立工作台账。受灾人员冬春救助工作台账由县级以上民政部门根据当地实际情况统一印制，其主要内容应包括户主姓名、身份证号、家庭类型、家庭人口、需救助情况（人数、总量）、救灾款物发放情况。

3）制发救助卡片。“灾民救助卡”是受灾人员领取政府救助款物的凭证，由县级民政部门根据当地实际情况统一印制，由县级民政部门或乡镇政府盖章后生效，其主要内容应包括户主姓名、身份证号、需救助情况（人数、时段、总量）、实际救助款物的发放情况等。县级民政部门或乡镇政府根据受灾人员冬春救助工作台账，以户为单位向救助对象发放“灾民救助卡”。

4）发放救灾款物。县级民政部门和乡镇根据受灾人员冬春救助台账和“灾民救助卡”向救助对象发放救灾款物。救助对象在领取救济款物时，应在《灾民救助花名册》上签字或按手印。救灾资金尽量通过银行发放，已实行涉农资金“一卡（折）通”的地方应将救灾资金一并纳入发放。实行实物救助时，要对采购的物资统一标志，以便监督检查。

(5) 救助效果的评估。组织专班，采取抽样调查的方式评估冬春生活救助绩效。评估的主要内容：实际安排救助资金总量和救助物资主要品种、数量；实际救助户数和人数（及占受灾人员的比例），人均救助数额，实际救助效果（与上年同期相比），存在的问题及解决情况，好的做法、经验及救助图片等。

基础知识

2008 年前，每年分为冬季救助和春荒救助两个阶段。2008 年后，中央将冬季救助和春荒救助合并为冬春生活救助，确保救助时段的前后衔接和政策的延续性。

为规范冬春生活救助工作的开展，2009 年民政部修订并印发了《受灾人员冬春生活救助工作规程》。

任务六　创建减灾示范社区

任务描述

2010 年民政部开展了创建综合减灾示范社区的活动，要求学生掌握创建活动的基本内容。

任务实施

××社区创建全国综合减灾示范社区的做法（节录）

一、“三大举措”构建防灾减灾工作新格局

一是健全组织机构。建立了有 52 人参加的街道、社区、门栋三级防灾减灾工作组织指挥体制，明确了各级防灾减灾工作职责任务，形成了上下衔接、组织严密、指挥灵敏、反应快速、坚强有力的社区综合减灾组织网络系统。

二是落实工作责任和措施。制定、落实了《社区防灾减灾工作制度》、《公共安全管理制度》、《灾害风险隐患排查制度》。采取干部分片包干、楼栋减灾工作责任到人、防灾知识宣传到户等措施，并明确灾害信息观察员职责。同时，以学校、宾馆、商场、居民小区为重点，设立居民疏散点、悬挂居民疏散示意图、安装疏散导向标志牌、设置灾害应急物资储备库。

三是建设志愿者队伍。根据政治面貌、年龄和技术特长，将 150 多名志愿者分成“两队四组”，即党员先锋队、团员突击队，扶贫帮困组、文化娱乐组、公益事业组、未成年人和残疾人援助组，充分发挥每一位志愿者在防灾减灾工作中的作用，使“有时间做志愿者，有困难找志愿者”在社区蔚然成风。

二、“三大注重”营造防灾减灾工作好氛围

社区通过各种形式、各种渠道加大宣传教育力度，着力营造防灾减灾的良好氛围。

一是注重活动宣传。通过制作宣传板、发放《社区减灾管理手册》、组织文艺活动等形式，常年开展防灾减灾知识宣传；社区每逢重大节假日和"防灾减灾日"、"消防安全日"、"安全生产日"等活动日都组织开展文化活动，向居民发放防灾减灾知识宣传图册 2000 余册，并将安全生产、防灾救灾工作融入到群众喜闻乐见的文体节目中，寓教于乐。

二是注重活动培训。社区先后举办 8 期安防减灾专干、防灾减灾协管员、治安联防队员、减灾抢险志愿者业务培训，培训达 300 多人次。同时对社区单位、学校、社区居民进行各种形式的防灾减灾培训，利用社区中小学等宣传教育阵地，对各类居民群体进行防灾抢险、自救互救知识教育，扩大社区居民对防灾减灾常识的知晓率。

三是注重载体宣传。通过网络、黑板报、宣传橱窗和电视，将安全常识、防灾办法以文字、图片、视频等多种形式传送到居民家中，进行防灾减灾安全教育，使其了解减灾知识、提高减灾意识。

三、"三大结合"注入防灾减灾工作新活力

针对社区易发的灾害种类和地段，加强防灾减灾基础工程建设，及时整改安全隐患，做到防患于未然。

一是结合治安联防，建立防范系统。坚持夜间巡逻，检查督促小区居民及时配置各类防范设施，将应急呼救电话张贴在各楼栋中，以便居民发生突发性应急事件时能及时求救。2010 年，共发现和排除火灾隐患 7 次，水灾隐患 3 次，阻止集中斗殴 6 起，抓捕盗窃犯 2 名等。

二是结合预案演练，提高防灾自救能力。根据《综合灾害应急救助预案》，邀请消防、供电、卫生、安全生产等部门的技术人员，指导开展自然灾害应急预案演练，让社区群众真正掌握紧急避险、自救互救的常识和技能。

三是结合物资配备，建设紧急救援庇护中心。与辖区单位整体联动，投入资金 15 万多元，配备一系列救生设备和紧急生活物资，如灭火器、防烟面具、照明灯、防寒衣、药品、食物、食用水等，确保灾害发生 5 小时之内，解决灾民的临时衣、食、住和医疗救援等方面的基本生活问题。

任务引导

1．开展社区减灾的目的

灾害发生时，往往导致道路中断等情况，社区常常等不及外来救援，而时间就是生命，社区要具备自救和自保的防灾功能，在灾后的第一时间，使受灾者能够依靠自己的能力生存，并把居民转移到安全的地方去。这就要建立起相对独立运作的区域型防灾体系，包括设立社区紧急避难场所和医疗救护基地，有简单的应急物资储备，能够自己运作起来，以赢得黄金救命时刻，最大限度避免人员伤亡。不同社区之间也要建立安全协调机制，提高自救和他救的能力。2003 年应对 SARS 当中，不少社区组织发挥了特有的作用。

2．社区防灾减灾十大基本要素

（1）综合减灾工作组织与管理机制完善。

（2）开展灾害风险评估。

（3）制定综合灾害应急救助预案。
（4）经常开展减灾宣传教育与培训活动。
（5）社区防灾减灾基础设施较为齐全。
（6）居民减灾意识与避灾自救技能提升。
（7）广泛开展社区减灾动员与减灾参与活动。
（8）管理考核制度健全。
（9）档案管理规范。
（10）社区综合减灾特色鲜明。

3. 全国综合减灾示范社区基本条件

（1）社区居民对社区综合减灾状况满意率大于 70%。
（2）社区近三年内没有发生因灾造成的较大事故。
（3）具有符合社区特点的综合灾害应急救助预案并经常开展演练活动。

4. 《全国综合减灾示范社区标准》评分表（见表 6-7）

表 6-7　全国综合减灾示范社区标准

一级指标	二级指标	评定标准	满分分值	考核分数
1. 组织管理机制（10 分）	1.1 社区减灾领导机构（2 分）	社区综合减灾运行、评估与改进领导机构健全	2	
	1.2 社区减灾执行机构（3 分）	社区有专门的风险评估、宣传教育、灾害预警、灾害巡查、转移安置、物资保障、医疗救护、灾情上报等工作小组	3	
	1.3 社区减灾工作制度（3 分）	（1）领导工作制度	1	
		（2）执行工作制度	2	
	1.4 减灾资金投入（2 分）	（1）较为固定的综合减灾社区资金来源，有筹措、使用、监督等管理措施	1	
		（2）已经获取资金支持的社区综合减灾项目	1	
2. 灾害风险评估（15 分）	2.1 灾害危险隐患清单（4 分）	（1）有针对地质地震、气象水文灾害、海洋灾害、生物灾害等各种自然灾害隐患的清单	1	
		（2）有针对公共卫生隐患的清单	1	
		（3）有社区内各种交通、治安、社会安全隐患的清单	1	
		（4）有社区内潜在的供电、供水、供气、通信或农业生产等各类生产事故隐患的清单	1	
	2.2 社区灾害脆弱人群清单（3 分）	（1）有社区老年人、小孩、孕妇、病患者、伤残人员等脆弱人群清单	1.5	
		（2）有外来人口和外出务工人员清单等	1.5	
	2.3 社区灾害脆弱住房清单（4 分）	（1）有社区针对各类灾害的居民危房清单	2	
		（2）有社区内道路、广场、医院、学校等各种公共设施隐和公共建筑物隐患清单	2	
	2.4 社区灾害风险地图（4 分）	（1）用各种符号标示出了灾害危险类型、灾害危险点或危险区的空间分布及名称等	2	
		（2）标示出了灾害危险强度或等级、灾害易发时间、范围等	2	

（续）

一级指标	二级指标	评定标准	满分分值	考核分数
3．灾害应急救助预案（15分）	3.1 社区综合避难图（3分）	（1）有避难场所名称、地点、可容纳避灾人数等避灾能力信息等，有合理明晰的避难路线	2	
		（2）避难场明确标注了紧急救助、安置、医疗等功能分区	1	
	3.2 社区灾害应急救助预案（4分）	（1）预案结合了社区灾害隐患、社区脆弱人群、社区救灾队伍能力、社区救灾资源等多方实际情况特点	1	
		（2）明确协调指挥、预报预警、灾害巡查、转移安置、物资保障、医疗救护等小组分工	1	
		（3）符合社区自身灾害隐患特点的应急救助启动标准，标准简单明了，便于社区居民理解	1	
		（4）应急预案有所有工作人员的联系信息、所有脆弱人员的信息，以及对口帮扶救助责任分工	1	
	3.3 社区应急救助演练活动（5分）	（1）演练活动密切联系预案，目标明确，指挥有序	1	
		（2）开展了针对各类脆弱人群或外来人员的演练	2	
		（3）社区居民参与程度高，社区内单位、社会组织或志愿者等多方广泛参与	2	
	3.4 演练效果评估（3分）	（1）演练活动过程有文字、照片、录音或者录像记录	1	
		（2）演练活动效果有社区居民满意度访谈或者调查	1	
		（3）针对演练发现的问题，有改进方案等	1	
4．减灾宣传教育与培训活动（10分）	4.1 组织减灾宣传教育（2分）	（1）利用防灾减灾宣传栏、橱窗等组织了防灾减灾宣传教育	1	
		（2）利用喇叭、广播、电视、电影、网络、知识竞赛等多种途径组织了宣传教育（每季度不少于1次）	1	
	4.2 开展防灾减灾活动（2分）	（1）在国家减灾日等期间开展防灾减灾活动	1	
		（2）利用公共场所或设施开展经常性的防灾减灾活动（每季度不少于1次）	1	
	4.3 印发防灾减灾材料（2分）	（1）印发国家和地方相关的防灾减灾资料	1	
		（2）印发符合社区特点的、切实可行的防灾减灾材料	1	
	4.4 参加防灾减灾培训（3分）	（1）组织社区管理人员参加了防灾减灾培训	1	
		（2）组织社区相关单位人员参加了防灾减灾培训	1	
		（3）组织社区居民参加了防灾减灾培训	1	
	4.5 与其他社区进行减灾交流（1分）	组织管理人员、社区居民等经常与其他社区进行防灾减灾经验的交流	1	
5．防灾减灾基础设施（15分）	5.1 建立灾害避难所（6分）	（1）建立了社区灾害应急避难场所，明确避难场所位置、可安置人数、管理人员等信息	3	
		（2）避难场所功能分区清晰，配备应急食品、水、电、通信、卫生间等生活基本设施	3	
	5.2 明确应急疏散路径（3分）	（1）明确了应急疏散路径，指示标牌明确	1	
		（2）在避难场所、关键路口配备了安全应急标志或指示牌	2	
	5.3 设置防灾减灾宣传教育场地和设施（3分）	（1）建立了专门的防灾减灾宣传、教育和培训等活动的空间	1	
		（2）设置了专门的防灾减灾宣传教育设施（安全宣传栏、橱窗等）	2	
	5.4 配备应急救助物资（3分）	（1）社区配备了必要的应急物资，包括救援工具、通信设备、照明工具、急救药品和生活类物资等	2	
		（2）居民配备了减灾器材和救生工具，如收音机、手电、哨子、常用药品等	1	

（续）

一级指标	二级指标	评定标准	满分分值	考核分数
6. 居民减灾意识与技能（10分）	6.1 清楚社区内各类灾害风险（2分）	（1）居民清楚社区内安全隐患	1	
		（2）居民清楚社区内的高危险区和安全区	1	
	6.2 知晓本社区的避难场所和行走路径（2分）	（1）居民知晓本社区的避难场所	1	
		（2）居民知晓灾害应急疏散的行走路线	1	
	6.3 掌握减灾自救互救基本方法（3分）	（1）居民掌握不同场合（家里、室外、学校等）地震、洪水、台风、火灾等灾害来时的逃生方法	1	
		（2）居民掌握基本的互救方法（帮助脆弱人群、灾时受伤、被埋压、溺水等互救的方法）	1	
		（3）居民掌握基本的包扎方法	1	
	6.4 参与社区防灾减灾活动（3分）	（1）居民积极参与社区宣传、培训、防灾演练活动	1	
		（2）居民参加社区安全隐患点的排查活动	1	
		（3）居民参加社区风险图的编制活动	1	
7. 社区减灾动员与参与（10分）	7.1 社区主要机构参与防灾减灾活动（6分）	（1）相关事业单位能积极参与综合减灾社区建设的各种工作，组织展开本单位防灾减灾活动	2	
		（2）学校能积极开展各类防灾减灾宣传、教育、培训和演练活动	2	
		（3）医院能积极承担有关医护工作	2	
	7.2 志愿者参与防灾减灾活动（2分）	（1）志愿者承担社区综合减灾建设的有关工作，如宣传教育和培训等	1	
		（2）志愿者承担社区灾害应急时的有关工作，如帮助脆弱人群等	1	
	7.3 社会组织参与防灾减灾活动（2分）	非政府组织和其他社会团体参与社区综合防灾减灾活动	2	
8. 管理考核（5分）	8.1 有相对完善的管理制度（2分）	社区减灾日常管理、防灾减灾设施维护管理制度健全	2	
	8.2 进行经常性的检查（2分）	（1）定期对社区的隐患监测工作、防灾减灾设施等进行检查（每季度1次）	1	
		（2）定期对社区应急救助预案、脆弱人群应急救助等工作进行检查	1	
	8.3 具体改进措施（1分）	依据评审有具体改进的措施	1	
9. 档案（5分）	9.1 减灾工作档案（4分）	建立了规范、齐全的社区综合减灾档案	4	
	9.2 综合减灾示范社区创建过程档案（1分）	建立了综合减灾社区申报、审核、评估、颁发等过程档案	1	
10. 特色（5分）	10.1 明显的地方特色（3分）	（1）在创建过程中有独特有效地调动居民、社区单位参与的方式、方法	1	
		（2）有明显的针对各类脆弱人群的救助特色，有针对社区外来人口的减灾特色等	1	
		（3）有明显的民族地区特色、文化特色	1	
	10.2 可供借鉴的独到做法或经验（2分）	（1）有明显的减灾工作创新，如利用本土知识或工具进行监测、预报和预警等	1	
		（2）有可供推广的做法或经验，如建立了社区综合减灾网站、购买了社区保险等	1	

基础知识

作为社会管理与建设的基础，社区是防灾减灾机制的基本单元。社区不仅要有警察和保安，还要有应对灾害的安全管理人员。9·11 事件后，美国政府为强化整体防卫，积极推动建立具备三大功能的防灾型社区，即灾前预防及准备功能、灾时应变及抵御功能和灾后复原及整体改进功能。

民政部于 2005 年国际减灾日启动了社区减灾平安行活动，以减灾进社区、减灾进学校、减灾进乡村为重点的社区减灾模式——创建减灾示范社区，举行社区救灾应急演练，以提高居民的防灾减灾意识。

在示范方面，2003 年 10 月 1 日，全国第一个应急避难场所设点建设在北京元大都城垣遗址公园的朝阳段完成，北京因此成为全国第一个有社区应急避难标志牌的城市。2006 年 4 月 26 日，上海首个社区避难所正式挂牌，社区民防工程设施陆续向市民公开，这些地下空间配备了醒目的导向标志。一旦发生灾害事故，居民们可以按照拟定的应急疏散方案，撤离到安全的地下民防工程内避难。

2005 年 10 月 12 日，广州市首次举行大面积停电事故联合演习，参加演习人数达 2000 多人。演习模拟天河区某处电力设施突发火灾，导致天河、越秀两区大面积停电，停电用户约 110 万户，影响党政军机关、交通、商业广场、地铁、高层建筑等人口密集区，牵涉医院、酒店等重要场所。

2006 年 3 月 1 日，济南市青年公园街道被世界卫生组织安全社区推广协进中心命名为中国第一个安全社区。这个社区的减灾活动堪称细致入微、丝丝入扣。从消防设施的安置、设备的使用、火灾的逃生等，延伸到居民住宅电线老化状况的改造、装修材料的选择、煤气与暖气的安放等生活细节，还对居民的食品卫生安全、医疗卫生安全知识进行了普及。如何应对突发事件的宣传演练开展了多年，都是日常生活中可能会遇到的紧急情况。像平时做饭时候油锅着火了怎么办？小孩吃东西卡住了怎么及时救护？幼儿园老师把一些常用的消防安全知识编成拍手儿歌，孩子们容易理解，更记得牢：你拍三，我拍三，公共场所别吸烟；你拍四，我拍四，用火不当会出事……这些做法看起来都是小事，但是对于一家一户来说，却都是关系到他们生命财产安全的大事。

2007 年，《国务院办公厅关于印发<国家综合减灾“十一五”规划>的通知》（国办发〔2007〕55 号）要求加强城乡社区减灾能力建设，推进基层减灾工作，开展综合减灾示范社区创建活动。

2008 年 5 月 12 日发生的四川汶川特大地震，造成重大人员伤亡和财产损失，给中国人民带来巨大伤痛。中国政府决定，自 2009 年开始，每年的 5 月 12 日为国家“防灾减灾日”。在四川汶川特大地震发生一周年和首个“防灾减灾日”之际，国务院新闻办发表了《中国的减灾行动》白皮书。白皮书说，中国加强社区减灾公共设施和器材装备建设，通过政府财政支持和社会积极参与，社区利用公园、绿地、广场、体育场、停车场、学校操场或其他空地建立应急避难场所，设置明显的安全应急标识或指示牌，建立减灾宣传教育场所（社区减灾教室、社区图书室、老年人活动室）及设施（宣传栏、宣传橱窗等），配备必需的消防、安全和应对灾害的器材或救生设施工具，使减灾公共设施和装备得到健全和完善。

2007年，为落实《国家综合减灾“十一五”规划》，提高城乡社区居民的避灾自救能力和基层的灾害应急管理水平，保障人民群众的生命财产安全，民政部按照国家减灾委员会的工作部署，印发了《“减灾示范社区”标准》（民函〔2007〕270号）。2010年，国家减灾委员会办公室为进一步指导各地开展社区综合减灾工作，对原《“减灾示范社区”标准》进行了修订完善，制定了《全国综合减灾示范社区标准》。截至2008年，国家共授予284个社区 “全国综合减灾示范社区”称号。

案例阅读

社区灾害救助应急预案的主要内容

一、灾害应急机构和职责

村级灾害应急机构由村两委组成，实行统一指挥、分工负责的工作机制。工作任务直接分配到村委会成员分头落实，村民小组的组长分片负责，自然村庄选派志愿者或村民代表协助工作。根据需要，设置若干工作队。

巡逻信息队：负责本村河流、水库的水位监测，地质灾害点监视，村内安全巡查并发出预警信号。

转移队：负责转移本村涉险区域居民到指定安置点，人员转移后转入参加应急抢险。

抢险队：负责工程抢险，在工程未出险前参加本村涉险居民转移。

保障队：负责转移人员的生活安排，组织抢险物资供应，后勤服务。

二、基本情况

基本情况主要包括地理环境和社会经济两方面概况。

（1）地理环境：行政村所处地理位置，地形地貌特征。

（2）社会经济：行政村土地面积，总户数、人口数、耕地面积等，经济发展水平，人均收入情况。

三、灾害风险区域

如发生较严重的突发性自然灾害，根据历年灾情资料，以下区域为灾害风险高承载地区，涉险范围内人员需转移安置。

（1）××河流域：沿河涉险居民××户××人需转移安置，其中重点人群有五保户××户××人，残疾户家庭××户××人，孤、老、幼留守家庭××户××人。

（2）××水库：下游涉险范围内××户××人需转移安置，其中重点人群有五保户××户××人，残疾户家庭××户××人，孤、老、幼留守家庭××户××人。

（3）××地质灾害点：涉险范围内有××户××人需转移安置，其中重点人群有五保户××户××人，残疾户家庭××户××人，孤、老、幼留守家庭××户××人。

（境内中、小学校，属重点人群聚集场所，要明确说明学生人数，有无灾害风险，是否需要转移）

四、灾害预警

（1）预警条件：发布预警信号的条件。

（2）预警方式：水位监测，地质灾害点监视。

（3）信息传播途径：如何以较快捷的方法把预警信号传递到涉险范围内的每家每户，如有线广播、高音喇叭等。预警人员要明确到每个村民组。

五、转移安置

（包括每一个安置场所对应的受灾区域、转移路线、交通工具、每个村庄转移的牵头人、帮助困难群众转移的负责人等）

当撤离信号发出后，本村涉险范围内共有××户××人需转移安置，其中××户××人可以通过投亲靠友方式安置，另外××户××人需采取借住公房等方式给予安置。

本村设置A1、A2两个集中安置点，其中A1安置点可安置××人，A2安置点可安置××人。

本着就近安置的原则：B1、B2、B3村民组涉险范围内群众沿安全路线前往A1安置点安置，B4、B5、B6村民组涉险范围内群众沿安全路线前往A2安置点安置。

（山区乡镇的转移安置应尽量采取以户对接的投亲靠友方式解决，集中安置点设在村部、学校及闲置厂房等一些交通相对较为方便的地点。在编制安置方案时要做倒一人不漏，并通过宣传确保所有涉险人员都能知道各自的安置场所）

六、生活保障

（安置点收容人员后，必要的生活物资要在5小时内到位）

（1）物资种类：粮食、食用油、衣被、饮用水。

（2）供应标准：每人每天不低于1斤贸易粮。

（3）供应渠道：就地采购，上级调拨。

七、医疗救治和善后

对因灾伤病人员要及时组织村卫生医务人员进行救治，重伤人员要及时转送乡镇医院或县医院等条件较好的医疗单位救治。对因灾死亡人员要妥善处理火化、安葬等事宜，对其家庭成员进行心理安慰，对困难家庭给予适当救助。

八、灾情信息上报

（包括村、组、自然村庄的灾害情况由谁报告、向谁报告，灾情上报的时间要求、报告方式以及联系号码等）

【思考】社区灾害救助应急预案的要点是什么？

项目七 做好最低生活保障

项目概述

最低生活保障制度是政府和社会为生活在法定最低收入标准之下的社会成员提供满足其基本生活需要的物质帮助的救助制度。我国的最低生活保障是政府对城乡贫困人口按当地城乡最低生活保障标准进行差额救助的救助制度。本项目要求学生通过学习，了解最低生活保障制度的探索、建立和实施，掌握最低生活保障的基本内容和申请、审核审批程序，理解最低生活保障配套政策措施的跟进。

背景介绍

随着计划经济体制向市场经济体制的转轨，造成贫困的不确定因素增多，不可避免地产生了贫困人口。在城镇，下岗失业职工增多，部分职工生活困难问题较前突出；一些城镇从业人员没有参加社会保险，一旦生活困难就不得不完全依赖社会救济；单位集体福利下降，保障功能弱化；收入差距拉大，城镇相对贫困问题比较突出。在农村，家庭是生产经营的主体，农民面临的社会风险在增加；在农村贫困户中，由于自然条件和生理缺陷的限制，致富难度加大；又由于农村社会保障体系不健全、传统社会救济存在许多问题，只有建立最低生活保障制度，才能切实保障城乡广大群众的基本生活。

任务一　城乡最低生活保障

任务描述

最低生活保障实行地方各级人民政府负责制。国务院民政部门负责全国最低生活保障的管理工作。县级以上地方各级人民政府民政部门具体负责本行政区域内最低生活保障的管理；财政部门保障资金安排；统计、物价、审计、劳动保障和人事等部门都要分工参与这项工作的管理。县级民政部门以及街道办事处和镇人民政府负责最低生活保障的审批把关。（村）居民委员会根据审批机关的委托，承担最低生活保障的日常管理、服务工作。

做好最低生活保障工作，要求基层民政干部要有比较好的政策法规素质，熟知对象甄别、批准条件、审批程序。低保工作的重心在基层，基层民政工作者要有良好的政策法规宣传讲解能力，加强低保对象动态管理，认真落实最低生活保障政策，切实维护城乡困难群众合法权益。

任务实施

1. 最低生活保障对象范围

《城市居民最低生活保障条例》（以下简称《条例》）第二条规定：“持有非农业户口的城市居民，凡共同生活的家庭成员人均收入低于当地城市居民最低生活保障标准的，均有从当地人民政府获得基本生活物质帮助的权利。前款所称收入，是指共同生活的家庭成员的全部货币收入和实物收入，包括法定赡养人、扶养人或者抚养人应当给付的赡养费、扶养费或者抚养费，不包括优抚对象按照国家规定享受的抚恤金、补助金。”

《国务院关于在全国建立农村最低生活保障制度的通知》（以下简称《通知》）中规定：“农村最低生活保障对象是家庭年人均纯收入低于当地最低生活保障标准的农村居民，主要是因病残、年老体弱、丧失劳动能力以及生存条件恶劣等原因造成生活常年困难的农村居民。”

2. 最低生活保障的基本原则

按照《条例》的精神，建立城市居民最低生活保障制度，必须坚持以下5个基本原则：

（1）坚持保障居民基本生活的原则　维护低保救助对象基本的生存权利，是国家和社会的共同义务。

（2）坚持保障对象属地管理的原则　这是市场经济条件下社会管理方式的客观要求，市场经济把 “单位人”转化为“社会人”，属地管理会更有效率。

（3）坚持保障对象动态管理的原则　《条例》第十条规定：“享受城市居民最低生活保障待遇的城市居民家庭人均收入情况发生变化的，应当及时通过居民委员会告知管理审批机关，办理停发、减发或者增发城市居民最低生活保障待遇的手续。管理审批机关应当对享受城市居民最低生活保障待遇的城市居民的家庭收入情况定期进行核查。在就业年龄内有劳动能力但尚未就业的城市居民，在享受城市居民最低生活保障待遇期间，应当参加其所在的居民委员会组织的公益性社区服务劳动。”

（4）坚持保障对象分类施保的原则　①对无生活来源、无劳动能力又无法定赡养人、扶养人或者抚养人的城市居民，批准其按照当地城市居民最低生活保障标准全额享受；②对尚有一定收入的城市居民，批准其按照家庭人均收入低于当地城市居民最低生活保障标准的差额享受。

（5）坚持保障工作公开、公平、公正的原则　《条例》第九条规定：“对经批准享受城市居民最低生活保障待遇的城市居民，由管理审批机关采取适当形式以户为单位予以公布，接受群众监督。”

（6）坚持从农村实际出发的原则　根据当地农村经济社会发展水平和财力状况，确定保障标准和对象范围，既要维持保障对象最低生活保障所需要的费用，又要避免标准过高，导致一部分困难群众产生依赖思想。

（7）坚持与相关政策相衔接 《通知》要求，建立农村最低生活保障制度要与扶贫开发、促进就业以及其他农村社会保障政策、生活性补助措施相衔接，以提高扶贫救助政策的整体效益。

3. 最低生活保障标准的制定

一个行政区域（市或县）只有一个城市居民最低生活保障标准和一个农村最低生活保障标准，低保对象无论其就业与否、身份背景如何，在这个保障标准面前一视同仁，从而避免主观随意性。最低生活保障标准由政府组织制定和调整，并以法令的形式向社会公布。

《条例》第六条规定："城市居民最低生活保障标准，按照当地维持城市居民基本生活所必需的衣、食、住费用，并适当考虑水电燃煤（燃气）费用以及未成年人的义务教育费用确定。"《通知》中规定："农村最低生活保障标准由县级以上地方人民政府按照能够维持当地农村居民全年基本生活所必需的吃饭、穿衣、用水、用电等费用确定……随着当地生活必需品价格变化和人民生活水平提高适时进行调整。"

制定最低生活保障标准，由市县人民政府民政部门会同财政、统计、物价等部门制定，报本级人民政府批准并公布执行；提高最低生活保障标准时，同样要重新核定。

制定最低生活保障标准，目前我国的主要方法有4种，即市场菜篮法或标准预期法、黑格尔系数法、收入比例法和生活形态法。每一种方法各有优劣。

4. 最低生活保障的申请审批程序

《条例》规定："申请享受城市居民最低生活保障待遇，由户主向户籍所在地的街道办事处或者镇人民政府提出书面申请，并出具有关证明材料，填写《城市居民最低生活保障待遇审批表》。由街道办事处或者镇人民政府初审，报县级民政部门审批。管理审批机关可以通过入户调查、邻里访问以及信函索证等方式对申请人的家庭经济状况和实际生活水平进行调查核实，有关单位和个人应当如实提供有关情况。"

《通知》规定："申请农村最低生活保障，一般由户主本人向户籍所在地的乡（镇）政府提出申请；村民委员会受乡（镇）政府委托，可以受理并对申请人开展家庭经济状况调查、组织村民会议或村民代表会议民主评议后提出初步意见，报乡（镇）政府审核后，报县级民政部门审批。审批管理机关要核查申请人的家庭收入，了解其家庭财产、劳动力状况和实际生活水平，并结合村民民主评议，提出审核、审批意见。"

最低生活保障待遇的申请审批程序有：户主个人申请，村（居）委会审核，街道（乡镇）审查，县级民政部门审批。

5. 最低生活保障资金的发放形式

《条例》规定："城市居民最低生活保障待遇由管理审批机关以货币形式按月发放。"《通知》规定："最低生活保障金按照其家庭的困难程度和类别，分档发放。推行国库集中支付方式，通过金融机构代理直接、及时将资金支付到最低生活保障对象账户。"

×××县最低生活保障待遇申请书

户主照片

×××乡镇（街道）、村（居）委会：

我叫×××，是本家庭户主，本辖区常住非农业或农业居民。因家庭生活困难，特向政府申请最低生活保障待遇，现将家庭有关情况自报如下：

<table>
<tr><td>住房类别</td><td></td><td>性质</td><td></td><td>面积</td><td></td><td>装修程度</td><td colspan="3"></td></tr>
<tr><td>家庭户口地址</td><td colspan="3"></td><td colspan="2">家庭常住地址</td><td colspan="2"></td><td>联系电话</td><td></td></tr>
<tr><td rowspan="3">家庭成员基本情况</td><td>姓名</td><td>性别</td><td>户主关系</td><td>出生年月</td><td>身体状况</td><td>劳动能力（有无）</td><td>工作单位及地址</td><td>月收入</td><td>户口性质</td></tr>
<tr><td></td><td></td><td></td><td></td><td></td><td></td><td></td><td></td><td></td></tr>
<tr><td></td><td></td><td></td><td></td><td></td><td></td><td></td><td></td><td></td></tr>
<tr><td colspan="10">家庭其他月收入、月收入合计及月非基本生活必要支出</td></tr>
<tr><td>收入项目</td><td>出租</td><td>捐赠</td><td>其他</td><td>合计</td><td>支出项目</td><td>教育</td><td>医疗</td><td>赡养</td><td>其他</td></tr>
<tr><td>月金额</td><td></td><td></td><td></td><td></td><td>月金额</td><td></td><td></td><td></td><td></td></tr>
<tr><td colspan="10">家庭设施及月消费水平</td></tr>
<tr><td>设施名称</td><td>空调</td><td>手机</td><td>电脑</td><td>其他</td><td>消费项目</td><td>水电费</td><td>房租</td><td>通信费</td><td>其他</td></tr>
<tr><td>档次数量</td><td></td><td></td><td></td><td></td><td>月金额</td><td></td><td></td><td></td><td></td></tr>
<tr><td>申请人家庭简要情况</td><td colspan="9"></td></tr>
<tr><td>本人郑重承诺</td><td colspan="9">本人自愿接受家庭情况调查、核实和群众监督，并对以上自报家庭情况的准确性、真实性负责。如果被批准享受最低生活保障待遇，我愿意承担相应责任和履行规定义务。
申请人（盖章）______
年　月　日</td></tr>
</table>

3. 申请人应该提供的相关证明材料

证明材料是证实、说明申请人相关情况的有效凭证。申请人在向乡镇（街道）或村（居）委会正式递交《申请书》时，必须同时提供相关证明材料。证明材料的种类和出具单位一般包括：

（1）共同生活的家庭成员户籍证明（复印件，公安部门统一制发）：①户口簿；②户口迁出当地的在校大、中专学生户口簿或身份证。

（2）家庭关系证明：①共同生活的家庭成员户口分立时，确认其为共同生活的家庭的有效证明（原件，各级政府、民政部门、社区出具）；②夫妻户口分立家庭的结婚证（复印件，婚姻登记机关统一制发）；③夫妻离婚家庭的离婚证或判决书（复印件，婚姻登记机关或法院统一制发）；④非共同生活的法定赡养、抚养、扶养责任人或权利人的家庭关系合法证明

（原件，各级政府、民政部门、社区出具）。

（3）共同生活的家庭成员健康状况证明：①残疾人的残疾证（复印件，县以上残疾人联合会统一制发）；②身患大病家庭成员的医疗诊断证明（原件，具备资格医疗机构出具）。

（4）家庭合法收入证明：①共同生活的家庭成员有固定工作时，单位出具的收入证明及工资明细表（证明材料原件、工资明细表复印件，工作单位出具）；②共同生活的家庭成员离、退休（或达到离、退休年龄）时，劳动部门出具的离、退休（或未办理离、退休手续）收入证明及银行存折（证明材料原件、银行存折复印件，县以上劳动部门出具）；③共同生活的家庭成员无固定工作时，半年以上合法平均月收入证明（原件，工作单位出具，没有工作单位的由社区出具）；④共同生活的家庭成员从事个体经营时，半年以上合法平均月收入证明（原件，当地工商、税务部门出具）；⑤共同生活的家庭成员有法定赡养、抚养、扶养责任人时，半年以上平均月接受赡养、抚养、扶养费证明（原件，社区出具）；⑥共同生活的法定赡养、抚养、扶养权利人有其他合法责任人时，其他责任人半年以上平均月收入证明（原件，社区出具）；⑦其他合法收入证明。

4. 申请受理

（1）户籍所在地申请。到户籍所在地乡镇政府（街道办事处）申请，受委托的村（居）委会亦可以委托受理申请。

（2）一次性告知。乡镇（街道）或村（居）委会应首先查验申请人是否具备申请条件：①户口性质；②共同生活的家庭户主；③本辖区内常住居民。对符合申请条件的申请人，应向其发放《申请书》格式表，详细了解家庭人口、生活、收入等情况，一次性告知城市低保政策、申请人的权利和义务、《申请书》的填写要求、应提供的相关证明材料及证明材料的出具单位和证明内容、《申请书》及证明材料的送交期限等。不得要求申请人提交与申请城乡低保无关的材料。对不符合申请条件的申请人，不予发放《申请书》格式表，并说明理由。

（3）受理条件：①申请人符合申请条件；②最低生活保障申请人提交的《申请书》、各种证明材料齐全、规范、完整、有效，填写符合规定。

对不符合受理条件的低保申请，街道（乡镇）、村（居）委会应告知申请人，并退还《申请书》和提供的全部证明材料。

任务引导

（1）要想准确界定城乡低保对象，工作人员就要严格依法依规办事，且使用法规一定要准确。

（2）申请人提出申请是宣传贯彻国家有关低保法制的普法过程，工作人员一定要有耐心，要细致、周到、全面地宣讲有关法制精神，并自觉接受有关监督。

基础知识

1. 申请最低生活保障应具备的条件

按照《条例》和《通知》的有关规定，最低生活保障待遇的申请人必须同时具备下列条件：

（1）当地常住居民或持有非农业、农业户口居民。

（2）共同生活家庭成员月人均收入或年人均纯收入低于当地最低生活保障标准。

当地常住居民是指持有当地常住户口、有合法固定居所并在当地长期居住的居民；共同生活家庭成员是指具有法定赡养、扶养、抚养关系并共同居住、共同生活的所有家庭成员，包括户籍迁出的在校就读学生。

2．最低生活保障对象的范围

最低生活保障面向全体社会成员，只要符合申请条件的，均可以以户为单位，申请享受城市居民最低生活保障或农村最低生活保障。在实际工作中，满足最低生活保障申请人应具备条件的城乡困难群众，原则上应当全部纳入最低生活保障范围，但各地在实施最低生活保障过程中，为确保最低生活保障政策效益，一般还规定某些人群不予救助。

例如，《湖北省最低生活保障工作规程》中规定：有下列情况的家庭和人员，原则上不能享受低保待遇。

（1）实际生活水平高于当地最低生活保障标准的。

（2）一年内购买价值超过低保标准5倍以上非生活必需品或家庭月通信费用总额超过当地最低生活保障标准20%的。

（3）法定赡养、扶养（抚养）义务人有赡养、扶养（抚养）能力但未履行义务或转移、放弃个人资产的。

（4）家中拥有并使用小汽车和其他非经营性机动车辆（残疾人专用车除外）的或有高价值收藏、投资有价证券行为的。

（5）拒绝配合家庭收入调查或隐瞒家庭真实收入（包括非稳定性隐蔽收入），提供虚假证明的。

（6）有劳动能力不从事生产劳动的农村居民或法定劳动年龄内具有劳动能力的城镇居民，无正当理由一年内两次以上介绍就业而拒不就业的。

（7）其他经地方人民政府或省级民政部门认定不能享受低保待遇的。

3．申请最低生活保障的原则

最低生活保障申请是指困难居民正式向管理审批机关提出获得最低生活保障待遇的请求。正式提出申请是困难居民获得最低生活保障的待遇的必要条件，一般情况下，居民没有正式提出申请，管理审批机关不应给予最低生活保障待遇。为规范申请行为，低保申请一般应遵循以下原则：

（1）个人自愿原则。申请低保待遇属个人自愿行为，任何单位和个人不得违背个人意志，强迫、诱骗他人申请低保待遇，但对符合最低生活保障条件的居民，乡镇（街道）、居（村）委会应主动向其宣传最低生活保障政策。

（2）户主申请原则。最低生活保障待遇申请通常由共同生活的家庭户主书面提出。户主为无民事行为能力人，由共同生活的家庭其他有民事行为能力成员提出；共同生活的家庭成员均为无民事行为能力人或提出申请确有困难的“三无”对象，由其居住地乡镇（街道）、居（村）委会帮助提出。户主通常是经公安部门确认，在户口簿中注明的家庭成员。共同生活的家庭成员户口分立、有两个或两个以上户口簿、在法律文书上自然形成多户主的家庭，应根据家庭多数成员意愿，以户口簿中有民事行为能力的户主作为共同生活家庭户主。

（3）诚实守信。申请最低生活保障待遇的申请人应当诚实守信，如实介绍家庭有关情况，如实填写《居民最低生活保障待遇申请书》，如实提供证明材料，并对申请材料实质内容的真实性负责。

4．申请人的权利和义务

（1）申请人申请最低生活保障待遇时享有以下权利：

① 要求乡镇（街道）、村（居）委会解释最低生活保障政策。

② 向乡镇（街道）、村（居）委会查询最低生活保障法律、法规和政策依据。

（2）申请人申请最低生活保障待遇时应尽以下义务：

① 按最低生活保障管理审批机关有关规定和要求提出申请。

② 如实介绍家庭有关情况，如实填写《居民最低生活保障待遇申请书》，如实提供证明材料，并对申请材料实质内容的真实性负责。

③ 接受、配合最低生活保障管理审批机关调查核实和群众监督。

案例阅读

××街道居民王××，共同生活的家庭人口有 4 人，其中农业户口为 1 人。王××本人 37 岁，残疾、离岗，在私人餐馆洗碗；王××的母亲 63 岁，为农业户口，在家帮助做家务；丈夫 40 岁，在职；儿子 13 岁，读初中。王××申请城市低保时应提供以下证明材料：公安部门统一制发的本人、丈夫、儿子的非农业户口簿复印件；公安部门统一制发的王××母亲的农业户口簿复印件；社区出具的王××与母亲的关系及共同生活证明；社区出具的王××母亲其他法定赡养人家庭人均收入及支付赡养费证明；区残联出具的王××的残疾证复印件；餐馆出具的王××半年以上月平均收入证明；王××丈夫单位出具的收入证明及工资明细表。

【思考】住户申请低保需要提供哪些材料？

任务三　入户调查、复查和社区公示

任务描述

选准低保对象，才能公平公正地维护人民群众在生活困难条件下，获得基本生活保障的合法权益。低保工作部门要做的基本工作就是对低保申请人进行入户调查、复查和社区公示。

任务实施

1．调查核实

（1）调查核实工作人员的一般要求。①公开身份。各级低保管理工作人员在调查走访时应向被调查人出示相关工作证件。②尊重被调查人意愿。低保管理工作人员在未征得被调查人同意时不得进入被调查人家庭，不得查看其家庭和个人物品，不得公开规定应公开以外的家庭和个人隐私。③两人或两人以上调查。为保证调查核实的公正、公平，调查核实一般应两人或两人以上为一组。④调查核实结束后，调查人员应填写核查记录并签名，对调查结果负责。一般情况下，申请人应在入户调查栏目中签名。严格执行“谁调查谁签字、谁签字谁负责”的原则。

（2）调查核实步骤。①入户调查。入户调查的重点为：核对申请人提供的户口簿、结婚证、离婚证（判决书）、残疾证复印件与原始件是否一致；察看申请人住房性质、面积、新旧程度、装修程度，家庭设施配置情况，有无非生活必需的高档耐用日常消费品并正在使用，家庭半年来水电费情况，家庭实际生活状况，家庭成员消费情况等；与家庭成员交谈，询问家庭成员工作、学习、生活、收入及支出情况。②邻里调查。邻里调查是指调查核实人员向申请人居住、生活区域内的邻居、街坊取证的过程。邻里调查的目的主要是从侧面核实申请人自报情况和提供的有关证明材料是否真实。调查的重点为：申请人家庭生活状况、消费情况；共同生活的家庭人口及组成；家庭成员的职业、读书情况；对申请人申请城市低保的意见。③单位调查。单位调查是指调查核实人员对申请人家庭成员工作或曾经工作过的单位进行的调查取证过程。单位调查的目的也是从侧面核实申请人自报情况和提供的有关证明材料是否真实。单位调查的重点是在该单位工作或曾经在该单位工作的家庭成员有关情况。对在职职工主要应了解：单位发放的工资福利待遇，对该职工及其家庭生活状况的印象等。对离岗失业职工主要应了解：该职工原来在单位主要从事的职业，有何技术和专长；该职工在单位工作时间，离岗日期、原因，发放生活费情况，离岗后主要从事什么职业，对该职工及其家庭生活状况的印象等。

（3）调查核实方法。①实地调查。它是低保调查中应用最广泛的一种方式，普遍适用于入户调查、邻里调查和单位调查。在低保调查核实过程中，察看申请人生活状况、核对重要原始凭证必须采取实地调查方式。②通信核实。通信核实是指调查核实人员通过电话、电报、信函、互联网等通信工具对低保申请人的有关情况进行调查核实。适用于核实申请人家庭成员在外地工作、学习、生活等。③个别访问。个别访问是指调查核实人员与熟悉低保申请人有关情况的人员进行调查核实。个别访问与申请人自报情况相差过大时，应多方求证，必要时可采取集体座谈或多种方式并用的方法进行调查核实。④集体座谈。邀请一定数量的熟悉申请人有关情况的领导和群众进行调查核实。适用于情况不明朗、难以核实或其他几种调查核实方式取证分歧较大的情况。⑤消费跟踪。它是对有隐形收入和家庭生活水平较高或能够自行维持家庭最低生活，而又无法核实的特殊对象家庭采取的一种调查方法。例如，家中有小汽车和其他非经营性机动车辆，或有高价值收藏或投资有价证券行为，支出明显超过收入，证明家中有隐形收入，都可以通过消费跟踪法（亦称反查法）予以调查。

2. 民主评议

民主评议由所在村（居）委会将调查核实情况向民主评议小组报告，民主评议后应填写《民主评议意见表》，由参加评议人员签名。

社区居委会应组成“低保民主评议小组”。

（1）“低保评议小组”的成员组成　①社区居委会主任。②低保评议小组成员。由社区各居民小区居民推举5～7名本社区德高望重、有责任心、热心公益事业的老党员、老干部、老大妈、人大代表、政协委员为“评议小组成员”。③“低保评议小组”设主任1名，原则上由居委会主任兼任，也可以从评议小组成员中推选产生；设副主任1名，从“低保评议小组”成员中推举产生。主任、副主任确定后，经街道办事处或乡（镇）人民政府审查同意后，报县级民政部门审定，并正式行文批准后开展工作。“低保评议小组”会议由主任或受主任委托的副主任主持，定期召开；如因工作需要，亦可随时召开。“低保评议小组”会议的出席人员必须超过成员总数的2/3，方能形成决议。

（2）“低保评议小组”的职责　宣传低保政策和规范管理有关要求，协助低保工作人员做好相关管理服务工作；调查、评议申请对象是否符合保障条件；对现有保障对象进行定期核查、评议，对家庭收入、家庭成员发生变化的家庭提出取消、调整补助标准意见；改进和加强本社区城市低保管理服务工作。

（3）“低保评议小组”的议事工作制度　新增（调整）保障对象，先由低保专职工作人员介绍调查核实情况，评议小组成员评议后表决。评议小组成员有同意、不表态（弃权）、不同意权利。评议对象需经2/3以上成员同意，方可以“低保评议小组”名义进行公示；对有不同意的或争议较大的，待重新核查后，列入下次评议人员名单，由低保工作人员和“评议小组成员”对其家庭收入作进一步调查核实后，提交下次会议决定是否保障；如“低保评议小组”认为必要，也可由“低保评议小组”全体成员对该申请人家庭情况及时进行走访了解，取得一致意见后再决定是否纳入低保范围；对家庭收入一时无法核清或一半以上成员认为不诚信的低保对象，不列入保障范围，将其低保申请及相关材料退还本人。

“低保评议小组”对同意纳入低保范围的家庭，应根据核定的家庭收入测算补差标准。对家庭成员中有重病重残的、两个子女上学的、夫妻双下岗且需独立供养无收入高龄老人和突发灾害陷入生活困境的家庭，在核定家庭补差标准的基础上，确定是否具备享受临时救助金资格。

“低保评议小组”成员对补差标准产生分歧时，也可通过投票形式作出决定，即由低保工作人员根据“低保评议小组”不同意见提出2个补差标准，由评议小组全体成员以无记名方式投票表决，以过半数赞成确定补差标准。

3. 张榜公示

低保申请人从申请到获得批准一般要经过两次张榜公示。

第一次张榜公示。低保民主评议小组作出评议决定后，村（居）民委员会以民主评议小组名义在低保公示通报栏和申请人生活区张榜公示初审结果，张榜公示时间不少于7天。张榜公示的内容为：①户主姓名；②申请人自报情况和提供证明材料核实情况；③民主评议初审决定及理由；④主要事项说明。

张榜公示后应收集群众反映，群众有异议的，由村（居）民委员会会同低保民主评议小组对群众反映的问题组织专题复查，必要时可再次进行民主评议，专题复查及民主评议情况应再次张榜公示。张榜公示无异议的，上报到街道办事处（乡镇人民政府）。

第二次张榜公示。县级管理审批机关审批之后及时将审批情况逐级下传至村（居）民委员会，在低保公示通报栏和申请人生活区同时张榜公示，公示时间不少于7天。公示期间应注意收集并核实群众的意见。县级管理审批机关可推行集中电子公示、网络公示。

张榜公示期间群众有异议的，村（居）民委员会应暂停发放《城乡居民最低生活保障证》和银行存折，并立即逐级上报，县级管理审批机关再次组织调查核实。张榜公示内容为：①户主姓名；②家庭详细住址；③共同生活家庭总人口和非农业人口；④家庭月收入；⑤享受最低生活保障金额；⑥享受临时救助或其他救助金额；⑦纳入最低生活保障的原因。

张榜公示期满群众无异议的，通过村（居）民委员会向低保对象发放《城乡居民最低生活保障证》和银行存折。

实际工作中，部分地方坚持三榜公示，即把《最低生活保障申请书》作为低保审批过程中的第一次公示，效果较好。一是促使申请人诚实守信，二是接受群众监督。

任务引导

把城乡低保政策普及到群众，让群众来评议和监管，这是城乡低保工作实现优质高效的制度保证。申请享受城乡低保待遇的贫困群众，家庭实际收入特别是实际生活水平究竟如何，左右邻里最清楚，村（居）委会群众最了解。因此，建立以村（居）民代表为主的评议小组，在入户核查的基础上，对申请对象进行群众民主评议，评议小组评议通过后才能上报。在当前家庭收入难以核实的情况下，让群众评议，群众没有意见才能审批，这在一定程度上解决了实际工作中家庭收入难以核实的矛盾。

基础知识

《条例》第九条规定，对经批准享受城市居民最低生活保障待遇的城市居民，由管理审批机关采取适当形式以户为单位予以公布，接受群众监督。对不符合法定条件而享受城市居民最低生活保障待遇的，任何人都有权向管理审批机关提出意见；管理审批机关经核查，对情况属实的，应当予以纠正。

公示的内容重点为：最低生活保障对象的申请情况和对最低生活保障对象的民主评议意见，审核、审批意见，实际补助水平等情况。

《通知》规定，受乡（镇）政府委托，在村党组织的领导下，村（居）民委员会对申请人开展家庭经济状况调查、组织村民会议或村民代表会议民主评议后提出初步意见；乡（镇）人民政府和县级人民政府民政部门要核查申请人的家庭收入，了解其家庭财产、劳动力状况和实际生活水平，并结合村民民主评议，提出审核、审批意见。

案例阅读

××街道××社区城市低保评议小组根据入户调查等情况，对申请人刘××的城市低保资格进行评议时，低保民主评议小组 12 名成员无记名投票，有 9 人同意按社区提出的月享受 220 元的标准予以保障，2 人认为应暂缓保障，1 人弃权。最后执行多数人意见，按月享受 220 元的标准进行张榜公示，公示无异议后上报审核机关审核。

【思考】社区为什么要开展低保民主评议？它能否起到民主监督的作用？

任务四　县级民政部门审批、建档与跟踪管理

任务描述

县级民政部门审批、建档与跟踪管理是最低生活保障审核审批最后的几个环节。严格县级民政部门审批程序，建立健全低保档案管理，加强低保对象的跟踪动态管理，是进一步提升最低生活保障规范化管理水平的有效途径，也是逐步完善最低生活保障制度的必然要求。

任务实施

1. 县级民政部门审批

审批过程一般为审查材料、调查核实、集体审批、办结审批手续、张榜公示。

县级民政部门收到乡镇政府（街道办事处）上报的最低生活保障材料后，城市居民最低生活保障一般按月审批，农村居民最低生活保障一般每半年审批一次。

（1）审查材料　县级民政部门首先对上报材料再次进行审查：①上报材料的种类、数量、填写格式是否符合规定；②个人申请、受理与审核机构调查报告、审查机关调查报告、社区民主评议、乡镇人民政府（街道办事处）的民主评审内容是否全面；③各种证明材料是否齐全、规范、完整、有效。

上报材料符合规定的组织调查核实；上报材料不符合规定的退回所属乡镇人民政府（街道办事处）。

（2）调查核实　县级民政部门对乡镇政府（街道办事处）上报材料符合规定的申请人应逐户逐项完成对《申请书》自报情况、各种证明材料、群众举报和审核、审查情况的调查核实工作，填写《记录表》。调查核实的程序为：①听取乡镇政府（街道办事处）关于申请人的情况介绍，查阅入户调查记录和民主评议（审）记录，检查张榜公示和群众举报记录；②按照调查核实的方法调查核实乡镇政府（街道办事处）、村（居）民委员会调查情况和申请人自报情况。

审批机关调查核实后应组织合议，对准备提交集体审批的申请人按照低保补助金计算公式重新计算低保补助金。

（3）集体审批　县级民政部门组织本级调查核实人员、乡镇政府（街道办事处）有关人员进行集体审批，对乡镇政府（街道办事处）上报申请人作出审批决定。集体审批一般在县级民政局进行，必要时亦可以到乡镇政府（街道办事处）采取几级联审的方式进行集体审批。

1）集体审批领导小组的组成。县级低保管理审批机关应成立城乡低保集体审批领导小组，一般由5人左右组成。审批领导小组组长由具备审批职能的单位负责人担任，副组长为本级分管低保审批（分管低保工作）的领导担任。成员为本级城乡低保工作人员、街道（乡镇）低保负责人组成。在城乡低保审批过程中，必要时可要求有关领导、社区低保工作人员和群众代表参加审批工作。

2）审批程序。城乡低保集体审批的决定形式为民主集中制。一般程序为：①由本级调查核实工作人员介绍申请人自报有关情况、乡镇政府（街道办事处）审查意见与村（居）民委员会审核意见、乡镇政府（街道办事处）审查与村（居）民委员会审核程序的合法性、本人调查核实情况及意见；②由参与集体审批人员逐一发表意见；③集体审批领导小组组长综合各方面意见作出审批决定。一般情况下，乡镇政府（街道办事处）审查意见与村（居）民委员会审核意见一致且参与集体审批人员没有明显不同意见时，应尊重其意见；乡镇政府（街道办事处）审查意见与村（居）民委员会审核意见不一致时，应充分听取参与集体审批人员的意见，以多数人员的意见为主要参考依据作出审批决定。

3）决定的事项。城乡低保集体审批应对城乡低保申请人的如下事项作出决定：①是否批准城乡低保申请人的低保申请；②确定保障金额、管理类别和保障期限。

（4）办结手续　①按规定填写《最低生活保障对象审批表》、《最低生活保障对象集体审批记录》等资料，整理文字档案资料；②将审批信息录入最低生活保障信息系统管理软件，整理电子档案；③整理并向同级财政部门报送《最低生活保障对象花名册》（本级存纸质资料和光盘资料，送财政光盘资料）、《最低生活保障汇总请拨单》（本级存档、送财政均为纸质资料和光盘资料）；④向银行传送《最低生活保障对象低保补助金银行发放花名册》（光盘资料）；⑤为最低生活保障对象办理《最低生活保障证》；⑥完成数据统计、汇总、传输等工作。

（5）公示与发放证、折　低保管理审批机关集体审批办结审批手续后，应将审批对象情况再次公示，公示无异议的办理相关证、折。城市居民最低生活保障金按月发放；农村最低生活保障金按季度发放。

2．建立低保档案

最低生活保障档案是指县、乡镇、街道以及居（村）民委员会（社区）在低保审核、审批过程中形成的具有保存价值的文字、图表、声像、电子数据等不同形式的历史记录。

（1）建立最低生活保障档案的管理要求　建立最低生活保障档案管理的目标是：低保对象全部建档、及时归档、统一规范整理、保管安全有序、有规章制度保证、工作条件逐步改善。

县级民政部门、街道办事处、乡镇政府应有专（兼）职人员负责低保文件材料的归档和最低生活保障档案的管理；居（村）民委员会（社区）应协助做好低保档案工作。

（2）建立最低生活保障档案的管理流程

1）最低生活保障档案原则上分为审批类和日常管理类。审批类有县级民政部门批准享受最低生活保障的审批表，入户调查表，低保对象的申请书、居民户口簿或居民身份证复印件，低保管理机构要求提供的家庭收入证明以及其他应当归档的材料；日常管理类有县级民政部门停发、增发、减发低保金的审批表和有关审核材料，低保对象参加公益活动记录，低保对象花名册，日常入户调查材料等。低保对象分类统计表、低保资金统计表等统计材料归入本单位的文书档案。低保资金的预算和决算、划拨凭证、发放领取名册等材料归入本单位的会计档案。低保信息系统、统计系统所形成的电子数据，应按国家有关规定归档，确保其可读可用。

2）最低生活保障档案的整理和保管期限。审批类档案以户为单位进行整理，日常管理类档案按文书档案的整理方法整理；审批类档案的保管期限为该低保户停保后不少于3年，日常管理类档案的保管期限不少于5年。最低生活保障档案保管期满后，地方综合档案馆可将适当比例的档案抽样接收进馆。

3）最低生活保障档案由县级民政部门统一保管，因工作需要，确需由乡镇政府、街道办事处或低保经办机构保管的，县级民政部门应加强指导、检查。保管单位要配备必要的保管设备和防护设施，保证最低生活保障档案的安全。

最低生活保障档案主要供低保管理部门使用。上级单位、监察机关、审计机关、法院和检察院因工作或办案需要可以查阅最低生活保障档案。低保对象查阅最低生活保障档案的范围，由县级民政部门确定。利用者不得丢失、销毁、涂改档案。

3. 跟踪管理

跟踪管理是指低保管理审批机关及其居（村）委会对享受最低生活保障的对象进行的跟踪调查核实、调整、变更、组织公益劳动的过程。其目的在于实现应保尽保，并根据保障对象家庭收入的变化，及时调整补助标准，把政府财政用到最需要的困难家庭，让真正困难的居民享受到公平、公正的待遇。

以湖北省为例，2009 年 3 月《湖北省最低生活保障工作规程》作出如下规定：

（1）动态管理制度　享受低保待遇的家庭人口和收入状况发生变化时，按程序及时办理提高、降低或者终止低保待遇的变更手续，并在其保障金领取证和《最低生活保障呈报审批表》中进行相应登记；终止享受低保待遇的，收回保障金领取证。

（2）分类管理制度　分为 3 类：第一类是长期保障对象，即鳏寡孤独的“三无”对象，其家庭成员收入情况变化不大，只需掌握减员情况，每年审核一次，可采用绿色标签登记管理；第二类是相对稳定的保障对象，即收入来源比较明确、变化不大的对象，每半年入户审核一次，可采用黄色标签登记管理；第三类是明显不稳定的保障对象，即收入来源不固定或不易确定，家庭收入波动幅度大或家庭成员结构易变动的对象，应重点审查和跟踪，每季度审核一次，可采用红色标签登记管理。

（3）续保申请登记制度　享受城市低保待遇的对象，每季（月）在领取保障金或限期保障到期后的 10 日内，必须到乡、镇（街道）低保经办机构或居民委员会（社区）反馈保障金领取情况，申报家庭收入变化情况，并提出续保申请登记。不反馈情况或连续两次不提出续保申请登记的，视为自动放弃低保待遇。低保专职工作人员必须如实填写《享受城市低保对象续保申请登记表》。

（4）公益劳动制度　有劳动能力的城市低保对象，应当按当地街道或低保经办机构的要求参加社区公益劳动，一年内连续两次以上无正当理由拒不参加公益劳动的，可暂停或取消其本人的低保待遇。

（5）公示通报制度　在乡、镇和村（居）民委员会（社区）或人群集中的地方统一设置固定的低保公示通报栏（牌），对享受低保待遇的对象和新增对象的姓名、享受人数及享受金额、家庭住址情况进行常年公示和通报，接受社会监督。

（6）保障对象异动制度　保障对象在县（市、区）内迁移或跨县（市、区）迁移的，由县级民政部门办理保障待遇迁移手续。迁出地县级民政部门要为低保对象出具《最低生活保障对象迁移证明》，收回保障金领取证，将迁移对象的档案材料封装后交其本人；保障对象凭迁出地证明在一个月内到迁入地县级民政部门办理迁移手续，重新申请保障待遇，管理审批机关可根据实际情况适当简化审批程序。

（7）信息管理制度　市、县（市、区）要确定专人负责低保信息管理工作，信息网络连接到乡、镇（街道）、居民委员会（社区）。统一使用最低生活保障信息管理系统，按系统要求及时采集、上报有关低保信息，并接受有关单位和个人的查询。

任务引导

（1）县级民政部门成立低保集体审批领导小组，采取集体审批、联审联批等形式，可以确保低保对象审批的公正、公平。

（2）城乡低保档案是城乡低保工作的历史记录，也是检验城乡低保工作开展情况的重要依据，加强低保档案管理，能进一步提升城乡低保规范化管理水平。

（3）加强低保对象跟踪管理，其目的就是为了实现动态管理下应保尽保，让更多的城乡贫困群众享受到党和政府的温暖。

基础知识

《条例》第八条规定：县级人民政府民政部门经审查，对符合享受城市居民最低生活保障待遇条件的家庭，应当区分下列不同情况批准其享受城市居民最低生活保障待遇。

（一）对无生活来源、无劳动能力又无法定赡养人、扶养人或者抚养人的城市居民，批准其按照当地城市居民最低生活保障标准全额享受。

（二）对尚有一定收入的城市居民，批准其按照家庭人均收入低于当地城市居民最低生活保障标准的差额享受。县级人民政府民政部门经审查，对不符合享受城市居民最低生活保障待遇条件的，应当书面通知申请人，并说明理由。

第十条规定：享受城市居民最低生活保障待遇的城市居民家庭人均收入情况发生变化的，应当及时通过居民委员会告知管理审批机关，办理停发、减发或者增发城市居民最低生活保障待遇的手续。管理审批机关应当对享受城市居民最低生活保障待遇的城市居民的家庭收入情况定期进行核查。在就业年龄内有劳动能力但尚未就业的城市居民，在享受城市居民最低生活保障待遇期间，应当参加其所在的居民委员会组织的公益性社区服务劳动。

《通知》规定：农村最低生活保障申请，经乡（镇）人民政府审核后，报县级人民政府民政部门审批。乡（镇）人民政府和县级人民政府民政部门要核查申请人的家庭收入，了解其家庭财产、劳动力状况和实际生活水平，并结合村民民主评议，提出审核、审批意见。

要实行动态管理，做到保障对象有进有出，补助水平有升有降。

乡（镇）人民政府和县级人民政府民政部门要采取多种形式，定期或不定期调查了解农村困难群众的生活状况，及时将符合条件的困难群众纳入保障范围，并根据其家庭经济状况的变化，及时按程序办理停发、减发或增发最低生活保障金的手续。保障对象和补助水平变动情况都要及时向社会公示。

2008 年 1 月，民政部办公厅、国家档案局办公室联合下发《关于加强最低生活保障档案管理的通知》。要求各地进一步健全城乡居民最低生活保障制度，规范最低生活保障档案的管理，切实将最低生活保障档案管理纳入低保工作内容，做到最低生活保障档案工作与低保工作同步布置、检查、验收，确保最低生活保障档案的全面建立和完善。明确目标，落实分级负责、基层为主的管理原则；统一标准，规范最低生活保障档案管理流程；加强组织协调，确保最低生活保障档案的规范管理。

案例阅读

2010年6月28日，××市××社区低保户刘××来到低保工作站主动要求退出低保。几年前，由于刘××劳改释放回来，年龄大、就业难，一时找不到工作，妻子就业不稳定，女儿读高中，费用高，生活十分困难。经本人申请、入户调查、审核审批后，刘××一家被及时纳入城市低保救助范围，每月享受低保金240元。享受低保期间他积极配合居委会工作，主动参加各项公益劳动。如今，刘××找到了一份帮朋友开车的工作，家庭收入已经超出了当地保障标准。刘××来到低保工作站主动要求退出低保。他说："非常感谢政府这些年来对我们家的关心和帮助，现在自己有能力养活自己的家庭了，应该把机会让给更困难、更需要帮助的人。"

【思考】我们应该怎样建立低保工作的合理退出机制？

任务五　城乡大病医疗救助

任务描述

城乡贫困群众医疗救助制度是社会救助体系的重要组成部分，是政府拨款和社会各界自愿捐助等多渠道筹资，对患有大病负担医疗费用过高、影响家庭基本生活的城乡贫困群众给予适当救助的制度。建立城乡困难群众医疗救助制度，对于促进城乡协调发展、维护城乡居民权益、保持社会稳定、促进城乡和谐社会的形成，都具有重要意义。

任务实施

1．城乡贫困群众医疗救助的对象

（1）农村医疗救助对象　①农村五保户和农村贫困户家庭成员。②地方政府规定的其他符合条件的农村贫困农民。救助对象的具体条件由地方民政部门会同财政、卫生部门制定，报同级人民政府批准。

（2）城市医疗救助对象　主要是城市居民最低生活保障对象中未参加城镇职工基本医疗保险人员、已参加城镇职工基本医疗保险但个人负担仍然较重的人员和其他特殊困难群众。具体条件由县（市、区）民政部门会同卫生、劳动保障、财政等部门制定并报同级人民政府批准。

2. 医疗救助办法

以湖北省为例，2004 年 9 月《湖北省城乡贫困群众医疗救助实施方案》规定：

（1）已开展新型农村合作医疗的地区，资助农村五保户参加当地新型农村合作医疗，其个人应缴纳的全部资金从税费改革转移支付经费中列支，农村特困户个人应缴的全部资金从医疗救助资金中列支，特困优抚对象应缴全部资金从优抚经费中列支。

（2）有条件的地方，资助城市低保对象参加重大疾病医疗保险。资助个人缴费数额（或比例）由各地根据财政状况自行确定。

（3）对重大疾病给予适当救助。城乡贫困群众因患重大疾病住院治疗所发生的费用（应在基本医疗保险或新型农村合作医疗制度规定的基本用药、诊疗项目以及医疗服务设施标准“三个目录”范围内，下同），在获得基本医疗保险赔付或合作医疗资金补助，扣除各种报销、减免以及社会捐助、互助帮困等个人未承担费用之后，供养单位或个人自行负担的医疗费数额仍较大、影响家庭基本生活的，可申请重大疾病救助。重大疾病救助范围、救助类别人员、救助起付线和每人每年累计最高救助额度，由各地在调查研究的基础上决定。救助对象患规定范围内重大疾病且当年个人自行负担住院医疗费用超过当地起付线的，超出部分按不超过 30%的比例在规定限额内予以救助。

城市低保对象中的“三无”人员和农村五保户救助起付线可适当降低，其个人负担部分由街道（乡镇）人民政府帮助解决。

（4）凡在各类福利机构集中供养的五保对象，在享受重大疾病医疗救助的同时，可按每人每年一定数额给予定量救助。

（5）定点医疗救助单位降低医疗收费。县（市、区）可在中心城区确定 1～2 所医院为定点医疗救助单位，远离城镇的乡（镇）可以将乡镇卫生院作为定点医疗救助单位。医疗救助对象持相关证件（低保证、五保供养证、特困救助证等）到定点医疗救助单位就诊时，定点医疗救助单位免收挂号费，大型检查（单项费用超过一定数额）优惠 10%～20%，普通住院床位费减半收取，规定范围内药品费用按正常销售价的一定比例优惠后收取。

定点医疗救助医院由民政、卫生部门授牌，并向社会公开。需转到非定点医疗卫生机构就诊的，必须向县级民政部门备案。

3. 医疗救助申请、审批程序

城乡贫困群众医疗救助一般要经过个人申请、乡镇（街道）审核、县级民政部门审批的程序。审批规定如下：

① 农村五保户、农村特困户或农村低保对象参加当地新型农村合作医疗，不需本人申请，直接由县（市、区）民政部门提供确认名单和个人缴费用款指标，同级财政部门核准。

② 大病救助一般在患者治疗期间或医疗终结（或出院）后一个月内，由家庭户主提出书面申请（“三无”人员和五保户可由其所在的居民委员会、村民委员会或福利供养机构代为申请），并如实提供医院诊断病历、正式医疗收费收据、处方、必要的病史材料等各项证明材料，已参加各种商业医疗保险、基本医疗保险或新型农村合作医疗的，还必须提供按规定领取的医疗保险赔付金凭证、合作医疗补助凭证、社会互助帮困情况各项费用证明等。经定点医院证明，街道办事处（乡镇人民政府）审查、公示，县级民政部门审批。对不符合救助

条件的，书面说明理由，通知申请人。

在实际工作中，有些地方还要经过村（居）民代表会议评议。村（居）委会接到救助对象申请后，召开村（居）民代表会议对救助对象的申请进行评议，并根据救助对象家庭收入和贫困程度情况提出具体评议意见，在规定时间内报乡镇人民政府（街道办事处）审核。

城乡贫困群众医疗救助金的发放，一般由所在乡镇人民政府（街道办事处）发放，也可以由县级民政部门直接发放，有条件的地方，可实行社会化发放的办法，尽可能减少中间环节，直接把医疗救助金发放到救助对象手中。

为了进一步简化程序，充分发挥医疗救助的便民救急作用，2009 年 6 月，民政部、财政部、卫生部、人力资源和社会保障部联合印发的《关于进一步完善城乡医疗救助制度的意见》要求：

① 各级民政部门要会同卫生等部门，鼓励和推行定点医疗机构即时结算医疗救助费用的办法，民政部门可结合实际提供必要的预付资金。对于城乡低保家庭成员、五保户等医疗救助对象，凭相关证件或证明材料，到开展即时结算的定点医疗机构就医所发生的医疗费用，应由医疗救助支付的，由定点医疗机构即时结算，救助对象只需支付自付部分。定点医疗机构与民政部门要定期结算。对于申请医疗救助的其他经济困难人员，或到尚未开展即时结算的定点医疗机构就医的医疗救助对象，当地民政部门要及时受理，并按规定办理审批手续。

② 救助对象因治疗需要转诊至非定点医疗机构治疗的，应当由定点医疗机构出具转诊证明，由救助对象报当地县级人民政府民政部门核准备案。此外，各地要探索属于救助对象的流动就业人员异地就医的申报、审批和结算办法，方便困难群众就医。

③ 各地在简化医疗救助操作程序的同时，要规范工作流程，完善服务管理，并建立健全医疗救助工作的民主监督机制，及时将医疗救助对象姓名、救助标准、救助金额等向社会公布，接受群众和社会监督，做到政策公开、资金公开、保障对象公开。

4. 医疗救助资金的筹集和管理

财政部、民政部于 2004 年和 2005 年先后联合印发《农村医疗救助基金管理试行办法》和《城市医疗救助基金管理的意见》，规定：

（1）城乡医疗救助基金的来源　①财政部门根据本地区开展城乡医疗救助工作需要和财政支付能力，在年度预算中安排的城乡医疗救助资金。②民政部门从留归本部门使用的彩票公益金中按照一定比例或一定数额安排用于城乡医疗救助的资金。③社会各界自愿捐赠用于城乡医疗救助的捐赠资金。④城乡医疗救助基金形成的利息收入。⑤按规定可用于城乡医疗救助的其他资金。

（2）城乡医疗救助基金的管理

城乡医疗救助基金全部用于补助救助对象符合规定的医疗费用或用于资助救助对象参加当地新型农村合作医疗和医疗保险，不得从基金中提取管理费或列支其他任何费用。

医疗救助基金要纳入社会保障基金财政专户，实行专账核算、专项管理、专款专用。县（市、区）财政部门要在社会保障基金财政专户中建立“农村医疗救助基金专账”和“城市医疗救助基金专账”。县（市、区）财政预算安排的资金按季或按月划拨至本级财政部门“农村医疗救助基金专账”和“城市医疗救助基金专账”；经批准用于医疗救助的彩票公益金应及时由财政专户划拨至“医疗救助基金专账”；县（市、区）财政部门收到上级补助资金之后应及时全额划拨至“医疗救助基金专账”；社会各界的捐款及其他各项资金按属地化管理原则及时交存县（市、区）财政部门“医疗救助基金专账”。

医疗救助基金年度收支计划由地方民政部门会商财政部门后报同级人民政府批准后执行。民政部门定期向同级财政部门和上级民政部门报送收支计划执行情况。

医疗救助基金的筹集、管理和使用情况，以及救助对象、救助金额等情况应通过张榜公示等方式定期向社会公布，接受社会监督。县（市、区）民政、财政、审计等部门要对城市医疗救助基金的使用情况进行监督检查，发现问题应及时纠正，并及时向当地人民政府报告。

5. 城乡贫困群众医疗救助服务

2009 年 6 月，民政部、财政部、卫生部、人力资源和社会保障部联合印发《关于进一步完善城乡医疗救助制度的意见》规定：

（1）合理确定救助范围　在切实将城乡低保家庭成员和五保户纳入医疗救助范围的基础上，逐步将其他经济困难家庭人员纳入医疗救助范围，主要包括低收入家庭重病患者以及当地政府规定的其他特殊困难人员。具体救助对象界定标准，由地方民政部门会同财政等有关部门制定，并报同级人民政府批准。

（2）实行多种方式救助　对城乡低保家庭成员、五保户和其他经济困难家庭人员，资助其参加城镇居民基本医疗保险或新型农村合作医疗并对其难以负担的基本医疗自付费用给予补助。

（3）完善救助服务内容　坚持以住院救助为主，同时兼顾门诊救助。住院救助主要用于帮助解决因病住院救助对象个人负担的医疗费用；门诊救助主要帮助解决符合条件的救助对象患有常见病、慢性病、需要长期药物维持治疗以及急诊、急救的个人负担的医疗费用。

（4）合理制定补助方案　根据当年医疗救助基金总量，逐步降低或取消医疗救助的起付线，合理设置封顶线，提高补偿自付的基本医疗费用的救助比例。

6. 城乡贫困群众医疗救助工作的组织管理

各地民政、财政、卫生、人力资源社会保障部门要各负其责，密切配合，共同抓好落实。

民政部门要充分发挥医疗救助主管部门的作用，做好政策研究制定和组织实施工作，做好医疗救助与社会慈善救助的衔接；财政部门要落实安排救助资金，加强对资金管理和使用情况的监督检查；卫生部门要做好困难群众参加新型农村合作医疗的服务管理工作，加强对定点医疗机构的监管；人力资源社会保障部门要做好困难群众参加城镇居民基本医疗保险的服务管理工作。

任务引导

城乡医疗救助对象的人数在一定程度上反映了救助资金的需求，一般情况下，救助对象越多，所需救助资金也应该越多，反之就越少；科学合理地确定当地医疗救助范围，关系到城乡困难群众医疗救助受益面，关系到城乡医疗救助制度产生的经济和社会效益。因此，各地应坚持“情为民所系、权为民所用、利为民所谋”的思想，在尽可能的范围内，使城乡医疗救助制度惠及更多的城乡贫困群众。

基础知识

1．农村医疗救助制度的建立

2002 年中共中央、国务院制定并出台了《中共中央、国务院关于进一步加强农村卫生工作的决定》（中发[2002]13 号），首次提出了在中国农村建立医疗救助制度，并明确了以对农村贫困家庭实行医疗救助、实施以大病补偿为主，对贫困家庭参加合作医疗给予资金补助为辅的救助形式。要求各地建立独立的医疗救助基金，实行个人申请、村民代表会议评议、民政部门审核批准、医疗机构提供服务的管理体制。2003 年 11 月，民政部、卫生部、财政部三部委联合下发了《关于实施农村医疗救助的意见》（民发[2003]158 号），对农村医疗救助的目标和原则、医疗救助对象的选择、救助办法、申请审批程序、救助基金的筹集和管理、服务提供、组织与实施等方面作出了进一步细化。至此，农村医疗救助制度已初具雏形。

2．农村医疗救助制度救助的目标和原则

农村医疗救助制度是政府拨款和社会各界自愿捐助等多渠道筹资，对患大病农村五保户和贫困农民家庭实行医疗救助的制度。

建立农村医疗救助制度，要从当地实际出发，医疗救助水平要与当地经济社会发展水平和财政支付能力相适应，确保这项制度平稳运行。农村医疗救助从贫困农民中最困难的人员和最急需的医疗支出中开始实施，并随着经济的发展逐步完善农村医疗救助制度。

建立农村医疗救助制度应坚持以下原则：①坚持政府救助、社会互助、新型农村合作医疗制度相结合的原则；②坚持医疗救助水平与当地经济社会发展水平、财政支付能力相适应的原则；③坚持公开、公平、公正原则；④坚持属地管理原则；⑤坚持动态管理原则。

3．城市医疗救助制度的建立

我国传统的医疗保障模式包括两部分：公费医疗制度和劳保医疗制度。所有用人单位及其职工都参加了基本医疗保险。然而，低保人员的组成主要是“三无对象”、企业下岗职工、特困职工及其家属，绝大多数人员没有资格或能力参加城镇职工医疗保险，被排斥在现行制度之外，不能享受相应的基本医疗保障。2003 年 3 月，国务院常务会议决定，建立城市医疗救助制度由民政部牵头，会同有关部门调研后，提出试点方案报国务院审批，重点帮助城乡特困群众解决看病难、子女上学难的问题。2005 年 3 月，国务院转发了民政部、卫生部、劳动和社会保障部、财政部《关于建立城市医疗救助制度试点工作的意见》，标志着城市医疗救助制度的建立。

4．城市医疗救助制度救助的目标和原则

《关于建立城市医疗救助制度试点工作的意见》提出，建立城市医疗救助制度要从各地实际情况出发，通过多渠道筹措资金，建立适合我国国情的城市医疗救助制度。其基本原则是：①实事求是，因地制宜。既要与当地经济社会发展水平和财政支付能力相适应，又要注意与城镇职工基本医疗保险制度相衔接。②先行试点，稳步推进。随着经济社会的发展逐步扩大救助范围，提高救助标准。③多方筹资，多种方式，量力而行。发动社会资助、城市医疗救助基金补助、医疗机构自愿减免相结合。

课外阅读

印度作为世界上人口第二大国，它的医疗保障体系闻名于世。它保证了绝大多数人享受近乎免费的公共医疗卫生保障，一般老百姓看病的费用绝大部分是由政府支出，这极大地促进了印度社会的整体发展。在印度看来，医疗卫生体制如果完全实施商业化、市场化运作，不但有违医疗卫生事业的基本规律，而且破坏社会公平，不利于社会安定。所以，印度医疗保障制度坚持扶持政府医院的稳定运转。20 世纪 80 年代初期，印度政府在全国农村逐步建立三级医疗保健网络，包括保健站、初级保健中心和社区保健中心三部分；免费向广大穷人提供医疗服务项目，包括挂号费、检查费、住院费、治疗费、急诊抢救的一切费用，占总人口 70%以上的农村人口享受国家免费医疗。目前印度政府还在增加公共投入以改善农村医疗卫生条件，补贴部分医疗行业以缩小贫富差距，政府医院秉持“先看病，后收费”的原则，照顾经济困难患者。

任务六　城乡特困群体参加合作医疗保险

任务描述

城乡医疗救助制度作为基本医疗保险或农村合作医疗制度的补充和完善，起到了拾遗补缺的作用，是我国基本医疗保障体系的一个重要组成部分。资助城乡医疗救助对象参加城镇居民基本医疗保险和新型农村合作医疗，加强城乡医疗救助制度与合作医疗、基本医疗保险制度的有效衔接，有利于提高城乡医疗救助的效率，拓宽城乡医疗救助渠道，提高城乡医疗救助的质量和救助水平，促进城乡医疗救助的公平。

任务实施

（1）加强医疗救助和城镇职工基本医疗保险、城镇居民基本医疗保险、新型农村合作医疗在经办管理方面的衔接，探索“一站式”管理服务模式，逐步实现不同医疗保障制度间人员信息、就医信息和医疗费用信息的共享，提高管理服务效率，方便困难群众。

（2）农村医疗救助与新型农村合作医疗衔接。例如，海南省的经验是：①各市县民政、财政部门分工合作，做好农村医疗救助的测算和预算工作。通过财政拨款、彩票公益金和社会捐助等多渠道筹集资金，建立农村医疗救助基金专户专账管理。②积极资助农村医疗救助对象参加新型农村合作医疗，并从农村医疗救助基金中全额支付参加新型农村合作医疗的个人缴费部分。③简化医疗救助程序，探索在定点医疗机构设立专门的医疗费用核算服务窗口，方便农民凭农村居民最低生活保障金领取证或农村医疗救助证、本人身份证，在服务窗口即可办理报销和医疗救助。

（3）城市医疗救助与基本医疗保险衔接。

1）积极资助城市医疗救助对象参加城镇居民基本医疗保险。

2）努力提高医疗救助和城镇职工基本医疗保险制度的可及性和有效性。①要结合城市医疗救助对象因无钱看病、小病拖成大病的实际情况，由民政和卫生部门每年核发一定限额的“医疗救助卡”，城市医疗救助对象凭卡可在定点医疗救助机构进行及时门诊医疗和购药。②要结合城市医疗救助对象无力支付住院押金的实际情况，由定点医疗机构凭救助对象最低生活保障金领取证或城市医疗救助证及本人身份证，先行安排治疗并及时通知当地民政部门，当地民政部门按医疗救助程序审定后，2 个工作日内向定点医疗机构发出医疗救助通知书，明确救助金额。③要加强定点医疗机构的管理，引导医疗机构合理检查、合理用药、因病施治，控制和降低医药费用。对城市医疗救助对象，定点医疗机构要在挂号、检查以及某些治疗项目、药品等方面给予优惠或减免。④取消城市医疗救助对象的住院起付线。

3）努力简化医疗救助程序，提高救助效率。定点医疗机构设立专门窗口，在服务窗口即可办理城镇居民基本医疗保险报销和城市医疗救助。

任务引导

（1）针对当前医疗救助模式单一、医后救助效率不高以及医疗救助对象无钱支付住院押金等情况，积极开展城乡医疗救助对象医前及医中救助，可以提高医疗救助的救助效率。

（2）针对医疗救助对象因患上慢性病，长期住院治疗效果不理想，而且医疗费用很高，救助对象承担不起，需在家通过草药、中药等民间治疗方式治疗的实际，积极探索开展居家医疗救助，是一种行之有效的医疗救助的形式。

基础知识

1．新型农村合作医疗的主要内容

2003 年 1 月，国务院办公厅转发卫生部、财政部、农业部《关于建立新型农村合作医疗制度的意见》，规定：

（1）目标和原则　新型农村合作医疗制度是由政府组织、引导、支持，农民自愿参加，个人、集体和政府多方筹资，以大病统筹为主的农民医疗互助共济制度。

建立新型农村合作医疗制度要遵循的原则是：①自愿参加，多方筹资。农民以家庭为单位自愿参加新型农村合作医疗，按时足额缴纳合作医疗经费；乡（镇）、村集体要给予资金扶持；中央和地方各级财政每年要安排一定专项资金予以支持。②以收定支，保障适度。坚持以收定支、收支平衡的原则，既保证这项制度的持续性，又使农民能够享有最基本的医疗服务。③先行试点，逐步推广。从实际出发，随着农村社会经济的发展和农民收入的增加，逐步提高这项制度的社会化程度和抗风险能力。

（2）筹资标准　实行个人缴费、集体扶持和政府资助相结合的筹资机制。①农民个人每年的缴费标准不应低于 10 元，经济条件好的地区可相应提高缴费标准。乡镇企业职工（不含以农民家庭为单位参加新型农村合作医疗的人员）是否参加新型农村合作医疗由县级人民政府确定。②有条件的乡村集体经济组织应对本地新型农村合作医疗制度给予适当扶持，出资标准由县级人民政府确定，但集体出资部分不得向农民摊派。鼓励社会团体和个人资助新型农村合作医疗制度。③地方财政每年的资助不低于人均10元。具体补助标准和分级负担比例由省级人民政府确定。经济较发达的东部地区，地方各级财政可适当增加投入。从2003年起，中央财政每年通过专项转移支付对中西部地区除市区以外的参加新型农村合作医疗的农民按人均10元安排补助资金。

（3）资金管理　由农民自愿缴纳、集体扶持、政府资助的民办公助社会性资金，要按照以收定支、收支平衡和公开、公平、公正的原则进行管理，必须专款专用，专户储存，不得挤占挪用。①农村合作医疗基金由农村合作医疗管理委员会及其经办机构进行管理。②农村合作医疗基金中农民个人缴费及乡村集体经济组织的扶持资金，原则上按年由农村合作医疗经办机构在乡（镇）设立的派出机构（人员）或委托有关机构收缴，存入农村合作医疗基金专用账户；地方财政支持资金，由地方各级财政部门根据参加新型农村合作医疗的实际人数，划拨到农村合作医疗基金专用账户；中央财政补助中西部地区新型农村合作医疗的专项资金，由财政部根据各地区参加新型农村合作医疗的实际人数和资金到位等情况核定，向省级财政划拨。中央和地方各级财政要确保补助资金及时、全额拨付到农村合作医疗基金专用账户。③农村合作医疗基金主要补助参加新型农村合作医疗农民的大额医疗费用或住院医疗费用。有条件的地方，可实行大额医疗费用补助与小额医疗费用补助结合的办法，既提高抗风险能力又兼顾农民受益面。对参加新型农村合作医疗的农民，年内没有动用农村合作医疗基金的，要安排进行一次常规性体检。④加强对农村合作医疗基金的监管。农村合作医疗经办机构要定期向农村合作医疗管理委员会汇报农村合作医疗基金的收支、使用情况；要采取张榜公布等措施，定期向社会公布农村合作医疗基金的具体收支、使用情况，保证参加合作医疗农民的参与、知情和监督的权利。审计部门要定期对农村合作医疗基金收支和管理情况进行审计。

2. 城镇职工基本医疗保险的主要内容

1998年12月，国务院下发《关于建立城镇职工基本医疗保险制度的决定》，其主要内容是：

（1）基本原则　基本医疗保险的水平要与现阶段的经济发展水平相适应；城镇所有用人单位及其职工都要参加基本医疗保险，实行属地管理；基本医疗保险费由用人单位和职工双方共同负担；基本医疗保险基金实行社会统筹和个人账户相结合。

（2）覆盖范围和缴费办法　城镇所有用人单位，包括企业（国有企业、集体企业、外商投资企业、私营企业等）、机关、事业单位、社会团体、民办非企业单位及其职工，都要参加基本医疗保险。乡镇企业及其职工、城镇个体经济组织业主及其从业人员是否参加基本医疗保险，由各省、自治区、直辖市人民政府决定。

基本医疗保险费由用人单位和职工共同缴纳。用人单位缴费率应控制在职工工资总额的6%左右，职工缴费率一般为本人工资收入的2%。随着经济发展，用人单位和职工缴费率可作相应调整。

（3）建立基本医疗保险统筹基金和个人账户　基本医疗保险基金由统筹基金和个人账户构成。职工个人缴纳的基本医疗保险费，全部计入个人账户。用人单位缴纳的基本医疗保险费分为两部分，一部分用于建立统筹基金，一部分划入个人账户。划入个人账户的比例一般为用人单位缴费的30%左右，具体比例由统筹地区根据个人账户的支付范围和职工年龄等因素确定。

统筹基金和个人账户要划定各自的支付范围，分别核算，不得互相挤占。要确定统筹基金的起付标准和最高支付限额，起付标准原则上控制在当地职工年均工资的10%左右，最高支付限额原则上控制在当地职工年平均工资的4倍左右。起付标准以下的医疗费用，从个人账户中支付或由个人自付。起付标准以上、最高支付限额以下的医疗费用，主要从统筹基金中支付，个人也要负担一定比例。超过最高支付限额的医疗费用，可以通过商业医疗保险等途径解决。统筹基金的具体起付标准、最高支付限额以及在起付标准以上和最高支付限额以下医疗费用的个人负担比例，由统筹地区根据以收定支、收支平衡的原则确定。

（4）健全基本医疗保险基金的管理和监督机制 基本医疗保险基金纳入财政专户管理，专款专用，不得挤占挪用。社会保险经办机构负责基本医疗保险基金的筹集、管理和支付，并要建立健全预决算制度、财务会计制度和内部审计制度。社会保险经办机构的事业经费不得从基金中提取，由各级财政预算解决。各级劳动保障和财政部门，要加强对基本医疗保险基金的监督管理。审计部门要定期对社会保险经办机构的基金收支情况和管理情况进行审计。

3. 城镇居民基本医疗保险制度的主要内容

为实现建立覆盖城乡全体居民的基本医疗保障体系的目标，2007年7月，国务院印发《关于开展城镇居民基本医疗保险试点的指导意见》，其主要内容是：

（1）目标和原则

1）试点目标。2007年开始试点，2010年在全国全面推开，逐步覆盖全体城镇非从业居民，建立以大病统筹为主的城镇居民基本医疗保险制度。

2）试点原则。根据经济发展水平和各方面承受能力，合理确定筹资水平和保障标准，重点保障城镇非从业居民的大病医疗需求，逐步提高保障水平；坚持自愿原则；明确中央和地方政府的责任，中央制定主要政策，地方制定具体办法，对参保居民实行属地管理；做好各类医疗保障制度之间的政策衔接。

（2）参保范围和筹资水平

1）参保范围。不属于城镇职工基本医疗保险制度覆盖范围的中小学阶段的学生（包括职业高中、中专、技校学生）、少年儿童和其他非从业城镇居民都可自愿参加城镇居民基本医疗保险。

2）筹资水平。试点城市应根据当地的经济发展水平以及成年人和未成年人等不同人群的基本医疗消费需求，并考虑当地居民家庭和财政的负担能力，恰当确定筹资水平；探索建立筹资水平、缴费年限和待遇水平相挂钩的机制。

3）缴费和补助。城镇居民基本医疗保险以家庭缴费为主，政府给予适当补助。参保居民按规定缴纳基本医疗保险费，享受相应的医疗保险待遇，有条件的用人单位可以对职工家属参保缴费给予补助。国家对个人缴费和单位补助资金制定税收鼓励政策。

对试点城市的参保居民，政府每年按不低于人均40元给予补助，其中，中央财政从2007年起每年通过专项转移支付，对中西部地区按人均20元给予补助。在此基础上，对属于低保对象的或重度残疾的学生和儿童参保所需的家庭缴费部分，政府原则上每年再按不低于人均10元给予补助，其中，中央财政对中西部地区按人均5元给予补助；对其他低保对象、丧失劳动能力的重度残疾人、低收入家庭60周岁以上的老年人等困难居民参保所需家庭缴费部分，政府每年再按不低于人均60元给予补助，其中，中央财政对中西部地区按人均30

元给予补助。中央财政对东部地区参照新型农村合作医疗的补助办法给予适当补助。财政补助的具体方案由财政部门会商劳动保障、民政等部门研究确定，补助经费要纳入各级政府的财政预算。

4）费用支付。城镇居民基本医疗保险基金重点用于参保居民的住院和门诊大病医疗支出，有条件的地区可以逐步试行门诊医疗费用统筹。

案例阅读

2010 年 3 月 29 日，家住湖北省××县××镇××村二组的农村低保户黄××，在镇卫生院住院部“三办合一”（新农合、医保、医疗救助）窗口，拿着本人患病住院期间的各种医疗票据和有效证件，仅用不到 10 分钟时间办理完出院手续，并且同时享受到低保对象 146.13 元的医疗救助。这是该县民政局城乡医疗救助工作实行“一站式”服务带来的高效率。“一站式”医疗救助服务，就是城乡低保、农村五保对象等医疗救助对象在定点医疗机构看病、住院发生医疗费用时，只要直接将个人身份、医疗情况等有关资料输入电脑，经县级民政部门网上授权审核后即可将发生的医疗费用、参保参合报销金额、民政救助金额、个人自负金额等自动生成，并同步结算，患者只需支付自付金额即可出院，使城乡困难群众充分享受“一站式”的医疗救助服务。

【思考】还有哪些手段和措施让大病医疗救助更准确、更有效率？

项目八

救助流浪乞讨人员

项目概述

救助流浪乞讨人员是新中国成立以来民政部门的一项传统工作，既有社会保障性，也有行政管理性。

背景介绍

公民在特殊困难的情况下，有从国家和社会获得物质帮助的权利。救助流浪乞讨人员，是国家和社会为公民设计安排的在遇到背井离乡、举目无亲、身无分文、面临绝境的情况下，保障公民生存权利的一种制度。

任务一　流浪乞讨救助的人性化变革

任务描述

流浪乞讨救助是对传统收容遣送工作的改革，也是对收容遣送工作的否定，流浪乞讨救助更重视对公民人格尊严的尊重和对公民人身自由权利的维护，以及公民在生活困难条件下获得物质救助权利的选择自由。孙志刚事件成为流浪乞讨救助改革的启动键和历史转折点。

任务实施

1．传统收容遣送制度概述

改革开放以来，收容遣送工作各省之间采取对口遣送接收的办法，全国共有对口遣送接收站92个，跨省中转遣送站12个，每个基层市县基本都有一个收容遣送站。收容遣送站一般设有收容、管教、遣送、卫生等业务科室。公安部门设有收容审查站，对涉嫌流浪犯罪人员先行审查，排除犯罪嫌疑后，再移交民政部门收容遣送站予以收容管教遣送。

孙志刚因夜晚十点以后在街上找网吧，而又没有推携带身份证件和暂居证件，遇警察盘问没有很好配合，先被警察收容审查，再被移送民政部门收容遣送站，期间遇到警察和收遣站工作人员玩忽职守和管理岗位人员工作管理不到位，遂酿成孙志刚事件。

在市场经济条件下,一个外地人到了一个城市，由于种种原因，身无分文，这时候需要国家和社会伸出援助之手，让他有地方吃、有地方住，回家的时候，没钱买车票，还可以免费获得一张车票，这就是收容遣送制度设计之初做出的制度安排。但执行者在执行过程中，背离了立法者的初衷，将其变成了一个以维护社会治安为目的，而漠视人的尊严和自由的情况。为了社会治安而无端限制人身自由，既违背了宪法关于公民权力的规定，也违背了只有根据《刑事诉讼法》和《治安管理处罚法》规定的情节，才能限制一个人的人身自由的假设。收容遣送制度给公务人员在公民没有犯罪，或没有违反《治安管理处罚法》规定的情况下，随意剥夺公民的人身自由的权力，这个问题就很严重。

我国法制建设应该充分保障公民的合法权利和合法利益，即公民没有犯罪和没有危害公共安全，其个人尊严和人身自由不受侵犯。国家要保障每一个公民不被随意剥夺人身自由，并且免受无妄之灾。

2．流浪乞讨救助的人性化改革

汕头市卫生健康局 汕头市民政局 汕头市公安局 汕头市财政局 汕头市城市管理和综合执法局五部门关于进一步做好生活无着的流浪乞讨人员病人医疗救治工作的管理办法（试行）

第一条　为切实做好生活无着的流浪乞讨人员病人的医疗救治工作，确保流浪病人应医尽医、及时救治，依据《城市流浪乞讨人员救助管理办法》（国务院令第 381 号）以及汕头市社会救助工作联席会议纪要，结合我市实际,制定本办法。

第二条　医疗救治对象是指生活无着的流浪、乞讨人员病人（以下简称流浪乞讨病人）。

第三条　对流浪乞讨病人实施先救治后救助、先救治后结算的医疗救治原则。

第四条　市中心医院、市第二人民医院、汕大医学院第一附属医院、汕大医学院第二附属医院为市级综合救治定点医院，按照病人就近接诊原则救助。

第五条　市中心医院、汕大医学院第一附属医院为艾滋病专科救治医院；市第四人民医院为市中心城区精神病患者定点医院；市第三人民医院为结核病患者定点医院。

第六条　各区县人民医院为各区县综合救治定点医院，潮阳区、潮南区、澄海区、南澳县在辖区内指定一家定点医院负责辖区精神病患者救治。

第七条　定点医院要制订收治流浪乞讨病人救治工作制度和流程，强化内部管理，严格遵守用药规范和医疗服务收费标准等。根据病情确需超范围用药或需高额费用检查的，需由定点医院负责人签字方可实施（抢救危重病人时除外）。

第八条　各定点医院对收治的流浪乞讨病人应建立相关医疗记录，一人一档，用于审核备查。

第九条　各定点医院应指定相关职能科室管理并制定申请陪护照料流程，落实监督工作。具有以下条件之一，可以设置陪护照料：

（一）生活完全不能自理。

（二）术后患者。

（三）意识障碍患者。

（四）精神病患者。

（五）自杀倾向患者。

（六）未成年人。

第十条　公安等部门在执行公务时发现有需要救治的流浪乞讨人员，应联系 120 急救指挥中心或直接护送至定点医院救治，并履行书面交接手续。民政部门救助管理机构（市、区县救助站）在站内开展照料服务时发现流浪乞讨病人，应将其及时送往定点医院救治。110 指挥中心接到报警后，要及时联系 120 急救指挥中心或当地派出所将流浪乞讨病人（疑似精神病人）送往定点医院救治。

第十一条　定点医院在接诊流浪乞讨病人后，应当记录流浪乞讨病人来源，完善交接手续。定点医院于接诊流浪乞讨病人 24 小时内通知属地救助管理机构（市、区县救助站），由救助管理机构（市、区县救助站）派人（公安部门协助）甄别身份，出具证明。

第十二条　接诊流浪乞讨病人后，经诊治医师判断病情相对稳定、可口服药物治疗无需收住院治疗或经诊疗无需继续住院治疗的，诊治医师需出具诊断意见或出院小结，由定点医院联系属地救助管理机构（市、区县救助站）接出医院并提供相应救助。流浪乞讨精神病人合并其他疾病急需治疗的，由卫生健康部门负责协调综合救治定点医院协助诊治。流浪乞讨病人在院期间治疗无效死亡的，由救助管理机构（市、区县救助站）负责协调处理后续事项，公安部门协助。

第十三条　各定点医院应做好流浪乞讨病人医疗救治的医疗费用记录，实行单独记账、单独核算，每年两次的结算制度。结算费用包括医疗、陪护及餐饮等费用，医疗费用按照实际发生费用、陪护及餐饮按照定额结算。每年度 5 月 31 日前完成上一年度 11 月 1 日至当年 4 月 30 日发生的医疗费用支付，11 月底前完成当年 5 月 1 日至 10 月 31 日发生的医疗费用支付。

第十四条　定点医院申请流浪乞讨病人医疗费用结算时，应当报送以下材料：

（一）流浪乞讨病人身份证明复印件或身份确认证明表。

（二）医疗费用申请表和医疗费用汇总清单。

（三）门诊流浪乞讨病人提供病历复印件；住院流浪乞讨病人提供长短医嘱以及出院记录或阶段小结复印件。

以上材料须经定点医院部门负责人复核签名。

第十五条　医疗费用按照各级财政拨付原则申报，各级定点医院将申请资料报送同级卫生健康部门后，由卫生健康部门审核流浪乞讨病人发生医疗费用、陪护费及餐饮费，向同级财政部门申请下达定点医院救治费用。

第十六条　卫生健康部门负责对定点医院救治工作加强监督指导，确保救助对象得到及时、有效、安全的救治。对拒绝、推诿或拖延救治的，要依法依规严肃处理。负责审核发生的医疗救治费用并向财政部门申请和拨付各定点医院医疗救治费用。

第十七条　财政部门负责流浪乞讨病人医疗救治费用的保障，将流浪乞讨人员的医疗救治费用列入每年度市级部门预算。

第十八条　2021 年 1 月 1 日起施行，有效期 3 年。

任务引导

（1）救助城市流浪乞讨者，是保障公民基本生存权利的体现。当公民面临生存危机时，政府通过紧急救济手段，既要管吃，又要管住；城市流浪乞讨者有突发危及生命安全的疾病时，还要管医；对没有路费的，通过帮助让其回家；对没有行为能力的人，还要妥善安置。

（2）救助城市流浪乞讨者，涉及城市的综合管理，要有一个部门分工。作为城市管理中需要多项救助手段和措施并用的工作，它既涉及钱，又涉及物，还涉及人力资源的投入，需要责任明确、分工合理、相互合作、相互监督，只有这样，才能做好这项工作。

基础知识

1．流浪乞讨救助工作的工作理念

国务院颁布《城市生活无着的流浪乞讨人员救助管理办法》，是我国社会救助制度的一项重大改革。城市生活无着的流浪乞讨人员是特殊的弱势群体，也是最需要帮助的人群。对城市流浪乞讨人员实施救助，是为了维护公民的合法权益，履行政府的责任和法定义务，转变政府职能，构建社会公共服务体系的需要。

2．流浪乞讨救助工作的管理体制及部门分工

加强领导，搞好协调，明确分工。加强领导，应由市政府分管领导任组长，各区政府分管副区长及民政局、公安局、财政局、卫生局、建委和城管局相关人员组成领导小组。领导小组下设办公室，办公室设在市救助管理站，办公室主任由市救助管理站站长担任，负责日常工作。民政局负责流浪乞讨人员救助政策法规的具体落实，指导本级所属救助管理站制定救助措施和规章制度；负责联系辖区内外民政部门，做好受助人员的返回与护送工作；负责协调定点医院救治流浪乞讨人员中的危重病人和精神病患者；负责因年老、年幼、残疾等原因无法提供个人真实情况及无家可归的受助人员的临时安置。

市公安局在执行公务过程中发现流浪乞讨病人（主要指危重病人、精神病人等）或接到市民的报告，应及时赶赴现场将病人送往指定医院进行救治，发现流浪乞讨人员，应当告知其向救助管理站求助，履行告知、引导、护送职责。对其中符合救助条件的未成年人、残疾人、老年人和行动不便的其他人员，应当引导护送到救助管理站求助。依法查处流浪乞讨人员的违法行为，依法打击混迹在流浪乞讨人员中的犯罪分子。特别是加大对组织、教唆、胁迫、控制未成年人、残疾人乞讨盈利或进行违法犯罪活动的查处力度。打击强讨强要、跪地骗要、抱小孩讨要和幕后操纵儿童乞讨活动的人员。协助市救助管理站做好安全保卫工作，指导有关人员做好安全防范工作。

市财政局合理安排年度救助经费预算，监督、指导年度预算救助经费的落实执行，保证救助经费及时拨付到位。

市卫生局负责选好救治流浪乞讨病人的定点医院，指导定点医院做好对流浪乞讨病人的病情诊断和救治，指导市救助管理站相关人员做好疾病预防、救治、康复等知识的指导培训。

各市辖区负责指导社区流浪乞讨人员救助点开展宣传和救助引导，发动社区救助员及志愿者，对在社区游动的流浪乞讨人员进行引导，对流浪乞讨的未成年人、残疾人、老年人、智障患者送救助管理站实施救助。对流浪乞讨人员中危重病人和精神病人应及时拨打120和110进行救助。

市建委、城管局负责做好城区内流浪乞讨人员的劝导、告知、护送工作，对流浪乞讨危重病人、精神病人等，要护送至定点医疗机构，并协助相关部门办理病人移交手续及有关情

况的告知。对违反城市管理有关法规的流浪乞讨人员进行教育、制止、纠正，并依法进行相关处置。做好城区特定时段、特定路段、特定区域流浪乞讨人员的劝离工作。

3. 依法确定流浪乞讨救助对象

根据国务院《城市生活无着的流浪乞讨人员救助管理办法》和民政部《城市生活无着的流浪乞讨人员救助管理实施细则》的有关规定进行确认。

4. 规范救助程序，做好流浪乞讨病人的救治工作

（1）入院　民政、公安、城管等部门的工作人员或广大市民发现有病卧街头的流浪乞讨人员，可以直接拨打110或120急救中心电话，接报者应及时赶赴现场将流浪乞讨病人送定点医院进行抢救和治疗（对病情特别严重、危及生命安全的危重病人，在距离定点医院较远时，附近的非定点医院也有协助抢救的义务）。对有暴力倾向并危及他人生命安全或严重影响社会秩序和形象的精神病人，送市精神康复医院治疗。在病人病情基本稳定且能讲清本人基本情况时，收治医院通过初步判断是流浪乞讨人员的，应立即通知市救助管理站工作人员前往甄别、鉴定。

（2）甄别、鉴定　市救助管理站工作人员接到通知后，在24小时内对病人开展询问、查证、核实等工作。对符合救助救治条件的，由工作人员出具《受助人员救治询问登记表》，签署意见交医院。对不符合救助救治条件的，由病人本人或由卫生部门自行解决。

（3）查寻、查证　在对病人做好救治工作的同时，市救助管理站工作人员要进一步对其查询、核实，并及时通知当地政府或亲属来救助站或医院接人。

（4）出院、费用结算　在病人病情稳定且符合出院条件时，医院应及时办理出院手续。同时，救助站工作人员要对出院手续、费用情况进行复核。对有家属来医院接回且有支付能力的，医疗费用由个人承担。如家庭确有困难，由本人提出书面减免申请，由救助站协调财政部门据实核拨。

（5）返家、安置　经治疗后，对姓名、地址清楚且无能力自行返家者，由市救助管理站统一安排护送；对因年老、年幼或智障无法认知自己行为、无表达能力而无法查清其亲属或者所在单位、户口所在地和居住地，且在站内留居超过10天的，由市救助站报上级民政机关批准，送社会福利院安置。经抢救无效死亡的流浪乞讨病人，由事发地公安部门按有关程序审查核实后，民政部门要按照有关规定负责及时火化尸体。

任务二　救助与跟踪管理流浪乞讨人员

任务描述

人生难免不如意！当你身处异地、会友不遇、找工作无着落，又花尽了自己所带的所有盘缠时，你是否想起了国家？当你做生意被抢、旅行被偷、背井离乡、身无分文时，你如何平安回家？当你身在异乡，偶遇天灾人祸，只剩孑然一人时，你之后的时间如何生活？救助流浪乞讨人员是一种制度安排，是国家在公民遇到非本人所能克服的危难的时刻，以慈爱之心对其进行庇护，让其平安渡过难关，从容回家的一种关怀。本任务要求了解流浪乞讨工作对象、救助流浪乞讨工作内容、救助流浪乞讨人员的管理。

任务实施

1．武汉：1+8 城市圈建立全国首个一体化社会救助管理站体系

武汉、黄石、鄂州、孝感、黄冈、咸宁、仙桃、潜江、天门 9 城市救助站已达成共识，建设全国首个一体化社会救助管理站体系。武汉 1+8 城市圈共有救助站 22 个，2007 年共救助 3.6 万人次，占全省救助量的 59%。2008 年 8 月 1 日开始，1+8 武汉城市圈救助管理站一体化统一救助标识、统一救助着装、统一救助电话、统一救助标准、统一调配人力资源和志愿者队伍，以往各救助站之间相互推诿的情况成为历史。不断完善日常救助、恶劣天气救助、重大活动救助、节假日救助等主动救助和自愿求助相结合的城市圈救助保障体系，实现救助人员救助、查找、安置等无缝对接，有利于创建统一高效的救助体系，构建互动长效的救助机制，将为城市圈的和谐稳定发挥积极作用。

武汉 1+8 城市圈各救助站约定：积极参与城市管理，加强对城市流浪乞讨现象的早期干预和管理。对流浪乞讨人员和遇到临时生活困难的人员实施 24 小时服务，重点加强节假日的值班，实行站与站之间工作的无缝对接，不得拒收圈内其他站送来的各类受助人员。对查不清家庭地址的智障人员、精神病人等，城市圈内各救助管理站要按规定积极申报安置，不得恶意遗弃受助人员。进一步加强城市圈内救助管理站的协作和配合。对流入地救助管理站一时查不清家庭地址，但可以通过口音和一些基本信息判断出流出地的受助人员，流出地救助管理站应先接收后查询，在 1 个月内仍查不清受助人员家庭地址的，可移送回流入地救助管理站；城市圈内各救助管理站在接待、中转、护送等工作中，相互支持和相互提供便利，尽最大可能帮助解决实际困难和问题；对需要跨省护送到同一目的地的受助人员，城市圈内救助管理站相互协作配合，必要时可委托对口跨省中转站护送。

2．深圳：宝安区救助站在全国率先帮流浪者找工作

深圳每年都会吸引成千上万来此寻梦的外来人，他们一部分人找到了工作，一部分人却因走投无路，最终流落街头，被政府救助。这是一个巨大的群体，这些人是劳动力，也有工作欲望。2006 年年初，宝安区救助站尝试为有工作能力的流浪者找工作。“你需要救助站为你介绍工作吗？”2006 年以来，所有进入宝安区救助站的求助者，如果是劳动力，都会被工作人员问到这个问题。

为流浪救助人员找工作，将流浪者纳入城市劳动就业保障体系之内，并且作为城市根治流浪乞讨现象的有效举措，深圳宝安区救助站为我们提供了示范。

为流浪者找工作，早在 2003 年 8 月宝安区救助站挂牌成立时站长邢福合就已经提出了这个想法，但由于救助站处于初创时期，工作繁杂，工作介绍的事便被暂时搁置起来。2006 年 1 月，深圳宝安区民政局提出了：以“人道主义，安全至上，依法救助，责任追究”为原则，在做好救助工作的基础上，帮助求助人员找工作。

在救助站看来，一粥一铺，解决求助者的吃住问题，并且买票送求助者回家，固然履行了救助站的职责，但求助者没有工作，生活最终没有出路，根本问题没有解决，最后还会流浪。

“救助站每年都会收到一些因找不到工作而重复求助的求助者。”邢福合说。考虑到虽然他们得到救助走出救助站，仍然身无长物，一贫如洗，缺乏生活的根基，一不小心就会步入歧途。邢福合认为，只有为他们找到工作，让他们具有解决自身问题的能力，才能在某种

意义上一劳永逸地帮助到求助者。“流浪人员不再继续流浪，这样才能真正做到社会和谐，对于社会稳定也才会有所帮助。”

深圳宝安区救助站从 2006 年 4 月开始尝试为流浪者免费介绍工作，救助站与深圳市人才市场建立联系，组织具有劳动能力、年龄适当的求助者前往人才市场找工作。在找工作之前，救助站会对求助者进行简单培训，在推荐工作的时候，也会与企业联系，优先安排面试。刚开始时，救助站帮流浪人员找工作步履艰辛，但逐渐赢得了深圳众多企业的响应，纷纷打来电话或直接找到救助站，表示愿为这些流浪人员提供就业岗位，这些企业意识到“帮助流浪者也是企业和每一位公民应尽的社会责任”。

截至 2008 年 5 月，宝安区救助站已向 679 名有求职愿望的救助对象提供找工作帮助。经双向选择，107 名救助对象顺利找到工作，其中 2008 年以来就有 16 名救助对象成功走上工作岗位。这充分说明深圳宝安救助站创造的这种“造血式”救助，是可操作的和有效的。民政部表示，各地救助站可以在不影响正常开展救助业务的前提下，结合本地实际和受助人员自身特点，学习、借鉴宝安区救助管理站的做法。

3．郑州：用“类家庭”和“家庭寄养”方式救助流浪儿童

在救助保护流浪少年儿童的工作中，救助站最头痛的一个问题是：怎样妥善安排那些无家可归或有家难归，因而屡送屡返、有多次流浪经历的少年儿童。传统的救助办法是将他们送回家乡，由当地村镇或社区负责安置，但实践已经证明了这种办法的低效。郑州市救助保护流浪少年儿童中心，通过多年的调查、探索、实践等努力，成功地建立并形成了一个适合我国国情的救助模式，被联合国儿童基金会项目官员与民政部专家命名为“郑州模式”，且称之为“伟大的创举和革命性的重要进步”。“郑州模式”的精髓是将流浪儿童与成年人救助区分开来，建立了中国特色的儿童福利政策框架体系。具体来说，“郑州模式”就是采取全天候开放式救助点、固定救助亭、流动救助站、类家庭、家庭寄养、技能培训、网站服务、跟踪回访、高校社工合作、定期评估等多种形式，构建综合性、多功能的流浪少年儿童救助保护体系。

“郑州模式”中最具有特色和国际示范意义的服务就是“类家庭”和“家庭寄养”，其根本目的都是为了杜绝屡送屡返的流浪少年儿童再流浪。“类家庭”是一种集寄养、看护、疏导、教育于一体的，融入社区的，富于“亲情化”的救助方式，它是有家难回的流浪少年儿童自己的“家”，也是中心工作向社区的延伸。一些“类家庭”的爸爸妈妈就是夫妻，因为他们教育孩子的经验比较丰富，配合又比较默契，所以就被聘来做了孩子们的“家长”。买菜、打扫卫生、洗衣服、为孩子们准备一日三餐、辅导功课等，就是“爸爸妈妈”每天要做的事情。“家庭寄养”也是对流浪少年儿童照顾模式的一种探索，它是指经过一定的程序，在尊重儿童意愿的基础上，通过双向选择的方式将中心救助的流浪少年儿童委托在社区正常家庭中养育的照料模式。

自 2003 年 8 月至 2007 年 10 月，郑州少儿中心已经建立了 5 个“类家庭”，共接收过 130 余名流浪少年儿童，其中进入社会办小学学习的有 26 名，已护送返乡的有 90 多名。中心对从“类家庭”回乡的儿童进行回访结果显示，其稳定率达到 84%。自 2004 年 6 月开展“家庭寄养”至 2007 年 10 月，少儿中心已先后建立 2 个寄养家庭，送入 8 名流浪少年儿童。

4．大连：倡导人性化救助文化

新型救助管理制度建立以来，大连市开设了“救助劝导”、“一元钱银行存折服务”、“免费为求助人员介绍职业”等 12 项创新项目，充分体现了其人性化的救助文化，是对《城市生活无着的流浪乞讨人员救助管理办法》和《城市生活无着的流浪乞讨人员救助管理办法实施细则》的完善和补充。

对外出旅游、出差被偷被抢者，大连采用“一元钱存折”做法，即救助站在各大银行和邮政储蓄，花 1 元钱给受助人员办理个人储蓄账户，让联系到的受助人员家庭或单位在第一时间把钱汇到该账户，以解燃眉之急。

大连市根据市民规避风险的需要建立了紧急避险中心，主要为本市市民遭遇火灾或其他自然与人为灾害提供临时性紧急救助。考虑到家庭暴力在社会生活中不同程度地存在着，并不同程度地威胁与危害着妇女儿童的身心健康发展，大连市建立了反暴力中心，为遭受家庭暴力的妇女儿童提供了比较好的临时归宿。建立紧急避险中心和反暴力中心，大连站树立起了维护人权、维护民众利益的形象，有利于妇女与儿童通过正常的途径得到及时救助和保护，同时无形地为政府和社会承担了一部分责任，提高了救助站的业务能力并扩展了救助业务范围。

考虑到救助对象中有相当数量的人的流浪原因在于遭遇就业困境，包括接近成年的未成年人，大连站建立了职业介绍服务与法律支援服务。同时，为了扩展救助范围和层次，大连站组织了社工街头劝导队，还设立了街头流动救助车，在火车站设立了全天候救助服务点。这些网络式的救助设施与部门的建立，大大充实了大连的救助队伍并扩展了救助范围。更为值得一提的是，大连站还通过与学校合作，由学校免费为流浪未成年的孩子提供就学的机会，救助站负责对就近入学的流浪未成年人的日常生活进行管理。在法律尚未明确救助业务范围和救助责任的情况下，大连站能够大胆地迈出这样一步，充分表明其在践行“以人为本”的救助理念和人文关怀的精神。这种亲情式的从思想到行动、从生活到教育、从培训到就业的持续救助和全方位、多功能、多形式的救助，实现了救助人、教育人、保护人、塑造人的新型救助功能。

任务引导

（1）救助贫困群体，是一项政府工作，也是一项社会工作。

作为政府工作，大而言之，就是要治理好基层，化解基层的矛盾和问题，维护社会的和谐稳定，进而维护国家的和谐稳定；中而言之，国家要坚持依法治国的方针，先自己履行好自己的法定职责和义务，然后督促天下的人都来履行好自己的责任和义务；小而言之，每一个个体的问题都在问题之初就得到了妥善解决，普天之下就不会有大问题产生，这样国家的治理成本就会大大降低。

作为社会工作，强调助人自助，不仅要解决困难群体眼前的问题，更要从困难群体眼前问题的根源着眼，立足长远，从治根入手，达到根治。

（2）流浪乞讨者不再流浪的根本，还在于流浪者人心思安、对未来的生活有足够的期待，政府在给予救助的同时，还需要基层社区、基层社工、流浪者家庭等多种帮助措施的跟进与综合作用。

基础知识

1．救助流浪乞讨人员的定义

救助流浪乞讨人员是指对在城市中生活无着的流浪乞讨人员实施救济和帮助，保障其基本生活权利而提供的一项社会救助制度。这项制度设立的根据是基于《中华人民共和国宪法》

第四十五条“公民在面临生存绝境有从国家和社会获得物质帮助权利”的落实。长期以来，民政部门设计的收容遣送制度主要针对 3 种人：家居农村流入城市乞讨的；城市居民中流浪街头乞讨的；其他露宿街头生活无着的。

现行《城市生活无着的流浪乞讨人员救助管理办法》明确规定：城市生活无着的流浪乞讨人员是指因自身无力解决食宿，无亲友投靠，又不享受城市最低生活保障或者农村五保供养，正在城市流浪乞讨度日的人员。虽有流浪乞讨行为，但本人有足够资金解决食宿、或在本地有亲友投靠、或正在从事临时性工作有一定收入的，不属于救助对象。

流浪乞讨人员申请救助时，应当如实提供本人的基本情况，包括：本人的姓名、年龄、性别、居民身份证或者其他能够证明自己身份的证件，如本人的户口本、工作证、汽车驾驶证、退伍军人自谋职业证、社会保障卡、结婚证等；如实说明本人的户口所在地和住所地，有行为能力的其他家庭成员姓名、住址、联系电话等；如实登记随身携带物品的情况。正在享受最低生活保障或者农村五保供养待遇的，不在救助之列。

救助站应当向求助的流浪乞讨人员告知救助对象的范围和实施救助的内容，询问与求助需求有关的情况，并对其个人情况予以登记。对符合救助条件的，应当及时安排救助；不属于救助对象的，不予救助并告知其理由。对拒不如实提供个人情况的，不予救助。对因年老、年幼、残疾等原因无法提供个人情况的，救助站应当先提供救助，再查明情况。

2．救助流浪乞讨人员的内容

救助站为受助人员提供的食物和住处，应当能够满足受助人员的基本健康和安全需要。受助人员在站内突发急病的，救助站应当及时送医疗机构治疗。发现受助人员在站内患传染病或者为疑似传染病病人的，救助站应当送当地具有传染病收治条件的医疗机构治疗，并向当地疾病预防控制机构报告，采取必要的消毒隔离措施。

救助站应当根据受助人员提供的有关情况，及时与受助人员的家属以及受助人员常住户口所在地或者住所地的乡（镇）人民政府，城市街道办事处，该地的公安、民政部门取得联系，核实情况。救助站发现受助人员故意提供虚假个人情况的，应当终止救助。

受助人员返回常住户口所在地、住所地或者所在单位时没有交通费的，由救助站发给乘车（船）凭证，铁道、公路、水运等运输单位验证后准予搭乘相应的公共交通工具。救助站应当将有关情况通知受助人员的亲属及前往地的有关组织、所在单位。

对受助人员中的残疾人、未成年人或者其他行动不便的人，救助站应当通知其亲属或者所在单位接回；亲属或者所在单位拒不接回的，省内的由流入地人民政府民政部门通知流出地人民政府民政部门接回，送其亲属或者所在单位；跨省的由流入地省级人民政府民政部门通知流出地省级人民政府民政部门接回，送其亲属或者所在单位。对无法查明其亲属或者所在单位，但可以查明其户口所在地、住所地的受助残疾人、未成年人及其他行动不便的人，省内的由流入地人民政府民政部门通知流出地人民政府民政部门接回，送户口所在地、住所地安置；跨省的由流入地省级人民政府民政部门通知流出地省级人民政府民政部门接回，送户口所在地、住所地安置。受助人员自愿放弃救助离开救助站的，应当事先告知，救助站不得限制。未成年人及其他无民事行为能力人和限制民事行为能力人离开救助站的，须经救助站同意。

受助人员擅自离开救助站的，视同放弃救助，救助站应当终止救助。

3．救助流浪乞讨人员的管理

（1）对遭遇意外事件，如偶遇失窃、务工不着或遭受家庭暴力而无处食宿等临时性困难到救助站申请救助的人员，救助管理站可查明情况，履行必要的手续，给予适当帮助。因被盗、被抢、被骗而生活无着、流落街头者，应向救助管理站提供公安部门出具的报案证明。

求助人员体表有明显伤痕并拒绝说明情况的（因年老、年幼、智障等原因无法提供的除外），救助管理站可不予救助。

（2）流浪乞讨人员的救治。公安派出所、110 指挥中心、综合执法部门以及市民发现城市生活无着的流浪乞讨的危重急病人、传染病人、精神病人和智障人员，应通知 120 急救中心或帮助其前往定点医院救治，并向医院出具情况说明。定点医院应及时与救助管理站取得联系。自杀、醉酒、交通肇事以及因治安案件致伤等人员，不属于流浪乞讨救治对象。

救治流浪乞讨危重急病人、精神病人和智障人员、传染病人所发生的医疗费用，家庭住址清楚并具备偿付能力的，由定点医院负责收取；对无能力偿付或者身份不明无法收取的，由定点医院出具费用明细，经救助管理站审核后支付。

（3）受助人员死亡的处理。受助人员在救助管理站受助期间正常死亡的，由救助管理站填写《死亡人员登记表》，拍照建档，经卫生防疫站、驻地公安派出所或定点医院出具殡葬手续后，通知受助人员的亲属、所在单位或者流出地政府；非正常死亡的，要经公安、司法部门鉴定，依法处理。

身份不明的危重急病人、精神病人和智障人员、传染病人在定点医院救治中死亡后，由救助管理站在新闻媒体上发布认尸启事，公告期为 7 天。7 天后仍无人认领的，按无名尸体处理，由定点医院、发现地公安派出所出具死亡证明，救助管理站负责送殡仪馆火化，并拍照存档，其骨灰保存 1 年。处理尸体所需费用由流入地的财政部门承担。

（4）身份不明人员的安置。身份不明的受助人员，由流入地民政部门指定福利机构负责收养和代养。收养和代养的费用由同级财政部门承担。

（5）流浪儿童的安置。对 6 周岁以下无人监护的流浪儿童，或 6～12 周岁家庭地址不清的流浪儿童，由发现人或单位直接送发现地儿童福利院或民政部门安置。

（6）受助人员不得携带危险物品进入救助站，随身携带的物品，除生活必需品外，由救助站保管，待该受助人员离站时归还。省、自治区、直辖市人民政府民政部门应当制定救助站受助人员的作息、卫生、学习等制度。受助人员应当遵守救助站的规章制度，救助期限一般不超过 10 天。

资料阅读

《收容遣送办法》存在 21 年来，并没有达到预防和遏制犯罪、维护社会稳定的目标。

《收容遣送办法》废除 9 年来，没有出现任何一份表明已经导致犯罪率直线上升或社会治安急剧恶化的调研报告。

《收容遣送办法》是对迁徙人员的歧视和威慑，它是一种令人窒息的力量，毫无疑问会制造和扩大省籍矛盾、固化本已正在消融的城乡对立。

《收容遣送办法》废除后，消除了乡村青年对城市的畏惧，加快了劳动力的市场化流动和劳动力资源配置的效率，客观上促进了城市经济和文化的繁荣。

《收容遣送办法》废除后，促进了平等观念的逐步形成，增强了迁徙人口对居住地的认同，必定有助于新移民居住地的长治久安。

模块四

管理社会事务

项 目 九

婚姻登记事务

项目概述

婚姻登记是婚姻登记机关依照法定条件和程序对当事人婚姻法律关系状况进行行政确认的具体行政行为。本项目要求学生通过学习，领会婚姻登记的基本法律精神，掌握各婚姻登记事务的法定条件，熟悉婚姻登记的工作流程，并能在婚姻登记服务工作过程中做好婚姻法律政策宣传和婚姻事务指导与法律咨询。

背景介绍

婚姻是人类社会发展到一定阶段的产物，是为当时社会所认可的男女两性互为配偶的结合。婚姻法律关系的成立，不仅引起夫妻间权利义务的产生和亲属关系的变化，还承载着人口再生产、维系家庭关系良性健康发展等社会功能，因此各国政府都通过法律手段对婚姻这种特殊的社会关系予以规范。婚姻登记制度正是我国依法对婚姻关系进行审查、监督和管理的有效手段。我国 1950 年、1980 年两部《婚姻法》均规定了婚姻登记的相关内容，同时在司法实践界有条件地承认事实婚姻。但自 1992 年 2 月 1 日民政部发布实施《婚姻登记管理条例》起，我国不再承认“事实婚姻”，婚姻登记是合法婚姻关系成立的必备条件，这是我国婚姻制度文明进步的重要标志之一。2001 年修订实施的《婚姻法》也明确了登记为婚姻关系成立的必备程序要件，强化了婚姻缔结形式的法定性。2003 年，民政部发布了修订实施的《婚姻登记条例》，进一步推进了我国婚姻登记工作的制度化与规范化。我国婚姻登记应遵循哪些基本法律原则？满足哪些基本法律要件？遵循怎样的法律程序？在婚姻登记工作中如何做好国家婚姻法律政策宣传、开展婚姻法律咨询服务和倡导健康文明婚俗？对上述问题，婚姻登记工作者均应予以深入理解和系统掌握。

任务一　认知婚姻登记事务

任务描述

婚姻登记是民政部门社会事务管理业务之一，也是我国依法对婚姻关系进行审查、监督和管理的有效手段。本任务要求学生通过对婚姻登记机关的走访或民政部门相关业务网站的资料查询，认识婚姻登记事务的意义、熟悉婚姻登记机关与婚姻登记员的职责、深入领会婚姻登记工作应予遵循的基本原则、清楚婚姻登记中的违法行为及其法律责任、了解我国婚姻登记工作的规范化建设。

任务实施

走访婚姻登记机关，查阅民政部门相关业务网站，撰写和交流婚姻登记事务认知体会。

婚姻登记事务认知体会的撰写与交流主要围绕以下几个方面展开：

（1）婚姻登记工作的意义。

（2）婚姻登记机关的设置及其基本职责。

（3）婚姻登记员的职业资格条件及其基本职责。

（4）婚姻登记工作应遵循的基本法律原则精神。

（5）婚姻登记机关规范化建设的基本情况。

（6）你对婚姻登记事务的认识与思考。

任务引导

（1）查阅地方民政部门相关业务网站，了解当地婚姻登记机关的设置，认识婚姻登记机关与婚姻登记员的基本职责，熟悉婚姻登记业务范围及相关政策法规。

（2）实地走访婚姻登记机关，感受婚姻登记业务办理流程，了解婚姻登记机关的规范化建设情况，与婚姻登记机关工作人员交流探讨婚姻登记事务办理过程中所涉及的难点与重点事项。

（3）撰写交流婚姻登记事务认知体会的目的在于强化对婚姻登记事务的感性认识，还要做好办理婚姻登记事务的必要背景知识储备。因此，认知体会的撰写应注意将相关业务知识的了解与自己的主观认知相结合。

基础知识

1. 婚姻登记

自一夫一妻的婚姻家庭制度形成以来，古今中外婚姻的成立或解除皆须经过一定的程序。现代成婚方式主要有宗教方式、习惯方式和登记方式3种，亦即所谓的宗教婚、民事法律婚、习惯婚或事实婚。我国实行婚姻登记制度，根据我国《婚姻法》的规定，当事人结婚、复婚和双方自愿离婚，必须经婚姻登记机关登记以后，才能产生法律效力，夫妻关系才受法律保护。婚姻登记一方面通过对婚姻关系的审查确认，为婚姻当事人合法权益提供了保障；另一方面，通过婚姻登记过程中的婚姻指导以及婚姻政策法律宣传，提升了公众婚姻法制观念，预防和制止了违法婚姻的发生，并为家庭关系中妇女、儿童等弱势群体合法权益提供了有效保障。认真执行婚姻登记制度，对于巩固和发展社会主义婚姻制度、维护社会稳定具有重要的意义。

2. 婚姻登记机关与婚姻登记员

（1）婚姻登记机关　婚姻登记机关是具有依法履行婚姻登记行政职能的机关。国务院民政部门主管全国的婚姻登记管理工作，县级以上地方各级人民政府的民政部门主管本行政区域内的婚姻登记管理工作。

根据《婚姻登记条例》的规定，内地居民办理婚姻登记的机关是县级人民政府民政部门或者乡（镇）人民政府，省、自治区、直辖市人民政府可以按照便民原则确定农村居民办理婚姻登记的具体机关；中国公民同外国人，内地居民同我国香港特别行政区居民、澳门特别行政区居民、台湾地区居民、华侨办理婚姻登记的机关是省、自治区、直辖市人民政府民政部门，或者省、自治区、直辖市人民政府民政部门确定的机关。具有办理婚姻登记职能的县级以上人民政府民政部门和乡（镇）人民政府应当设置婚姻登记处。

婚姻登记机关的主要职责包括：办理婚姻登记；补发婚姻证件；出具婚姻登记记录证明；撤销受胁迫的婚姻；宣传婚姻法律和倡导文明婚俗。各级民政部门及婚姻登记机关应当依法认真履行职责，做好婚姻登记工作。

（2）婚姻登记员　婚姻登记是一项十分严肃的行政执法工作，这就要求从事婚姻登记工作的婚姻登记员必须熟练掌握相关法律法规，通晓业务，严格执法。婚姻登记员由地（市）级以上人民政府民政部门进行业务培训，经考试合格，取得婚姻登记员资格证书，方可从事婚姻登记工作。民政部门应当根据辖区人口和婚姻登记数量确定婚姻登记员的人数。

婚姻登记员的主要职责包括：负责对当事人有关婚姻状况声明的监督；审查当事人是否具备结婚、离婚、补发婚姻证的条件；签发婚姻证等。

3. 婚姻登记的基本原则

婚姻登记工作人员应深入领会我国婚姻法的立法原则与精神，依法为婚姻当事人缔结或解除婚姻关系予以审核确认，并为婚姻当事人合法权益的保护提供有效帮助。根据《中华人民共和国婚姻法》及《婚姻登记条例》的有关规定，婚姻登记工作应遵循以下基本原则：

（1）婚姻自由原则　婚姻自由原则是我国婚姻家庭法律制度的基石，也是婚姻登记工作应予考虑的首要原则。所谓婚姻自由是指婚姻当事人有权按照自己的意志，依法缔结婚姻或者解除婚姻关系，不受任何单位或个人的强迫与干涉。就内容而言，婚姻自由包括结婚自出与离婚自由两个方面。所谓结婚自由，即婚姻的缔结必须由男女双方完全自愿而且意思表示真实，不容许任何一方对他方进行强迫、欺骗、乘人之危或任何第三者加以包办以及非法干涉。而离婚自由则强调感情确已破裂的夫妻双方，有权依法自主处理自己的婚姻关系，有权依法解除无法维持的婚姻关系。在婚姻登记过程中要求当事人以声明书的方式明确表达自己缔结或解除婚姻关系的真实意愿。

（2）一夫一妻原则　一夫一妻制是人类婚姻文明高度发展的产物，也是我国社会主义婚姻家庭制度的重要内容。所谓一夫一妻，即一男一女互为配偶的单偶制婚姻形式。任何人不能同时与两个或者两个以上的异性缔结婚姻关系，任何公开的、隐蔽的一夫多妻或一妻多夫的两性关系都是非法的。婚姻登记中必须严格审查登记当事人双方的婚姻状况，凡是违反一夫一妻制的结合，婚姻登记机关不得予以登记。

（3）男女平等原则　男女平等是我国社会主义婚姻家庭制度的本质特征。男女两性在婚姻关系和家庭生活中享有平等的权利并承担平等的义务。男女双方在结婚和离婚上的权利和义务同样平等，婚姻登记工作者应为男女双方提供同等的权利保障，并依据该原则适当为当事人提供相关婚姻事务指导与法律咨询。

（4）保护妇女、儿童合法权益原则　妇女、儿童是家庭中的相对弱者，其合法权益极易受到侵害，因此婚姻法对他们的合法权益提供特别保护。在婚姻登记过程中，民政部门工作人员应通过婚姻指导与法律咨询服务，积极维护妇女、儿童的合法权益。

4. 婚姻登记违法行为及其法律责任

婚姻登记作为行政行为必须严格依法进行，否则婚姻登记机关以及婚姻登记员都将承担相应的法律责任。

根据《婚姻登记条例》和《婚姻登记工作暂行规范》的规定，婚姻登记违法行为主要表现为以下几种类型：①为不符合婚姻登记条件的当事人办理婚姻登记的；②违反法定程序办理婚姻登记、发放婚姻登记证或撤销婚姻登记的；③要求当事人提交超出法律规范所要求的证件材料的；④玩忽职守造成婚姻登记档案损毁的；⑤购买使用伪造婚姻证书的；⑥擅自提高收费标准或者增加收费项目的。

对于上述违法行为，《婚姻登记条例》确定了婚姻登记机关与婚姻登记员应承担的相应法律责任。一方面，婚姻登记机关及其婚姻登记员有上述违法行为之一的，对直接负责的主管人员和其他直接责任人员依法给予行政处分；婚姻登记员违反规定办理婚姻登记，给当事人造成严重后果的，应当由婚姻登记机关对当事人承担赔偿责任，并对承办人员进行追偿。另一方面，婚姻登记机关擅自提高收费标准或者增加收费项目的，则应将收取的费用退还给当事人。行政处分通过对婚姻登记机关相关直接负责的主管人员和其他直接责任人员的惩处强化了对婚姻登记机关及其工作人员的管理；而行政赔偿与财产返还则通过财产损失弥补强化了对婚姻登记当事人的权益保障。

5. 婚姻登记工作的规范化建设

作为一项行政执法行为，婚姻登记工作应当合法规范地展开。鉴于在实践工作中仍然存在对婚姻登记法律规范理解不够透彻、执法行为不够规范的情况，民政部于2005年发布《民政部关于开展婚姻登记工作规范化建设活动的通知》，就婚姻登记工作的规范化建设作出了较为系统的规范。

（1）婚姻登记工作规范化建设的指导思想　开展婚姻登记规范化建设工作，要以“三个代表”重要思想为指导，以为民服务为宗旨，以依法行政为保障，以规范管理为手段，全面提高婚姻登记公共管理和公共服务水平，体现以人为本、执政为民的理念，促进社会主义和谐社会建设。

（2）婚姻登记工作规范化建设的主要内容和要求

1）婚姻登记机关建设和管理的规范化。婚姻登记机关是依法履行婚姻登记行政职能的机关，必须依法设立并行使职权，保障当事人的合法权益。婚姻登记机关建设和管理的规范化具体应从以下几方面入手：依法设置婚姻登记机关、规范婚姻登记机关名称和印章、加强婚姻登记机关内部管理、科学布置婚姻登记机关内部环境、规范婚姻登记证件、协调解决工作人员编制及行政经费、积极推动婚姻登记工作的信息化。

2）婚姻登记政务公开的规范化。方便群众办事，接受群众监督，使婚姻登记机关成为宣传法律、文明执法的模范，婚姻登记工作应实行政务公开。一方面，婚姻登记机关应以恰当的方式公开婚姻登记机关的管辖权和依据、办理婚姻登记的条件与程序、婚姻登记员的职责、收费标准、登记服务时间、监督电话等。另一方面，在婚姻登记工作过程中应向当事人做好告知和咨询工作，让当事人充分理解婚姻登记过程中所遇到的问题及其处理。

3）婚姻登记程序的规范化。婚姻登记机关要严格按照法定的程序、步骤和要求办理结婚登记、离婚登记、撤销婚姻和补发婚姻登记证。一方面，当事人作出的声明承载着法律责任，要通过规范的登记程序，使婚姻当事人认识到声明的重要性。另一方面，婚姻登记员要认真向当事人询问相关情况，了解当事人的结婚、离婚意愿以及精神健康状况等情况，确保登记程序合法。

4）婚姻登记员行为礼仪的规范化。婚姻登记机关要制定婚姻登记员行为礼仪规范，使婚姻登记员树立岗位意识、责任意识、效率意识和服务意识，做到态度热情、语言文明、行为得体、服装整洁。要把规范婚姻登记员行为礼仪作为民政系统行风建设的重要内容，把婚姻登记员队伍打造成为一支业务精通、行为规范、执法文明、服务周到的高素质队伍。

案例阅读

结婚登记把关不严　假老婆索要彩礼露馅

2007 年 9 月 14 日，唐某通过他人介绍与广西钟山县一女子“钟胜娇”在民政部门申请办理结婚登记。该女子利用假身份证和户口簿与唐某登记结婚，民政部门没有认真审核，就给两人颁发了结婚证。一个星期后，因“钟胜娇”提出要彩礼，唐某及其亲属则要求“钟胜娇”先将户口迁到唐某家。当唐某按约定的时间到广西钟山县与“钟胜娇”会合办理户口迁移手续时，“钟胜娇”以派出所当日不上班为由，而未去派出所。尔后，“钟胜娇”不知去向，失去联系。唐某立即向公安机关报案。经警方查实，根本没有“钟胜娇”其人，其所提供的身份证和户口簿是虚假的。之后，唐某向婚姻登记机关申请要求撤销结婚证，未得到准许，唐某遂向法院起诉。

【思考】试结合本案分析婚姻登记工作规范化建设与婚姻登记人员严肃认真履行职责的重要意义。

课间休息

为全面提升婚姻登记员整体素质和服务水平，提高婚姻登记工作规范化建设水平，青岛市民政局于 2008 年率先出台了《青岛市婚姻登记员行为礼仪规范》，从仪容、举止、服饰、语言和岗位 5 个方面对婚姻登记员的行为作出了明确规定，并明确列举了婚姻登记员电话文明用语和婚姻登记员服务忌语。例如，该规范规定女婚姻登记员在工作时间应略施淡妆，以端庄、素雅为宜；婚姻登记员应统一穿着符合职业特点的制服，服装颜色以温馨喜庆色为宜；婚姻登记员的行姿，男士应步伐矫健、显出阳刚之美，女士则应款款轻盈、显出柔和之美；婚姻登记员应熟练使用“十字”礼貌用语，即“您好”、“请”、“谢谢”、“对不起”、“再见”；婚姻登记员因工作疏忽、失误或自己的言行给当事人带来不便时，应使用规范的道歉用语，如“对不起”、“请原谅”、“很抱歉”、“给您添麻烦了”等礼貌用语，以求得到谅解。

任务二 办理结婚登记

任务描述

结婚亦即婚姻的成立，是男女双方按照法定条件和程序确定夫妻关系的一种法律行为。结婚登记是我国婚姻成立的法定程序。结婚登记通过对当事人结婚条件的必要审查和适当婚姻指导，对提高婚姻质量、预防违法婚姻以及减少婚姻纠纷等具有重要意义。婚姻登记工作者应深入领会结婚登记的基本法律精神，掌握结婚登记的法定条件与法律效力，熟悉结婚登记的相关工作流程，并在办理结婚登记过程中积极为当事人提供婚姻指导与相关法律咨询服务。

任务实施

根据《婚姻登记条例》和《婚姻登记工作暂行规范》的有关规定，结婚登记由以下程序阶段构成：提出申请—初审受理—审查登记—颁发证件。

1．提出申请

办理结婚登记的男女双方应当亲自、共同到享有管辖权的婚姻登记机关提出结婚登记申请，并根据法定结婚条件及程序要求提供相应的证件、证明材料。

（1）办理结婚登记的内地居民应当出具下列证件和证明材料：①本人的户口簿、身份证。居民身份证与常住户口簿上的姓名、性别、出生日期应当一致；不一致的，当事人应当先到有关部门更正。居民身份证或者常住户口簿丢失，当事人应当先到公安户籍管理部门补办证件。②本人无配偶以及与对方当事人没有直系血亲和三代以内旁系血亲关系的签字声明。③3 张 2 寸双方近期半身免冠合影照片。

（2）办理结婚登记的香港居民、澳门居民、台湾居民应当出具下列证件和证明材料：①本人的有效通行证、身份证。②经居住地公证机构公证的本人无配偶以及与对方当事人没有直系血亲和三代以内旁系血亲关系的声明。③3 张 2 寸双方近期半身免冠合影照片。

（3）办理结婚登记的华侨应当出具下列证件和证明材料：①本人的有效护照。②居住国公证机构或者有权机关出具的、经中华人民共和国驻该国使（领）馆认证的本人无配偶以及与对方当事人没有直系血亲和三代以内旁系血亲关系的证明，或者中华人民共和国驻该国使（领）馆出具的本人无配偶以及与对方当事人没有直系血亲和三代以内旁系血亲关系的证明。③3 张 2 寸双方近期半身免冠合影照片。

（4）办理结婚登记的外国人应当出具下列证件和证明材料：①本人的有效护照或者其他有效的国际旅行证件。②所在国公证机构或者有权机关出具的、经中华人民共和国驻该国使（领）馆认证或者该国驻华使（领）馆认证的本人无配偶的证明，或者所在国驻华使（领）馆出具的本人无配偶的证明。③3 张 2 寸双方近期半身免冠合影照片。

华侨与外国人出具的证明材料中，涉及与中国无外交关系的国家出具的有关证明，应当经与该国及中国均有外交关系的第三国驻该国使（领）馆和中国驻第三国使（领）馆认证，或者经第三国驻华使（领）馆认证。

此外，根据《民政部关于贯彻执行<婚姻登记条例>若干问题的意见》，出国人员办理结婚登记应根据其出具的证件分情况处理：当事人出具身份证、户口簿作为身份证件的，按内地居民婚姻登记规定办理；当事人出具中国护照作为身份证件的，按华侨婚姻登记规定办理；当事人以中国护照作为身份证件，在内地居住满一年、无法取得有关国家或我驻外使（领）馆出具的婚姻状况证明的，婚姻登记机关可根据当事人本人的相关情况声明及两个近亲属出具的有关当事人婚姻状况的证明办理结婚登记。

2．初审受理

婚姻登记员对双方当事人提交的证件和证明材料予以初审，确定是否符合受理条件并作出相应处理。

（1）经初审确定本机关没有管辖权的，告知当事人向有管辖权的婚姻登记机关提出申请。初审不符合条件的，不予受理并向当事人出具“不予办理结婚登记通知单”。

（2）初审材料齐全且符合受理条件的，婚姻登记机关应予受理，并按以下程序办理：①询问当事人的结婚意愿。②自愿结婚的当事人双方各填写一份“申请结婚登记声明书”。“申请结婚登记声明书”中“声明人”一栏的签名必须由声明人在监誓人面前完成；当事人不会写字的，由当事人口述，婚姻登记员代为填写。婚姻登记员代当事人填写完毕，应当宣读，当事人认为填写内容无误，在“声明人”一栏按指纹。“声明人”一栏不得空白，也不得由他人代为填写、代按指纹。③当事人宣读本人的声明书，婚姻登记员作监誓人并在监誓人一栏签名。

3．审查登记

婚姻登记员对当事人提交的证件、证明、声明进行审查，并询问相关情况。经审查不符合结婚条件的，不予登记并当场告知当事人理由；符合结婚条件的，准予登记，并填写“结婚登记审查处理表”和结婚证。

4．颁发证件

婚姻登记员应将制作好的结婚登记证书，按照登记证书第一姓名的差异，分别亲手发给登记人双方，并致祝贺。

任务引导

（1）把握好结婚登记工作流程基本程序阶段及各阶段的工作职责。
（2）准确把握我国婚姻关系成立的法定条件，并在办理结婚登记过程中准确理解运用。
（3）熟悉相关婚姻登记表格的内容及其填写要求。
（4）办理结婚登记过程中适时为当事人提供婚姻指导与相关法律咨询服务。

基础知识

1．结婚登记管辖机关

内地居民结婚，男女双方一般应当共同到一方当事人常住户口所在地的婚姻登记机关办理结婚登记。办理现役军人婚姻登记的机关可以是现役军人部队驻地所在地或户口注销前常住户口所在地的婚姻登记机关，也可以是非现役军人一方常住户口所在地的婚姻登记机关。办理服刑人员婚姻登记的机关可以是一方当事人常住户口所在地或服刑监狱所在地的婚姻登记机关。

中国公民同外国人在中国内地结婚的，内地居民同香港居民、澳门居民、台湾居民、华侨在中国内地结婚的，男女双方应当共同到内地居民常住户口所在地的婚姻登记机关办理结婚登记。

2. 结婚登记一般法定条件

结婚是一种法律行为，婚姻的成立将产生一系列法律后果，在任何社会都有与其生活方式相适应的结婚要件，它是国家对婚姻行为进行干预、监督的手段。根据《中华人民共和国婚姻法》和《婚姻登记条例》，结婚登记通常应满足婚姻成立的必备要件和禁止要件两方面的要求。

（1）结婚登记的必备要件　结婚的必备要件，是指当事人结婚时必须具备的法定条件。根据现行婚姻法的规定，结婚必须同时满足以下 4 项基本条件：

① 当事人双方必须为异性男女。婚姻是两性结合，这是婚姻的自然属性所决定的。目前，伴随着同性恋者增多，丹麦、荷兰、比利时、西班牙、加拿大等少数西方国家认可了同性伴侣的结合。但我国现行婚姻法并不承认同性婚姻，同性之间是不能登记结婚形成合法婚姻关系的。

② 当事人双方必须自愿达成结婚合意。所谓结婚合意，是指结婚当事人双方对婚姻成立的意思表示完全一致。婚姻自由是我国婚姻法律制度的首要原则，婚姻的成立应以双方自愿结合为基础，不许任何一方对他方加以强迫或任何第三者加以干涉。

③ 当事人双方必须达到法定婚龄。法定婚龄是法律所规定的准予结婚的最低年龄界限。我国《婚姻法》以婚姻自然属性为基础，同时结合我国社会发展状况，规定结婚年龄，男不得早于 22 周岁，女不得早于 20 周岁，鼓励晚婚晚育。从世界范围看，我国的法定婚龄属于少数高婚龄的立法例。世界上多数国家和地区规定结婚的年龄一般为 18 周岁左右，如英国、法国以及美国多数州等规定男女婚龄都为 18 周岁，日本等国的法定婚龄为男 18 周岁、女 16 周岁。我国之所以规定较高的婚龄是与我国的人口政策相一致的。

④ 必须符合一夫一妻制。一夫一妻制是现代文明婚姻的基本原则，婚姻是一男一女的合法结合，任何人不得同时有两个或两个以上的配偶。婚姻登记当事人双方须均无配偶（未婚、离婚或丧偶）。重婚为婚姻无效的法定原因，情节严重构成重婚罪的还将被依法追究刑事责任。

（2）结婚登记的禁止要件　结婚的禁止要件，又称结婚障碍，是指当事人在结婚时不得具有法律规定的禁止结婚的情形。根据现行婚姻法的规定，结婚的禁止要件体现为以下两个方面。

① 禁止结婚的血亲关系。血亲主要是指出于同一祖先，具有血缘关系的亲属。我国早在春秋战国时期就有“男女同姓，其生不蕃”之说，人类两性关系的发展也证明，血缘过近的亲属间通婚，有碍人口素质与民族健康。禁止一定范围内的亲属结婚正是基于优生学、遗传学的考虑，也是世界各国结婚立法的通例。

我国《婚姻法》规定，禁止直系血亲和三代以内的旁系血亲结婚。所谓直系血亲，是指己身所从出和从己身所出的具有直接血缘联系的血亲，如父母与子女、祖父母（外祖父母）与孙子女（外孙子女）等。所谓旁系血亲，是指除直系血亲以外的、与自己同出一源的血亲。三代以内的旁系血亲是指同源于祖父母（外祖父母）的旁系血亲，包括兄弟姐妹，堂兄弟姐妹，表兄弟姐妹，叔、伯、姑、舅、姨与侄子女、甥子女等。

② 禁止结婚的疾病。法律禁止特定类型的疾病患者结婚，是保护结婚当事人利益和社会公共利益的需要，也是许多国家结婚立法的通例。我国《婚姻法》规定，患有医学上认为不应当结婚的疾病的，禁止结婚。但对具体疾病类型，并未明确列举。实践中，可依《母婴保健法》的规定确定禁止结婚或暂缓结婚的情形，也可由有关部门根据《婚姻法》的原则制定具体规定。对于此类疾病，在认定时必须有充分的根据，必要时应当进行专门的鉴定。既要防止患有医学上认为不应当结婚的疾病患者结婚造成不应有的社会危害，又不能损害当事人在婚姻问题上的合法权益。

我国 1994 年颁布的《中华人民共和国母婴保健法》规定，男女双方在结婚登记时，应当持有婚前医学检查证明或者医学鉴定证明。1994 年《婚姻登记管理条例》也规定，在实行婚前检查的地方，申请结婚的当事人，必须到指定的医疗保健机构进行婚前健康检查，向婚姻登记机关提交婚前健康检查健康证明。但 2003 年修订实施的《婚姻登记条例》取消了强制婚检，其出发点在于保证人的个性自由和解放，尊重和保护个人隐私权及婚姻自由选择权。但取消强制婚检并非对婚前健康检查制度的否定。基于婚前医学检查制度对于婚后婚姻幸福具有重要意义，在婚姻登记过程中仍然要求结婚登记当事人双方在“申请结婚登记声明书”中声明双方了解对方的身体健康状况。

办理结婚登记的当事人有下列情形之一的，婚姻登记机关不予登记：①未到法定结婚年龄的；②非双方自愿的；③一方或者双方已有配偶的；④属于直系血亲或者三代以内旁系血亲的；⑤患有医学上认为不应当结婚的疾病的。

3．补办结婚登记

认识补办结婚登记问题首先要清楚未办理结婚登记而以夫妻名义共同生活的男女其行为的法律效力问题。根据最高人民法院《关于适用<中华人民共和国婚姻法>若干问题的解释(一)》的规定，未办理结婚登记而以夫妻名义共同生活的男女，其法律后果应视具体情况区别对待：①在 1994 年 2 月 1 日民政部《婚姻登记管理条例》公布实施以前，男女双方已经符合结婚实质要件的，认定为事实婚姻。②在 1994 年 2 月 1 日民政部《婚姻登记管理条例》公布实施以后，不再承认事实婚姻，男女双方符合结婚实质要件的，应当补办结婚证。若补办结婚证的，婚姻关系的效力从双方均符合婚姻法所规定的结婚的实质要件时起算；未补办结婚登记的，应当解除同居关系。

可见，自《婚姻登记管理条例》开始实施时起，要求结婚的男女双方必须取得结婚证，方可确立夫妻关系。未办理结婚登记的，补办结婚登记之后，男女双方的“同居关系”方可转化为合法有效的婚姻关系。补办结婚登记的，婚姻登记机关按照结婚登记程序办理，但当事人填写声明书为“申请补办结婚登记声明书”。

4．复婚登记

复婚登记，是男女双方在离婚之后，自愿恢复原有婚姻关系而进行的婚姻登记。离婚的男女双方自愿恢复夫妻关系的，必须到婚姻登记机关办理复婚登记。复婚登记在本质上属于结婚登记，因此办理登记的条件与结婚登记的条件完全相同。当事人申请复婚登记的，婚姻登记机关按照结婚登记程序办理，但登记机关在发给当事人结婚证的同时，应当收回或注销其离婚证。

5．合法婚姻关系的法律效力

自结婚登记当事人取得结婚证时起，夫妻关系即行确立，并由此在夫妻双方之间产生相应的法律上的权利、义务关系。夫妻在家庭中法律地位平等，这是我国婚姻法所确定的夫妻间权利、义务关系的总体原则。就内容而言，夫妻法律关系包括两个方面，即夫妻人身关系与夫妻财产关系。

（1）夫妻人身关系　所谓人身关系是指与夫妻身份相联系而不具有直接经济内容的权利、义务关系。夫妻在家庭中法律地位平等，首先强调夫妻在人格上的平等，夫妻具有独立的人格，双方应当互相尊重对方的人格独立，不得剥夺或限制对方所享有的权利。我国婚姻法所确立的夫妻在人身关系方面共同的权利、义务主要涉及3个方面：①夫妻双方都有各自使用自己姓名的权利。②夫妻双方都有参加生产、工作、学习和社会活动的自由，一方不得对他方加以限制或干涉。③夫妻双方都有实行计划生育的义务。

(2)夫妻财产关系　夫妻在家庭中法律地位平等原则所强调的另一方面是夫妻双方财产方面的权利和义务平等。所谓夫妻财产关系是指基于夫妻身份而在夫妻之间产生的具有财产内容的权利、义务关系。我国婚姻法所确立的夫妻在财产方面共同的权利、义务包括：①夫妻对共同财产享有平等的处理权，不受双方收入高低的影响。②夫妻有相互扶养的义务，一方不履行义务时，需要扶养的一方，有要求对方给付扶养费的权利。③夫妻间有相互继承遗产的权利。

案例阅读

民政局拒绝进行结婚登记的行为是否违法？

糜某（女，现40岁）与段某（男，现42岁）于1993年12月开始以男女朋友身份开始同居，1994年8月按照农村风俗结婚后以夫妻名义一起生活并生有一儿一女，但是一直没有到民政部门登记。2001年段某外出打工后很少回家，糜某与段某感情日益淡薄。在此期间，糜某与邻居彭某（男，离异）逐渐建立起了感情，后双方于2008年到民政局办理结婚登记，但是民政局以糜某属于事实婚姻为由，要求糜某到法院起诉离婚后再来办理结婚登记。糜某到法院起诉后却被告知自己与段某的情况不属于事实婚姻，而是“非法同居”，不能起诉离婚，因此不予立案并告知糜某和彭某可以到民政部门办理结婚登记。糜某和彭某又到民政局申请登记结婚，但是民政局仍然以糜某存在的事实婚姻没有解除为由拒绝为她和彭某进行登记。糜某和彭某在咨询律师后进行了行政复议，行政复议维持了民政局的行政行为。于是两人将民政局告上法院，要求法院确认民政局的行政行为违法。

【思考】本案民政局拒绝进行结婚登记的行为是否违法？

课间休息

变性人结婚合法有效 民政部就此作出明确答复

如果夫妻双方中有一个人做了变性手术，已成为同性的两个人的婚姻关系怎么处理呢？民政部日前对此作出明确答复：变性人的结婚登记合法有效，解除婚姻关系参照协议离婚处理。

据新华社报道，杨某（女）和游某（男）于1998年依法办理结婚登记。婚后，游某生理上的女性特征日渐明显，无法过正常的夫妻生活。2001年，经医院确诊后为易性癖，并为其实施了性别矫正手术。术后，游某向其原籍公安局户政管理机关重新办理了女性合法身份证明。同为女性的她们向婚姻登记机关申请撤销婚姻关系，但当地婚姻登记机关从未遇到此类情况，又无法从现行法规中找到相关规定。

民政部在接到地方请示后，经商最高人民法院和公安部后答复如下：杨某和游某在办理结婚登记手续时符合结婚的实质要件和形式要件，结婚登记合法有效，当事人要求登记机关撤销婚姻关系的请求不应支持。如果双方对财产问题没有争议，登记机关可以参照协议离婚处理，离婚的效力自婚姻关系解除之日起算。双方因财产分割发生争议起诉至人民法院的，人民法院在解除当事人婚姻关系的同时一并解决财产问题。

民政部有关负责人接受新华社记者专访时指出，尽管变性手术已逐渐被人们了解和认可，但有关婚姻等方面的法规还没有对这一特定人群作出具体规定，因此这个答复适用于解决所有类似情况。

这位负责人同时强调，变性人同我国其他公民一样，有权按照婚姻法与异性自愿登记结婚，这在法律上没有任何障碍设置。

任务三　办理离婚登记

任务描述

离婚亦即婚姻关系的解除，离婚登记即通过行政程序解除婚姻关系，是我国婚姻法所认可的解除婚姻关系的法定途径之一。婚姻登记工作者应深入领会我国离婚法律制度的指导思想，掌握离婚登记的法定条件及离婚法律后果，熟悉离婚登记的相关工作流程，并在办理离婚登记过程中积极为当事人提供婚姻指导与相关法律咨询服务。

任务实施

离婚登记程序与结婚登记程序基本一致，由提出申请—初审受理—审查登记—颁发证件几个阶段构成。

1．提出申请

要求离婚的夫妻双方应共同到婚姻登记机关提出离婚申请，并根据法定条件及程序要求提供相应的证件与证明材料。

（1）办理离婚登记的内地居民应当出具下列证件和证明材料：①本人的户口簿、身份证。②本人的结婚证。③双方当事人共同签署的离婚协议书。离婚协议书应当载明双方当事人自愿离婚的意思表示以及对子女抚养、财产及债务处理等事项协商一致的意见。④当事人各方

2 张 2 寸单人近期半身免冠照片。

（2）办理离婚登记的香港居民、澳门居民、台湾居民、华侨、外国人应当出具下列证件和证明材料：①本人的结婚证。②双方当事人共同签署的离婚协议书。③香港居民、澳门居民、台湾居民本人的有效通行证、身份证，华侨、外国人本人的有效护照或者其他有效国际旅行证件。④当事人各方 2 张 2 寸单人近期半身免冠照片。

2. 初审受理

婚姻登记员对双方当事人提交的证件、证明材料等予以初审，确定是否符合受理条件，并作出相应处理。

（1）经初审确定本机关没有管辖权的，告知当事人向有管辖权的婚姻登记机关提出申请。初审不符合条件的不予受理，向当事人讲明婚姻法关于登记离婚的条件并出具“不予办理离婚登记通知单”。

（2）初审材料齐全且符合受理条件的，婚姻登记机关应予受理，并按以下程序办理：①向当事人讲明婚姻法关于登记离婚的条件。②询问当事人的离婚意愿以及对离婚协议内容的意愿。③双方自愿离婚且对子女抚养、财产及债务处理等事项协商一致的，双方填写“申请离婚登记声明书”；“申请离婚登记声明书”中“声明人”一栏的签名，必须由声明人在监誓人面前完成。④夫妻双方亲自在离婚协议上签名；婚姻登记员作监誓人。协议书夫妻双方各一份，婚姻登记处存档一份。

3. 审查登记

婚姻登记员对当事人提交的证件、申请离婚登记声明书、离婚协议书进行审查，符合离婚条件的，填写“离婚登记审查处理表”和离婚证。婚姻登记员在完成离婚证填写后，应当进行认真核对、检查。对打印或者书写错误、证件被污染或者损坏的，应当将证件报废处理，重新填写。

4. 颁发证件

婚姻登记员颁发离婚证，应当在当事人双方均在场时按照下列步骤进行：

（1）向当事人双方核实姓名、出生日期、离婚意愿。

（2）告知当事人双方领取离婚证后的法律关系以及离婚后与子女的关系、应尽的义务。

（3）见证当事人本人亲自在“离婚登记审查处理表”“当事人领证签名或按指纹”一栏中签名；当事人不会书写姓名的，应当按指纹。

（4）在当事人的结婚证上加盖条型印章，其中注明“双方离婚，证件失效。××婚姻登记处”。注销后的结婚证退还当事人。

（5）将离婚证分别颁发给离婚当事人双方，向双方宣布：取得离婚证，解除夫妻关系。

任务引导

（1）熟悉离婚登记工作流程阶段及各阶段的工作职责。

（2）准确把握我国离婚登记的法律规定，在办理离婚登记过程中准确理解运用。

（3）熟悉相关登记表格的内容及其运用。

（4）深入领会我国离婚法律制度的基本精神以及相关权利保护制度，在办理离婚登记过程中注意适时为当事人提供离婚指导与相关法律咨询服务。

基础知识

1. 离婚登记管辖机关

内地居民自愿离婚的，男女双方应当共同到一方当事人常住户口所在地的婚姻登记机关办理离婚登记。

中国公民同外国人在中国内地自愿离婚的，内地居民同香港居民、澳门居民、台湾居民、华侨在中国内地自愿离婚的，男女双方应当共同到内地居民常住户口所在地的婚姻登记机关办理离婚登记。

2. 离婚登记的法定条件

我国婚姻法所确认的离婚方式有两种，即协议离婚和诉讼离婚。协议离婚是指夫妻双方自愿达成离婚合意并通过婚姻登记这一行政程序解除婚姻关系的法律制度。协议离婚必须满足法定条件，当婚姻当事人无法达成解除婚姻关系的合意时，则只能通过诉讼途径以司法裁判方式解除婚姻关系，此即诉讼离婚。

一般而言，以协议方式通过婚姻登记机关离婚必须符合以下法律要件：

（1）当事人双方有合法夫妻身份　离婚双方须办理过结婚登记并持有结婚证，未办理过结婚登记的男女申请离婚登记的，婚姻登记机关不予受理。其间发生的有关身份关系的纠纷，以及涉及子女、财产等问题的争议，可以诉请人民法院处理。

（2）当事人双方均有完全民事行为能力　只有完全民事行为能力人才能独立自主处理自己的婚姻问题。一方或双方当事人为限制民事行为能力或无民事行为能力人的，婚姻登记机关不予办理离婚登记，而应由其代理人通过诉讼程序处理，以便维护没有完全民事行为能力一方当事人的合法权益。

（3）当事人双方达成了离婚的合意　离婚双方必须有真实、一致的离婚意愿。这一意愿不得是在对方或第三方欺诈、胁迫或因重大误解情况之下形成的，且不得存在任何分歧。因此，离婚登记要求双方必须亲自到婚姻登记机关递交申请和陈述理由。若男女双方未达成离婚协议，一方要求离婚的，婚姻登记机关不予受理，可由有关部门进行调解或直接向人民法院提出离婚诉讼。

（4）当事人双方对离婚后子女及财产问题已有适当处理　这是协议离婚的必要前提之一。如果婚姻关系当事人不能对离婚后的子女和财产问题达成一致意见并作出适当处理，则表明与婚姻关系解除的相关问题仍然存在争议，因此不能通过婚姻登记程序离婚，而只能通过诉讼程序解除婚姻关系并处理好相关问题。所谓对子女问题有适当处理，是指离婚当事人双方对离婚后的子女抚养、教育、探望等问题，在有利于保护子女合法权益的原则下作出了合理安排；而对财产问题的适当处理，是指离婚当事人双方在不侵害任何一方合法权益的前提下对夫妻共同财产作出了合理分割，妥善安排了生活困难方的经济帮助问题，并在不损害国家、集体或第三人利益的前提下对共同债务的清偿作出了处理或安排。

办理离婚登记的当事人有下列情形之一的，婚姻登记机关不予受理：①未达成离婚协议的；②属于无民事行为能力人或者限制民事行为能力人的；③其结婚登记不是在中国内地办理的。

3. 离婚对夫妻身份关系及父母子女关系的法律效力

离婚作为一种法律行为，必然会在夫妻人身关系、夫妻财产关系、父母子女关系等方面产生相应的法律后果。婚姻登记员在颁发离婚证、宣布解除夫妻关系的同时，应告知当事人双方领取离婚证后的法律关系以及离婚后与子女的关系和应尽的义务。

（1）离婚对夫妻关系所产生的法律后果 夫妻身份关系因结婚而产生，因离婚而消灭。离婚使夫妻人身关系归于消灭，基于夫妻人身关系所产生的一切权利和义务关系，也随之终止。主要表现为：①结婚自由权恢复。婚姻关系解除后，男女双方都享有再婚的自由，彼此无权干涉。②共同生活及扶养义务终止。随着夫妻身份关系的解除，夫妻双方互相扶养的义务也同时终止。任何一方不再有要求对方扶养的权利，也不再承担扶养对方的义务。③法定继承人资格丧失。离婚后，夫妻双方彼此无权再以配偶身份继承对方的遗产。④姻亲关系消灭。解除婚姻关系的男女双方对对方的父母不再承担赡养义务。

（2）离婚对父母子女关系所产生的法律影响 父母与子女间的血缘关系并不会因父母离婚而消除，但其间权利义务关系会产生一定的变更：①子女由父母一方直接抚养，但父母双方均有抚养和教育子女的权利和义务。夫妻解除婚姻关系时按照有利于子女身心健康原则确定子女随父或母一方生活，但子女无论由父或母直接抚养，父母双方对于子女仍有抚养和教育的权利和义务。一方抚养的子女，另一方应负担必要的生活费和教育费的一部分或全部。抚养费的给付期限，自子女出生时起至子女能够独立生活时止。父母离婚，对未成年子女仍应履行抚养义务。16 岁以上不满 18 周岁，以其劳动收入为主要生活来源，并能维持当地一般生活水平的，父母可停止给付抚养费。对于“不能独立生活”的成年子女，父母仍应负担必要的抚养费。确定子女抚养费的数额，既要根据子女的实际需要，又要考虑父母的负担能力和当地的实际生活水平。负担费用的多少和方式，由双方协议；协议不成时，由人民法院判决。②不直接抚养子女的父或母，有探望子女的权利。离婚后，不直接抚养子女的父或母，有探望子女的权利，另一方有协助的义务，不得无故予以阻止或设置障碍。行使探望权利的方式、时间由当事人协议；协议不成时，由人民法院判决。探望权的行使，应当有利于子女的身体、精神、心理的健康成长。父或母探望子女，不利于子女身心健康的，如行使探望权的父或母患有可能危害子女的精神疾病、严重传染性疾病的，或父母在探望子女时教唆、胁迫、引诱未成年子女实施不良行为等的，直接抚养子女的父或母及其他对未成年子女负担抚养、教育义务的法定监护人，有权向人民法院提出中止探望权的请求。中止探望的情形消失后，当事人可向人民法院申请恢复。

4. 离婚中的权利保护

婚姻关系解除所导致的夫妻人身财产关系的变更，必然对离婚当事人及其子女今后的生活产生影响，基于公平正义原则以及社会公共道德的考虑，离婚制度对离婚法律关系中的相对弱势方与无过错方提供特别保护。婚姻登记员在离婚登记过程中应注意应用相关法律制度为当事人提供离婚指导与咨询服务。

（1）离婚请求权的限制——对妇女、胎儿或婴儿合法权益的保护

出于对妇女、胎儿或婴儿合法权益的特别保护，我国婚姻法规定，女方在怀孕期间、分娩后一年内或中止妊娠后6个月内，男方不得提出离婚。女方提出离婚的，或人民法院认为确有必要受理男方离婚请求的，不在此限。

（2）夫妻共同财产分割——对子女和女方权益的保护

根据我国婚姻法的规定，夫妻对共同财产享有平等的权利，离婚时夫妻的共同财产应当由双方协议处理。离婚时无论双方对共同财产贡献的大小，任何一方都享有要求平等分割财产的权利；若当事人双方无法就共同财产的分割达成协议，由人民法院根据财产的具体情况，本着照顾子女和女方权益的原则予以判决。

（3）离婚损害赔偿——对无过错方权益的保护

损害赔偿作为侵权者承担的民事责任之一，具有制裁和预防违法行为的功能。婚姻制度中确立过错赔偿制度有利于制裁实施重婚、姘居、家庭暴力等行为的有过错当事人，并保护无过错方的合法权益。因此，我国婚姻法规定，有下列情形之一导致离婚的，无过错方有权请求损害赔偿：重婚的；有配偶者与他人同居的；实施家庭暴力的；虐待、遗弃家庭成员的。

（4）离婚经济补偿——对自身利益牺牲者的权益保护

我国现行婚姻法确定了法定财产制与约定财产制相结合的夫妻财产制度，这无疑保证了夫妻双方独立的财产权，但在离婚财产分割时，基于公平正义原则，应对婚姻关系存续期间自身利益牺牲者提供财产方面的权益保护。对此，我国婚姻法规定，夫妻书面约定婚姻关系存续期间所得的财产归各自所有，一方因抚育子女、照料老人、协助另一方工作等付出较多义务的，离婚时有权向另一方请求补偿，另一方应当予以补偿。这一关于离婚时的经济补偿的规定，体现了法律对于家务劳动价值的肯定。

（5）离婚经济帮助——对生活困难方的权益保护

如前所述，夫妻间的相互扶养义务随着婚姻关系的解除而终止，但离婚双方可能在经济能力方面存在较大的差距，基于公平原则和社会道义的考虑，我国婚姻法确立了离婚经济帮助制度，以为离婚后生活困难方提供权益保护。婚姻法规定，离婚时，如一方生活困难，另一方应从其住房等个人财产中给予适当帮助。具体办法由双方协议；协议不成时，由人民法院判决。

案例阅读

姜××诉民政局离婚行政登记案

姜××、姚××于2007年登记结婚，婚后生有一女。2008年11月18日至12月4日，原告在××市心理医院住院治疗。2008年12月22日，被告县民政局为姜××、姚××二人办理了离婚登记。离婚协议记载：夫妻感情不和，男方精神不正常；子女归女方抚养；双方共同财产归女方所有。原告的父母及祖父对被告此离婚登记行为不服，以原告监护人的身份提起诉讼。

【思考】县民政局的离婚登记行为是否合法？为什么？

课间休息

夫妻吵架闹离婚 婚姻登记处慢节拍挽救婚姻

“谢谢你们，多亏你们给我拖延时间，没让我们领到离婚证，刚才太冲动了，不然真会后悔的。”8月15日，市民张峰（化名）在山东省临邑县婚姻登记处不好意思地说。

原来，张峰和妻子小刘两个人为一点小事怄气，来到婚姻登记处气呼呼地说要办离婚。工作人员一看两人是带着气来的，为了缓和他们的愤怒情绪，看了手续后，故意“沉”了一会儿，等他们心情慢慢平静下来，又让他们填了一张问询笔录。小两口被抻得没有了刚才的冲动，工作人员趁机通过聊天的方式慢慢开导他们，让他们多回想以前生活中的点点滴滴，不要轻言放弃。填表时，张峰自己都不好意思地笑了，这才出现了开头的一幕。

根据近几年“闪离婚”现象的出现，临邑县婚姻登记处推出了离婚“慢节拍”，主要针对因一时冲动草率办理离婚的“闪婚”夫妻，给双方创造一个“冷却时间段”，为他们挽回婚姻拖延时间。登记员通过与当事人“慢条斯理”地交流，寻找劝导当事人的切入点，理性地站在他们的角度来考虑，与他们建立起尊重、理解的平等关系，让他们从心理上慢慢地理解对方，从思想上转变观念，不再轻易地说出“离婚”二字。截至目前，已挽回20余对“边缘婚姻”。

任务四 办理撤销婚姻登记和补领婚姻登记证

任务描述

婚姻关系的成立必须满足法定条件，欠缺法定条件的婚姻登记应被撤销或宣告无效，婚姻登记机关有处理可撤销婚姻的权力。已经办理过结婚登记或离婚登记手续的当事人婚姻证件遗失、损毁的，婚姻登记机关应按照法定条件与程序为当事人补发婚姻登记证件。在这两项婚姻登记工作中，婚姻登记工作者应准确把握撤销婚姻与补办婚姻登记证的条件，熟悉相关登记工作流程，并在办理撤销婚姻登记与补办婚姻登记证的过程中积极为当事人提供婚姻指导与相关法律咨询服务。

任务实施

1．掌握撤销婚姻登记工作流程

（1）提出申请　要求撤销婚姻的受胁迫的当事人本人应到原办理结婚登记的婚姻登记机关提出申请，并出具下列证件与证明材料：①本人的身份证、结婚证。②能够证明受胁迫结婚的证明材料，如公安机关出具的当事人被拐卖、解救证明，或者人民法院作出的能够证明当事人被胁迫结婚的判决书。

（2）初审受理　婚姻登记机关对当事人所提交的证件和证明材料进行初审，确认是否符合撤销条件并作出相应处理。

初审符合撤销婚姻条件的，按以下程序办理：①查验当事人证件和证明材料。②指导当事人亲自填写“撤销婚姻申请书”。双方当事人在“声明人”一栏签名。当事人不会写字的，可由当事人口述，第三人代为填写。第三人代当事人填写完毕，应当读给当事人听。当事人认为填写内容无误的，在“申请人”一栏按指纹。由第三人代为填写的，应当在申请书上注明代写人的姓名、身份证号码、住址、与申请人的关系。婚姻登记机关工作人员不得作为第三人代申请人填写。③当事人宣读本人的申请书，婚姻登记员监誓并签名。

初审不符合撤销婚姻条件的，不予受理，并告知当事人不予撤销原因及法定解决途径。

（3）审查报批　婚姻登记机关对当事人提交的证件、证明材料、声明进行审查、核实。经审查，情况属实、符合撤销婚姻条件，决定撤销婚姻的，婚姻登记处拟写“关于撤销×××与×××婚姻的决定”报所属民政部门或者乡（镇）人民政府；符合撤销条件的，民政部门或者乡（镇）人民政府予以批准，并印发撤销决定。

（4）送达公告　婚姻登记处将经批准的《关于撤销×××与×××婚姻的决定》送达当事人双方，并在婚姻登记公告栏公告 30 日。30 日公告期满无异议，宣告撤销当事人的婚姻登记，同时宣告婚姻证件作废并收回。

2．掌握补领婚姻登记证工作流程

（1）提出申请　要求补领婚姻登记证的当事人应亲自到婚姻登记机关提出申请并提交相关证件与证明材料。当事人因故不能到原办理婚姻登记的机关申请补领婚姻登记证的，可以委托他人办理。

当事人申请补领婚姻登记证应提交以下证件与证明材料：①本人常住户口簿、居民身份证。②婚姻登记档案保管部门出具的婚姻登记档案记录证明。婚姻登记档案遗失的，当事人应当提交能够证明其婚姻状况的证明。户口本上夫妻关系的记载，单位、村（居）民委员会或者近亲属出具的写明申请人婚姻状况的证明可以作为申请人婚姻状况证明使用。③近期免冠半身彩色合影照片（补领结婚证）或单人近期半身免冠彩色照片（补领离婚证）。④当事人因故不能到原办理婚姻登记的机关申请补领婚姻登记证而委托他人办理的，应当提交经公证机关公证的当事人的身份证件复印件和委托书。委托书应当写明当事人办理婚姻登记的时间及承办机关、目前的婚姻状况、委托事由、受委托人的姓名和身份证件号码。受委托人应当同时提交本人的身份证件。

（2）初审受理　婚姻登记员查验当事人所提交的证件和证明材料。初审证件材料不齐全的，一次性告知补全。初审符合条件的，予以受理。指导当事人填写、宣读《申请补领婚姻登记证声明书》并签名或按指纹，婚姻登记员监誓并签名。初审不符合条件的，不予受理，但应当为当事人提供有关法律咨询服务。

（3）审查、登记与颁证　婚姻登记员对当事人提交的证件、证明材料、声明进行审查，并询问核实相关情况。经审查，不符合补发结婚证、离婚证条件的，不予登记并当场告知当事人理由。符合补发婚姻登记证条件的，填写“补发婚姻登记证审查处理表”和婚姻登记证。经认真核对、检查确认无误后，向双方当事人颁发证件。

任务引导

（1）把握好撤销婚姻登记以及补办婚姻登记证工作流程基本程序阶段及各阶段的工作职责。

（2）准确把握撤销婚姻登记以及补办婚姻登记证的基本法定要件，在登记过程中准确理解运用。

（3）熟悉相关婚姻登记表格的内容及其填写。

（4）在办理撤销婚姻登记以及补办婚姻登记证过程中，适时为当事人提供婚姻指导并做好相关法律咨询服务。

基础知识

1．撤销婚姻登记

（1）无效婚姻与可撤销婚姻　婚姻关系的成立必须满足法定条件，任何法定要件的欠缺都会导致婚姻无效或被撤销的法律后果。在婚姻登记过程中，难免会存在由于当事人弄虚作假、欺骗婚姻登记机关或者婚姻登记机关不依法履行职责等原因而使不符合法定条件的当事人办理了结婚登记，对此，应严格按照无效婚姻或可撤销婚姻制度予以处理。

所谓无效婚姻是指不符合结婚法律要件中的公益要件，因而在法律上不具有婚姻效力的男女两性结合。根据我国《婚姻法》的规定，婚姻无效的原因包括以下几个方面：重婚的；有禁止结婚的亲属关系的；婚前患有医学上认为不应当结婚的疾病，婚后尚未治愈的；未达到法定婚龄的。对于无效婚姻我国《婚姻法》确立了宣告无效制度，人民法院是无效婚姻的唯一有权宣告机构。婚姻登记机关无权直接处理，应告知当事人向法院提出宣告婚姻无效的申请。婚姻登记机关之所以不宜处理无效婚姻问题，是因为判断婚姻是否无效一般都很复杂，且往往伴随着子女的抚养、财产的分割等一系列问题，而婚姻登记机关很难作出让双方当事人满意的处理结果。从国际惯例来看，宣告婚姻无效均属于司法行为，交由法院宣告，这在一定程度上也有利于司法机关对婚姻登记这一行政行为进行监督。

所谓可撤销婚姻是指不符合结婚要件中的私益要件，即不具备结婚的合意，因而在法律上不具有婚姻效力的男女两性结合。根据我国现行《婚姻法》的规定，受胁迫而结婚是请求撤销婚姻的唯一法定理由。胁迫婚姻违反了婚姻自由原则，是违法婚姻，但考虑到被胁方可能在和他人结婚组建了家庭之后，经过一段时间的生活，与对方建立了一定的感情，或与孩子有一种难以割舍的关系，法律若明确规定胁迫婚姻为无效婚姻并不适当。因此，新修正的《婚姻法》将因胁迫而缔结的婚姻，规定为可撤销婚姻，将是否否认其婚姻效力的请求权交给了受胁迫方。因胁迫结婚的，受胁迫一方有权向婚姻登记机关或人民法院请求撤销该婚姻。可见，对于可撤销的婚姻，婚姻登记机关享有撤销权。

（2）婚姻登记机关撤销婚姻的法定条件　根据相关婚姻法律规范的规定，婚姻登记机关撤销婚姻必须符合以下基本要件：①撤销婚姻的事由是因受胁迫而结婚，违背了自愿达成结婚合意这一结婚要件。所谓胁迫，是指行为人以给另一方当事人或者其近亲属的生命、身体健康、名誉、财产等方面造成损害为要挟，迫使另一方当事人违背真实意愿结婚的情况。②当事人双方不涉及子女抚养、财产及债务问题。受胁迫的一方和对方需共同到婚姻登记机关签署双方无子女抚养、财产及债务问题的声明书。③请求撤销婚姻的只能是受胁迫一方婚姻关系当事人本人。当事人以外的任何人都无权越俎代庖主张婚姻无效。④撤销权必须在法定期限内行使。受胁迫的一方撤销婚姻的请求，应当自结婚登记之日起一年内提出；被非法限制人身自由的当事人请求撤销婚姻的，应当自恢复人身自由之日起一年内提出。⑤婚姻登记机关享有管辖权。受胁迫结婚的婚姻当事人应向原办理该结婚登记的机关提出撤销婚姻的请求。

（3）撤销婚姻的法律效力　被依法撤销的婚姻，自始无效。就人身关系而言，当事人之间不产生配偶身份，不具有夫妻间的权利和义务。就财产关系而言，当事人同居期间所得的财产，属于双方共同所有的财产，由当事人协议处理；协议不成时，由人民法院根据照顾无过错方的原则判决。对重婚导致的婚姻无效的财产处理，不得侵害合法婚姻当事人的财产权益。就亲子关系而言，被撤销婚姻当事人所生的非婚生子女享有与婚生子女同等的权利，父母子女间的权利义务关系不受父母婚姻被撤销的影响。

2. 补领婚姻登记证

已办理过结婚登记或离婚登记手续的当事人，因婚姻证件遗失、损毁，可以向原办理该婚姻登记的机关或一方常住户口所在地的婚姻登记机关申请补发婚姻登记证件。

婚姻登记机关补办婚姻登记证应符合以下基本要件：①当事人遗失或损毁婚姻登记证件。②当事人婚姻状况明确，即当事人依法登记结婚或离婚，现今仍然维持该状况。当事人申请补领婚姻登记证时的婚姻状况因离婚、丧偶或者复婚发生改变的，不予补发婚姻登记证，可由婚姻登记机关出具婚姻登记记录证明。根据民政部《关于贯彻执行〈婚姻登记条例〉若干问题的意见》规定，当事人办理结婚登记时未达法定婚龄，申请补领时仍未达法定婚龄的，婚姻登记机关不得补发结婚证。当事人办理结婚登记时未达法定婚龄，申请补领时已达法定婚龄的，当事人应对结婚登记情况作出书面说明；婚姻登记机关补发的结婚证登记日期应为当事人达到法定婚龄之日。③婚姻登记机关享有管辖权。当事人应向原办理该婚姻登记的机关或者一方常住户口所在地的婚姻登记机关提出申请。

案例阅读

为什么复婚变成了“假结婚”

某女士向律师提出如下咨询：我和李某结婚后，他经常借故打骂我，我常常遍体鳞伤。在这种情况下我毅然向法院提起离婚诉讼。在法院的调解下，双方同意离婚，随后他辞职到外地创业去了。可一年后，李某又找到我要求复婚，并一再恳求我能看在孩子的份儿上给他一个机会照顾孩子。我心一软，以为他确实能悔改，就到婚姻登记机关办理了复婚登记。可是现在，他又开始打我，甚至打得比以前更凶。我向他提出离婚，分到我应得的财产，我就离开。可他却对我说：“你看清了，这结婚证上写着‘原结婚证遗失补领’，你要离，走就是，这些东西都是我的名字，你别做梦了。”我仔细看着结婚证，确实是这样。我手上的这张结婚证就真的无效了吗？我与他的婚姻就真的不受法律保护了吗？我现在该怎么办？我该怎样维护自己的权益？

【思考】本案某女士与李某的复婚登记为什么成了“假结婚”？为杜绝该类情况发生，婚姻登记员在登记工作过程中应注意哪些问题？

课间休息

骗婚是否构成可撤销婚姻

2004年6月，胡某（女，已婚）与吕某、李某、“大嫂”4人合谋骗婚。同年9月，吕某与“大嫂”带胡某到赵某家与赵某相亲。在骗取赵某信任后，胡某于2005年9月6日以假名、假身份证、假户口簿与赵某到婚姻登记机关办理了结婚登记手续。之后，胡某、吕某等人以收取礼金、媒人介绍费为由，骗取赵某现金6580元。胡某与赵某登记结婚没几天，胡某就以外出打工为由离开，一直未归。2006年3月案发后，胡某等四人分别被法院以诈骗罪判处有期徒刑一年，并各处罚金1000元。

【思考】目前此类以欺骗手段骗取婚姻登记的案件时有发生，赵某与胡某的婚姻效力应如何认定？1994颁布实施的《婚姻登记管理条例》曾规定，申请婚姻登记的当事人弄虚作假、骗取结婚登记的，婚姻登记机关应当撤销婚姻登记，对结婚、复婚的当事人宣布其婚姻无效并收回结婚证。但2003年颁布实施的《婚姻登记条例》取消了该规定。你对此持何观点？

项目十 收养登记事务

项目概述

收养登记是收养登记机关依照法定条件和程序对收养关系的成立、解除等进行行政确认的具体行政行为。本项目要求学生通过学习领会我国收养法的法律精神，掌握收养登记的法定条件，熟悉收养登记的工作流程，并能在收养登记工作中做好收养法律政策宣传和收养事务指导与法律咨询。

背景介绍

收养是公民依法领养他人子女，并与被领养人形成拟制亲子关系的民事法律行为。收养作为家庭关系产生的方式之一，是一种设定和变更民事权利、义务的重要法律行为，其不仅涉及当事人自身的切身利益，还涉及社会公共利益。因此，各国法律都对收养行为以及收养关系加以规范和调整。我国实行收养登记制度，依法对收养关系进行审查、监督和管理，这对于预防和制止违法收养行为的发生，保护收养关系当事人的合法权益以及促进家庭和睦与社会安定具有重要意义。关于收养关系成立的立法，我国大致经历了 3 个阶段：1992 年旧的《中华人民共和国收养法》实施以前，民间的事实收养关系也得到法律的认可；1992 年旧的收养法实施后，除收养查找不到生父母的弃婴和儿童以及社会福利机构抚养的孤儿应当向民政部门登记外，收养关系的成立应以订立书面的收养协议为准；1999 年新修订的收养法施行后，无论是否签订了书面收养协议，收养关系的成立都以向民政部门办理登记为准。可见，1999 年新收养法明确了收养登记是合法收养关系成立的必备条件。此后，中华人民共和国民政部颁布实施的《中国公民收养子女登记办法》、《外国人在中华人民共和国收养子女登记办法》、《收养登记工作规范》等法律文件，进一步推进了我国收养登记工作的制度化与规范化。我国收养登记应遵循哪些基本法律原则？满足哪些基本法律要件？遵循怎样的法律程序？在收养登记工作中如何做好国家收养法律政策宣传，如何开展收养法律咨询服务，如何保障收养关系当事人的合法权益？对上述问题，收养登记工作者均应予以深入领会和系统掌握。

任务一　认知收养登记事务

任务描述

收养作为家庭关系产生的方式之一，是一种设定和变更民事权利、义务的重要法律行为，各国法律都对收养行为以及收养关系进行规范和调整，收养登记制度正是我国依法对收养关系进行审查、监督和管理的有效手段。本任务要求学生通过对收养登记机关的走访或民政部门相关业务网站的资料查询，认识收养登记事务的意义、熟悉收养登记机关与收养登记员的基本职责、深入领会收养登记工作应予遵循的基本法律原则、了解收养登记中的违法行为及其法律后果，做好办理收养登记事务相关背景知识储备。

任务实施

走访收养登记机关，查阅民政部门相关业务网站，撰写和交流收养登记事务认知体会。

收养登记事务认知体会的撰写与交流主要围绕以下几个方面展开：

（1）收养登记工作的意义。

（2）收养登记机关与收养登记员的基本职责。

（3）收养登记工作应遵循的基本法律原则精神。

（4）你对收养登记事务的认识与思考。

任务引导

（1）查阅地方民政部门相关业务网站，了解收养登记机关的设置，认识收养登记机关与收养登记员的基本职责，熟悉收养登记业务范围及相关政策法规。

（2）实地走访收养登记机关，感受收养登记业务办理流程，与收养登记机关工作人员交流探讨收养登记事务办理过程中存在的难点、重点事项。

（3）撰写交流收养登记事务认知体会的目的在于强化对收养登记事务的感性认识，并做好办理收养登记事务的必要背景知识储备。因此，认知体会的撰写应注意将相关业务知识的了解与自己的主观认知相结合。

基础知识

1．收养与收养登记

收养是指公民依照法定条件与程序领养他人子女，并与被领养人形成拟制亲子关系的民事法律行为。在收养法律关系中，领养他人子女的为收养人；被领养的对象为被收养人；将子女或儿童送与他人收养的父母、其他监护人或社会福利机构为送养人。

收养与寄养是两种不同的民事法律行为。寄养是指父母因特殊原因，暂时不能直接履行对子女的抚养义务，而委托他人代为抚养的行为。寄养不会引发父母子女关系的变更，被寄养儿童与受托人之间并不形成拟制血亲关系。寄养关系随寄养原因的消除而消除，具有临时性，因此寄养无须经过法定程序。

收养作为家庭关系产生的方式之一，是一种设定和变更民事权利、义务的重要法律行为，其不仅涉及当事人的切身利益，还涉及社会公共利益。一方面，收养关系的成立将直接导致收养人、送养人与被收养人之间父母子女关系及相应权利、义务的产生与消灭；另一方面，收养关系的成立还将涉及对未成年人的抚养教育、对老年人的赡养扶助以及财产继承等一系列民事法律关系的相应调整。因此，各国法律都对收养行为以及收养关系进行了规范和调整。收养登记制度正是我国依法对收养关系进行审查、监督和管理的有效手段。我国 1998 年修正并于 1999 年开始实施的《中华人民共和国收养法》（以下简称《收养法》）明确了收养登记是合法收养关系成立的必备条件。此后，中华人民共和国民政部所颁布的《中国公民收养子女登记办法》、《外国人在中华人民共和国收养子女登记办法》等法律文件，进一步推进了我国收养登记工作的制度化与规范化。

2. 收养登记机关与收养登记员

收养登记机关是依法履行收养登记行政职能的各级人民政府民政部门。中国公民在中国境内办理收养登记的机关是县级以上人民政府民政部门。外国人在中华人民共和国收养子女，应当向省级人民政府民政部门登记。华侨以及居住在我国香港、澳门、台湾地区的中国公民在内地收养子女的，由直辖市、设区的市、自治州人民政府民政部门或者地区（盟）行政公署民政部门办理收养登记。

收养登记机关应当依法认真履行职责，做好收养登记工作。收养登记机关的职责主要包括办理收养登记、解除收养登记、撤销收养登记，补发收养登记证和解除收养关系证明，出具收养关系证明，办理寻找弃婴（弃儿）生父母公告，建立和保管收养登记档案，以及宣传收养法律法规。

根据民政部社会福利和社会事务司于 2008 年制定的《收养登记工作规范》，收养登记机关应当配备收养登记员。收养登记员由本级民政部门考核、任免。收养登记员的主要职责包括：解答咨询；审查当事人是否具备收养登记、解除收养登记、补发收养登记证、撤销收养登记的条件；颁发收养登记证；出具收养登记证明；及时将办理完毕的收养登记材料收集、整理、归档。收养登记员应当熟练掌握相关法律法规，严格依法行政，在收养登记过程中应当尊重当事人的意愿，保守收养秘密。

3. 收养登记应把握的基本原则

我国《收养法》明确了收养的基本原则，它是收养关系成立的行为准则，也是收养登记机关从事收养登记工作应把握的基本原则。

（1）有利于被收养未成年人抚养和成长原则　收养法律关系中的被收养人为不满 14 周岁的未成年人，身心尚未发育成熟，需要一个有利于其健康成长的良好环境。因此，《收养法》将有利于被收养未成年人的抚养和成长作为收养的首要原则。《收养法》中的许多规定，充分体现了该项原则。例如，收养年满 10 周岁以上未成年人的，应当征得被收养人的同意；

收养人不履行抚养义务，有虐待、遗弃等侵害未成年子女合法权益行为的，送养人有权要求解除收养关系等。

（2）保障被收养人和收养人合法权益原则　收养关系的成立关涉收养人与被收养人双方利益，因此必须平等保障双方合法权益。我国《收养法》规定的收养人不履行抚养义务而虐待或遗弃未成年养子女时，送养人有权要求解除收养关系，正是基于对被收养人合法权益保障的考虑。同时，建立收养关系，也要重视保护收养人的合理要求和利益。《收养法》中关于收养关系解除后，经养父母抚养的成年养子女，对缺乏劳动能力又缺乏生活来源的养父母，应当给付生活费的规定，则是对收养人合法权益的保障。

（3）平等自愿原则　收养作为民事法律行为之一，应当遵循“平等自愿”这一民事活动的基本准则。所谓平等原则，即收养关系当事人在成立或解除收养关系活动中法律地位平等；自愿原则是指当事人建立或解除收养关系，由当事人协商一致、自愿决定，任何一方都不得以欺诈、胁迫的手段或者乘人之危强令对方在违背真实意思的情况下进行。

（4）不违背社会公德原则　收养行为不仅关涉当事人切身利益，还涉及社会公共利益，因此对收养行为的规范还必须考虑对社会公德的维护。例如，我国《收养法》规定，无配偶男性收养女性的，收养人与被收养人年龄应相差 40 周岁以上；因养子女成年后虐待、遗弃养父母而解除收养关系的，养父母可以要求养子女补偿期间支出的生活费和教育费等，都是社会公德原则的体现。

（5）不违背计划生育原则　计划生育是我国宪法规定的基本国策之一，为防止借收养之名，破坏计划生育政策，《收养法》对收养人和送养人的条件都作了必要的限制。例如，一般中国公民作为收养人的，必须是年满 30 周岁尚无子女的人，且一般只能收养 1 名子女。送养人不得以送养子女为理由违反计划生育的规定再生育子女。

4. 收养登记机关与收养登记员的收养秘密保守义务

我国《收养法》规定，收养人、送养人要求保守收养秘密的，其他人应当尊重其意愿，不得泄露。《收养登记工作规范》也明确规定，收养登记员应当尊重当事人的意愿，保守收养秘密。泄露当事人收养秘密并造成严重后果的，对直接负责的主管人员和其他直接责任人员依法给予行政处分。这一规定对于稳定收养关系具有重要意义。但《收养法》规定，收养年满 10 周岁以上未成年人的，应当征得被收养人的同意。因此，收养秘密的保守只针对收养关系成立时，被收养人为尚不满 10 周岁的未成年人适用。

5. 收养登记违法行为及其法律责任

根据《收养登记工作规范》，以下行为为违法收养登记行为：①为不符合收养登记条件的当事人办理收养登记。②依法应当予以登记而不予登记。③违反程序规定办理收养登记、解除收养关系登记、撤销收养登记及其他证明。④要求当事人提交法定范围之外的证件和证明材料。⑤擅自提高收费标准、增加收费项目或者不使用规定收费票据。⑥玩忽职守造成收养登记档案损毁。⑦泄露当事人收养秘密并造成严重后果。⑧购买使用伪造收养证书。

收养登记机关及其收养登记员有上述违法行为之一的，对直接负责的主管人员和其他直接责任人员依法给予行政处分。给当事人造成严重后果的，应当由收养登记机关承担对当事人的赔偿责任，并对承办人员进行追偿。

案例阅读

收养关系以民政部门登记为准

8 年前，结婚 5 年的李×因不能生育，与丈夫分手。

"孩子，你帮帮小雅吧。"一天，李×的邻居杨大妈哭着来到李×家。原来，杨大妈刚刚 20 岁的女儿小雅未婚产子，希望李×能收养这个孩子。杨大妈的哀求让李×动了心，她答应收养这个孩子。

李×给孩子取名叫宝宝，女儿宝宝不仅让李×的母爱得到了释放，还给李×带来了无数的快乐和笑声。为了给女儿一个幸福美好的未来，李×卖掉了原来的房子，搬到了一个没有人认识她的小区，并以"女儿"的名义为宝宝落了户口。为了不让宝宝知道自己的身世，李×既没有和杨大妈签署协议，也没有到当地的民政部门办理收养手续。在李×的精心呵护下，宝宝健康快乐地成长起来。

转眼间 8 年过去了，宝宝已成为一个小学二年级的学生，品学兼优还是班干部。在这 8 年中，也有好心人为李×介绍对象，但终因宝宝的缘故，李×都拒绝了。

然而，日前一个不期而来的电话打破了这对母女平静幸福的生活。"你好，你是李×大姐吧，我是小雅。"宝宝的生母小雅在电话里告诉李×，8 年来，她一直不曾忘记自己的女儿，"李大姐，我知道你为孩子付出很多，我愿意以一切代价换回这个孩子，请你放手吧。"

小雅的话让李×始料不及，她不知道该如何回答。她很想留下宝宝，但不知道像她这种情况能否得到法律的支持。她该怎么做，才能留住宝宝？

【律师观点】未办理收养登记得不到法律支持。本案中，李×和宝宝收养关系的建立是发生在新收养法实施后，"要确认收养关系的成立有效就必须到民政部门办理收养登记，否则即使李×含辛茹苦抚养了宝宝 8 年，与孩子建立了深厚的感情，形成了事实上的收养关系，也得不到法律的支持"。

【思考】本案给我们的启示有哪些？

课间休息

收养与立嗣是否相同

立嗣也称过继或过房，是我国封建宗法社会里的一种主要的和特殊的收养形式，也是现代民间的一种传统收养方式。它通常是指没有儿子的人以兄弟、堂兄弟或其他亲戚的儿子作为自己的儿子，目的是传宗接代，带有浓厚的男尊女卑的封建色彩，只有没有儿子的男子才能立嗣，且只能立同族的男性，一般是立侄子为嗣。

立嗣一般情况下不成立收养关系，只有符合《收养法》规定的收养关系成立条件的，才属于收养，受法律保护。特殊情况下，立嗣可能构成事实收养。构成事实收养的立嗣应当具备以下条件：一是过继三方一致同意；二是过继子女与过继父母之间以父母子女相称，并解除了与生父母之间的权利、义务关系；三是过继子女与过继父母之间形成了扶养关系。

任务二　办理收养登记

任务描述

收养登记是收养关系成立的必经程序。收养登记通过对收养关系当事人法定条件的必要审查，监督收养关系的建立，预防和制止违法收养行为的发生，这对于保护收养当事人的合法权益以及促进家庭和睦与社会安定具有重要意义。收养登记工作者应在深入领会我国收养法基本原则的基础上，掌握收养登记的法定条件，熟悉收养登记的相关工作流程，并在办理收养登记过程中适时为收养法律关系当事人提供相关法律指导与咨询服务。

任务实施

1．内地居民，华侨及我国香港、澳门、台湾居民办理收养登记流程

根据相关法律规范，内地居民，华侨及我国香港、澳门、台湾居民办理收养登记由以下程序阶段构成：提出申请—初审受理—审查、询问和公告—登记、审批和颁证。

（1）提出申请　收养关系当事人应当亲自到收养登记机关提出办理收养登记申请并提交相关证件、证明材料与照片。夫妻共同收养子女，一方因故不能亲自前往的，应当书面委托另一方办理登记手续，委托书应经村民委员会或居民委员会证明或经公证。年满 10 周岁的被收养人应当亲自到场。收养关系当事人所提供的证明材料是收养登记机关判断其收养行为合法性的基本依据，因此相关法律文件对收养人与送养人应当提交的证件与证明材料作出了明确规范，收养登记机关必须据此严格审查。

1）内地居民收养子女所需出具的证件与证明材料。

① 收养人应当提交的证件与证明材料。收养人所需提供的证件与证明材料因收养对象的差异而有所区别。

首先，一般情况下，收养人应当向收养登记机关提交收养申请书和下列证件、证明材料：收养人的居民户口簿和居民身份证；由收养人所在单位或者村民委员会、居民委员会出具的本人婚姻状况、有无子女和抚养教育被收养人的能力等情况的证明；县级以上医疗机构出具的未患有在医学上认为不应当收养子女的疾病的身体健康检查证明。

其次，若收养对象为查找不到生父母的弃婴、儿童的，除提交上述证件与证明材料外，还应当提交收养人经常居住地计划生育部门出具的收养人生育情况证明。其中收养非社会福利机构抚养的查找不到生父母的弃婴、儿童的，收养人还应当提交下列证明材料：收养人经常居住地计划生育部门出具的收养人无子女的证明；公安机关出具的捡拾弃婴、儿童报案的证明。

再次，收养对象为继子女时，可以只提交居民户口簿、居民身份证和收养人与被收养人生父或者生母结婚的证明。

② 送养人应当提交的证件与证明材料。送养人所需提供的证件与证明材料也因自身身份的不同而有所区别。

首先，一般情况下，送养人应当向收养登记机关提交下列基本证件和证明材料：送养人的居民户口簿和居民身份证（组织作监护人的，提交其负责人的身份证件）；《收养法》规定送养时应当征得其他有抚养义务的人同意的，应提交其他有抚养义务的人同意送养的书面意见。

其次，社会福利机构为送养人的，除提交上述基本证件与证明材料外，还应当提交弃婴、儿童进入社会福利机构的原始记录，公安机关出具的捡拾弃婴、儿童报案的证明，或者孤儿的生父母死亡或者宣告死亡的证明。

再次，监护人为送养人的，除提交基本证件与证明材料外，还应当提交实际承担监护责任的证明，孤儿的父母死亡或者宣告死亡的证明，或者被收养人生父母无完全民事行为能力并对被收养人有严重危害的证明。

第四，生父母为送养人的，除提交基本证件与证明材料外，还应当提交与当地计划生育部门签订的不违反计划生育规定的协议；有特殊困难无力抚养子女的，还应当提交其所在单位或者村民委员会、居民委员会出具的送养人有特殊困难的证明。其中，因丧偶或者一方下落不明由单方送养的，还应当提交配偶死亡或者下落不明的证明；子女由三代以内同辈旁系血亲收养的，还应当提交公安机关出具的或者经过公证的与收养人有亲属关系的证明。

第五，被收养人是残疾儿童的，除按上述要求提供证件与证明材料外，还应当提交县级以上医疗机构出具的该儿童的残疾证明。

2）关于华侨以及居住在香港、澳门、台湾地区的中国公民在内地收养子女所需出具的证件与证明材料，民政部于 1999 年发布《华侨以及居住在香港、澳门、台湾地区的中国公民办理收养登记的管辖以及所需要出具的证件、证明材料的规定》作出了明确规定。

① 华侨在内地收养子女所需出具的证件与证明材料。

首先，居住在已与中国建立外交关系国家的华侨申请办理成立收养关系的登记时，应当提交收养申请书和下列证件、证明材料：护照；收养人居住国有权机构出具的收养人的年龄、婚姻、有无子女、职业、财产、健康、有无受过刑事处罚等状况的证明材料，该证明材料应当经其居住国外交机关或外交机关授权的机构认证，并经中国驻该国使领馆认证。

其次，居住在未与中国建立外交关系国家的华侨申请办理成立收养关系的登记时，应当提交收养申请书和下列证件、证明材料：护照；收养人居住国有权机构出具的收养人的年龄、婚姻、有无子女、职业、财产、健康、有无受过刑事处罚等状况的证明材料，该证明材料应当经其居住国外交机关或者外交机关授权的机构认证，并经已与中国建立外交关系的国家驻该国使领馆认证。

② 香港居民中的中国公民在内地收养子女所需出具的证件与证明材料。

香港居民中的中国公民申请办理成立收养关系的登记时，应当提交收养申请书和下列证件、证明材料：香港居民身份证、香港居民来往内地通行证或者香港同胞回乡证；经国家主管机关委托的香港委托公证人证明的收养人的年龄、婚姻、有无子女、职业、财产、健康、有无受过刑事处罚等状况的证明材料。

③ 澳门居民中的中国公民在内地收养子女所需出具的证件与证明材料。

澳门居民中的中国公民申请办理成立收养关系的登记时，应当提交收养申请书和下列证件、证明材料：澳门居民身份证、澳门居民来往内地通行证或者澳门同胞回乡证；澳门地区有权机构出具的收养人的年龄、婚姻、有无子女、职业、财产、健康、有无受过刑事处罚等状况的证明材料。

④ 台湾居民在内地收养子女所需出具的证件与证明材料。

台湾居民申请办理成立收养关系的登记时，应当提交收养申请书和下列证件、证明材料：在台湾地区居住的有效证明；中华人民共和国主管机关签发或签注的在有效期内的旅行证件；经台湾地区公证机构公证的收养人的年龄、婚姻、有无子女、职业、财产、健康、有无受过刑事处罚等状况的证明材料。

申请办理收养登记除应按上述规定提交证件与证明材料外，收养人和被收养人应当提交2张2 寸近期半身免冠合影照片。送养人应当提交2张2 寸近期半身免冠合影或者单人照片，社会福利机构送养的除外。

（2）初审受理　收养登记员应区分收养登记类型查验当事人提交的证件、证明材料及照片，并告知当事人收养登记的条件和弄虚作假的后果。初审证件材料不齐全的，一次告知补全；初审符合条件的，予以受理，并见证当事人填写《收养登记申请书》及签名或按指纹；初审不符合条件的，不予受理，出具《不予办理收养登记通知书》，并退回有关证件和没收虚假证明材料。

（3）审查、询问和公告　收养登记机关收到收养登记申请书及有关材料后，应当自次日起 30 日内进行审查。审查内容与方式主要包括两个方面：①审查当事人所提交的证件、证明材料是否齐全、规范、有效。②询问或调查当事人的个人情况、收养意愿、收养目的及条件。收养登记员应根据情况需要分别询问或调查收养人、送养人、年满 10 周岁以上的被收养人及其他应当询问或者调查的人。询问或调查的重点是被询问人或被调查人的姓名、年龄、健康状况、经济和教育能力，收养人、送养人和被收养人之间的关系，收养的意愿和目的。特别是对年满 10 周岁以上的被收养人应当询问其是否同意被收养和有关协议内容。询问或调查应制作笔录，并经被询问人或者被调查人阅读确认无误后签名或按指纹。

对查找不到生父母的弃婴和儿童的收养，公告查找其生父母，公告期为 60 日，公告期届满无人认领的，视为查找不到父母的弃婴和儿童。

（4）登记、审批和颁证　经审查符合收养登记条件的，填写《收养登记审查处理表》，报民政局主要领导或者分管领导批准，并填发收养登记证。颁发收养登记证，应当在当事人在场时按照下列步骤进行：①核实当事人姓名和收养意愿。②告知当事人领取收养登记证后的法律关系以及父母和子女的权利、义务。③见证当事人本人亲自在《收养登记审查处理表》上签名或按指纹。④将收养登记证颁发给收养人，并向当事人宣布“取得收养登记证，确立收养关系”。

2．外国人来华收养子女基本程序

涉外收养关系的建立较国内收养关系的建立更为复杂，只有与我国建立了收养合作关系的国家的法定公民才能在我国收养子女，目前与中国建立收养合作关系的国家包括美国、加拿大、英国、法国、西班牙、意大利、荷兰、比利时、丹麦、挪威、瑞典、芬兰、冰岛、爱尔兰、澳大利亚、新西兰、新加坡等国。涉外收养手续由各国收养组织联络和协调服务，在省级民政部门办理登记。基本程序如下：

（1）递交申请　外国收养人来华收养子女，首先要通过其所在国政府或政府委托的收养组织向中国收养中心转交收养申请和证明文件。具体包括由其所在国有权机构出具，经其所在国外交机关或者外交机关授权的机构认证，并经中华人民共和国驻该国使馆或者领馆认证的下列文件：跨国收养申请书；出生证明；婚姻状况证明；职业、经济收入和财产状况证明；身体健康检查证明；有无受过刑事处罚的证明；收养人所在国主管机关同意其跨国收养子女的证明；家庭情况报告（包括收养人的身份、收养的合格性和适当性、家庭状况和病史、收养动机以及适合于照顾儿童的特点）等。在华工作或者学习连续居住一年以上的外国人，在华收养子女，应当提交前款规定的除身体健康检查证明以外的文件，并应当提交在华所在单位或者有关部门出具的婚姻状况证明、职业、经济收入或者财产状况证明，有无受过刑事处罚证明以及县级以上医疗机构出具的身体健康检查证明。

送养人应当向省、自治区、直辖市人民政府民政部门提交证件与证明材料，内容与中国公民收养登记中对送养人的要求基本相同。此外，《民政部关于社会福利机构涉外送养工作的若干规定》中对社会福利机构送养儿童应当向省级人民政府民政部门报送的证明材料作出了明确列举，包括：社会福利机构负责人的身份证复制件；被送养儿童的户籍证明复制件；被送养儿童成长情况报告；《被送养儿童体格检查表》及化验检查报告单；被送养儿童2寸免冠彩色照片、近期全身生活照片；被送养儿童是孤儿的，应当提交《社会福利机构接收孤儿入院登记表》、孤儿父母死亡或者宣告死亡的证明、其他有抚养义务的人同意送养的书面意见；被送养儿童是弃婴的，应当提交公安机关出具的捡拾弃婴报案的证明、《捡拾弃婴登记表》、《社会福利机构接收弃婴入院登记表》；被送养儿童年满7周岁以上的，应提交儿童有关情况的报告；被送养儿童是年满10周岁以上的，应提交该儿童同意被送养的书面意见。

（2）受理登记　中国收养中心在收到外国收养人通过其所在国政府或收养组织递交的收养文件后，对齐全、有效并向中国收养中心交纳了服务费的收养文件予以受理登记，并将受理登记情况告知递交收养文件的外国政府或外国收养组织。

（3）审核选配　经中国收养中心审核，对符合中国有关法律规定条件的外国收养人，中国收养中心参照外国收养人的意愿在省、自治区、直辖市人民政府民政部门报送的符合收养法规定条件的被收养人中为其选择适当的被收养人，并将被收养人、送养人的有关情况通过外国政府或者外国收养组织送交外国收养人征求意见。

（4）签发通知　外国政府和收养人同意接受推荐的被收养人后，中国收养中心为收养人签发《来华收养子女通知书》，并通过外国政府或外国收养组织将通知书转交给外国收养人。同时，中国收养中心向被收养人所在地的省级民政部门收养登记机关发出《涉外送养通知》。

（5）办理登记　外国收养人接到《来华收养子女通知书》后，夫妻双方须持通知书原件亲自来华，到被收养人常住户口所在地的省级民政部门办理收养登记手续。收养关系当事人办理收养登记时，应当填写外国人来华收养子女登记申请书并提交收养协议，同时分别提供有关材料。

收养人应当提供下列材料：中国收养中心签发的《来华收养子女通知书》原件；收养人身份证件和照片。

送养人应当提供下列材料：省、自治区、直辖市人民政府民政部门发出的被收养人已被同意收养的通知；送养人的居民户口簿和居民身份证（社会福利机构作送养人的，为其负责人的身份证件）、被收养人的照片。

省级民政部门收到当事人提交的申请书及有关材料后，应当自次日起7日内进行审查。

对符合收养条件的，为当事人办理收养登记，填写《收养登记审查处理表》，并填发《收养登记证》，收养关系自登记之日起成立。登记机关应当将登记结果通知中国收养中心。

任务引导

（1）把握好收养登记工作流程阶段及各阶段工作职责。

（2）准确把握收养关系成立要件并在收养登记过程中准确理解运用。

（3）熟悉各种相关登记表格的内容及其填写要求。

（4）办理收养登记过程中注意积极为当事人提供收养指导与相关法律咨询服务。

基础知识

1. 收养登记管辖机关

中国公民在中国境内办理收养登记的，管辖机关根据被收养人情况确定。收养社会福利机构抚养的查找不到生父母的弃婴、儿童和孤儿的，在社会福利机构所在地的收养登记机关办理登记；收养非社会福利机构抚养的查找不到生父母的弃婴和儿童的，在弃婴和儿童发现地的收养登记机关办理登记；收养生父母有特殊困难无力抚养的子女或者由监护人监护的孤儿的，在被收养人生父母或者监护人常住户口所在地（组织作监护人的，在该组织所在地）的收养登记机关办理登记；收养三代以内同辈旁系血亲的子女以及继父或者继母收养继子女的，在被收养人生父或者生母常住户口所在地的收养登记机关办理登记。

外国人在中华人民共和国境内收养子女的，到被收养人常住户口所在地的省、自治区、直辖市人民政府民政部门办理收养登记。

华侨以及居住在香港、澳门、台湾地区的中国公民在内地收养子女的，应当到被收养人常住户口所在地的直辖市、设区的市、自治州人民政府民政部门或者地 区（盟）行政公署民政部门申请办理收养登记。

2. 收养关系的成立条件

收养登记必须严格把握收养关系的成立要件酌情办理。对于收养关系成立的法定条件可从普通收养关系的成立要件、特殊收养关系的成立要件两方面予以把握。

（1）普通收养关系的成立要件　收养是涉及收养人、送养人和被收养人三方利益的民事法律行为，普通收养关系的成立，三方主体在主客观方面都应满足一定的基本要件。

① 被收养人的条件。根据《收养法》的规定，下列不满 14 周岁的未成年人可以被收养：一是丧失父母的孤儿；二是查找不到生父母的弃婴和儿童；三是生父母有特殊困难无力抚养的子女。所谓“丧失父母的孤儿”，是指父母已经死亡或者经人民法院宣告其父母死亡的儿童；“查找不到生父母的弃婴和儿童”，是指被其生父母遗弃，经查找未找到其生父母的婴儿和儿童；“生父母有特殊困难无力扶养的子女”，是指生父母残疾或患严重疾病，及其他原因造成生活极度困难，没有能力抚养的子女。之所以作出上述条件限制，是基于被收养人健康成长、收养人与被收养人亲子感情的培育以及收养关系的稳定等各方面因素的考虑。

② 送养人的条件。送养人应当是法律所认可的特定公民或组织。具体而言，我国《收养法》所认可的送养人包括下列公民、组织：一是孤儿的监护人；二是社会福利机构；三是有特殊困难无力抚养子女的生父母。

对于上述三类送养人，《收养法》还对其送养权的行使设定了以下限制要件：其一，未成年人的父母均不具备完全民事行为能力的，该未成年人的监护人不得将其送养，除非父母对该未成年人有严重危害的可能。其二，监护人送养未成年孤儿，其他有抚养义务的人不同意送养的，监护人不得送养，若监护人不愿意继续履行监护职责，应当依法变更监护人。其三，生父母送养子女的，须双方共同送养。生父母一方不明、查找不到或死亡的，方可单方送养。其四，配偶一方死亡后，死亡方的父母要求行使对未成年孙子女（外孙子女）优先抚养权的，生存方不能将该未成年人送养。

③ 收养人的条件。为了保障被收养人的健康成长及其合法权益，收养人需要具备一定的条件才可以收养被收养人。根据我国《收养法》的规定，收养人应当同时具备下列条件：一是无子女；二是有抚养教育被收养人的能力；三是未患有在医学上认为不应当收养子女的疾病；四是年满 30 周岁。收养人在收养子女时应当注意，只能收养 1 名子女。

④ 具有成立收养关系的合意。基于平等自愿原则，收养人收养与送养人送养，须双方自愿。此外，为了更好地建立起和睦的养父母子女关系，我国《收养法》还规定，收养年满 10 周岁以上未成年人的，应当征得被收养人的同意；有配偶者收养子女的，须夫妻双方共同收养。

（2）特殊收养关系的成立要件　基于收养关系主体身份的多样性，从有利于收养关系和家庭关系的正常发展的需要出发，《收养法》对一些特殊情况下的收养条件，也相应作了一些放宽性或限定性的特殊规定。

① 收养三代以内同辈旁系血亲的子女。收养三代以内同辈旁系血亲的子女，可以不受下列条件的限制：生父母有特殊困难无力抚养的子女；无配偶的男性收养女性的，收养人与被收养人的年龄相差 40 周岁以上；被收养人不满 14 周岁。此外，华侨收养三代以内同辈旁系血亲的子女，还可以不受收养人无子女的限制。之所以作出上述规定，是因为收养人与被收养人之间原本存在一定的血亲关系，适当放宽收养条件一般不会影响到对被收养人合法权益的保障。

② 无配偶的男性收养女性。出于对幼女人身权益特殊保护的需要，我国《收养法》规定，无配偶的男性收养女性的，收养人与被收养人的年龄应当相差 40 周岁以上。

③ 收养孤儿、残疾儿童或弃婴和儿童。为了鼓励收养孤儿、弃儿或残疾儿童的人道主义行为，《收养法》作出如下规定：收养孤儿、残疾儿童或者社会福利机构抚养的查找不到生父母的弃婴和儿童，可以不受收养人无子女和收养 1 名的限制。

④ 继父母收养继子女。继父母对继子女的抚养教育不负法定义务，为了防止孩子与生父母和继父母形成双重父母子女权利义务关系而引发纠纷，《收养法》允许继父母将继子女收养为养子女，并在条件上作出了上述放宽性规定。继父母经继子女的生父母同意收养继子女的，可以不受下列条件的限制：被收养人不满 14 周岁；生父母有特殊困难无力抚养子女；收养人无子女、有抚养教育被收养人的能力、未患有在医学上认为不应当收养子女的疾病、年满 30 周岁、只能收养 1 名子女。

3. 合法收养关系的法律效力

收养关系成立以后，被收养人（养子女）与养父母、生父母之间将在法律身份和权利义务关系方面产生相应的法律后果。具体表现在两个方面，即收养的拟制效力与收养的消解效力。

（1）收养的拟制效力　收养关系成立之后，被收养人与收养人之间产生父母子女间的权利义务关系，与收养人的近亲属之间产生亲属关系。自收养关系成立之日起，养父母与养子女间的权利义务关系，适用法律关于父母子女关系的规定；养子女与养父母的近亲属间的权利义务关系，适用法律关于子女与父母的近亲属关系的规定。

（2）收养关系解除的效力　收养关系的成立在产生拟制血亲关系的同时，也将导致被收养人与其生父母及其他近亲属之间的权利义务关系随之消除的法律后果，相互之间不再享有或承担任何法定的权利与义务。但养子女与原有自然血亲间的自然意义的血缘关系依然存在，他们仍然不得与自己的直系血亲或者三代以内的旁系血亲结婚。养子女可以随养父或者养母姓，经当事人协商一致，也可以保留原姓。

4. 收养协议与收养公证

（1）收养协议　收养关系当事人在自愿的基础上，可以订立收养协议。收养协议的主要条款，应当包括收养人、送养人和被收养人的基本情况，收养的目的，收养人不虐待、不遗弃被收养人和抚育被收养人健康成长的保证，以及双方要求订立的其他内容。一般而言，订立收养协议并不是收养成立的必经程序，但外国人在中华人民共和国收养子女的，该收养人应当与送养人订立书面收养协议。只订立收养协议而未办理收养登记的，不产生法律效力。

（2）收养公证　收养公证，是指公证机关依法对收养人领养他人子女行为的真实性、合法性给予证明。其目的是确保收养关系的有效性，使各方当事人正确地享有权利和履行义务，有利于家庭和睦与社会安定，从而预防纠纷和减少诉讼。收养关系当事人各方或者一方要求办理收养公证的，应当办理收养公证。但公证程序不是收养成立的必经程序，收养公证的办理与否，取决于当事人一方或双方是否提出要求。涉外收养关系当事人各方或者一方要求办理收养公证的，应当到国务院司法行政部门认定的具有办理涉外公证资格的公证机构办理收养公证。

案例阅读

妻子私自将孩子送他人收养，丈夫主张收养关系不成立，法院如何判决

原告徐某与被告岳某系夫妻关系。双方 2002 年结婚，2003 年生育一子。2004 年 6 月徐某遭遇车祸，事故中徐某脑部受到重创，一直处于昏迷状态。在徐某昏迷期间，岳某将孩子送给丁某、陈某夫妇收养。双方签署了收养协议并作了公正，办理了收养登记手续。2005 年 1 月，徐某苏醒过来，在家人的照料下，徐某的健康很快得以恢复。在得知自己的儿子被妻子送给他人收养后，徐某很是不满。2005 年 5 月，徐某以被告岳某将孩子送与他人收养未经其同意为由，向法院提起诉讼，要求认定三被告之间的送养和收养行为无效。

【思考】本案收养登记是否合法有效？为什么？

任务三 办理解除收养关系登记

任务描述

作为一种法律拟制的民事法律关系，收养关系可以因一定的法律行为依法设立，也可以因一定的法律行为予以解除。我国《收养法》所确立的解除收养关系的方式包括行政程序解除和诉讼程序解除两种，其中行政程序解除是指收养人与送养人自愿达成解除收养关系的协议，并到民政部门办理解除收养关系的登记而解除收养关系。收养登记工作者应准确掌握解除收养关系登记的法定条件，深入理解收养关系解除的法律效力，熟练掌握解除收养关系登记的相关工作流程，并在办理解除收养关系登记过程中适时为当事人提供相关法律咨询服务与家庭法律关系指导。

任务实施

解除收养登记程序与收养登记程序工作流程基本一致，由提出申请—初审受理—审查询问—登记颁证几个阶段构成。

1．提出申请

办理解除收养关系登记的收养人、送养人和被收养人应共同到被收养人常住户口所在地的收养登记机关提出申请，并提交照片、证件与证明材料。证件及证明材料包括：收养人、送养人和被收养人的身份证件、户口簿；收养登记证和解除收养关系的书面协议；收养人、送养人和被收养人各 2 张 2 寸单人近期半身免冠照片，社会福利机构送养的除外；经公证机构公证确立收养关系的，应当提交公证书；送养人是社会福利机构的，提交社会福利机构法定代表人居民身份证复印件。

2．初审受理

收养登记员查验当事人提交的照片、证件和证明材料，告知《收养法》关于解除收养关系的条件，询问当事人的解除收养关系意愿以及对解除收养关系协议内容的意愿。经初审证件材料不齐全的，一次性告知补全；初审符合条件的，予以受理，并指导当事人填写《解除收养登记申请书》及签名或按指纹；初审不符合条件的，不予受理，向当事人出具《不予办理解除收养登记通知书》，退还当事人提交的证件和证明材料并对虚假证明材料予以没收。

3．审查询问

收养登记员收到当事人提交的证件、证明材料及《解除收养登记申请书》后，应当自次日起 30 日内对相关材料进行审查，并根据情况需要询问收养人、送养人、年满 10 周岁以上的被收养人和其他应当询问的人。询问的重点是被询问人的姓名、年龄、健康状况、民事行为能力，收养人、送养人和被收养人之间的关系、解除收养登记的意愿。对年满 10 周岁以上的被收养人应当询问是否同意解除收养登记和有关协议内容。对未成年的被收养人，要询问送养人同意解除收养登记后接纳被收养人和有关协议内容。询问应制作询问笔录并交被询问人签名或按指纹。

4. 登记颁证

经审查符合解除收养条件的，填写《解除收养登记审查处理表》，报领导批准后填发《解除收养关系证明》。

颁发解除收养关系证明，应当在当事人均在场时按照下列步骤进行：①核实当事人姓名和解除收养关系意愿；②告知当事人领取解除收养关系证明后的法律关系；③见证当事人本人亲自在《解除收养登记审查处理表》“领证人签名或者按指纹”一栏中签名或按指纹；④收回收养登记证，收养登记证遗失应当提交查档证明；⑤将解除收养关系证明一式两份分别颁发给解除收养关系的收养人和被收养人，并宣布“取得解除收养关系证明，收养关系解除”。

任务引导

（1）掌握解除收养关系登记工作流程基本阶段及各阶段的工作职责。

（2）准确把握我国解除收养关系登记的法定条件并在登记过程中准确理解运用。

（3）熟悉各种登记表格的内容及其填写要求。

（4）办理解除收养关系登记过程中注意适时为当事人提供家庭法律关系指导与相关法律咨询服务。

基础知识

1. 收养关系解除的方式及条件

作为一种法律拟制的民事法律关系，收养关系可以因一定的法律行为依法设立，也可以因一定的法律行为予以解除。但考虑到民事法律关系的稳定以及各方当事人合法权益的维护的需要，收养关系的解除必须符合法定的方式与条件。根据我国《收养法》的规定，解除收养关系的方式有两种，即行政程序解除与诉讼程序解除。

（1）行政程序解除　行政程序解除亦即协议解除收养关系，是指由收养人与送养人自愿达成解除收养关系的协议，并到民政部门办理解除收养关系的登记而解除收养关系。具体而言，通过民政行政部门办理登记解除收养关系必须符合以下法律要件：

① 收养法律关系当事人自愿达成解除收养关系的协议。养子女为未成年人的，由收养人、送养人双方协议解除；对于已有一定识别判断能力的 10 周岁以上的未成年被收养人，应当征得其本人同意。养子女已经成年的，则由养父母与成年养子女双方协议解除，无需送养人的参与。

② 收养法律关系当事人就与解除收养有关的财产、生活等问题作出了协商一致的妥善处理。收养双方当事人对财产和生活问题无争议，并在协议中对经济问题明确作出自愿协商一致的妥善处理。

符合上述条件的收养关系当事人，应当到被收养人常住户口所在地的县级人民政府的民政部门办理解除收养关系的登记。

（2）诉讼程序解除　收养法律关系当事人无法就收养关系的解除及相关财产与生活问题

达成协议的，可以通过诉讼的方式提请人民法院判决解除收养关系，但必须符合以下条件：

① 收养人不履行收养义务，侵害被收养子女合法权益，送养人要求解除收养关系的。收养关系成立后，养父母须依法承担抚养、教育和保护养子女的义务，如果收养人不履行抚养义务，有虐待、遗弃等侵害未成年养子女合法权益行为的，送养人有权要求解除养父母与养子女间的收养关系，以保护被收养人的合法权益。送养人、收养人不能就解除收养关系达成协议的，可以向人民法院起诉。

② 养父母与成年养子女关系恶化，无法共同生活的。养父母与成年养子女关系恶化、无法共同生活，则收养关系已失去其存在的意义，任何一方均有权要求解除收养关系。不能达成解除协议时，可以向人民法院起诉。

2．收养关系解除的法律效力

收养关系的解除，会引起收养关系当事人的人身及财产权利义务关系产生相应的变更。

（1）有关身份关系的法律效力

① 拟制血亲及其权利义务关系消除。随着收养关系的解除，养子女与养父母及其近亲属之间所形成的拟制血亲关系即行消除，养子女与养父母及其他近亲属间的权利义务关系也随之消除。

② 自然血亲及其权利义务关系恢复。收养关系解除以后，未成年养子女与生父母及其近亲属之间的权利义务关系自行恢复；成年养子女与生父母及其近亲属之间的权利义务关系是否恢复，则由成年养子女与生父母协商确定。

（2）有关财产关系的法律效力

① 收养关系解除之后，经养父母抚养的成年养子女，对缺乏劳动能力且缺乏生活来源的养父母，应当给付生活费。因为养父母承担各种义务将养子女抚养成人，基于权利义务对等的法律原则，养子女成年以后，对养父母应当履行赡养扶助的义务。

② 因养子女成年后虐待、遗弃养父母而导致收养关系解除的，养父母可以要求养子女补偿收养期间所支出的生活费和教育费。养父母这一权利的行使，不受其是否存在“缺乏劳动能力又缺乏生活来源”这一条件的限制。

③ 生父母或其他送养人要求解除收养关系的，养父母可以要求生父母或其他送养人适当补偿收养期间支出的生活费和教育费。同样，基于权利义务对等原则，因养父母虐待、遗弃养子女而解除收养关系的，养父母无权要求生活费和教育费的补偿。

案例阅读

养子不尽赡养义务，养父能否请求收养登记机关办理解除收养关系登记

刘大爷婚后长期未育，年近40时与妻子共同收养了一个4岁男孩，将养子视同己出，供其上学并在其成年后为其娶妻。但养子知道自己身世后逐渐疏远了刘大爷夫妇，刘大爷老伴去世后，养子更是对其不管不问，拒绝履行赡养义务。为此刘大爷十分痛苦，提出解除收养关系，但养子出于名声考虑不予同意。刘大爷找到收养登记机关要求办理解除收养关系登记手续。

【思考】本案收养登记机关能否为刘大爷办理解除收养关系登记手续？收养登记员应如何为刘大爷提供法律指导？

任务四　办理撤销收养登记与补领收养登记证、补领解除收养关系证明

任务描述

收养关系的成立必须满足法定条件，欠缺法定条件的收养行为不能产生收养法律效力。对于收养关系当事人弄虚作假骗取收养登记的，利害关系人、有关单位或者组织有权向原收养登记机关申请撤销登记。已经办理过收养登记或解除收养登记手续的当事人，因收养证件遗失、损毁的，可以向原收养登记机关申请补领收养登记证或办理解除收养关系证明。在这两项收养登记工作中，收养登记工作者应准确把握撤销收养登记与补办收养登记证、解除收养证明的条件，熟悉相关登记工作流程，并能在办理登记事务过程中适时为当事人提供相关收养问题法律咨询服务。

任务实施

1. 掌握撤销收养登记工作流程

撤销收养登记关系到收养各方当事人的切身利益，必须严格遵循法定程序。民政部制定实施的《收养登记工作规范》明确了撤销收养登记的基本工作流程包括以下阶段：提出申请—初审受理—审查报批—送达公告。

（1）提出申请　收养关系当事人弄虚作假骗取收养登记的，由利害关系人、有关单位或者组织向原收养登记机关提出申请。申请人应当出具下列证件与证明材料：当事人身份证明、收养登记证；收养行为被人民法院确认无效的，提交人民法院判决收养行为无效的判决书；被收养人是被拐卖儿童的，提交公安机关出具的证明。

（2）初审受理　收养登记机关查验申请人提交的证件和证明材料，调查涉案当事人的收养登记情况。对于符合撤销收养登记条件的予以受理，指导当事人填写、宣读《撤销收养登记申请书》并签名或按指纹，收养登记员见证并签名。不符合撤销收养条件的不予受理，告知当事人原因并告知当事人可以向人民法院起诉。

（3）审查报批　收养登记机关对当事人所提交的证件、证明材料与申请书进行审查、核实。经审查情况属实、符合撤销条件的，拟写《关于撤销×××与×××收养登记决定书》，报领导批准并印发撤销决定。

（4）送达公告　收养登记机关应当将《关于撤销×××与×××收养登记决定书》送达每位当事人，收缴收养登记证，并在收养登记机关的公告栏公告 30 日。30 日公告期满无异议的，宣告撤销当事人的收养登记。

2．掌握补领收养登记证、补领解除收养关系证明工作流程

收养登记机关为当事人补发收养登记证、办理解除收养关系证明应当按照以下基本程序阶段进行：提出申请—初审受理—审查报批—登记颁证。

（1）提出申请　当事人遗失、损毁收养证件，可以向原收养登记机关申请补领。收养人或者被收养人应亲自到收养登记机关提出申请。因故不能到原收养登记机关申请补领收养登记证的，可以委托他人办理。夫妻双方共同收养子女的，应当共同到收养登记机关提出申请，一方不能亲自到场的，应当书面委托另一方办理。被收养人未成年的，可由监护人提出申请。

当事人申请补领收养登记证、补领解除收养关系证明应提交以下证件与证明材料：①申请人身份证件、户口簿。②收养登记档案保管部门出具的收养登记档案或解除收养关系档案记录证明。收养登记档案遗失的，申请人应当提交能够证明其收养状况的证明。户口本上父母子女关系的记载，单位、村（居）民委员会或者近亲属出具的写明当事人收养状况的证明可以作为当事人收养状况证明使用。③委托授权书及相关证明材料。当事人因故委托他人办理的，应当提交经公证机关公证的当事人的身份证件复印件和委托书以及受委托人本人的身份证件。夫妻一方委托另一方办理的，应提交经村（居）民委员会证明或者经过公证的委托书；夫妻双方一方死亡的，另一方应当出具配偶死亡的证明；离婚的出具离婚证件。监护人应提交监护证明。④当事人及相关人员照片。收养人和被收养人应提交2张2寸合影或者单人近期半身免冠照片。监护人提出申请的，提交监护人1张2寸合影或者单人近期半身免冠照片；监护人为单位的，提交单位法定代表人身份证件复印件和经办人1张2寸单人近期半身免冠照片。

（2）初审受理　收养登记机关查验当事人提交的照片、证件和证明材料。向申请人讲明补领收养登记证、补领解除收养关系证明的条件。询问申请人当时办理登记的情况和现在的收养状况。对于无档案可查的，收养登记员要对申请人进行询问并制作询问笔录。

初审符合条件的，予以受理。指导当事人填写、宣读《补领收养登记证申请书》或《补领解除收养关系登记申请书》、《出具收养登记证明申请书》或《出具解除收养关系登记证明申请书》并签名或按指纹，收养登记员见证并签名。初审不符合条件的不予受理，并告知原因和依据。

（3）审查报批　收养登记员自收到申请人提交的证件、证明材料及申请书后，应当自次日起30日内进行审查。经审查符合补发条件的，填写《补发收养登记证（或补发解除收养关系登记证明书）审查处理表》、《出具收养登记证明（或解除收养关系登记证明）审查处理表》，报民政厅（局）主要领导或者分管领导批准。

（4）登记颁证　报批符合条件的，填发收养登记证或解除收养关系证明。

任务引导

（1）掌握撤销收养登记以及补办收养登记证、解除收养关系证明工作流程基本程序阶段及各阶段的工作职责。

（2）准确理解撤销收养登记以及补办收养登记证的法定要件，在登记过程中准确理解运用。

（3）熟悉相关登记表格的内容及其填写要求。

(4) 在办理撤销收养登记以及补办收养登记证与解除收养关系证明过程中，适时为当事人提供相关法律咨询服务。

基础知识

1. 撤销收养登记

(1) 收养无效的原因及其处理　所谓收养的无效是指因欠缺收养关系成立的法定有效条件，而不能产生收养法律效力的收养行为。收养关系的成立必须满足法定条件，任何法定要件的欠缺必然导致收养无效。基于维护收养法律关系的稳定以及对当事人合法权益保障的需要，收养登记工作者必须清楚把握收养无效的法定原因，在收养登记工作过程中及时发现无效收养行为，并在自己合法权限范围内作出恰当的处理。

① 收养无效的法定原因。根据我国《收养法》和《民法通则》的有关规定，导致收养行为无效的原因主要来自于以下几个方面：其一，行为人不具有相应的民事行为能力。例如，行为人正处于精神病发病期间或患有痴呆症等病症。其二，成立收养关系的意思表示不真实，即他人以欺诈、胁迫手段或乘人之危，使当事人在违背真实意愿的情况下作出了收养、送养的意思表示。例如，送养人有意隐瞒了被收养人的疾病或生理缺陷导致收养人情况不明而作出违背自己真实意愿的收养意思表示。其三，违反法律或社会公共利益，包括违反《收养法》所规定的收养关系成立的法定条件与程序的要求，以及违反其他法律规范及社会公共利益的情形。例如，当事人弄虚作假，欺骗收养登记机关或公证机关，促使不合法收养关系的产生。

② 无效收养行为的处理。无效收养行为根据具体情况有两条法定处理途径，即以行政程序撤销收养登记或以诉讼程序确认收养无效。一方面，对于不符合法定条件的收养行为，当事人可以请求人民法院确认其无效；人民法院在审理收养纠纷案件时，如果发现该收养不符合法定条件的，也应当以判决的形式确认其无效。另一方面，对于在成立收养关系时，收养当事人通过弄虚作假骗取收养登记的，由利害关系人、有关单位或者组织向原收养登记机关提出，收养登记机关有权撤销登记并收缴收养登记证。收养登记机关撤销收养登记必须严格依法进行。

(2) 撤销收养登记的法律效力　依据《收养法》关于收养行为无效的有关规定，收养行为被人民法院确认为无效的，从行为开始时就没有法律效力；收养登记被收养登记机关依法撤销的，其无效的后果同样也是追溯到收养关系成立之时。收养行为当事人之间未形成拟制亲子关系，也不发生父母子女间的权利义务关系。

对以收养为名买卖儿童的犯罪人，由人民法院追究其相应的刑事责任。对以欺骗手段骗取收养证的行为人，可由收养登记机关予以必要的行政处罚。

2. 补领收养登记证与解除收养关系证明

已经办理过收养登记或解除收养登记手续的当事人，因收养证件遗失、损毁，可以向原收养登记的机关申请补领收养登记证或办理解除收养关系证明。

收养登记机关补办收养登记证件应符合以下基本要件：①当事人遗失或损毁收养证件或解除收养登记证。②当事人收养关系状况明确，即依法登记收养或者解除收养关系，目前仍然维持该状况。当事人办理过收养或者解除收养关系登记，申请补领时的收养状况因解除收养关系或者收养关系当事人死亡发生改变的，不予补发收养登记证，可由收养登记机关出具收养登记证明。收养登记证明不作为收养人和被收养人现在收养状况的证明。③收养人或者被收养人亲自到收养登记机关提出申请。收养人或者被收养人因故不能到原收养登记机关申请补领收养登记证的，可以委托他人办理。夫妻双方共同收养子女的，应当共同到收养登记机关提出申请，一方不能亲自到场的，应当书面委托另一方，夫妻离婚的可以一方提出申请。被收养人为未成年人的，可由监护人提出申请。

案例阅读

夫妻单方面收养子女，收养关系是否有效

孙某与丈夫李某 5 年前登记结婚一直未生育，孙某很想收养一名孩子。去年秋，孙某到县福利院看到一名男婴，打算收养。当孙某第二次来到县福利院要求办理收养男婴手续时，县民政局的工作人员以其丈夫没来，无委托收养证明为由，拒绝办理收养手续。孙某谎称丈夫长期在外打工，经电话联系其丈夫口头委托自己全权办理。工作人员信以为真，便为其办理了收养手续。今年初，孙某与丈夫李某闹离婚，李某不承认自己收养了孩子，不愿支付孩子抚育费。

【思考】本案孙某单方面收养男婴的收养行为是否有效？李某能否申请收养登记机关撤销该收养登记？为什么？县民政局的工作人员在办理收养登记过程中存在什么问题？

项目十一 登记管理民间组织

项目概述

本项目要求学生通过学习，准确把握民间组织管理相关法律法规精神，熟悉各类民间组织登记管理的工作流程，清楚掌握各类民间团体登记管理中的注意事项，并能在民间组织登记管理工作过程中做好民间组织相关法律法规及政策的宣传工作与咨询工作，正确贯彻落实党和国家关于民间组织的法律法规和政策，坚持依法管理。

背景介绍

民间组织代表着社会公众的利益，其自下而上式的组织运作机制，可以有效掌握社会成员的民生需求，针对不同对象提供多样化的服务。同时，民间组织还可以动员社会资源为政府提供必要的辅助性支持。目前，民间组织参与社会保障已成为一种世界性趋势，民间组织与政府部门一道构成了一个全面的民生改善机制。

登记管理民间组织是民间组织管理部门依照法定条件和程序对各类民间组织进行行政确认的具体行政行为。目前我国民间组织管理采取由登记管理机关与业务主管单位分工协作、共同管理的“双重负责、分级管理”体制，确保民间组织在国家法律法规和其发展宗旨范围内开展健康有益的活动。

任务一　认知民间组织

任务描述

民间组织管理主要的岗位或岗位群包括各级民政部门的民间组织管理岗位、街道办事处社区民间组织管理岗位、社区居委会主任助理和委员岗位、社区服务中心主任助理、社区民间组织管理岗位等。

民间组织管理人员应认真学习理解国家民间组织相关法律法规，掌握我国民间组织的基本内涵，掌握民间组织管理体制的特点，明确各层级民间组织管理部门职责，能够正确引导民间组织的发展。

任务实施

民间组织管理工作要处理好 3 个关系：①组织领导和政治领导的关系，党组织要切实把握政治方向，监督社会组织遵守法律和社会道德规范，保证社会组织的正确发展方向；②控制和引导的关系，既要保证社会组织沿着正确的方向发展，又要充分发挥社会组织的功能作用；③管理和服务的关系，民间组织管理部门应积极引导社会组织开展自我教育、自我管理、自我约束、自我服务，加强民间组织的日常管理和执法监督，做到既提高办事效率，又严格把关。保证民间组织沿着我国改革开放的路线方针政策的正确方向前进，为和谐社会建设添砖加瓦。

任务引导

（1）有观点认为：我国民间组织登记管理的双重体制阻碍了我国民间组织的发展，应该取消必须有业务主管单位的限制。你同意这个观点吗？谈谈你的观点。

（2）谈谈你对民间组织登记管理工作与和谐社会建设之间关系的理解。

基础知识

1. 民间组织界定

目前对“民间组织”的概念有很多种界定。由于该类组织本身具有的多元性、人们认识上的差异性等原因，全球范围内对该类组织的称谓不一而论，如非政府组织（NGO）、非营利组织（NPO）、公民社会组织（CSO）、志愿组织（VO）、慈善组织、免税组织等。

广义的民间组织是指除党政机关、企事业单位以外的社会中介性组织。从我国政府官方认可的角度来看，凡是由各级民政部门作为登记管理机关并纳入登记管理范围的社会团体和民办非企业单位及基金会 3 类社会组织都是民间组织。

民间组织主要有 3 个特点：

（1）非营利性　主要是指民间组织的收入不是用于成员再分配，必须全部用于章程规定的业务活动。

（2）民间性　尽管我国目前有一些民间组织具有官方背景（如政府推动成立、政府拨款、政府委派领导人……），但民间组织并不是国家投资举办或组建的，并不具备政府组织所拥有的行政权力，没有行政级别，没有行政编制，没有财政拨款，对其服务对象也不具有强制性，完全是出于自愿、兴趣和奉献。

（3）自治性　指民间组织具有明确的法律地位，在规定的范围内依照章程独立开展活动，不受任何个人和单位的不正当干涉，可以完全自主决定人员聘用及业务活动。

2. 民间组织的类型

（1）社会团体　根据《社会团体登记管理条例》（1998 年 10 月 25 日国务院令第 250 号

发布）的相关规定，社会团体是指中国公民自愿组成，为实现会员共同意愿，按照其章程开展活动的非营利性社会组织。

（2）民办非企业单位　民办非企业单位是指企业事业单位、社会团体和其他社会力量以及公民个人利用非国有资产举办的，从事非营利性社会服务活动的社会组织。

（3）基金会　基金会主要是指利用自然人、法人或者其他组织捐赠的财产，以从事公益事业为目的，按照国家相关规定成立的非营利性法人。基金会分为面向公众募捐的基金会（简称公募基金会）和不得面向公众募捐的基金会（简称非公募基金会）。公募基金会按照募捐的地域范围，分为全国性公募基金会和地方性公募基金会。

3．我国民间组织的管理体制

我国民间组织管理体制是按照法律规定，运用行政手段对民间组织进行管理的国家行政机关机构设置、隶属关系及权限划分等方面的体系和制度的总称。

我国民间组织管理体制具有鲜明的阶级性，是为民间组织服务的，具有以下特点：

（1）双重性　国务院民政部门和县级以上各级人民政府民政部门负责本级人民政府范围内民间组织的登记管理工作，主要负责民间组织的登记注册、日常性管理。

民间组织的业务主管部门由国务院有关部门、我国县级以上地方各级人民政府的有关部门、国务院或县级以上地方各级人民政府授权的机构构成。

（2）层次性　民政部门对民间组织的管理的层次性主要体现在管辖范围上。由于我国幅员广阔，不同层次、不同类型、数量众多的民间组织要求我们必须根据民间组织本身的成员分布、活动区域、业务范围等实际情况，使用不同级别的登记管理机关管理不同层次的民间组织。

4．民间组织管理部门的管理职能

（1）国家级管理部门　民政部民间组织管理局是国家级的民间组织管理部门。其主要职能包括：拟订社会团体、基金会、民办非企业单位登记管理办法，并按照管辖权限进行登记管理和执法监察；承担境外非政府组织在华机构的登记管理和执法监察工作；承担民间组织信息管理工作；指导和监督地方对社会团体、基金会、民办非企业单位的登记管理工作。

（2）地方民间组织管理机关

1）省级民政部门。各省/自治区民政厅下属的民间组织管理局、直辖市民政局下属的社会组织管理局是民间组织的登记管理机关。

其职能主要包括：贯彻执行有关民间组织（社会团体、民办非企业单位和基金会）工作的法律、法规、规章和方针、政策；结合本地实际，组织和参与起草本地民间组织建设与管理的地方性法规、规章草案和政策措施；负责民间组织的筹备审批；民间组织的成立、变更和注销登记审批；负责民间组织的年度检查和各类专项检查；研究拟订行业协会的改革发展方案、布局规划和有关政策，承担行业协会的协会业务主管单位的职责，负责对行业协会负责人的教育培训；指导民间组织建立健全各项管理制度，开展民间组织规范化建设；组织指导社会组织培训工作；协助开展社会组织中党组织的建设；指导开展群众活动团队备案工作；研究并负责涉外社会组织的登记管理工作，指导社会组织对外交流与合作；监督管理社会组织的活动，查处违法行为，实施行政处罚；依法对非法社会组织实施查处和取缔；协调有关部门整合和利用各方资源，建立信息共享机制，为社会组织提供政策咨询、信息发布、人才开发、合作交流等服务；负责有关行政复议受理和行政诉讼应诉工作。

2）地市级地方民间组织管理机关。其职能主要包括：拟订本地/市社团、民办非企业单位登记管理的政策并监督实施；承办全地/市性社团、跨区（市）社团的登记管理，承办市直民办非企业单位的登记管理；开展社团、民办非企业单位负责人培训；监督社团和民办非企业单位的活动，查处其违法行为，查处未经登记擅自以民间组织名义开展活动的非法组织；协调、指导、监督各区（市）社团和民办非企业单位的登记管理工作。

3）基层民间组织管理部门。基层民间组织管理机构主要是指县级民政部门的民间管理机构，主要为各县级民政部门的民间组织管理科。县级民政部门的民间管理机构通常叫做基层业务股（挂地名办、民间组织管理中心牌子）或是民间组织管理科。

其职能主要包括：负责本级管理部门管辖范围内的民间组织的审批登记、管理、年度审查和变更、注销登记；依法实施对本地区社会团体的监督管理工作；会同有关职能部门对未经核准登记擅自以社团名义活动的组织的处罚；组织指导创先进的民间组织工作，建立良好循环的竞争和管理机制；培养和树立优秀的行业性社会团体，促进行业管理，推进经济有序发展；监督、查处本地区社会团体和民办非企业单位违法违纪案件，取缔非法民间组织；指导、监督和参与本地区民间组织重大案件的查处。

材料阅读

社会团体与民办非企业单位二者的区别主要体现在以下几方面：

从成员组成来看，社会团体成员在一定范围内有广泛的代表性，不存在举办者；民办非企业有明确的举办者。

从成员性质来看，社会团体成员的身份本身并不具有职业性质，其成员都有自己的职业；民办非企业的执业、从业人员在该单位的工作是职业性的，是其谋生手段。

从成员关系来看，社会团体的成员相对处于分散的状态，其活动不具有经常性；民办非企业的执业、从业人员关系紧密，经常在一起活动。

任务二　熟悉社会团体登记管理

任务描述

任务包括：熟知社团登记管理的法律依据，按照法定规范程序进行社会团体的登记管理；指导登记者正确填写相关表格；严格依据法律相关规定解答申请者提出的疑问；准确判断申请登记管理的社会团体的性质，并作出准予或不准予登记成立决定。本任务主要训练学生依法执行社会团体登记管理程序的能力。

任务实施

（1）做好前期咨询服务工作。尽管法定的社团登记程序中并没有规定必须开展前期咨询，但在实际工作中，前期咨询是社团登记必不可少的环节。所谓磨刀不误砍柴工，在申请者填写、提交各类申请文件和表格之前就明确告知相关规定和要求，可以将社团登记的关口前移，通过筛选优化社团结构和布局，通过咨询可了解社团成立的真实意图，有利于管理者进行针对性的宣传，防止社团先天不足。此外，前期咨询还使社会团体的登记管理机关与业务主管机关有更多交流和沟通的机会，彼此更加认同，有利于合作。

（2）进行社团登记管理工作必须熟悉和准确把握《社团登记管理条例》、《外国商会管理暂行规定》等相关法规的规定和精神。

（3）登记管理中明确掌握那些不属于社团登记范围的社会团体。

（4）掌握审核登记/变更/注销材料的规范。

在前期咨询阶段一次性告知申请者相关规范。所有提交的材料都必须是原件，不得有复印件、传真件等，所有文件都不得使用铅笔或圆珠笔填写。

1）筹备成立之前向申请人介绍清楚需要提交的资料种类及清单，此外还应专门强调以下事项：

业务主管单位职能必须与社团业务范围相符，如果遇到一些行业性社团业务范围涉及两个或两个以上政府部门职能，则可以由登记管理机关推荐。所有上交表格中需要业务主管单位签署意见的栏目，业务主管单位都应该签字、盖公章确认。业务主管单位出具的发起人/拟任负责人的介绍材料应明确说明该人未受到任何刑事处罚，证明该人在本行业/领域中的权威性，加盖所在单位人事部门公章（如无人事部门，则盖该单位公章）。持外地身份证的发起人/拟任负责人还要提交本地区居住 2 年以上的证明。港澳台人士原则上不得参加内地社团组织。现役军人、部队离退休军人不得加入地方社团组织。情况特殊的，需报大军区审批通过才可加入。

严格遵循登记管理机关必须与登记社团活动区域相一致的原则，即保证社团是在哪个区域登记的，其活动区域就限定在该区域，不能跑到其他区域开展活动。

拟成立的社团名称一般为由“行政区域名称+业务范围+社团类别”构成，应能准确反映社团特征，并与社团的业务范围、成员分布、活动地域等相一致。

2）成立登记阶段，着重审核申请方提交的《社会团体会员大会/会员代表大会会议纪要》，纪要应包括会议召开时间、地点、主持人、应到会人数、实到会人数、选举方式、选举结果（特别是被选举人的得票情况）等内容。

如遇办理社团分支机构、代表机构成立登记，则需要着重审核是否有经过社团理事会/常务理事会讨论通过的正式文件，是否已经是分支机构，是否在核准登记的活动地域以外活动。

3）变更登记中，如变更社团名称、法定代表人、秘书专项基金管理委员会负责人的，必须提交由具有法定资格的会计事务所出具的财务审计报告。变更社团名称的，需要事先进行名字预核准，并审核其在变更申请书上是否有这样的语句：“变更名字前社团的债权债务由变更名字后的社团承担”。

如果属于社团印章、社团分支机构/代表机构印章、《社会团体法人登记证书》、《社会团体分支机构/代表机构证书》正副本遗失需要补办的，也应该进行变更登记，并登报公告，之后重新发给相关证照。

4）注销登记中，注意分清自行解散和社团分立或合并两种情况进行文件资料的审查，如有必要，还可以到社团所在地现场查看。

① 社会团体注销登记时，要注意审核注销申请方有没有提交经过会员大会（或会员代表大会）审议通过的书面决定、业务主管部门出具的规范合格的同意文件、业务主管单位的初审意见及填写完备的注销申请表。社团专项基金管理委员会注销登记时，还要审核是否有规范的清算报告书。一般来说，社团注销时，由业务主管单位、社会审计机构、社团财务人员组成一个清算小组，出具清算报告书，报告书中应根据国家相关规定，提出对社团注销后的资金处理意见。还应该及时收缴申请注销社团的各类财务凭证、财务章、社团公章、社团分支机构印章，《社会团体法人登记证》（正副本均收缴）、《社会团体分支机构（代表机构》登记证》（正副本均收缴）等。

② 社团分支机构代表机构的注销登记，则必须注意有没有经理事会或常务理事会讨论审议通过的书面材料、业务主管单位的初审意见及填写完备的注销申请表，否则不能办理注销登记。

任务引导

（1）熟读《社会团体登记管理条例》、本省份《社会团体登记管理实施细则》等社会团体登记管理的法律依据；熟悉本省份行业协会章程示范文本的内容。

（2）掌握社会团体登记（变更/注销）管理一般程序：接收筹备登记（变更/注销）申请、筹备登记（变更/注销）审批、社团成立（变更/注销）登记、发放（换发/收缴）相关证件、存档备案、公告。

（3）研读现有档案中社会团体登记管理表格——《社会团体章程核准表》、《社会团体企业法人登记表》、《社会团体办事机构备案表》、《社会团体法定代表人登记表》、《社会团体负责人备案表》、《社会团体变更登记表》、《社会团体注销登记申请表》等，分析并明确填写规范。也可通过亲自填写相关表格和文件，咨询本部门领导和同事，对照登记要求，准确掌握社团登记管理中成立大会决议、章程等相关文件表格的写作格式规范和内容要点。

（4）接待社会团体登记申请者，解答其疑问，指导其完成登记。

（5）根据情况，判断申请登记管理的社会团体的性质，并作出准予或不准予登记成立（变更/注销）决定，并形成文字材料。

（6）与所辖范围内的社会团体业务主管单位进行联系和沟通，宣讲社会团体登记管理须知。

（7）实地走访所辖范围内典型社会团体，了解其基本信息。

基础知识

1．社会团体筹备登记审核

（1）审核社团递交的文件是否齐全有效。社会团体申请筹备登记的时候，必须向登记管理机关提交下列有效文件：

1）筹备申请书。

2）业务主管单位的批准文件。

3）验资报告、场所使用权证明。

4）发起人和拟任负责人的基本情况、身份证明。

5）章程草案。

（2）审核筹备社会团体是否属于条例规定登记的范围。参加中国人民政治协商会议的人民团体，由国务院机构编制管理机关核定并经国务院批准免于登记的团体，机关、团体、企业事业单位内部经本单位批准成立、在本单位内部活动的团体等 3 种社会团体不属于登记的范围。

（3）审核社会团体是否具备法人条件，有独立承担民事责任的能力。

（4）社会团体必须遵守宪法、法律、法规和国家政策，不得反对宪法确定的基本原则，不得危害国家的统一、安全和民族的团结，不得损害国家利益、社会公共利益以及其他组织和公民的合法权益，不得违背社会道德风尚。社会团体不得从事营利性经营活动。

（5）审核该社会团体会员人数是否达到条件。是否有 50 个以上的个人会员或者 30 个以上的单位会员；个人会员、单位会员混合组成的，会员总数不得少于 50 人。

（6）业务主管部门是否已经审查同意。

（7）是否有规范的名称和相应的组织机构。社会团体的名称应当符合法律、法规的规定，不得违背社会道德风尚。社会团体的名称应当与其业务范围、成员分布、活动地域相一致，准确反映其特征。全国性的社会团体的名称冠以“中国”、“全国”、“中华”等字样的，应当按照国家有关规定经过批准，地方性的社会团体的名称不得冠以“中国”、“全国”、“中华”等字样。

（8）是否有固定的住所和与其业务活动相适应的专职工作人员。

（9）是否有合法的资产和经费来源，全国性的社会团体应有 10 万元以上活动资金，地方性的社会团体和跨行政区域的社会团体有 3 万元以上活动资金。

作为登记管理机关，各级民间管理部门应在收到全部有效文件之日起 60 日内，根据对资质和材料的审核情况，对符合要求的批准筹备。

依据 1998 年颁布的《社会团体登记管理条例》，以下情况不予批准筹备登记：

① 有根据证明申请筹备的社会团体的宗旨、业务范围不符合《社会团体登记管理条例》第四条规定的。

② 在同一行政区域内已有业务范围相同或者相似的社会团体，没有必要成立的。

③ 发起人、拟任负责人正在或者曾经受到剥夺政治权利的刑事处罚，或者不具有完全民事行为能力的。

④ 在申请筹备时弄虚作假的。

⑤ 有法律、行政法规禁止的其他情形的。

筹备期间不得开展筹备以外的活动。

2. 社会团体登记

（1）成立登记审核　筹备成立的社会团体，应当自登记管理机关批准筹备之日起 6 个月内召开会员大会或者会员代表大会，通过章程，产生执行机构、负责人和法定代表人，并向登记管理机关申请成立登记。

登记管理机关应当自收到完成筹备工作的社会团体的登记申请书及有关文件之日起 30

日内完成审查工作。

1）审核章程是否完备。社会团体的章程应当包括下列事项：名称、住所；宗旨、业务范围和活动地域；会员资格及其权利、义务；民主的组织管理制度，执行机构的产生程序；负责人的条件和产生、罢免的程序；资产管理和使用的原则；章程的修改程序；终止程序和终止后资产的处理；应当由章程规定的其他事项。

2）审核筹备工作是否符合要求。

3）审核社团法定代表人、负责人的资格。社团法定代表人必须未受过剥夺政治权利的刑事处罚，具有完全民事行为能力。未同时担任其他社会团体的法定代表人。

（2）登记发证　对符合要求的社会团体登记管理机关应准予登记，核定注册号，发给《社会团体登记证书》和《社会团体法人登记证书》，并在公开发行的报刊上发布公告，准予其正式成立。

登记事项包括：名称；住所；宗旨、业务范围和活动地域；法定代表人；活动资金；业务主管单位。

对不予登记的，应当将不予登记的决定通知申请人。

（3）备案登记　依照法律规定，自批准成立之日起即具有法人资格的社会团体，应当自批准成立之日起60日内向登记管理机关备案。登记管理机关自收到备案文件之日起30日内发给《社会团体法人登记证书》。

备案内容除了登记要求的事项外还包括社团印章式样、银行账号、业务主管单位依法出具的批准文件等。

（4）社会团体分支机构、代表机构登记　社团召开理事会或常务理事会讨论通过成立分支机构、代表机构的，拟设的分支机构、代表机构名称，登记机关应预先核准，必须由社团组织向登记机关提出登记申请。

分支机构是社团的组成部分，接受所属社团的领导和管理，不具备独立法人资格，不能在分支机构下面再设立分支机构，其民事责任由所属社团承担；不能在核准登记的活动地域以外设立分支机构，在活动地域内、设立分支机构和代表机构的，在经业务主管单位审查同意后，还必须获得拟设地民政部门的书面同意意见；如果分支机构、代表机构的负责人是由在职党政干部兼任的，必须按有关规定填写《党政机关领导干部兼任社会团体负责人审批表》，并报民政部门、组织（人事）部门审批。

分支机构、代表机构在取得证书后，应按有关规定刻制印章，并将印章送登记机关备案。

3．社会团体变更登记

在登记管理机关注册登记备案的社会团体，登记事项发生变化需要变更的应首先向业务主管单位提出变更申请，自业务主管单位审查同意之日起30日内，再向原登记管理机关申请办理变更登记，填写《社会团体变更申请表》等相关文件。

登记管理机关根据业务主管单位出具的同意变更的文件，对社会团体提交的变更申请及相关材料进行审核，作出准予或不准变更的决定。

对于准予变更的社会团体，登记管理机关应重新制发新的《社会团体法人登记证书》。对不予变更的，应将不予登记的消息告知申请人。

社会团体进行变更登记申请时，不论是哪一种变更申请，都必须向登记管理机关提交加盖会章及法定代表人签字的变更登记申请书或申请表，加盖会章的理事会或常务理事会审议通过的会议纪要以及业务主管单位审查同意的文件。

变更登记需要提交的文件和资料除上述材料外，依据申请变更登记的项目不同，有不同要求：

（1）社团名称变更登记，社团宗旨、业务范围和活动地域变更登记的，需要审查社会团体提交的理事会或常务理事会审议通过的新修改的章程草案。

（2）社团住所变更登记的，应提交新住所的产权证明或使用证明材料（地址、使用面积、使用期限、邮编及联系电话）。

（3）社团法定代表人变更登记的，需提交社会审计机构出具的财务审计报告。

（4）社团活动资金变更登记的，需提交社会审计机构出具的验资报告。

4．社会团体注销登记

社会团体有下列情况之一的，应在登记管理机关办理注销登记：

（1）完成章程规定的宗旨的。

（2）自行解散的。

（3）分立的。一个社会团体分立形成两或两个以上的新的社会团体的，有两种情况：①原社团不再存在的，需要办理注销登记手续，新产生的社会团体需要办理成立登记手续；②如果原社会团体继续存在且出现变更项目，则原社会团体需要办理变更登记手续，分立出来的部分形成新的团体，需要办理成立登记手续。

（4）合并的。两个或两个以上的社会团体合并为一个的，存在 2 种情况：①两个或两个以上社会团体合并后形成一个新的社会团体，则原来的社会团体均需要在原登记管理机关办理注销登记，合并后新成立的社会团体需要办理成立登记手续。②一个或几个社会团体（被接收方）并入另一个社会团体（接收方）中，接收方如果出现变更事项的，需要办理变更登记，被接收方均需要办理注销登记。活动区域改变且超出原登记管理机关管辖范围的，应先到原登记管理机关办理注销手续；社团宗旨发生重大变化的，需要先办理注销登记手续，再根据新的宗旨重新筹备申请成立登记。

在社会团体因各种原因需要终止之时，应首先向业务主管单位提出申请，在业务主管单位及有关机关的指导下，成立清算组织，完成清算工作，期间不得开展除清算之外的其他活动。业务主管单位审查结束之日起 15 日内社会团体应向原登记管理机关申请注销登记。

登记管理机关在对社会团体进行注销登记时，应审核社会团体法定代表人签署的注销登记申请书，审核业务主管单位的审查文件和清算报告书。准予注销登记的，发给注销证明文件，并收缴该社会团体的登记证书、印章和财务凭证。

5．社会团体的年检

社会团体应当于每年 3 月 31 日前向业务主管单位报送上一年度的年检报告书等材料，经业务主管单位初审后，于 5 月 31 日前报送登记管理机关，接受年度检查。

社团年检的内容：执行法律法规和有关政策情况；开展业务活动情况；经费收支和财务管理情况；办事机构和分支机构设置情况；负责人变化情况；在编及聘用工作人员情况；其他有关情况。

社团年检的程序：登记管理机关发出年检公告或通知；社团按要求准备年检材料并经业务主管单位审查后，报送登记管理机关；登记管理机关进行检查和审核；登记管理机关作出年检结论。

社团年检应提交的材料：上一年度工作总结和本年度工作计划；上一年度财务决算并附财务会计报告；《社会团体年检报告书》；《社会团体法人登记证书》副本；登记管理机关要求报送的其他材料。

材料阅读

不属于社会团体登记范围的社会团体

（1）参加中国人民政治协商会议的人民团体：中华全国总工会、中国共产主义青年团、中华全国妇女联合会、中国科学技术协会、中华全国归国华侨联合会、中华全国台湾同胞联谊会、中华全国青年联合会、中华全国工商业联合会等。

（2）由国务院机构编制管理机关核准，并经过国务院批准免予登记的团体：中国文学艺术界联合会、中国作家协会、中华全国新闻工作者协会、中国人民对外友好协会、中国人民外交学会、中国国际贸易促进委员会、中国残疾人联合会、宋庆龄基金会、中国法学会、中国行政管理学会、中国红十字总会、中国职工思想政治工作研究会、欧美同学会、黄埔军校同学会、中华职业教育社、中国戏曲家协会、中国电影家协会、中国美术家协会、中国曲艺家协会、中国舞蹈家协会、中国民间艺术家协会、中国摄影家协会、中国书法家协会、中国杂技家协会等共25个组织。

（3）在机关、团体、企事业单位内部经本单位同意批准成立、在本单位内部活动的团体。

案例阅读

2010年10月，某省民管局社会团体登记处小刘接待了一位男士，他要求成立“××省赵氏文化研究会”，由于中央文件严令禁止以封建宗亲、姓氏为纽带的结社行为，小刘明确表示不予受理。

过了一个星期，这位男士又来要求申请成立“××省赵氏文化研究协会”，小刘对其提交的资料进行审核，发现该协会拟请统战部门任业务主管单位，协会的发起人及拟发展的会员也多是赵姓，业务范围拟定为查考研究××省内赵氏文化的起源，赵氏文化源流资料的研究、编纂与出版，××省赵氏文化名人的宣传纪念活动，参与海内外相关的学术交流活动，招商引资活动等。

【思考】如果你是小刘，你会受理该社会团体的登记申请吗？

【分析】应不予受理，理由如下：①该社团的业务范围是文化方面，因此其主管单位应该是宣传部或文化厅等具备文化管理职能的党政部门担任，而非统战部门；②从名称来看，该协会应是学术性社团，但其发起人不是该领域的研究工作者、专家或学者，不具备权威性；③从该协会的活动内容来看，其中的招商引资活动也不属于学术类社团的业务范围；④“××文化”范畴很大，研究范围应该包括××地区的历史、社会、文化……但该协会的研究业务范围只局限在对赵氏姓氏方面的查考、宣传等，业务范围与名称不符。

综上，该协会仍是实质上的宗族类社团组织，根据中办发[1999]34号文件禁止成立宗族类社会团体组织的规定，不予受理登记申请。

任务三　熟悉民办非企业单位登记管理

任务描述

任务包括：熟知民办非企业单位登记管理的法律依据，按照法定规范程序指导登记者填写相关表格，解答登记者提出的相关疑问并严格根据法律规定给予准确及时的答复，能够准确判断申请登记管理的民办非企业的性质，作出准予登记成立或不准予登记成立的决定，根据法律规定进行民办非企业的变更登记，对民办非企业单位进行年检作出合格或不合格的判断并正确撰写年检报告书。本任务主要训练学生依法执行民办非企业单位登记管理程序的能力。

任务实施

（1）与社团登记管理一样，民办非企业的登记管理也必须做好前期咨询服务工作。在前期咨询阶段一次性告知申请者相关规范。所有提交的材料都必须是原件，不得有复印件、传真件等，所有文件都不得使用铅笔或圆珠笔填写。

（2）登记管理中审核民办非企业单位的章程时除了审核章程的格式之外，还应该注意章程中必须承诺“本机构不以营利为目的，终止时剩余财产不由举办者分配，而是用于相同性质的公益事业”。

（3）成立登记阶段的审核要点：

1）民办非企业单位的举办者除了企事业单位、社会团体和公民之外，其他社会力量的认定必须仔细。具有法人资格的其他社会组织（如基金会）、不具有法人资格的其他社会组织（如个体工商户）等都可以作为其他社会力量看待，但如果申请举办者是某单位内设的组织，由于其不具备独立的主体资格，因此绝不能看作其他社会力量。

2）要审核民办非企业单位的定位问题。一要注意组织类型，二要注意其分类。特别是对于民办教育（培训）机构，根据2003年的《民办教育促进法》第九条“民办学校应当具备法人条件”的规定，在登记的时候一律登记为法人组织形式。

3）审核法人类的民办非企业单位的组织机构时，要确保其具有理事会/董事会、监事/监事会及执行机构。

4）业务主管单位的审批文件也需要认真审核。教育、劳动、卫生等系统的审批文件形式是颁发许可证，对许可证需要掌握分辨许可证真假的方法，对于其他业务主管单位下发的许可文件，则必须认真审核其格式是否规范、用词是否准确、内容是否完整，具体来说在业务单位给出的许可文件中必须清楚准确地写明拟成立的民办非企业单位的全称、举办者名字、业务范围、业务性质（非营利性）等要素，鉴别时还需要注意用章的规范性。

5）民办非企业单位的名称一般的构成是：行政区划名称+字号（由两个及两个以上的汉字组成）+行（事）业或业务领域+组织形式，如“湖北金苹果幼儿园。”

如果是使用个人姓名作为字号，存在以下情况之一的都不能批准：①举办者未提交合格的姓名拥有者本人同意使用名字的正式授权文件及公证机关出具的公证文书，姓名拥有者如果不在世的，举办者未提供其法定继承人同意使用该姓名的正式授权文件及公证机关出具的公证文书的；②使用老一辈革命家、党和国家领导人的名字的；③所用名字容易引起歧义或造成公众误解的。例如，一个人的名字是朱世慧，但又不是湖北著名京剧演员朱世慧本人，如果他申办一个京剧培训学校，就不能批准“湖北朱世慧京剧学校”这个名号。因为这个名字容易让公众误解为是朱世慧本人举办的。

6）民办非企业单位的开办资金可以包括资金和拥有物权的实物，其中非国有资产（民办教育机构为非财政性经费）所占份额不得低于总财产的 2/3，开办资金必须达到本行业规定的最低限额。对于开办资金的审核应以正规的审计事务所出具的验资报告为准，如果开办资金中还包括实物，则还需要审核是否具有法定机构对实物出具的资产评估报告。一般的物品必须有购物发票。土地、房屋、汽车等财产必须是民办非企业名下的。如果遇到因民政部门没有正式批准登记而无法过户的情况，为防止民办非企业举办者投资不到位、骗取登记，可借鉴湖北省民政厅的做法，暂不要求举办者马上过户，而要其写出在登记半年内将所评估的实物过户到拟成立的民办非企业名下的保证书，发给有效期半年的登记证书。半年后未完成过户的证书作废。过户完成的则换发登记证书。

严格审查民办非企业的办公场地，必须认真审核民办非企业场所的房产证、房屋租赁合同的原件，将原件与复印件核对无误后，原件退还举办申请者，复印件上注明“与原件核对无误”后存档备查。同时还应该到场所实地查看，确保管理到位。

（4）变更登记的审核要点：

1）变更登记中的民办非企业单位名称、场所、法人代表、业务主管单位的变更与成立登记中的要求类似。

2）在审核开办资金变更的时候有四看：一看出具验资报告和评估报告的机构及人员是否有专业执业资格证书；二看其专业执业资格证书是否年检合格；三看验资报告、评估报告结果是否表述清楚明确；四看对实物的估价是否合理，对那些购置半年以上的设备、设施、用品等的价值是否进行了折旧计算。

任务引导

（1）必须准确理解民办非企业的概念：从民办非企业单位的名称就可以看出此类民间组织的两个特性：民办性——投资者不是官方（政府机关），投入资金属于民间资本；非企业性——民办非企业与国家事业单位一样是在公益事业领域为社会提供专业化服务的。

熟读《民办非企业单位登记管理暂行条例》、《民办教育促进法》等民办非企业登记管理的法律依据。

（2）掌握民办非企业单位登记（变更/注销）管理一般程序：受理筹备登记（变更/注销）

申请、筹备登记（变更/注销）审查、民办非企业成立（变更/注销）核准、发放（换发/收缴）相关证件、存档备案、公告。

（3）研读现有档案中民办非企业登记管理表格——《民办非企业》章程草案、《民办非企业单位章程核准表》、《民办非企业单位成立登记申请表》、《法定代表登记表》或《负责人备案表》、《内设机构备案表》等，分析并明确填写规范。也可通过亲自填写相关表格，咨询本部门领导和同事，对照登记要求，准确掌握拟任负责人的基本情况、身份证明、业务主管单位的批准文件、场所使用权证明、从业人员资质证明、验资报告等相关文件的格式、查验要点。

（4）接待民办非企业登记申请者，解答其疑问，指导其完成登记。

（5）根据情况，判断申请登记管理的民办非企业的性质，作出准予或不准予登记成立（变更/注销）决定，并形成文字材料。

（6）与所辖范围内的民办非企业的业务主管单位进行联系和沟通，宣讲民办非企业登记管理知识，为民办非企业管理工作创造良好的环境。

（7）实地走访所辖范围内典型民办非企业，了解其基本信息。

基础知识

民办非企业单位是指企业事业单位、社会团体和其他社会力量以及公民个人利用非国有资产举办的，从事非营利性社会服务活动的社会组织。民办非企业单位主要分布在教育、卫生、文化、科技、体育、劳动、民政、社会中介服务业、法律服务业、其他等行（事）业中。

按民办非企业单位承担民事责任的方式不同，可以分为个体类民办非企业单位、合伙类民办非企业单位、法人类民办非企业单位；根据民办非企业单位从事的非营利性社会服务活动所属行业可以划分为教育类、卫生类、文化类、科技类、体育类、劳动类、民政类、社会中介服务类、法律服务业类等不同类别。

民办非企业申请成立，其申请成立的发起人应首先向其业务主管单位提交申请及相关资料，业务主管单位经过审核同意，出具同意成立的审查意见书，发起人再及时向登记管理机关提交相关资料，申请成立登记。

登记管理机关在收到申请人提交的全部有效文件之日起即发给民办非企业单位登记受理通知书，并在 60 日之内对申请成立的民办非企业单位进行审核，作出准予登记或不予登记的决定。对符合条件的准予登记，并按照其依法承担民事责任的不同方式，发给相关登记证书。

1. 成立登记时申请人应提交的资料

（1）经业务主管单位审查同意颁发的许可证或出具的批准文件。

（2）规范的名称（名称须符合民政部《民办非企业单位名称管理暂行规定》）。

（3）有与其业务活动相适应的组织机构和执业人员，并有执业人员的资格证明。

（4）验资报告，能够证明与其业务活动相适应的合法财产，且其中非国有资产份额不得低于总财产的 2/3；开办资金必须达到本行（事）业所规定的最低限额。

（5）合法场所使用权证明，与其业务相适应的必要的场所和设备、设施。活动场所须有合法的产权证明或一年期以上的使用权证明。

（6）合格的章程草案。章程草案（或合伙协议）内容应包括：

1）名称、住所。住所是指民办非企业单位的办公场所，须按所在市、县、乡（镇）及街道门牌号码的详细地址、邮政编码、电话号码如实填写。

2）宗旨、业务范围。宗旨和业务范围必须符合法律法规及政策规定。

3）组织管理制度。

4）法定代表人或者负责人的产生及罢免的程序。

5）资产管理和使用的原则。

6）章程的修改程序。

7）终止程序和终止后资产的处理。

8）需要由章程规定的其他事项。

合伙制的民办非企业单位的《章程》即合伙协议，合伙协议可省去“负责人产生及罢免”有关内容，其他部分要求同《章程》；个体民办非企业单位的《章程》中有关组织管理制度的部分可从简，负责人产生罢免程序省略。民办非企业单位须在其《章程》或合伙协议中载明：该单位如有盈利不得分配，解体时财产不得私分。

（7）民办非企业单位党建情况说明。

（8）合格的登记申请书。登记申请书应包括举办单位名称或申请人姓名、拟任法定代表人或单位负责人的基本情况、场所、开办资金、申请登记理由等。申请书须经法定代表人或负责人（拟任）签署，其中合伙制民办非企业单位的负责人指全体合伙人（下同）。

2. 民办非企业变更登记时应提交的材料

（1）合格的变更登记申请书：申请书必须载明变更的理由，并附决定变更时的会议纪要，由法定代表人或单位负责人签署并加盖公章。如果法定代表人或单位负责人因故不能签署变更登记书的，申请单位还应提交不能签署的理由的正式文件。

（2）业务主管单位对变更事项的审查同意文件。

（3）变更业务主管单位的，须有新的业务主管单位的同意文件。

（4）变更住所的，变更后新住所的产权或使用权证明。

（5）变更业务范围的，提供新的业务范围。

（6）变更法定代表人或单位负责人的，提交变更后的法定代表人或单位负责人的身份证明。

（7）变更章程的，提交法定代表人或单位负责人签署并加盖公章的核准申请书、业务主管单位审查同意的文件、章程或合伙协议的修改说明及修改后的章程或合伙协议、有关的文件材料。

3. 民办非企业注销登记时应提交的材料

（1）法定代表人或单位负责人签署并加盖公章的注销登记申请书。法定代表人或单位负责人因故不能签署的，应提交说明不能签署理由的文件（须经业务主管单位盖章认可）。

（2）业务主管单位审查同意的文件。

（3）清算组织提出的清算报告。

（4）民办非企业单位证书（正、副本）和全部印章及财务凭证。

（5）登记管理机关认为需要提交的其他文件。

4．民办非企业的年度检查应提交的材料

登记管理机关于每年3月至5月对民办非企业单位进行年检，年检材料包括《民办非企业单位年检报告书》、年度财务审计报告、登记证书副本及登记管理机关要求提交的其他材料。登记管理机关在收到全部年检材料30日内对民办非企业单位作出年检结论。

案例阅读

在民办非企业登记材料审核中常会遇到主管部门出具的同意文件（前置审批文件）不合格的情况。例如，××省××协会拟申请成立“××省××体育俱乐部”，其主管部门×省体育局出具的同意文件内容为：“经研究，同意成立××省××体育俱乐部，并按有关规定办理登记手续。”

【思考】这份文件是否符合要求？为什么？

任务四　熟悉基金会管理

任务描述

准确掌握国家对基金会管理方面的法律法规的精神，能够指导登记者填写相关表格，解答登记者提出的相关疑问并根据法律规定给予准确及时的答复，能够准确判断申请登记管理的基金会的状况，作出准予登记成立或不准予登记成立的决定。本任务主要训练学生依法执行基金会登记管理程序的能力。

任务实施

1．做好前期咨询服务工作

在前期咨询阶段一次性告知申请者相关规范。所有提交的材料都必须是原件，不得有复印件、传真件等，所有文件都不得使用铅笔或圆珠笔填写。

2．成立登记阶段的审核要点

审核要点包括基金会的名称、组织机构、负责人人选、原始基金金额的合法性和真实性。

（1）基金会的名称：基金会的名称应当依次包括字号、公益活动的业务范围，并以“基金会”字样结束，公募基金会的名称可以不使用字号；全国性公募基金会可以在名称中使用“中国”、“中华”、“全国”、“国家”等字样，非公募基金会不得使用上述字样；地方性公募基金会和省、自治区、直辖市人民政府民政部门登记的非公募基金会应当冠以所在地的县级或县级以上行政区划名称；冠以省级以下行政区划名称的，可以同时冠以所在省、自治区、直辖市的名称；冠以市辖区名称的，应当同时冠以市的名称；非公募基金会的字号可以使用自然人姓名、法人或其他组织的名称或者字号，公募基金会的字号不得使用自然人姓名、法人或者其他组织的名称或者字号。

（2）基金会的组织机构：理事会是基金会的决策机构，理事会人数为5～25名；用私人财产设立的非公募基金会，相互间有近亲属关系的基金会理事，总数不得超过理事总人数的1/3；其他基金会，具有近亲属关系的人员不得同时在理事会任职；基金会设监事，监事任期与理事任期相同，基金会理事、理事的近亲属和财会人员不得兼任监事；在基金会领取报酬的理事不得超过理事总人数的 1/3；监事和未在基金会担任专职工作的理事不得从基金会获取报酬；基金会理事遇有个人利益与基金会利益关联时，不得参与相关事宜的决策；基金会理事、监事及其近亲属不得与基金会有任何交易行为。

（3）基金会负责人人选要求：现职国家工作人员不得兼任基金会理事长、副理事长和秘书长；基金会的理事长为法定代表人；基金会的法定代表人不得同时担任其他组织的法定代表人；公募基金会和原始基金来自中国内地的非公募基金会的法定代表人，应当由内地居民担任；因犯罪被判处管制、拘役或者有期徒刑，刑期执行完毕之日起未逾5年的，因犯罪被判处剥夺政治权利正在执行期间或者曾经被判处剥夺政治权利的，以及曾在因违法被撤销登记的基金会担任理事长、副理事长或者秘书长，且对该基金会的违法行为负有个人责任，自该基金会被撤销之日起未逾5年的，不得担任基金会的理事长、副理事长或者秘书长；担任基金会理事长、副理事长或者秘书长的香港居民、澳门居民、台湾居民、外国人，每年在中国内地居留时间不得少于3个月。

（4）基金会原始资金必须来源合法、金额真实可靠。

3．变更登记审核要点

基金会的名称、类型、宗旨、公益活动的业务范围、原始基金数额、法定代表人变更审核要点同设立登记。住所需要变更的，必须认真审核住所的房产证、房屋租赁合同的原件，将原件与复印件核对无误后，原件退还举办申请者，复印件上注明“与原件核对无误”后存档备查。同时还应该到场所实地查看，确保管理到位。

4．注销登记审核要点

（1）审核注销登记申请书是否说明了申请注销的原因及其他需要说明的重要事项，是否法定代表人本人签字，基金会盖章的真实性。

（2）业务主管单位关于同意注销登记的批复。

（3）会计师事务所出具的基金会清算审计报告是否合格、真实。

任务引导

（1）目前基金会的发展有什么新的动向？

（2）查找资料，掌握我国基金会的构成，并明确各类基金会的特点。

（3）研读现有档案中基金会登记管理相关表格——《基金会法定代表人登记表》、《基金会法人登记证书》、《基金会变更登记申请表》、《基金会章程核准表》等，分析并明确填写规范。也可通过亲自填写相关表格和文件，咨询本部门领导和同事，对照登记要求，准确掌握相关文件表格的写作格式规范和内容要点。

（4）与所辖范围内的社会团体业务主管单位进行联系和沟通，宣讲社会团体登记管理知识。

（5）实地走访所辖范围内具备资质的验资、审计机构，了解其基本信息，加强沟通与联系。

基础知识

1．基金会概述

我国所称基金会，是指利用自然人、法人或者其他组织捐赠的财产，以从事公益事业为目的，按照2004年颁布的《基金会管理条例》的规定成立的非营利性法人。

基金会分为境内基金会和境外基金会，其中境内基金会分为面向公众募捐的基金会（简称公募基金会）和不得面向公众募捐的基金会（简称非公募基金会）。公募基金会按照募捐的地域范围，分为全国性公募基金会和地方性公募基金会。

境外基金会，是指在外国以及中华人民共和国香港特别行政区、澳门特别行政区和台湾地区合法成立的基金会。

2．基金会的管理部门和业务主管单位

我国对基金会的管理同样实施双重管理，省级以上民政部门——国务院民政部门和省、自治区、直辖市人民政府民政部门是基金会的登记管理机关。境外基金会在中国内地设立代表机构和拟由非内地居民担任法定代表人的基金会，到国家民政部登记。

而国务院有关部门或国务院授权的组织，是国务院民政部门登记的基金会境外基金会代表机构的业务主管单位，省、自治区、直辖市人民政府有关部门，或省、自治区、直辖市人民政府授权的组织，是省、自治区、直辖市人民政府民政部门登记的基金会的业务主管单位。（业务主管单位可以不与登记管理部门级别对等。）

3．基金会设立登记

（1）成立条件

1）为特定的公益目的而设立。

2）全国性公募基金会的原始基金不低于 800 万元人民币，地方性公募基金会的原始基金不低于400万元人民币，非公募基金会的原始基金不低于200万元人民币；原始基金必须为到账货币资金。

3）有规范的名称、章程、组织机构以及与其开展活动相适应的专职工作人员。

4）有固定的住所。

5）能够独立承担民事责任。

（2）基金会申请成立必须提交的材料

1）《基金会设立申请书》。

2）《基金会登记事项表》。

3）章程草案（参照民政部《基金会章程示范文本》拟定）。

4）验资证明和住所证明。

5）《基金会章程核准申请书》。

6）拟任理事长、副理事长、秘书长、理事、监事人员的名单、身份证明及简历（每人填写一份，其中理事长、副理事长、秘书长须提供本人所在单位人事部门意见）。

7）《基金会章程核准申请书》。

8）业务主管单位审查同意设立的书面文件。

（3）程序

1）登记管理机关核准基金会拟用名称。

2）登记管理机关接受基金会设立登记申请。申请者办理基金会名称预先核准申请书、名称（字号）使用授权书，根据拟设立基金会的公益活动业务范围，向业务主管单位提出申请，取得同意设立的文件，依法召开理事会通过有关决议，办理验资手续后，向登记管理机关申请办理设立登记手续。

申请者提交的申报材料齐全、符合法定形式的，予以受理。

3）审查。经有效受理后，登记管理机关书面审查提交的材料是否真实、合法、有效，必要时实地考察核实有关登记事项和条件。

4）批准。登记管理机关在受理全部有效材料之日起60日内作出准予登记或不准予登记的决定，并书面通知申请者。

5）发证。对准予登记的基金会，发给《基金会法人登记证书》，并办理领证签字手续。

6）公告。对准予登记的基金会，登记管理机关予以发布公告。

登记管理机关应于收到全部有效材料之日起 60 日内，对其进行审核，作出准予或者不予登记的决定。

准予登记的，发给《基金会法人登记证书》和《准予行政许可决定书》（或《基金会分支（代表）机构登记证书》）；不予登记的，应当以《不予行政许可决定书》书面说明理由并告知申请人。

4．基金会变更登记

基金会的名称、住所、类型、宗旨、公益活动的业务范围、原始基金数额、法定代表人发生变化的，都应进行变更登记。

（1）受理　对于申报材料齐全、符合法定形式的，登记管理机关收到材料后 5 个工作日内作出予以受理的决定。

（2）审查　经有效受理后，登记管理机关书面审查提交的材料是否真实、合法、有效，必要时实地考察核实有关变更登记事项和条件。

（3）批准　登记管理机关受理之日起 20 个工作日内作出准予变更登记或不准予变更登记的决定，并书面通知申请者。

（4）发证　对准予变更登记的基金会，自作出决定后 10 个工作日内发给变更后的《基金会法人登记证书》，并办理领证签字手续。

（5）存档

（6）公告　对准予变更登记的基金会，由登记管理机关予以公告。

5. 基金会注销程序

（1）接受注销申请　拟注销的基金会组成清算组织，开始清算工作，清算结束后，向业务主管单位提交注销申请。业务主管单位审查同意后，向登记管理机关提交注销申请材料。登记管理机关接受申请5日内作出是否受理决定。

（2）审批　登记管理单位多方审核，20日内作出是否准予注销的决定。

（3）注销许可　对于准予注销的，制发《准予行政许可决定书》；不批准注销的，制发《不予行政许可决定书》。

（4）存档

（5）公告

6. 基金会年检

《基金会管理条例》规定基金会工作人员工资福利和行政办公支出不得超过当年总支出的10%，非公募基金会每年用于从事章程规定的公益事业支出，不得低于上一年基金余额的8%。

案例分析

某民间组织管理机关在年检中发现某基金会上一年度用于工作人员工资福利和行政办公的支出占当年总支出的13.67%。

【思考】该基金会年检合格吗？为什么？

任务五　熟悉民间组织执法监督

任务描述

熟悉民间组织管理执法监督依据，掌握行政执法的基本要求，正确判断民间组织违法行为性质并严格执法。本任务主要训练学生依法执行民间组织执法监督的能力。

任务实施

（1）做好事先预防工作，防止民间组织出现违法现象。在前期咨询、登记、日常监督等工作中，加强对民间组织的沟通和教育，防患于未然。

（2）各级民间组织管理机关在年检、评估和日常登记管理工作中，应注意通过各种渠道发现并收集民间组织违法情况的证据。例如，民间组织拒绝接受登记管理机关的监督检查的文字记录、业务主管单位吊销执业资格证的文件和年检不合格的文字记录等。发现民间组织有涉嫌违法行为，造成不良社会影响的；或社会各界及群众反映民间组织违法、违规、违章行为，造成不良社会影响的情况时，应当确定承办人员去核实违法事实。

（3）根据国家相关法律法规对掌握的民间组织违法情况进行认定：

1）具有下列情形之一的属于非法民间组织：未经批准，擅自开展社会团体筹备活动的；未经登记，擅自以社会团体或者民办非企业单位名义进行活动的；被撤销登记后继续以社会团体或者民办非企业单位名义进行活动的。

2）下列活动属于民间组织违法活动：有《社会团体登记管理条例》第三十三条和《民办非企业单位登记管理暂行条例》第二十五条情形之一的；取得业务主管单位批准文件或执业许可证后没有按规定办理社会团体或民办非企业单位登记，擅自开展活动的；未经业务主管单位批准，擅自开展涉外活动或接受涉外捐赠的；业务活动违反其他法律、法规的。

（4）各级登记管理机关要联合有关部门取缔非法民间组织，没收其非法财产；其负责人构成犯罪的，要依法移交公安部门追究刑事责任。

（5）对那些不需要许可的事项（如内部组织变动）、不属于本机关许可权限的事项（如向县市级民政局提出的基金会登记申请等），民政部门应不予受理。行政许可应严格按照《行政许可法》规范操作。

（6）行政处罚中，如果无法找到被撤销的社团负责人，无法直接送达行政处罚决定书的，可以邮寄送达，需将经收件人签字的邮寄回执归档留存，无法收缴证书、印章、财务凭证的，在刊登撤销登记公告的同时，一并公告作废。

（7）行政强制中，取缔非法民间组织的时候不能对非法民间组织/非法民间组织的主要发起单位行文，取缔文书不能采用行政处罚决定书的格式，而应使用“非法民间组织取缔决定书”，决定书上应说明非法民间组织活动事实，取缔的法律依据和明确的取缔决定。文件中出现的非法民间组织名称必须加引号，也不能赋予非法民间组织行政复议权和行政诉讼权。

任务引导

行政执法中必须做到主体合法、权限合法、适用法律准确适当、程序合法和形式合法。

（1）主体必须合法。县级以上民间组织登记管理机关是民间组织管理行政执法的主体，其他任何部门无权对民间组织行使行政执法权。实施执法工作的人员还必须具备行政执法资格，即要求必须县级以上民政部门的公务员，2 人及以上同时执法。

（2）权限必须合法。目前我国实施的是分级登记和管理原则。超越权限所做的行政执法行为是无效的。但在查处、取缔非法民间组织工作时实施的是“属地管辖”原则，即不论非法民间组织的名称如何，均由其非法行为发生地的登记管理机关负责取缔。

（3）准确适用法律。

（4）程序必须合法。

（5）行政执法文书必须合法。

基础知识

目前，我国对民间组织的行政处罚主要依据可以分为 3 类：第一类是全国人大制定的法律，包括《中华人民共和国行政许可法》、《行政处罚法》等法律；第二类是国务院制定的行政法规，包括《社会团体登记管理条例》、《民办非企业单位登记管理暂行条例》、《基金会登记管理条例》；第三类是民政部门根据国家法律法规制定的行政规章，包括民政部制定的《取缔非法民间组织暂行办法》、《社会团体分支机构、代表机构登记办法》、《社会团体年度检查暂行办法》、《民办非企业单位登记管理暂行办法》、《民办非企业单位名称管理暂行规定》、《民办非企业单位年度检查办法》、《基金会年度检查办法》、《基金会信息公布办法》、《基金会名称管理规定》和各省级民政部门根据国家法律法规制定的行政规章。

县级及以上民间组织管理机关负责本层级所登记管理的民间组织的执法监督工作。

民间组织登记管理行政执法的种类如下：

（1）行政许可　民间组织行政许可属于 2004 年 7 月 1 日施行的《中华人民共和国行政许可法》第十二条第五项：企业或者其他组织的设立等，需要确定主体资格的事项。民间组织行政许可必须严格按照《行政许可法》规定的条件和程序规范操作，民间组织管理部门不得随意增加或减少民间组织行政许可事项。民间组织行政许可包括各类民间组织（含分支机构）的成立、变更、注销登记等事项。

（2）行政监督　民间组织行政监督是民政部门根据国家法律法规对民间组织进行监督检查的行为，主要包括年检、财务监督管理、基金会信息披露、监督行业协会整改及社团换届等工作。

（3）行政处罚　行政处罚是行政机关对违反行政法律法规的行政相对人依法实施的一种制裁性的具体行政行为。实施民间组织行政处罚必须严格遵守法定程序，具体程序为立案、调查取证、事先告知、审查决定、制作行政处罚书、送达行政处罚决定书、执行、公告、结案归档。

（4）行政强制　行政机关为了实现一定的行政目的、依法采取强制措施对相对人主体资格或财产予以处置的行为，包括取缔非法民间组织、没收非法财产、收缴印章证书财务凭证、封存印章证书财务凭证等。具体程序为立案、调查取证、作出行政强制措施决定、执行、公告（取缔非法民间组织的）、结案归档。

案例阅读

2010 年 10 月 3 日，某市民政局收到群众举报：该市好日子婚庆公司等几家企业未经批准擅自以“市婚庆协会”名义开展活动，还联合本市一些婚庆公司召开了协会成立大会。

10 月 5 日，该市民政局派人前往好日子公司调查，证实该公司于 9 月 22 日以“市婚庆协会”的名义召开了成立大会。

某市民政局制作了调查询问笔录，让好日子公司负责人签字确认，并认定该协会属于非法民间组织，在 11 月 3 日对该协会主要发起人——好日子公司下达了《关于取缔“市婚庆协会”的行政处罚决定书》。

好日子公司收到处罚书后向法院提出诉讼，状告市民政局程序违法。

【思考】某市民政局的做法有没有问题？正确的做法是怎样的？

项目十二 管理行政区划和地名事务

项目概述

行政区划是国家为行政管理而划分的区域。本项目要求学生通过学习掌握法律规则，结合行政区域的设立、命名、变更和政府驻地迁移实例，理解行政区划变更、地名命名与更名、行政区域界线管理3方面知识

背景介绍

行政区划是国家结构体系安排，是国家根据统治与管理的需要，按照一定的法律、法规和原则，将国家领土划分为若干层次不同、规模各异的区域，并在各个区域设置地方国家行政机关，赋予专门的建制，形成相应的行政区划单位。

任务一 认知行政区划

任务描述

行政区划是国家对行政区域的划分，具体地说就是根据国家行政管理和政治统治的需要，遵循有关的法律规定，充分考虑经济联系、地理条件、民族公布、历史传统、风俗习惯、地区差异和人口密度等客观因素，实行行政区域的分级划分，将国家的国土划分为若干层次、大小不同的行政区域系统，并在各个区域设置相应的地方国家权力机关和行政机关，建立政府公共管理网络，为社会生活和社会交往明确空间定位。行政区划是一个国家权力再分配的一种主要形式，也是国家统治集团意志及政治、经济、军事、民族、习俗等各种要素在地域空间上的客观反映。

任务实施

（1）承办行政区划调整事项　承办本级行政机关、权力机关和上级民政部门交办的有关行政区划变更事项：代本级行政机关拟定行政区划变更方案，起草行政区划调整报告（报告

内容包括变更的理由、范围、隶属关系、政治经济情况、人口和面积数字，以及拟变更的行政区域界线地图)；代本级行政机关审核下级行政机关上报的行政区划变更报告，提出审核意见，以请示报告的形式报本级行政机关；代本级行政机关草拟批复稿，或经本级行政机关授权，直接批复下级行政机关；组织、参与行政区划调整事宜的实地调查工作，广泛听取各方面的意见，根据不同情况，在承办行政区划变更工作时，分别征求本级民族、人事、财政、外事、城乡建设、计划、地名、农业、林业、体改、统计等有关部门的意见。

（2）负责行政区划理论研究　组织开展行政区划基础理论研究，负责本级行政区划研究会筹建和日常工作，召开行政区划研讨会，参加与行政区划有关的理论会议，编辑出版行政区划论文集；承担行政区划战略研究，构思本级行政区的行政区划宏观设想，组织制定行政区划宏观设想实施方案，负责行政区划改革的试点推广工作；探索具有中国特色的城镇化道路，制定本行政区市镇发展战略和近期目标。

（3）负责行政区划法制建设　草拟、修订、解释行政区划法律和法规，参与起草或修订与行政区划有关的法律和法规，监督行政区划法规的贯彻，实地调查行政区划法规实施情况，在法规的草拟、修订过程中，组织有关专家共同论证，征求有关部门和下级民政部门的意见，向上级民政部门反映行政区划法规在实际工作中遇到的问题。

（4）收集整理行政区划资料、档案　建立完整的行政区划档案，收集整理古今中外的行政区划资料和与行政区划有关的人口、面积、人员编制等基础资料，编辑本行政区行政区划简册。其中，民政部每年发布县级以上行政区划变更情况，并编辑出版《中华人民共和国行政区划简册》，各省、自治区、直辖市民政厅（局）两年编辑一次本行政区行政区划简册，编辑行政区划方面的情况简报和宣传材料，汇编与行政区划有关的法规和其他资料，编写行政区划教材。

（5）其他职责　办理本级政协、人大有关行政区划的提案、议案；承担有关行政区划的信访接待工作；指导下级民政部门的行政区划工作；承办本级行政机关和上级民政部门交办的其他有关行政区划事项。

任务引导

（1）行政区划的定义。
（2）试述行政区划的特点及基本结构。
（3）民政部门管理行政区划的职责有哪些？

基础知识

1．行政区划的特点

（1）政治性、政策性和阶级性　行政区划具有很强的政治性和政策性，并带有阶级性。行政区划是国家对地方进行有效管理的基本手段，是国家行政管理和政权建置的重要组成部分，与政治体系改革、经济体制改革，与民主政治建设、民族团结进步，与巩固国防、安定团结等息息相关。行政区划合理与否，直接关系到国家政权结构和行政管理体制，关系到中央能否有力地统率、指导、监督地方，关系到地方政权能否有效地在本行政区域内行使职权，最终必然影响国家政权的巩固、整个国家机器的效率和经济、文化的发展。

(2)地域性和不重复性　所有的区划都要在一定的地域空间内进行，行政区划也不例外。区域的性质与具体客体相联系，具体客体的多样性决定区域的多样性。地表上的任何自然客体、社会经济客体都要落实到一定的区域，而各个地区的自然资源条件、社会历史条件、经济技术条件都是各不相同的，因此不同地区的行政区划必然带有各自的地域特色。对于中国这样一个幅员辽阔、人口众多、发展极不平衡、由多民族组成的大国来说，由于地域差异很大，行政区划的地域性表现得尤为明显。地域性是行政区划的基本特征，这要求民政工作者无论是从事行政区划的实际工作还是理论研究，都必须一个区域一个区域地调研，总结经验，探索规律，因地制宜，分类指导。

(3)一定的历史继承性和相对稳定性　古今中外，任何一个国家，都要将其领土划分为若干个行政区域，设置相应的国家机关，实行分区管理。尽管这些国家实行不同的社会制度，有着不同的阶级属性，行政区划的目的也不完全相同，但都有巩固国家政权、便于行政管理、促进经济发展的目的。因此，古今中外的行政区划既有各自的特性，又有共性，可以相互借鉴。对于同一个国家来说，今天的行政区划，是在过去的基础上逐步演变而来的，或多或少地继承了前代的行政区划，完全脱离原有的基础开创全新的行政区划是不可能的。事实上，后一代行政区划的很多创新正是萌发于前代的行政区划之中，而且，位于地表一定位置的特定区域的行政区划，必然受到当地地理条件、风俗习惯、传统因素的影响，而地理条件、风俗习惯、传统因素都有很强的稳定性，受其影响，行政区划也肯定具有相对的稳定性。行政区划属于上层建筑范畴，受经济基础的制约，随着经济基础的发展而变化，经济基础从量变到质变需要一定的时间，因此行政区划具有相对稳定性。

(4)动态可变性　行政区划作为上层建筑的组成部分，必须适应经济基础的变化而作相应的调整，所以行政区划体系是一个动态系统，处在不断的变动之中。事实上，行政区划的稳定是相对的，只限定在特定的时间和空间内，而变更是绝对的。从总体上、历史上看，行政区划的变动是经常的。

2. 行政区划的基本结构

行政区划结构是指构成某一行政区域的各行政区的排列组合方式。行政区划结构可以根据不同的需要，从不同的角度加以选定。例如，各级行政区之间，构成管辖与被管辖的主从关系，这种排列组合方式称为行政区划的纵向结构；同级行政区之间，构成合作与协调的平行关系，这种排列组合方式称为行政区划的横向结构。这里重点介绍行政区划的基本结构——纵向结构，主要从管理层次和管理幅度两个方面入手。

行政区划管理层次是指纵向结构的等级层次，有多少等级层次就有多少管理层次。行政区划结构中的管理层次犹如自然科学中的“能级”——把各行政区按其本身不同的权限（能量的外在表现）排列在不同的层级，构成国家行政管理的最基本体系，从而保证国家行政管理的稳定性、有效性，使管理活动得以有序地进行，获得最佳的效能。因此，要使整个国家的行政管理活动取得可靠的效能，必须科学地确定行政区划管理层次。

行政区划的管理幅度则是一个行政区直接管辖的下一级行政区的数量。管理幅度有一定的限度，过大或过小都会影响管理的效能。因此，要获得良好的管理效能，不仅要科学地划分管理层次，同时也必须合理地确定管理幅度。

中国的行政区划层次虚实结合，以实为主。凡设立国家地方权力机关（人民代表大会）和国家行政机关（人民政府）的为一级地方政权实体，是一级实的行政区划层次；凡设立地方政府派出机构的，为虚设的准行政区，不是一级真正的行政区划层次。

中国的地方政权层次以“省、自治区—县、自治县、县级市—乡、民族乡、镇”和“省、自治区—地级市、自治州—县、自治县、县级市、市辖区—乡、民族乡、镇”为主，是以三级、四级为主的混合制。由于中国地域辽阔、幅员广大，各地的实际差异很大，地方政权体制也不尽相同。大体可以分为3种类型。

（1）二级制　主要有：①直辖市—市辖区。②省、自治区—地级市。③省、自治区—县级市。

（2）三级制　主要包括以下几种形式：①直辖市—市辖区、县—乡、镇。②省、自治区—县、自治县、县级市—乡、民族乡。③省、自治区—地级市—市辖区。④省、自治区—地级市—乡、民族乡、镇。⑤省、自治区—自治州—镇。

（3）四级制　属于这一类型的主要有：①省、自治区—自治州—县、自治县、县级市—乡、民族乡、镇。②省、自治区—地级市—县、自治县、市辖区—乡、民族乡、镇。

中国的行政区划管理幅度相对较小，以2005年年底的资料为例，全国34个省级行政区（不包括台湾）管辖333个地级行政区，平均每个省级行政区管辖10个地级行政区，下辖2862个县级行政区，平均每个地级行政区管辖9个县级行政区，下辖41636个乡级行政区（含街道办事处），平均每个县级行政区管辖15个乡级行政区。

与国外相比，世界上大多数国家的地方行政区划实行二级制或三级制，很少有四级制，我国是四级制的行政区划、五级制的行政管理层次。管理层次多、幅度小，易造成管理成本较高、工作效率较低，甚至会导致官僚主义、互相扯皮、互相推诿等腐败作风的出现。因此，科学合理地确定我国行政区划的层次和幅度，是今后一段时间内行政区划制度改革的核心问题。要研究探索从多级制向科学合理的层级制过渡的途径，通过对幅度、层次不合理的行政区划进行适度调整，最终达到精简机构、减少人员编制、节约管理成本、减轻财政负担、提高行政效率的目的。在研究管理层次方面，要重点研究解决市地管理层的问题。这个管理层存在的问题最多。在研究管理幅度方面，既要研究行政区域规模过大的问题，又要研究规模过小的问题。一些地方调整扩大乡镇规模，已经收到了良好效果。乡镇行政区划调整的成功经验，给市县行政区域的调整提供了有益的启示。

案例阅读

海南省是我国一建省就实行“省直管县”做法的第一个省级行政区划单位。海南从1988年就取消地区一级政府，实行“小政府，大社会”新体制，形成了省—县市—乡镇三级地方政府架构。海南省行政区划体制这一改革，与自身的客观条件密切相关：全省只有3.4万平方公里、820万人口，建省时只有19个县市。海南行政区划体制改革的重要意义在于：作为三级地方政府架构的成功运作，为我国中小省份、欠发达省份的层级体制改革提供了积极的借鉴。

重庆是我国一建直辖市就实行"省直管县"做法的第二个省级行政区划单位。重庆市在升格为直辖市之前，管辖有 11 个市辖区和 3 个县级市及 7 个县，面积 23114 平方公里，人口 1530 万，其中非农业人口 415 万。1997 年升为直辖市后，划入万县、涪陵市两个地级市和黔江地区，面积扩大到 8.2 万平方公里，总人口 3002 万，管辖 15 个市辖区、4 个县级市、17 个县、4 个自治县，共 40 个区县（自治县、市），包括原重庆市和万县市、涪陵市、黔江地区，下辖区县（市）由原来的 21 个增加到 40 个。重庆市行政区划体制改革的重要意义在于：为我国中西两地区实行省直管县以及各省在推行省直管县后带来的管理幅度增大问题的解决提供了积极借鉴。

实行"省直管县"是我国今后相当长一个时期内行政区划体制深化改革的趋势，通过海南省和重庆市"省直管县"体制的改革，我们已经看到优势：省级政府能够更有效地统筹地区之间的发展，更好地发挥协调能力；能够通过减少行政层级降低行政成本，提高财政资金运转效率和财政管理工作效度；能够增加财政管理透明度，调动县级财政发展经济的积极性；能够更好地发展县域经济，增强建设新农村的自觉性。它事关国家的长治久安和地方社会经济的可持续发展，具有长远的战略意义和实践意义。

【思考】海南行政区划体制改革的意义是什么？

任务二　做好行政区划变更

任务描述

行政区划变更即对行政区域所作的调整和变动，包括行政区域单位的设立、撤销、更名，行政区行政机关驻地迁移、隶属关系变更和行政区域界线的变更等。行政区划变更涉及方方面面，必须持十分慎重的态度，尽可能地保持行政区划的相对稳定。不合理的变动，将造成人力、物力的浪费，阻碍经济的发展。行政区划的变更，必须制定变更方案，逐级上报审批。

任务实施

1985 年 1 月发布的《国务院关于行政区划管理的规定》（以下简称《规定》），对行政区划变更的报批程序和审批权限作了具体规定。

（1）行政区域单位的撤销　行政区域单位的撤销是行政区划建制变更之一，它可以分为两类：①撤销一个地方行政单位的建制，将其合并于另一个或几个行政区域单位，对被撤销的行政区域单位的下一级行政区来说，是隶属关系变更；②撤销一个行政区域单位，改设为另一种行政建制的行政区，这类行政区域单位撤销与设立同时进行。根据《规定》，特别行政区、省、自治区、直辖市的撤销，报全国人大审议决定；自治州、地区（盟）、县、自治县、市、市辖区的撤销，由国务院审批；县辖区、乡、民族乡、镇的撤销，由省、自治区、直辖市人民政府审批；街道办事处的撤销，设区的市由市人民政府审批，不设区的市由市所在的自治州或者省、自治区人民政府审批。

（2）行政区域单位的设立　行政区域单位的设立是行政区划建制变更之一，即设立一个新的行政区：包括以下几种情况：①改设，即将一种建制的行政区域单位改建为另一种建制的行政区域单位。②分设，即从一个或几个行政区域单位划出部分地区，设立一个新的行政区域单位。行政区域单位设立的审批权限与撤销相一致。

（3）行政区域单位命名、更名　行政区域单位命名即给新设的行政区确定专名，更名即更改行政区专名。对行政区域单位更名须慎重对待，要从中国行政区域名称的历史和现实出发，深入调查研究，充分走群众路线，严格履行审批手续，不得擅自决定。行政区域单位命名、更名的审批权限与行政区域单位设立、撤销相一致。

（4）行政区域行政机关驻地迁移　行政机关驻地迁移即地方各级人民政府或其派出机构所在地由原驻地迁驻新址。县、市以上各级政府一般应设置在本行政区域的政治、经济、文化中心，以及工商业、交通运输业、文教卫生事业发达，位置较适中的城镇。如果这种优势被本行政区域另一个城镇所取代或者原驻地具备的条件、隶属关系有所改变，都可成为行政机关驻地迁移的因素。驻地迁移牵涉面较广，且需耗费巨额搬迁、基建等费用，所以应按照有利于经济建设、行政管理、人民行使权力、民族团结、巩固国防的原则，慎重对待。省、自治区、直辖市、特别行政区和自治州人民政府，地区或盟行政公署，以及市、县、自治县人民政府驻地迁移由国务院审核批准；区公所和乡、民族乡、镇人民政府驻地迁移由省、自治区和直辖市人民政府审核批准；街道办事处驻地的迁移，由设区的市或不设区的市的上一级自治州或省、自治区人民政府审批。

（5）行政区域界线变更　行政区域界线变更即对行政区域界线所作的移动、调整。行政区域界线变更一般由以下几种情况引起：①为便于行政管理，对历史遗留下来的处于行政区域界线上的插花地、与本行政区域不相毗连的飞地进行合理调整。②行政区域单位的设立、撤销引起相应的行政区域界线变更。③行政区域单位隶属关系的改变。④调处行政区域边界争议时，根据具体情况，对相邻的行政区域界线进行适当的调整。行政区域界线是历史形成的，一般不宜随意变动，必须变更时，应当通过双方协商，取得一致意见，订立划界协议，履行上报审批手续后确定。省、自治区、直辖市、自治州、自治县的行政区域界线的变更，凡涉及海岸线、海岛、边疆要地、重要资源地区及特殊情况地区的行政区域界线的，国务院授权省、自治区、直辖市人民政府审批，批准变更时，同时抄送民政部备案。乡、民族乡、镇的行政区域界线的变更，由所在省、自治区、直辖市人民政府审批。

（6）行政区域单位隶属关系变更　行政区域单位隶属关系变更指行政区域单位脱离原上级行政区域单位管辖，转划给另一上级行政区域单位管辖，即A行政区由甲管辖改为由乙管辖，对A来说就是隶属关系变更，而对甲、乙而言，是行政区域界线变更。此外，行政区域单位的设立、撤销（整个行政区域单位撤销改设的除外）均使行政区域单位隶属关系和行政区域界线发生变更。

自治州、地区、盟、县、自治县、市、市辖区，以及涉及海岸线、海岛、边疆要地、重要资源地区及特殊情况地区的隶属关系的变更，由国务院审批。县级以下行政区域单位隶属关系的变更，参照行政区域界线变更的审批权限，分别由国务院和省、自治区、直辖市人民政府审批。

（7）行政区域单位等级变更。狭义的行政区域单位等级变更特指县级市升格为地级市（如广东省中山市1988年升为地级市），以及地级市降为县级市（如1985年吉林省公主岭市降为县级市）。广义的行政区域单位等级变更指行政区的升格或降级，如河北省峰峰矿区1952年由县级升格为地级，即在不改变行政建制的条件下的升格或降级，其余的则列为其他行政区划变更。

任务引导

行政区划变更的主要因素有哪些？

基础知识

1. 导致行政区划变更的主要因素

行政区划工作是一项融政治性、科学性和技术性为一体的严肃的行政管理工作，是有客观规律可循的。任何阶级、任何国家都不能违背客观规律，随意地进行行政区域的划分，从历史经验来看，导致行政区划变更主要有下列因素：

（1）政治因素　行政区划属于上层建筑，它反映了统治阶级的意志，体现了统治阶级为巩固其统治地位的要求。因此，行政区划工作必然要打上政治的烙印。重大的社会变革、朝代更替，往往带来较大的区划变更。这时候政治因素往往起着决定性的作用。

（2）历史因素　每个国家的行政区划都有其历史延续性，这项工作是不能割断历史的。我国历史上的行政区划有二级的、三级的和四级的，多数情况下是设三级。这说明，根据我国情况，行政区划分为三级比较合适。我国现行行政区划基本上分三级，这是在长期演化中逐步形成的，其中历史因素起了重要作用。尤其是县以下的区划，经过长期的实践，基本上形成了较为稳定的行政区域。这种历史上形成的区划，虽有不尽科学之处，但无论从地形、地貌乃至人民的心理习惯，也无论政治还是经济的发展，都有它许多合理的成分。行政区划工作尊重历史的延续性，有利于社会的稳定，有利于国家领土主权的完整。

（3）地理因素　行政区划是一种区域的划分，它必然会受到地理自然条件的影响和制约。例如，我国现行的区划，多数是以山脉、河流、海湾、海峡、湖泊等自然地理条件为自然分界线的。这种区域的划分方法，一般来说，比较便于管理，也符合人们的习惯和意愿。

（4）社会因素　社会因素的内容很广泛，与行政区划密切相关的首推数量和人口结构的发展变化。人口高度集中，往往促进市镇的形成。当今世界，大多数国家都把人口密集程度和数量多少作为划分城乡的标准。目前，我国也采取这种方法。

（5）民族因素　民族是历史上形成的人类共同体。他们除具有一定的血缘、地缘关系外，还具有共同语言、共同经济生活以及表现于文化、信仰、价值观念上的共同心理素质。民族的因素，促进民族区域自治的建立。从历史上反动统治者的“分而治之”到我们今天建立民族区域自治，都充分体现了民族因素对行政区划的影响。

（6）经济因素　经济的发展是促进行政区划变革的决定性因素。行政区划属于上层建筑，无疑要受到经济基础的制约。这在任何历史时期都没有例外。例如，随着经济重心的转移，导致行政区划发生较大的变化；随着交通线路的改变，出现经济的兴衰，从而导致某些地区市、镇的产生与衰落，这在历史上是不断出现的。

2. 行政区划变更利弊

（1）利好效应　这个是非常明确的，但负面效应也是可能产生的。利好效应有 3 个方面。

①资源整合效应，多个行政区划里面的土地、行政、经济、商贸、人力、市场等资源通过整合会发挥更大的效应。②边界整合效应，原有的很多行政区划边界的盲区，经常会出现管理扯皮的状况，调整后将会大大减少。③管理整合效应，原有的管理机构、人员、辐射地将得到优化整合，一套班子实际上可以管理 100 平方公里，但只管了 50 平方公里，管理效率会不到位；整合之后，管理成本马上就能降低，效率就能提高。

（2）负面影响 ①超越国家规定的城市规模，比如说国家批给你多少范围，你有意识地、从本身利益出发再稍微扩大一点，这种现象是很常见的。这样就会出问题，任何城市的扩大规模都应和实际需求相适应。②降低门槛，盲目引进项目，甚至是有污染的项目，如果不防微杜渐，这种负面效应就会违背国家调整区划的初衷。所以，新开发区一定要吸取老开发区走过弯路的教训。③编制、机构、投资盲目扩张。现在行政机构为什么会越来越大呢？往往就是在开发过程中产生很多新机构，老机构没有拆减，新机构却已经层出不穷。盲目地把小城市变大城市，没有经过预先研究规划，就草率行事。

3. 行政区划变更的审批权限

行政区划工作涉及面广，它的变更必须考虑国家和社会、中央和地方、集体和群众各方面的利益和愿望。为了加强国家和党对行政区划工作的管理和领导，重大的行政区划建制与变更，必须集权于中央。但是，由于我国幅员辽阔、各地差异较大、发展不平衡，为了调动中央和地方双方面的积极性，应当适当地分权给地方。因此，我国的行政区划变更采用分级管理的办法。

（1）全国人民代表大会审核批准 省、自治区、直辖市的建制、撤销、更名，决定特别行政区的设立及其制度。

（2）国务院审核批准 ①省、自治区、直辖市以及行政区域界线变更，省、自治区人民政府驻地迁移。②自治州、地区、盟的建制、撤销、更名、驻地迁移，自治州的行政区域界线变更。③县、自治县、市的建制、撤销、更名，自治县、市的行政区域界线变更，自治县的驻地迁移。④直辖市的市辖区建制、撤销、更名，行政区域界线变更。⑤属于体制变更的区、乡、镇全面的重大的行政区划调整。⑥涉及海岸线、海岛、边疆要地、重要资源地区等领导关系的改变或行政区域界线的变更。

（3）省、自治区、直辖市人民政府审核批准或授权下级人民政府（或地区行政公署）审核批准 ①不涉及省、自治区、直辖市、自治州、自治县、市的边界区、盟、县的行政区域界线变更。②市辖区的建制、撤销、更名，行政区域界线变更。③区、乡、民族乡、镇、街道办事处的建制、撤销、更名、界线变更，区、乡、民族乡的驻地迁移。

上述行政区划变更的审批权限是宪法规定的，必须严格执行。凡属重大事项，本级人民政府均无权决定，应按组织法规定，提请本级人民代表大会常务委员会审议通过，然后逐级上报审批。

案例阅读

据新华社电 近日，国务院正式批复了北京市政府关于调整首都功能核心区行政区划的请示，同意撤销北京市东城区、崇文区，设立新的北京市东城区，以原东城区、崇文区的行政区域为东城区的行政区域；撤销北京市西城区、宣武区，设立新的北京市西城区，以原西城区、宣武区的行政区域为西城区的行政区域。批复要求北京市要尽快明确新设区政府驻地位置，并按程序报批。

根据北京市区县功能定位，首都功能核心区包括原东城、西城、崇文、宣武四个中心城区。行政区划调整涉及的各类机构要按照“精简、统一、效能”的原则设置，涉及的行政区域界线要按规定及时勘定，所需人员编制和经费由北京市自行解决。要严格执行中央关于厉行节约的规定和国家土地管理法规政策，加大区域资源整合力度，优化总体布局，促进区域经济社会协调健康发展。

1. **区划调整**

（1）新东城区　合并后新设立的东城区，辖区范围为现东城区和崇文区辖区范围，面积41.84平方公里。常住人口86.5万人。

（2）新西城区　合并后新设立的西城区，辖区范围为现西城区和宣武区辖区范围，面积50.70平方公里。常住人口124.6万人。

2. **调整意义**

此次调整行政区划，一是利于推进区域均衡发展。由于行政区划划分过细，4个区的发展受到空间因素的制约，特别是崇文和宣武发展受空间因素制约更为明显，经济社会发展滞后于核心区北部。通过行政区划的合并调整，有利于对现有的空间资源进行有效整合，推进核心区南北均衡发展。二是有利于提高核心区的承载能力和服务水平。通过核心区区划的合并调整，可大幅度提高合并后的两个区的综合实力，拓展发展空间，有利于提高核心区的承载能力和服务水平，也有利于解决4个区接合部管理薄弱的状况。三是有利于加强历史文化名城的整体保护。根据《北京城市总体规划（2004～2020年）》和专项规划，核心区与旧城保护区基本重合。旧城保护任务由4个区承担，不利于统一建设、管理和整体保护。区划调整后可以集中力量加快老城区改造，加大历史文化名城保护力度。四是有利于降低行政成本，提高行政效率。行政区划调整后，核心区减少两个行政区，有利于精简机构，合理配置地区经济、社会资源，提高行政效能，降低行政成本，提升核心区规划建设和整体管理水平，把首都功能核心区打造成为建设中国特色世界城市的示范区。

【思考】北京市的行政区划调整对其他地区有哪些借鉴意义？

任务三　熟悉边界争议处理

任务描述

行政区域边界争议，又称行政区域边界纠纷，是指两个以上行政权力机关对其管辖的相毗邻的行政区域之间的界线走向存有异议，进而发生争执的过程。具体地讲，就是两个以上行政权力机关争夺相毗邻的特定区域的管辖权。这里的行政权力机关是指各级政府。就我国而言，边界争议是指省、自治区、直辖市之间，自治州、县、自治县、市、市辖区之间，乡、民族乡、镇之间，双方人民政府对毗邻行政区域界线的争议。

边界争议的实质是资源权属争议。一项边界争议往往随着资源的发现而产生，随着资源的枯竭而缓和或消失。边界争议是经济利益之争，有关各方争土地、争草场、争森林、争矿藏、争水源、争滩涂等，单纯的行政区划之争是很少见的。

目前，国务院制定颁布的《行政区域界线管理条例》是处理争议的主要法律依据。

任务实施

根据《行政区域界线管理条例》，处理边界争议时主要按照下列程序进行：

（1）边界争议发生后，争议双方人民政府必须采取有效措施防止事态扩大。任何一方都不得往争议地区迁移居民，不得在争议地区设置政权组织，不准破坏自然资源。

（2）省、自治区、直辖市之间的边界争议，由有关省、自治区、直辖市人民政府协商解决；经协商未达成协议的，双方应当将各自的解决方案并附边界线地形图，报国务院处理。

（3）省、自治区、直辖市境内的边界争议，由争议双方人民政府协商解决；经协商未达成协议的，双方应当将各自的解决方案并附边界线地形图，报双方的上一级人民政府处理。

（4）经双方人民政府协商解决的边界争议，由双方人民政府的代表在边界协议和所附边界线地形图上签字。

（5）争议双方人民政府达成的边界协议，或者争议双方的上级人民政府解决边界争议的决定，凡不涉及自然村隶属关系变更的，自边界协议签字或者上级政府解决边界争议的决定下达之日起生效。

（6）争议双方人民政府达成的边界协议，或者争议双方的上级人民政府解决的边界争议的决定生效后，由争议双方人民政府联合实地勘测边界线，标绘大比例尺的边界线地形图。

（7）地方人民政府处理的边界争议，必须履行手续。争议双方人民政府达成的边界协议，由双方人民政府联合上报备案；争议双方的上级人民政府解决边界争议的决定，由作出决定的人民政府上报备案。上报备案时，应当附实地勘测的边界线地形图。

（8）边界争议解决后，争议双方人民政府必须认真执行边界协议或者上级人民政府解决边界争议的决定。

任务引导

行政区域界线争议的实质是争什么？怎样处理好行政区域界线争议？

基础知识

1. 边界争议的处理原则

处理因行政区域界线不明而发生的边界争议，应当本着有利于各族人民的团结，有利于国家的统一管理，有利于保护、开发和利用自然资源的原则，由争议双方人民政府从实际情况出发，兼顾当地双方群众的生产、生活，实事求是、互谅互让地协商解决。经争议双方协商未达成协议的，由争议双方的上级人民政府决定。必要时，可以按照行政区划的管理权限通过变更行政区域的方法解决。解决边界争议必须明确划定争议地区的行政区域界线。

2．边界争议的处理依据

1996年国务院决定用5年时间全面勘定陆地，省、县两级行政区域界线，到2001年年底，全面勘界任务已圆满完成，勘定省级行政区域界线68条、62000多公里，县级行政区域界线6300多条、42万公里（不含我国香港特别行政区、澳门特别行政区和台湾地区）。已经勘定的这些行政区域界线在中国历史上首次成为法定的界线。根据以上勘界结果，国务院制定颁布了《行政区域界线管理条例》，它是依法治界、减少边界纠纷的法律依据。

3．边界争议的处理权限

对于各级行政区域边界争议问题，直接相关的双方人民政府都有权通过平等协商来进行处理。只要是不涉及自然村隶属关系变更的，争议双方达成的协议就具有法律效力。对于那些经过协商仍不能达成一致意见的边界争议，应报上级人民政府处理。按照《行政区域界线管理条例》的规定，国务院及地方各级人民政府分级处理有关边界争议。

（1）国务院的处理权限　省、自治区、直辖市之间的边界争议，报国务院处理。

（2）直辖市人民政府的处理权限　直辖市境内的市辖区、县之间的边界争议，报直辖市人民政府处理。

（3）省及自治区人民政府的处理权限　省、自治区境内省、自治区直辖或委托地区（盟）行政公署领导的市、县（旗）、自治县（旗）和自治州之间的边界争议，报省、自治区人民政府处理。

（4）自治州与地级市人民政府的处理权限　自治州境内的市、县、自治县之间的边界争议，报自治州人民政府处理；市境内市辖区、县（旗）、自治县之间的边界争议，报市人民政府处理。

（5）县级政区人民政府的处理权限　市、县（旗）、自治县（旗）、市辖区境内乡（苏木）、民族乡、镇之间的边界争议，报市、县（旗）、自治县（旗）、市辖区人民政府处理。

（6）有关备案手续　在不涉及行政区域调整的前提下，国家放权分级处理行政区域边界争议，是为了提高行政效率。同时，为了保证行政区划统一管理，各级政府应将解决边界争议所达成的协议及决定上报备案。例如，省、自治区、直辖市之间的边界协议，上报国务院备案；自治州、自治县（旗）的边界协议或上级人民政府解决边界争议的决定，逐级上报国务院备案；县（旗）、市、市辖区的边界协议或者上级政府解决边界争议的决定，逐级上报民政部备案；乡（苏木）、民族乡、镇的边界协议或者上级人民政府解决边界争议的决定，逐级上报本省、自治区、省辖市人民政府备案。

任务四　熟悉行政区域界线管理

任务描述

1996～2001年年底勘定的行政区域界线在中国历史上首次成为法定的界线。勘界的目的在于依法治界，明确各个行政区域管理的具体范围，减少边界纠纷，维护国界地区的稳定，促进边界地区的经济社会发展。巩固勘界成果，维护已经勘定的行政区域界线地区的稳定，是全面勘界之后边界管理的根本任务。因此，国务院制定颁布了《行政区域界线管理条例》，对已经勘定的行政区域界线管理作出了具体规定，各级政府特别是主管这项工作的各级民政部门必须认真贯彻执行。

任务实施

行政区域界线管理是一项新的民政工作，无论是档案管理、界桩管理、界线详图绘制，还是界线联检、界线变更审批等，都是新业务，无旧制旧章可循，需要在实践中摸索出具体方法，并使之逐步制度化、程序化、规范化。《行政区域界线管理条例》是界线管理的专门法规，是各地管理界线的依据。但《行政区域界线管理条例》对界线管理的规定，有的是具体规定，有的则是原则性规定，需要结合各地实际贯彻执行。由于我国地域辽阔，行政区域界线只能实行分级管理，按《行政区域界线管理条例》规定，省界由国务院组织毗邻省共同管理，县界由省级人民政府组织市州县负责管理，但无论哪一级界线，具体位置最终都是在乡村街居，以至田间地头。所以无论是哪一级界线的管理，最终都离不开基层组织和基层群众。比如，界桩的管理和维护就必须依靠当地群众，政府不可能派专人看护界桩。管理和维护界桩是界线管理的重要内容，《行政区域界线管理条例》作了明确规定。界桩是界线实地走向的重要标志，在很多情况下，当地群众要依据界桩来识别分界线，界桩管理和维护自然也要依靠群众。所以近年来有的省将界桩管理的责任分解到村到户，收到了较好的效果。特别要指出的是，界线管理是界线毗邻双方的共同任务，研究确定具体管理办法时需要双方协商一致。特别是省界线的管理，由于层级多，管理难度更大一些，界线毗邻双方省级民政部门应根据《行政区域界线管理条例》规定就各条省界线的管理形成详细具体的管理方案和方法。

任务引导

（1）进行行政区域界线管理的原因？

（2）行政区域界线管理检查原则有哪些？

（3）国家公务员违反行政区域界线管理法规的行为，相关处罚有哪些？

基础知识

1．行政区域界线的含义

行政区域界线是指国务院或者省、自治区、直辖市人民政府批准的行政区域毗邻的各有关人民政府行使行政区域管辖权的分界线。行政区域界线的实地位置，以界桩以及作为行政区域界线标志的河流、沟渠、道路等线状地物和行政区域界线协议书中明确规定作为指示行政区域界线走向的其他标志物标定。

2．行政区域界线管理的主体

国务院民政部门负责全国行政区域界线管理；县级以上地方各级人民政府民政部门负责

本级行政区域界线管理。行政区域界线毗邻的县级以上地方各级人民政府应当建立行政区域界线联合检查制度，每5年联合检查一次。联合检查的结果，由参加检查的各地方人民政府共同报送该行政区域界线的批准机关备案。

3. 行政区域界线的维护

(1)地方各级人民政府必须严格执行行政区域界线批准文件和行政区域界线协议书的各项规定，维护行政区域界线的严肃性、稳定性；任何组织或者个人不得擅自变更行政区域界线。

(2) 行政区域界线毗邻的各有关人民政府应当按照行政区域界线协议书的规定，对界桩进行分工管理，对损坏的界桩，由分工管理该界桩的一方在毗邻方在场的情况下修复。

(3) 因建设、开发等原因需要移动或者增设界桩的，行政区域界线毗邻的各有关人民政府应协商一致，共同测绘，增补档案资料，并报该行政区域界线的批准机关备案。

(4) 行政区域界线毗邻的任何一方不得擅自改变作为行政区域界线标志的河流、沟渠、道路等线状地物；因自然原因或者其他原因改变的，应当保持行政区域界线协议书划定的界线位置不变，行政区域界线协议书中另有约定的除外。

(5) 行政区域界线协议书中明确规定作为指示行政区域界线走向的其他标志物，应当维持原貌；因自然原因或者其他原因使标志物发生变化的，有关县级以上人民政府民政部门应当组织修测，确定新的标志物，并报该行政区域界线的批准机关备案。

(6) 生产、建设用地需要横跨行政区域界线的，应当事先征得毗邻的各有关人民政府同意，分别办理审批手续，并报该行政区域界线的批准机关备案。

(7) 行政区域界线勘定确认属于某一行政区域但不与该行政区域相连的地域或者由一方使用管理但位于毗邻行政区域内的地域，其使用管理按照各有关人民政府签订的行政区域界线协议书有关规定或者该行政区域界线的批准机关的决定执行。

4. 行政区域界线的检查

行政区域界线毗邻的县级以上各级人民政府应当建立行政区域界线联合检查制度，每5年联合检查一次。遇有影响行政区域界线实地走向的自然灾害、河流改道、道路变化等特殊情况，由行政区域界线毗邻的各有关人民政府共同对行政区域界线的特定地段随时安排联合检查。联合检查的结果，由参加检查的各地方人民政府共同报送该行政区域界线的批准机关备案。

5. 有关处理与处罚措施

因对行政区域界线实地位置认定不一致引发的争议，由该行政区域界线的批准机关依照该行政区域界线协议书的有关规定处理。

有关国家机关工作人员在行政区域界线管理中有下列行为之一的，根据不同情节，依法给予记大过、降级或者撤职的行政处分，致使公共财产、国家和人民利益遭受重大损失的，依照刑法关于滥用职权罪、玩忽职守罪的规定，依法追究刑事责任：

(1) 不履行行政区域界线批准文件和行政区域界线协议书规定的义务，或者不执行行政区域界线的批准机关的决定的。

(2) 不依法公布批准的行政区域界线的。

(3) 擅自移动、改变行政区域界线标志，或者命令、指使他人擅自移动、改变行政区域界线标志，或者发现他人擅自移动、改变行政区域界线标志不予制止的。

（4）毗邻方未在场时，擅自维修行政区域界线标志的。故意损毁或者擅自移动界桩或者其他行政区域界线标志物的，应当支付修复标志物的费用，并由所在地负责管理该行政区域界线标志的人民政府民政部门处 1000 元以下罚款；构成违反治安管理行为的，并依法给予治安管理处罚。擅自编制行政区域界线详图，或者绘制的地图的行政区域界线的画法与行政区域界线详图的画法不一致的，由有关人民政府民政部责令停止违法行为，没收违法编制的行政区域界线详图和违法所得，并处 1 万元以下的罚款。

任务五　熟悉地名命名与更名

任务描述

地名是人类社会发展的产物。在人类社会发展中，人们为了在生存、生活中方便交往与联系，必然要对不同的地理实体进行识别，给不同的地理实体一个不同的代号。这个代号逐渐为众人所知，为众人所用，成为比较规范的地名。随着近代社会的进步，地名由约定俗成向标准化发展，地名研究成为一门学科。

地名的命名普遍存在着名词加通名的形式，或者说是专名加通名的词形。专名一般指位，约定俗成地表示某个地理实体；通名则是指示地理实体类别、性质和形状部分的词。通名最典型的表示是行政区划名称中的行政建制名称，如省、市、州、县、乡、镇等，它们不仅表示了地名的性质及类别，而且还表示了行政建制的等级。如武汉“汉阳区”是三镇之一，汉阳是专名，而区是通名。

地名的稳定性是相对的，不是绝对一成不变的。地名更名的原因有很多，其主要原因是地名命名的母体受自然地理环境和社会环境变化的影响而兴起、消失或变迁。例如，原来的小巷变成了新的居民住宅区，原来的海港、渔村形成了新的开发区或工业区，县改市、乡建镇等行政区域变更。其次是在现行的地名中，不符合政府的方针政策和命名更名的原则。例如，新中国成立以后更改了带有殖民主义色彩的地名。地名更名的方法也是多种多样的，重要的是更名时应体现或保留地名的层次和序列，做到“改得有理，留得有利，群众接受，使用方便”。

任务实施

国务院颁布的《地名管理条例》，对地名的分级审批权限作了明确的规定。各地在对地名命名或更名时，必须严格履行申报制度和审批手续。

（1）行政区域名称的命名、更名，按国务院《关于行政区划管理的规定》办理。省、自治区、直辖市的命名、更名须报全国人民代表大会审议决定；自治州、县、自治县、市、市辖区的命名、更名须报国务院审批；乡、民族乡、镇的命名、更名，由省、自治区、直辖市人民政府审批；行政公署、区公所和街道办事处的命名、更名，由依法批准设立的人民政府审批，并同时抄送同级地名机构备案。

（2）国内外著名的或涉及两个省、自治区、直辖市以上的山脉、河流、湖泊等自然地理实体名称，由有关省、自治区、直辖市地名机构提出命名、更名方案，由同级人民政府提出命名、更名报告，报国务院审批。

（3）涉及国界线走向、海上岛屿归属界级及载入边界条约和协定书的自然地理实体名称和居民地名称，由有关省、自治区、直辖市地名机构提出命名、更名方案，由同级人政府提出报告，报国务院审批。

（4）在科学考察中，对国际公有领域地理实体的命名，由主管部门提出命名方案和报告，报国务院审批。

（5）各专业部门使用的具有地名意义的台、站、港等名称的命名和更名，由使用部门提出方案和报告，在征得当地人民政府同意后，由专业主管部门审批。

（6）城镇街道名称以及其他地名，由省、自治区、直辖市人民政府规定审批权限和程序。根据目前各省、自治区、直辖市的具体规定，大致可分为以下3个方面：

1）城镇街道名称，由直辖市、市、县地名机构提出命名、更名方案和报告，报同级人民政府审批。

2）省内著名的或涉及两个地市以上的自然地理实体的命名、更名，由有关地市地名机构提出命名、更名方案，同级人民政府提出报告，报省一级人民政府审批；地市内著名的或涉及两个县（市、区）以上的自然地理实体命名、更名，由有关县（市、区）地名机构提出方案，同级人民政府提出报告，报地市人民政府审批；县（市、区）内的自然地理实体命名、更名，由有关乡、镇地名机构或有关部门提出方案，同级人民政府提出报告，报县（市、区）人民政府审批。

3）县（市、区）内居民地名称的命名、更名，由乡、镇地名机构提出方案，由同级人民政府提出报告，报县（市、区）人民政府审批；直辖市市区的居民地名称的命名、更名，由区地名机构提出方案，区人民政府提出报告，报市人民政府审批。

任务引导

（1）地名命名一般遵循的规律是哪些？

（2）地名更名的原则有哪些？

（3）地名管理的意义是什么？

（4）怎样对地名进行标准化管理和现代化管理？

基础知识

在联合国地名标准化所用技术词汇中，地名被定义为地理名称或地方名称。

地名管理是国家通过各级地名机构，按照法律规定，通过一定的法律手续，以行政手段实施的行政管理。它包括对个体地理实体的命名、更名，地名的标准化处理。我国政府历来重视地名管理工作。早在20世纪五六十年代，我国政府曾颁布了一系列整顿和管理地名的指示，特别是改革开放后，1986年国务院发布了《地名管理条例》，标志着我国地名管理已纳入法制管理的轨道。

1. 地名命名的原则

（1）有利于人民团结和社会主义现代化建设，尊重当地群众的愿望，与有关各方协商一致。这可以说是一个总的原则，因为地名合理与否，直接影响到社会交往、行政管理、经济建设、安定团结等多方面。随着市场经济的发展，一些地名逐渐成为无形资产，或者说有的地方以名牌资源名称作为地名，导致地名的经济效益日益明显。如何在遵循地名命名的其他原则之下，让地名发挥更大的社会效益与经济效益，成为当今地名命名需要研究解决的一个重要课题。

（2）有利于国家统一以及主权和领土完整。地名是领土主权的重要标志，地名由谁命名，含义如何，历史上行政隶属关系怎样，是确认领土归属的重要依据。

（3）一般不以人名作为地名。禁止用国家领导人的名字作地名。

（4）全国范围内的人民政府不驻在同一城镇的县级以上行政区域名称，其专名不应相同。例如，湖北省原沔阳县与四川省绵阳县同音，在沔阳县改市的时候将其命名为仙桃市。

（5）避免使用生僻字。地名是一种重要的语言现象，如果含有一些生僻字，一方面群众相当数量的人不认识，另一方面计算机字库中也未存入。

（6）反映当地人文或自然地理特征。地名有较强的社会性、历史继承性和区域性，命名地名必须从当地人文及自然地理环境出发，做到名副其实，这也是地名命名的一条基本规律。

（7）使用规范的汉字或少数民族文字，尽可能缩小方言用字范围。少数民族文字用字也要规范化，使用该民族的统一文字。

（8）不以外国人名、地名命名我国地名。这体现了我国主权尊严。

（9）不以著名的山脉、河流等自然地理实体名称作为行政区域专名；自然地理实体的范围超出本行政区域的，亦不以其名称作为本行政区域专名。一些地方更改地名已成为时尚，如黄山市不驻黄山等现象或因自然地理实体范围界线问题发生争议。

（10）县、市、市辖区不以本辖区人民政府非驻地村镇专名命名。要求县、市、市辖区专名与本辖区的村镇专名应不相同。在我国北方地区，许多县的专名与其驻地镇专名相同。据 1996 年资料，河北省大多数县就如此，如正定县驻正定镇、大名县驻大名镇等，上述现象是长期历史作用的结果，已为人们普遍接受与认可。更多的县、市、市辖区专名与本辖区的村镇专名都不相同，而被赋予专有名称。

（11）乡、镇、街道办事处一般应以乡、镇人民政府驻地居民点和街道办事处所在街巷名命名。我国基层行政区划单位即乡（镇）大多历史悠久，由乡名派生出村名，由村名而命名乡（镇）名，如今在乡、镇、街道办事处驻地一般沉积了不少居民点或街巷，为乡、镇、街道办事处命名提供了有利条件。其中要注意处理好相邻行政单位重名问题。例如，有的两个相邻的乡（镇）驻地为同名村，有的一条街道贯通几个街道办事处，此时要避免重名。

2. 地名命名的方法

根据地名命名的原则，地名的命名应该与当地建设总规划同步。地名的命名要有超前意识，要有规划，地名规划应列入当地整体建设与发展总体规划之中，作为建设总体规划的组成部分。为此，地名的命名，是一个从局部到整体，再从整体到个体的反复设计的过程，在整体命名时，必须通盘考虑。个体命名时，点状地名的命名要呼应面状和线状地名的系列，呈现出彼此相互联系的分布特点，使人们可以根据名称去判定其大致位置，可以起到“顺藤摸瓜，便于寻找”的目的。

（1）移借命名法。运用移花接木的手段，借用全国已有的自然地理实体名称或行政区域名称等作为城市、区片或街巷名称。武汉市以香港和台北行政区域名称来命名路名，如香港路、台北路。

（2）象征性组合式命名法。从一定的思想、意识出发，运用反映歌颂、祈福、意愿的字词命名的地名，并且各个体地名的首字或第二个字相连，成为一个成语或联名，以体现群体地名序列，如北京的张自忠路、幸福里社区。

（3）派生地名命名法。这一方法适用于旧城区的改造和新建的住宅小区的命名，指向性较强，易于与原有地名相联系，如北京的宣武门西大街、宣武门东大街、宣武门滨河路。

（4）方位性地名命名法。这是一种传统的命名方法，多适用于人工地物和居民地名称，如湖东街、湖滨路。

3．行政区划名称的更名原则

地名是时代的标志，地名更名要根据地名更名的原则，并尊重当地群众的意愿与有关部门协商一致。对不明显属于更名范围内的可改可不改的地名不要更改，以保持地名的稳定性。

（1）凡有损我国领土主权和民族尊严的，带有民族歧视性质和妨碍民族团结的，带有侮辱劳动人民性质和极端庸俗的，以及其他违背国家方针、政策的地名，必须更名。

（2）全国范围内的人民政府不驻在同一城镇的县级以上行政区域名称，其专名相同的；一个县（市、区）内的乡、镇、街道办事处名称相同的；一个乡、镇内的村（居）民委员会名称相同的；上述不应重名范围内的地名有同音字的，均应更名。

（3）有以外国人名、地名命名我国地名的应予更名。

（4）县、市、市辖区以本辖区内人民政府非驻地村镇专名命名的应予更名。

（5）乡、镇、街道办事处不以乡、镇人民政府驻地居民点和街道办事处所在街巷名命名的，一般也应更名。

（6）使用生僻字的地名，在征得有关方面和当地群众同意后，予以更名。

（7）一地多名、一名多写的，应当确定一个统一的名称和用字。例如，湖北当阳市有个乡镇名是马家店镇，但在行政机关正式文件中却称为马店镇。这类地名应明确统一为一个标准名称。

（8）不明显属于上述范围的、可改可不改的和当地群众不同意改的地名，不要更改。地名命名与更名，首先遵循相对稳定的原则。

（9）需要更改的地名，应随着城乡发展的需要，逐步进行变更。防止地名更名一哄而起，面目全非。

4．地名更名的方法

（1）更换新名。对于违反国家方针、政策的和含义不妥的地名，必须重新命名。

（2）恢复原名。这里指的原名包括历代各个时期的曾用名、另名、简称等，在调整“城关镇”名称时，恢复历史上的名称，是很常用的方法之一，恢复原名充分体现出更名与命名的辩证关系和一致性。

（3）借用专名。在处理乡、镇名称或台、站、港、场等地名与驻地或当地地名统一时，或在处理地名重名时，可借用驻地名称或车站、港、场名称或名胜古迹之专名，更改地名。

（4）同类地名通名更替法。地名通名具有一义多字性，如农村小聚落地名通名就有村、屯、寨、埠等，山的通名又有山、岳、峰、岭等。例如，在有两个高家庄重名时，其中一个可以改为高家屯；两个马鞍山重名时，可改一个马鞍岭。

（5）调整地名。对原有地名进行适当调整，是地名更名时应用最广泛的一种方法，更是解决重名问题最有效和最主要的方法。地名的调整一般不轻易摒弃原来的地名，而是通过对原有地名的音、形方面的部分更改变动，达到更改地名的目的。调整地名、解决重名，各地群众都有适于当地情况的方法，主要总结为：①冠加法。根据当地地名命名特点及所在地理环境的方位、形状、色泽、性质，冠加方位词或相应的形容词。例如，南雄州，汉置“雄州”，北宋时因与河北的“雄州”重名，而改为“南雄州”，只冠一字，不仅消除了重名，而且还说明了地名指代实体的方位。②借音改形（谐音雅化）法。用同音字或近音字代替，改字不改音。这种方法既更换了名称，又相对地保留了原来的读音。这一方法不适用于重名地名的处理，一般借以更改含义不健康的地名。③借义改名法。汉字长于表义，保留原地名的含义，用同义的字、词取代，是有效的更名方法之一。④反义更名法。这是用于解决不健康的地名更名的方法之一。⑤改变地名词结构法。可以采取颠倒地名词顺序，加字、减字或改动其中一个字等办法。⑥舍同存异，删繁就简法。简化地名是地名在使用过程中常出现的现象，因简化地名而出现重名的现象也时有发生。

（6）行政区域建制变动而所辖区域未作调整时，一般只改通名，不改动专名。

5．地名的标准化管理

地名标准化管理即推行标准地名。经过标准化处理，书写统一，读音正确，没有不健康的含义，在一定的范围内不与同类、同级的地名同名，且按规定履行了一定手续，经过政府行文公布的地名即标准地名。

地名标准化包括国家地名标准化和国际地名标准化。国家地名标准化是用本国官方语言或其他语言统一地名的书写形式并固定下来。地名国际标准化是为了适应国际社会的交往，在全世界范围内实行统一的标准化地名。为了达到这一目的，联合国决定在国际采用罗马字母拼写地名。地名书写尽可能做到单一罗马化，使用统一符号并能进行系统的对译。

1997 年，我国政府派了代表团出席了在雅典召开的联合国第三届地名标准化大会。大会通过并批准了中国政府提交的用汉语拼音方案作为中国地名单一罗马化的国际标准。从此结束了带有殖民色彩的中国地名威妥玛式在国际社会间的流行。据此，国家有关部门联合发文要求：全国地名标志上的地名，其专名和通名一律采用汉语拼音方案拼写，不得使用英文及其他外文译写。这就是说用汉语拼音方案拼写中国地名是我国的唯一的法定的国际标准。之后，在全国开展了有史以来对我国大陆及沿海岛礁第一次大规模的地名普查，共普查地名 550 万条，其中地名标准化处理 13 万条，对外公布了南海群岛一大批标准地名。

6．地名的现代化管理

地名标志是地名明码化的一种形式。通过设立地名标志，既能使人们了解地名的标准书写形式，也可以使人们根据地名标志上的汉语拼音了解地名的标准读音。因此，地名标志是推广标准地名的重要手段。各级人民政府应根据《地名管理条例》的规定，在城镇、街巷、交通要道等重要的自然地理实体显著的地名设立地名标志。1995 年 12 月，民政部、交通部、公安部和当时的建设部联合发文，部署在全国国道线两侧村镇设置符合国家要求的标准地名标志。至 1998 年年底，全国共设置标准地名标志 9 万多个，这对推动我国地名标准建设产生了重大影响。此项工作刚刚结束，民政部、交通部、国家工商总局、国家质量技术监督局于 2000 年 2 月又联合发文提出要求，力争用 5 年左右的时间，在全国城市普遍设置符合国家标准的街、路、巷、楼、门牌标志，以便尽快实现地名标志与国际接轨。地名的罗马字母拼写必须采用汉语拼音。地名标志设立后，要加强维护和管理。

7. 地名标志上的书写内容及要求

（1）书写内容一般应包括标准名称的汉字书写和罗马字母拼写形式。在有文字的少数民族自治地区还可以有民族语文字书写形式。标准名称是指经政府批准使用的标准地名。汉字书写最好用黑体字或楷书，不用草书和篆书，坚决禁止用繁体字。罗马字母拼写要符合国家规定的地名拼写法的要求，不得使用注音形式或英文拼写通名。少数民族文字要符合本民族语言文字规范，一地只能有一种标准书写形式。

（2）大型或村镇地名标志可增加承制单位和监制单位、指向标和立标时间等内容。承制、监制一般注单位名称，不注个人姓名。

（3）有条件的街、路、居民小区、村镇地名标志背面，可撰写标准名称的来历、演变、含义等文字说明，或绘制与名称实体相关的示意图。文字说明要言之有据、简明扼要，不能任意篡改地名的来历与含义，不要写可变性的数值和涉及保密内容的人口、生产总值等内容。

8. 地名标志的造型要求

地名标志造型总的要求应当归纳为醒目、美观、大方、耐用，应当使标志的造型与内容尽量达到完善统一，即地名标志造型与标志内容——字体、色彩、规格要和谐匹配。地名标志与其指代的地物相协调，与周围景致相融，达到指示方位和美化环境的完美统一。但对不同类别和不同等级的地名标志的造型又不强求一样，应从地名标志的造型上，分出地名指代实体的层次、类别和地方特色。

城市地名标志的造型应突出系列化，强调严肃性，同一地区地名标志造型要统一设计、统一规格标准、统一质料。城市的主要干道、街、路、巷要以设计不同的造型来区别它们的层次，体现系列。楼牌、单位门牌和居民户牌也应在造型上分出等级系列。城市居民住宅小区地名标志的造型可采用与建筑风格相吻合的景点式标志。农村聚落地名标志造型可不强求统一，质料也可因地制宜、就地取材，但在标志的书写内容和色彩、规格上在同一地区应有统一的要求和标准。

9. 地名标志的设置要求

（1）地名标志设置位置的要求。地名标志设置位置，应达到视觉效果和视野范围的完美统一。街、路、巷地名标志一般应设置在交叉路口或道路的起止点位置，对于较长的街道可以在适当的位置加密设置地名标志。村镇地名标志一般设在交通要道村镇一侧和村镇较繁华的地段。对于经济不太发达的村镇，地名标志直接设在村庄土墙和农户的房山上，也可以刻在醒目的、裸露的岩石之上。

（2）地名标志的设置。地名标志的设置要在当地政府的统一领导下，由地名机构会同有关部门在城镇街、路、巷、楼户门、村庄、交叉路口和其他人文地理实体和重要自然地理实体等必要的地方进行。要制定近期和远期工作计划，分期、分批地做好地名标志的设置、更新和维护工作。地名标志的设置计划要做到“三先三后”，即先集镇和公路两旁村庄，后其他村庄；先经济发达地区，后落后地区；先城镇后城镇附近郊区、边远地区。一般最好先行试点而后展开。

（3）楼、门、户牌号的编制。门牌编码是城乡街、路、巷线性地名的延伸，是群体地名中的点状地名。门牌亦是地名标志物，是城镇分布最广、最密，有着多种用途和较高使用频率的城镇地名中的最低层次单位。门牌一般可分为临街、巷的楼、院、户牌和不临街的居民小区（或部分临街）、院内楼群牌两大类。门牌的编制各地因城镇建筑风格的不同，因地制宜地制定出编制的规范要求，编制过程中要注意以下几方面：

1）制定本地区的门牌编制规范，要以城镇建设发展总体规划为依据。依照规划设计街、巷的长度和功能，确定编号间隔，如商业街每 4 米留 1 个号，楼群住宅区每 10 米 1 个号设计所需门牌总量，在建设施工同时就及时提供门牌号数，力争做到建筑工程与门牌同时验收。

2）门牌编号实施统一编号，以街、巷、居民区为单位，不受城镇行政区县和居民委员会管界限制。

3）对旧城改造区，尽量利用已有编号，不另行编号。对拆建实体应根据新的规划设计图，确定改造后门牌编号，对未拆建物保留旧号，不命新号，避免重号。对未建空地，临街平房改造和市区、郊区接合部等地应留有空号。

4）做到有门有号，不重不漏。对于城镇违章建筑和临时工棚及非规划建筑一律编号；对沿街建的小吃部、发廊、售货亭及办公用的简易设施等不编号。

5）城镇门牌编制要有层次性。一般以临街、路、巷的楼、院、户、门为主号，其主号所指实体的后门或旁门为副号；临街、巷新开门、铺面等设支号。高大楼房分楼幢号与其单元门号、户号为子母号；机关大院内多门多幢楼门也可分子母号。

6）注意选好门牌编号起点。一般选择不再延伸的一端为首号起点，实施封闭式编法；或以城镇向中心一方为所有街、巷、门牌编制的起点，实施中心放射式编法。

7）实施单、双号分排编法。一般以我国古代阴阳相关命名地名的规律，以偏北偏西一侧为单号、偏东偏南一侧为双号排列。

8）居民住宅区，可以打破住宅区界限与所临街、巷统一排号；较大范围住宅区又可分几个小区，分别编号；也可以向主要街、路一面向内进行平等排列编号等多种方法，因地制宜实施。

10. 地名信息化建设

（1）地名信息化建设的必要性

1）地名信息化是社会经济发展的客观要求。地名主管部门通过建立以计算机等现代高新技术为基础的地名信息系统，以科学的方式收集、整理、标准化处理、储存、管理、输出地名信息，实现地名的快速查询、动态管理、图表联动和地名信息的可视化、数字化及地名信息传输的高速、保密，快速、及时地为政府管理部门和社会各界提供统一、齐全、准确标准的国内外地名信息，是社会经济发展的客观要求，也是我们义不容辞的历史使命。

2）地名信息化是实现地名管理手段现代化的迫切要求。长期以来，我们建立了比较系统、齐全的地名管理机构，国家投入了大量的人力、物力用于地名的标准化工作，各级地名管理部门和广大地名工作者为促进我国地名管理的科学化和规范化进行了艰苦卓绝的努力。但是，由于没有建立 GNIS（地名信息系统），无法进行科学管理和有效使用地名资源，甚至在县级以上行政区命名、更名过程中，省级人民政府正式上报国务院的报告拟订的方案还经常出现重名问题，同音的现象就更是司空见惯。因此，地名管理要跟上时代的步伐，早日建立地名信息系统，将信息化、数字化技术引入地名管理领域，只有这样才能促进我国地名管理决策水平的提高。

3）地名理论研究离不开地名信息化。由于没有 GNIS，我们的研究方法基本上仍停留在考证、描述、推理、个案分析、局部归纳的传统水平上，地名普查和实际工作中积累的大量宝贵的地名资料，因没有建立有效的数据库而无法利用，地名管理无法走上科学化的轨道，无法满足社会各界对地名信息时效性的要求。

4）相关部门的信息化建设迫切需要地名信息化。国内测绘、城市建设和规划、国土、国防等部门的数字化、信息化建设已取得很大的成绩。但由于没有地名信息的支持，与空间有关的信息系统的实用价值大大降低。正是因为地名信息化在空间信息数字化建设中具有如此重要地位，公安、交通、邮电、通信、国防、新闻出版、测绘等部门迫切希望各地主管部门尽早建立地名信息系统。

（2）地名信息化建设总体设想

1）建立功能齐全、覆盖全球范围、能满足地名管理和地名科研及社会各界需要的国家地名信息系统。初步设想数据库收录地名 2000 万条以上，其中国内地名 500 万条以上，国外地名（包括国际公有领域）1500 万条以上。

2）根据数字地球的要求，进行地名信息网络集成和时空集成。拥有联网的地理空间信息系统是数字地球的重要组成部分，网络是数字地球不可缺少的基础和特征。网络集成就是要创建地名 web 服务站点和空间数据仓库体系，建立在网络支持下的对象代理机制，实现地名数据库的动态访问、查询、检索、空间分析和政府决策，建立地名元数据和网络信息标准，确保地名数据的共享。

3）实现地名实体的虚拟现实（VR）。利用计算机图形技术、仿真技术、人机接口技术、多媒体技术及传感器技术，由计算机生成地名所代表的地理实体的模拟环境，通过多种传感设备使地名用户“投入”虚拟现实，包括三维立体视觉，实现用户与地名虚拟环境进行自然交互。

4）全面实现地名信息化管理。在各级地名部门基本建成地名信息系统的基础上，一方面，要不断更新、维护地名数据库，研制功能更加齐全的软件，实现地名的信息化管理；另一方面，将地名信息系统融入数字地球，成为数字地球的有机组成部分，为各专业空间信息系统提供基础数据库，同时通过网络走入千家万户，为社会各界的交流服务。

拓展训练

阅读题

因资金困难武汉将实行地名有偿命名

武汉市政府办公厅宣布将实行地名有偿命名制度，即通过协议和拍卖的方式，将新建的或者必须改名的道路、桥梁、广场等公用设施以及住宅区的命名权进行出售。所得资金，将全部用于地名管理资金。

有媒体认为，地名命名权作为一种公共资源，政府不该垄断。也有网友怀疑，这是一种权力寻租行为。

■相关规定:

（1）国务院《地名管理条例》规定：新建的城镇街、路、巷的命名（或者老地名的更改），由所在地人民政府提出方案，报经市政府后，由市地名办公室审核确定。

（2）新建的城市公交、轻轨、车站、地铁、港口等专业部门使用的具有地名意义的站、台、港、场等名称（或者老地名的更改），在征得市地名办公室同意后，由其专业主管部门负责筹办。

（3）新建的居民住宅区名称命名，由开发建设企业向民政部门提出命名申请。对于符合住宅区命名规定的，由民政部门颁发标准地名使用证。

【思考】武汉市地名有偿命名可谓开先河，请针对这一新生事物进行讨论。

项目十三 管理殡葬事务

项目概述

管理殡葬事务是民政工作的重要内容，主要包括管理殡葬事务、推行殡葬改革；引导社会改革殡葬习俗，规范和管理殡葬服务单位的行为；为客户提供优质的殡仪服务等。

本项目要求学生通过学习，掌握国家殡葬改革的方向，规范殡葬行为；理解现行殡葬政策，结合各地实际情况，在法律法规允许的范围内，推行殡葬改革，改革丧葬习俗；分析客户殡葬行为的客观性和规律性，服务群众。

背景介绍

生养、死葬是每个公民的基本权利。殡葬是人们不容回避的话题，殡葬活动关系到千家万户，与人民群众生活密切相关，对社会文明进步产生着不可忽视的影响。尊老爱老、善待老人，使老人得以善终，让逝者有尊严地离开亲人，不仅能使家庭和睦，更能实现个人的社会价值，使整个社会充满生机和活力。这些都需要殡葬业的良性发展。

任务一　管理殡葬事务与改革殡葬习俗

任务描述

我国殡葬改革总的宗旨是节约土地、保护环境、移风易俗、减轻群众负担。管理殡葬事务与改革殡葬习俗是实现殡葬改革目标的有效手段。

管理殡葬事务，贯彻落实国家对殡葬业的发展基本要求；区分不同的殡葬机构，采取不同的手段进行管理和服务，满足群众丧葬需求，是有序推进殡葬改革的保障。革除丧葬陋俗，提倡文明节俭办丧事是殡葬改革的重要内容。了解殡葬习俗，一方面能让学生理解殡葬习俗的内涵；另一方面可以使学生更好地了解丧葬文化、了解群众需求，引导群众破除旧俗，创立殡葬新风。

任务具体内容：一是推行殡葬改革的历程、方针和内容；二是认识管理殡葬事务的主体、职能；三是学习殡葬习俗知识；四是革除丧葬陋俗，建立文明的丧葬习俗。

任务实施

1．管理殡葬事务：推行火葬与改革土葬

管理殡葬事务主要通过以下程序完成：①制定管理目标，明确管理事项、任务及管理主体；②执行管理职能；③通过反馈和监督，改进管理工作，达到最终目标。当前殡葬改革与管理的主要任务是推行火葬、创新骨灰安葬方式，改革土葬，规范公墓管理，保护生态环境。

（1）推行火葬、创新骨灰安葬方式的实施

1）推行火葬的实施。根据各地情况，殡葬分为火葬区和土葬区，在火葬区内全面推行火葬（少数民族除外），严禁实行土葬。推行火葬的前提条件是有足够的殡葬设施，一般由政府出资兴建殡仪馆和骨灰堂。

一般来说，不同地区推行火葬遇到的问题不同，采取的措施不同。

推行火葬初期，主要采取加大宣传力度、加大执法力度，联合公安、土地部门制止在火葬区进行土葬的措施，管理部门要投入人力物力推行火葬。同时，采取鼓励党员干部带头实行火葬、带动群众实行火葬等措施。有的地区采用经济手段：对实行火葬的，或免费火化，或减免费用，或给予物质奖励；对不实行火葬的人员，不发放丧葬费等。

火葬推行已取得一定成效时，从单纯注重火化率的提高到注重遗体火化后骨灰处理的问题。主要采取以下措施：一是继续加大宣传力度；二是加大惠民措施力度、减轻人民负担；三是创新骨灰安葬方式，节约殡葬用地。2007 年以来，全国有很多地区开始实行火化由政府埋单，加大推行火葬的力度。截止到 2010 年 3 月，全国共有 9 个省（自治区、直辖市）、37 个地级市、120 个县（市、区）实施了不同内容的惠民殡葬政策。各级殡葬管理部门要与政府部门沟通协调，加大殡葬惠民力度。

2）创新骨灰安葬方式。推行不占土地或少占土地的骨灰安葬方式时，针对广大农村地区“入土为安”的观念比较强烈，推行鲜花葬、草坪葬等骨灰入土的处理方式，建立大型纪念性墓碑，也可以结合宗族祠堂建碑，供葬入墓地之人共同使用；结合新农村建设，将公共墓地建成花园，成为人们休闲的好场所。

对于东部沿海地区，土地资源稀缺，人们已经接受火葬，可以学习上海，推行海葬，对海葬补贴 400 元费用等。当然，海葬不能作为主要的骨灰处理方式，一是内地海葬费用太高，海葬人少的话，无法建纪念碑，祭奠成问题；二是中国人口多，海葬太多会污染海洋环境，可能会引起市民或其他国家不满。

在推行各种节地骨灰处理方式时，一定要注意解决清明等集中祭祀的问题。可以学习“上海市首届公祭海葬典礼”的形式，采用公祭、网上祭奠等各种新的、能够满足部分群众要求的祭奠形式，进一步完善葬后祭祀活动，使这些节约用地的葬法能够最大限度地满足人们追思亲人的需要。

（2）改革土葬的实施　改革遗体土葬主要是使土葬少占地，对土地少破坏。一是要积极推行“新式土葬”，不留坟，不立碑。同时要用易腐木材或再生材料做棺材，促进棺材和尸

体速腐，禁止砖石水泥砌穴，以保护土壤结构等。

运输方便、有条件的地区，建遗体公墓，可以结合新农村建设，推广采用平地深埋，不留坟头，在墓地上种花或其他观赏植物的方式，再加上一些雕塑或其他装饰物，将遗体公墓建成休闲的公园，满足农村人口文化休闲的需要。

住地比较分散、交通不便的地区，不必强行集中安葬，只要不建大的墓地，不占耕地，不影响人们生产生活，可以分散葬在荒山、荒坡上。

2．改革殡葬习俗

（1）革除丧葬陋俗

1）革除迷信的丧葬习俗，如做道场、择日子而久殡不葬、冥婚等。

2）制止不合法的丧葬习俗，如建超标的豪华墓、活人墓，在田间耕地中建坟，乱埋滥葬墓，遗体火化后骨灰装木棺土葬等违法殡葬行为。

3）改变铺张浪费的厚葬风俗。引导群众合理消费，减少丧葬中的攀比现象。

4）制止有伤风化的新习俗，如近年来，随葬品中出现二奶、情人、伟哥等物品，对社会造成较坏影响，要及时制止。

（2）建立文明的丧葬习俗　目前，在城市一般引导公民按照以下形式进行丧事活动：

1）确认死亡，办理死亡证明。死亡证明有两种：正常死亡的，由卫生部门出具《居民死亡医学证明书》，凭此证在公安机关销户后，办理《居民死亡殡葬证》；非正常死亡的，由公安机关出具《死亡通知单》。在家中设灵堂祭拜。

2）家属凭死亡证明通知殡仪馆将遗体接运到殡仪馆，确认要办理的殡仪服务事项。

3）确定开追悼会的时间后，通知亲友。一是电话通知，一般对直系亲属和重要的人要用电话通知。二是向社会发讣告，一般由家属或者逝者单位或者治丧委员会发出，一般在单位或小区门口张贴。三是在报纸和网络发讣告，目的是让更多的人了解逝者去世的消息，与逝者做最后的告别。

4）殡仪馆为逝者消毒、防腐、清洗、更衣、化妆或提供其他服务。

5）开追悼会，亲朋好友参加遗体告别仪式，与逝者作最后的告别。

6）火化遗体，领取骨灰。

7）寄存或安葬骨灰。

8）葬后祭祀活动主要有七七祭、周年祭、忌日祭、春节祭、清明祭等。

任务引导

（1）了解火葬的风俗，更好地推行火葬。火葬在历史上一度盛行，成为汉族中仅次于土葬的一种重要葬法。分析历史上火葬盛行的时期及原因，可以从以下方面进行：佛教的影响；少数民族丧俗的影响和人们的从众心理；地狭人众，人地矛盾的加剧等。

（2）新的骨灰处理方式有哪些？各有什么特点？关注新的骨灰处理方式，看政府是如何推行的。现在政府推行的骨灰“节地葬”有哪些？在推行“节地葬”时，如何满足殡葬的社会功能？殡葬的社会功能主要包括回归功能、悼念功能、慰藉功能、教育功能和文化功能。

（3）关注网上祭奠、代客祭奠等新式祭奠形式。它们与骨灰处理新方式之间有哪些联系？

基础知识

1. 殡葬事务管理的主要内容

殡葬管理是一项政府行政行为，它是各级人民政府管理的诸多事务中的一项，是运用行政的、法律的、经济的手段，对人们的殡葬活动进行指导、监督和规范。根据殡葬管理的方针，殡葬管理主要有以下 3 方面内容：积极进行法制建设、严格依法管理；推行殡葬改革，提倡文明节俭办丧事；兴建殡葬设施，发展殡葬事业。

2. 管理殡葬事务的主体及职能

管理殡葬事务的主体依据管理机构的性质可分为 3 类。

（1）由行政管理机构，即国家依法设立的各级民政部门设立的殡葬管理机构

殡葬行政管理机构分为中央殡葬管理机构和地方殡葬管理机构。民政部是国务院管理全国殡葬工作的主管部门。民政部社会事务司作为我国殡葬管理的业务主管部门是中央殡葬管理机构。

地方各级民政部门是同级政府管理殡葬事务工作的主管部门，包括各省（直辖市）民政厅（局）社会事务处、县市级民政局事务科、殡葬管理处以及乡镇的殡葬管理机构。

（2）有部分管理职责的殡葬事业单位

根据《殡葬事业单位暂行办法》，殡葬事业单位包括殡仪馆、火葬场、殡葬服务站、骨灰堂和公墓。殡葬管理所在同级民政部门领导下，负责管理本地区殡葬事宜和对本地区其他殡葬事业单位实行统一领导。

（3）由各级政府和民政部门授权管理部分殡葬事务的社会组织和机构

例如，中国殡葬协会（China Funeral Association，简称 CFA），101 研究所，各地殡葬协会，各地红白理事会等殡葬组织也承担部分管理职能。这些组织和机构一般由民政部门出资兴建，具有事业单位的性质，主要是从事科研、教育、宣传等工作，为殡葬单位提供各种服务。

3. 殡葬习俗的内涵

葬礼指人们在丧事活动中所遵守的行为规范。按时间顺序，可将一场完整的殡葬活动分为“殡—葬—祭”3 个阶段，每个阶段任务不同，服务项目也不同，靠着一个“传”字将这些活动连在一起。

（1）殡葬的含义　现代殡葬指处理死者遗体的方法和对死者的哀悼形式，包括发讣告、向遗体告别、开追悼会、致悼词、送花圈挽联、出殡送葬、安葬、安放骨灰盒等一系列的丧葬事项。

（2）祭祀的含义　祭祀是指祭神、祭祖，根据宗教或者社会习俗的要求进行的具有象征意义的一系列行动或仪式。对逝者的祭祀是指人死埋葬后对死者的追忆行为，也是丧葬活动的延续。

4. 现代殡葬仪式的一般程序

现代提倡文明节俭办丧事，殡葬仪式较古代简便一些。但部分农村还保留有旧时的丧葬

习俗，按照殓、殡、出殡、下葬及葬后祭祀等礼仪安葬逝者。大部分城里的丧事在殡仪馆由专业人士协助完成，通常按遗体接运、冷藏、清洗、化妆、整容、举行告别仪式、火化、安葬骨灰、葬后祭祀等程序进行。

人临终前，子女等直系亲属到场，见最后一面。人死后，通知殡仪馆将遗体运往殡仪馆、沐浴更衣、整容后冷藏，确定开追悼会时间、地点后，发讣告。在殡仪馆或家中设灵堂供亲友祭拜。开追悼会前一天晚上，孝子孝女及其他亲朋好友会守灵一夜，部分地区请僧人念经超度，请乐队吹吹打打，举行“辞灵”仪式。随着城市不断发展，为避免扰民，在家中及社区举行“辞灵”仪式的越来越少。

开追悼会当天，逝者亲朋好友、单位领导及同事都会按讣告上指定的时间、地点到殡仪馆参加追悼会仪式。仪式结束后，遗体被送入火化间火化。亲人取回骨灰后，择日在选好的墓地安葬。葬后祭祀时间各地不同，七七、三周年、忌日、春节、清明等时间祭祀的较多。祭祀形式随着历史的变迁不断发生着变化，近几年新兴的网上祭祀逐渐走入人们的生活，正在被人们广泛采用。

5．我国现行规范殡葬事务管理的法规《殡葬管理条例》的相关内容

第二条　殡葬管理的方针是：积极地、有步骤地实行火葬，改革土葬，节约殡葬用地，革除丧葬陋俗，提倡文明节俭办丧事。

第六条　尊重少数民族的丧葬习俗；自愿改革丧葬习俗的，他人不得干涉。

第九条　任何单位和个人未经批准，不得擅自兴建殡葬设施。

农村的公益性墓地不得对村民以外的其他人员提供墓穴用地。

禁止建立或者恢复宗族墓地。

第十条　禁止在下列地区建造坟墓：

（一）耕地、林地。

（二）城市公园、风景名胜区和文物保护区。

（三）水库及河流堤坝附近和水源保护区。

（四）铁路、公路主干线两侧。

前款规定区域内现有的坟墓，除受国家保护的具有历史、艺术、科学价值的墓地予以保留外，应当限期迁移或者深埋，不留坟头。

第十一条　严格限制公墓墓穴占地面积和使用年限。按照规划允许土葬或者允许埋葬骨灰的，埋葬遗体或者埋葬骨灰的墓穴占地面积和使用年限，由省、自治区、直辖市人民政府按照节约土地、不占耕地的原则规定。

第十三条　遗体处理必须遵守下列规定：

（一）运输遗体必须进行必要的技术处理，确保卫生，防止污染环境。

（二）火化遗体必须凭公安机关或者国务院卫生行政部门规定的医疗机构出具的死亡证明。

讨论题

现代的追悼会仪式有哪些可改进之处？

任务二　管理殡仪馆

任务描述

优质的殡仪服务要靠殡葬服务机构来提供，殡仪馆作为殡仪服务的主要提供者，是殡葬管理工作的重点。本任务主要使学生了解国家如何管理殡仪馆，殡仪馆如何进行内部管理以及殡葬单位管理中存在的问题及解决办法。

具体任务：一是了解殡仪服务流程，二是了解现代城市遗体告别仪式的一般议程。

任务实施

1. 了解殡仪馆服务流程

殡仪馆服务流程见图 13-1。

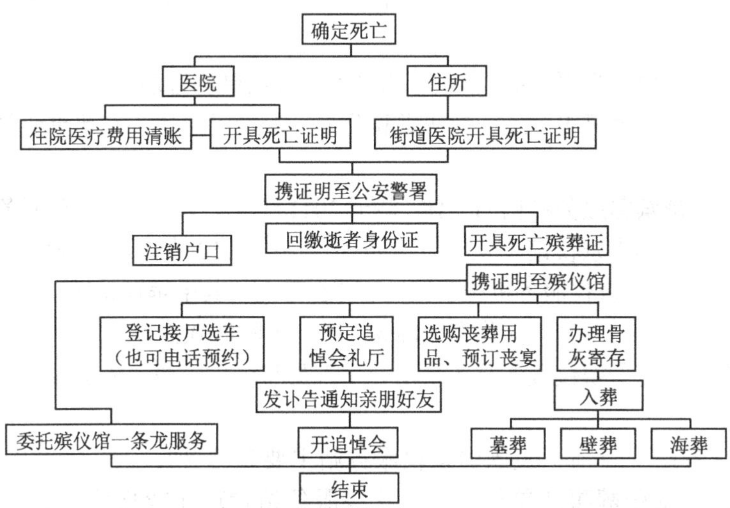

图 13-1　殡葬流程图

2. 现代城市追悼会（遗体告别仪式）的一般议程

（1）主持人宣布追悼会开始，宣读参加追悼会人员的名单以及外来唁电、唁函等。

（2）乐队奏哀乐或播放哀乐，全体默哀（1～3 分钟）。

（3）由事先指定者（单位领导或德高望重的人）致悼词。

（4）来宾代表悼念讲话（好友致词，缅怀故人）。

（5）死者亲属代表（孝子或最亲近的人）致答谢词，表达感谢之意。

（6）全体来宾向遗体三鞠躬，以示哀悼之情。

（7）哀乐声中，全体来宾瞻仰遗容，向遗体作最后的告别，握手慰问家属。

（8）宣布追悼会结束，来宾离开，家属自行祭拜。

（9）家属祭拜完毕后，将遗体送去火化。

任务引导

遗体告别仪式前的准备工作：①准备遗像。根据灵堂大小而定，至少需要 12 寸以上的死者照片一张，家属可以亲自到照相馆冲洗，也可以请殡仪馆提供遗像放大服务。②小白花等饰物。亲友佩带的黑纱、白纱等。③写挽联。家属自己写或请人代写。④准备好追悼词和答谢词，确定念诵悼词和答谢词的人。

基础知识

1．殡葬服务机构概述

殡葬服务机构指依法成立的，能够完成遗体接运、遗体化妆、遗体整容、遗体防腐、遗体火化、骨灰寄存以及各种礼仪服务等丧葬活动的单位和组织。在服务过程中，殡葬服务机构与殡葬消费者具有平等的地位，在协商一致的基础上确定服务项目和费用。

殡葬服务机构主要有以下几种。

（1）殡葬事业单位　根据 1983 年颁布的《殡葬事业单位管理暂行办法》，殡葬事业单位包括殡仪馆、火葬场、殡葬服务站、骨灰堂和公墓。现阶段，我国殡葬事业单位兼具管理职能和服务职能。

殡葬事业单位是殡葬服务机构的主体。截至 2011 年底，全国共有殡葬服务机构 4103 个，比上年增加 152 个，其中殡仪馆 1745 个，殡葬管理机构 952 个。民政部门管理的公墓 1406 个，比上年增加 98 个。殡仪服务机构职工共有 7.5 万人，其中殡仪馆职工 4.5 万人。火化炉 5209 台，火化遗体 468.1 万具。火化率 48.8%，比上年降低 0.2 个百分点。

（2）殡仪服务公司　殡仪服务公司是由一定人员和机构组成，依法成立的从事殡葬服务的公司和企业。

（3）殡仪服务站　目前，我国的殡仪服务站主要有 3 种：①殡葬事业单位在各社区设立的分支机构，受殡葬事业单位管理，这些服务站管理比较规范；②在工商部门登记注册的花圈店、寿衣店等；③社区和农村专兼职从事殡葬服务的、没有在工商部门登记的服务站。

2．民政部门对殡仪馆进行外部管理

殡仪馆的外部管理是指行政管理机关对殡仪馆的管理。

目前，我国大部分殡仪馆都是殡葬事业单位，国家按照《殡葬事业单位管理暂行办法》和《殡葬管理条例》对殡仪馆和公墓进行日常工作管理。各地民政部门靠制订计划监督和指导殡仪馆及公墓的工作。

（1）制定管理目标　管理目标分中长期目标和短期目标。

中长期目标：各地政府制定的殡葬工作中长期目标，5 年、10 年工作规划，分阶段进行。

短期目标：一年内的工作目标。由政府殡葬管理部门（各地民政部门）根据上年工作情况及本地殡葬管理的需要制定当年工作目标，下发各殡葬单位，殡葬单位根据此目标作出当年工作计划。

（2）实施计划及工作指导与监督　殡仪馆和公墓实施工作计划，对工作中出现的问题及时向管理部门汇报，接受管理部门指导。各地民政部门根据要求或群众反映的问题对殡仪馆和公墓工作进行检查和监督，监督殡葬单位搞好殡葬服务工作。

（3）工作总结与工作计划　殡仪馆和公墓定期就工作情况进行总结，根据单位发展情况及出现的问题及时反馈，并就以后工作提出计划。殡葬管理部门根据各单位总结及计划情况制定当地总工作目标，指导工作。

3. 殡仪馆内部管理

殡仪馆一般由民政部门设立，属殡葬事业单位。殡仪馆内部管理的内容大致有 4 项：人、财、物、事。殡仪馆属事业单位，其人事和财务管理受上级主管部门管理，既是内部管理的事，又受外部管理的制约。由于殡仪馆里存在特殊的物品——遗体，其内部物和事的管理和其他单位略有不同。

（1）殡仪馆人事管理　目前，多数殡仪馆人事由上级主管部门按编制管理，受外部国家事业单位人事制度改革的制约。随着殡仪服务的不断增多，在部分殡仪馆出现了同一工作岗位上的工作人员身份不同：有在编职工，有长期聘用无法解决编制的合同工，有短期聘用合同工，还有临时的处于考验期的临时工。

（2）殡仪馆财务管理　按照 1983 年《殡葬事业单位管理暂行办法》的规定：殡葬事业单位要实行“经营承包责任制”、逐步“自负盈亏”，“收入稳定，经费自给有余的单位，除更新改造基金留归本单位外，其余部分实行殡葬事业单位和主管部门盈余分成制”。

内部财务制度和其他单位一样，按照《会计法》、《现金管理办法》等相关财务管理制度进行，力求节能增效、降低成本，以增加效益。

值得注意的是，国家对殡仪馆殡仪服务免征营业税。早在 20 世纪 50 年代建立火葬场之际，国家就免征殡仪服务一切税收。新税制实行后，仍保留了优惠政策——1993 年公布实施的《中华人民共和国营业税暂行条例》中规定，国家对殡仪馆殡仪服务免征营业税。

（3）殡仪馆内部物资管理　殡仪馆内部有两类特殊物的管理。

一是遗体。对遗体要文明操作，保护遗体不受损坏是最基本的要求。同时，还要尊重逝者其他权利，如姓名权（不能写错）、隐私权（不能随便让人观看逝者遗体等）。

二是与逝者有关的物品。与逝者有关的物品带有亲属感情，无法复制，在殡仪服务过程中，要特别保护，不能损坏。处理这些物品时，一定要得到家属的同意并签字。

（4）殡仪馆内部事务管理　殡仪馆内部事务的管理主要是殡仪馆服务项目的规范化、标准化管理。

殡仪馆主要服务项目有：咨询登记，电话预约，代办服务；遗体接运，遗体冷藏；穿衣整容，遗体火化；厅堂服务，花圈出租；丧品销售，鲜花供应；冰棺租用，乐队服务；骨灰寄存，墓地安葬等。销售的丧品种类包括寿衣、垫盖单、文明卫生棺、骨灰坛盒、袖章、小白花、签名册、灵车花球、相框及相框花球等。

任务三 服务殡仪客户

任务描述

殡葬服务的宗旨是使“逝者安息，生者慰藉”。分析客户需求，满足人民丧葬需求是殡仪服务的基本要求。本任务的实施可以训练学生了解殡葬客户的类型、殡葬心理，提高学生服务意识，提高学生的沟通与协作能力。

任务包括：分析客户与逝者的关系，分析客户的群体特征；分析客户消费类型，为客户提供优质服务；分析客户家庭情况，有针对性地实行惠民政策，满足人民死有所葬的基本需求。

任务实施

1. 确定逝者基本信息及丧事承办人

逝者的基本信息，如姓名、性别、出生年月、死亡时间、死亡原因、死亡地点等，可通过下列途径获得：

（1）询问前来办理丧事洽谈的有关人员（家属、单位及治丧委员会人员）。

（2）在医院、社区、福利院死亡的，询问医生和有关人员。

（3）根据办理丧事提供的《居民死亡殡葬证》获得。

（4）根据公安机关出具的《遗体处理通知单》获得。

在确定逝者身份后，根据我国《继承法》和《民法通则》，确定丧事主要承办人。由丧事主要承办人和服务单位协商确定服务方案，包括服务项目、服务价格及特殊服务要求等。

2. 根据服务项目，组织人力、物力搞好服务

（1）根据不同客户的服务项目和服务时间，为客户提供优质殡葬服务。

（2）根据来宾情况，提供必要的活动、休息、停车场所等服务。

（3）对有特殊要求的客户，提供个性化服务。

（4）对客户临时提出的服务要求，及时沟通，做好服务。

3. 根据客户情况，搞好特殊服务

（1）按惠民政策和措施，为困难群体和符合条件的群众办理减免费用的服务。

（2）为特殊逝者及来宾，提供特殊服务，如设立残疾人通道、安排社工抚慰家属、医疗帮助（为传染病死亡人员及家属提供消毒）等。

（3）为少数民族及有宗教信仰的人士提供特殊服务。

（4）做好应急措施，应对特殊事件。

任务引导

（1）关注各地惠民政策，为人民服务。通过书籍、报刊以及网络等渠道，了解各地殡葬惠民政策，关注以下内容：对哪些人群优惠、项目有哪些、如何办理相关手续等。

（2）绿色殡葬、生态殡葬、阳光殡葬代表了社会发展的方向，使殡葬业更好地为民服务。要通过怎样的努力，才能使其变为现实？

基础知识

1. 殡仪服务对象分析

殡仪服务对象有两个：一是逝者或者遗体；二是逝者亲属及朋友。

殡仪服务的特殊性要求殡葬服务单位必须提供优质的服务满足客户需求。服务要做到精益求精，减少人为事故的发生。对管理者来说，除了加强硬件设施建设，提供必要的服务条件外，还要加强规范市场管理，提高服务人员素质，满足群众需求，更要细分服务市场、制定相应的服务标准，规范服务行为，降低事故发生的可能性。

2. 遗体的所有权与家属的权限

最有权处理遗体的是逝者。逝者生前有权安排自己的后事，处分自己的遗体。通常在遗嘱里面，可以看到逝者对后事的安排：财产的处分，身体的处分（捐赠身体器官或遗体的），葬礼的安排，墓地的选择等。尊重逝者最基本的要求是尊重逝者对自己后事的安排，按他们的意愿办后事，这是处理遗体最基本的原则。

一般来说，遗体归其亲属共同所有，大家协商一致，共同处理遗体；如果无法协商一致，按少数服从多数的原则；还是无法确定的，和逝者最亲近关系的人有权决定。参照继承法的规定，第一顺序继承人是配偶、子女、父母。第二顺序继承人是祖父母、外祖父母、孙子女、外孙子女、兄弟姐妹。有配偶的，由配偶决定；没有配偶或配偶不愿决定的，由父母决定；配偶、父母都不在或不愿决定的，由子女决定；子女数人，无法决定的，由长子、长女决定。在没有第一顺序继承人时，第二顺序继承人才可作出决定。

五保户、没有近亲属的遗体，由民政部门或所在单位处理。

近亲属、民政部门或所在单位对遗体的所有权不是完全所有权，对遗体进行处理时要注意：不能用以收益、抛弃、长期占有不埋葬。

无主遗体，又称无名遗体，是不能确认逝者身份、没有家属及单位认领的遗体。无主遗体一般由公安机关出具证明，殡葬单位火化。管理者要加强对无主遗体处理的管理，防止出现毁尸灭迹或死无葬身之地的现象。

3. 殡葬群体及心理分析

现代社会参加葬礼的人主要有直系亲属、姻亲及旁系血亲和业缘、趣缘等朋友群体。

（1）亲属的心理　亲属与逝者有着血缘亲情，他们对逝者充满依恋；逝者的离开，他们感到悲伤、恐惧和无助；他们对逝者充满内疚与报恩心理。这使亲属容易在办丧事时消费不理性，被服务人员的意见左右；注重精神消费，不讲价钱。

（2）协助治丧者心理　助丧者历来是丧事活动的重要参与人。助丧者一般对逝者及亲属充满同情，或者对他们有报答心理，希望帮助他们渡过难关。相对于亲属而言，助丧者悲痛程度较低，比较理性。由于他们数量多，来源不同，消费观不同，有时难以达成一致意见，是比较难以相处的群体。当丧户和殡仪馆出现矛盾时，丧户想办完丧事后赶紧离开，助丧者可能会起哄闹事，挑起冲突。

在服务过程中，服务人员要注意安抚亲属，满足他们的消费需求；服务好助丧者，避免不必要的冲突，使丧事办得圆圆满满。

任务四　管 理 公 墓

任务描述

“死有所葬”是每个公民的权利，也是政府的责任。管理好公墓，使逝者的遗体和骨灰有安放之处，让后人能祭奠先人，实现人的价值，同时，保护我国有限的土地资源，是殡葬事务管理的重要部分。本任务主要使学生了解国家如何管理公墓、公墓如何进行内部管理。

任务包括：公墓内部建设与管理的要求，公墓服务程序及要求。

任务实施

1．订购普通墓地工作流程

（1）凭火化证选择墓区、墓位、墓型。

（2）填写购墓申请单，填写碑文，计算机制单，客户校对确认。

（3）签订合同及付定金。

（4）制作瓷像及碑文。

（5）客户验收付清余款。

（6）落葬。

2．常用骨灰落葬仪式主持程序及主持词

尊敬的各位领导、各位来宾：

今天是 2012 年××月××日，在这个悲痛的日子里，我们聚集在墓地，一起送别我们的朋友××先生。

现在，我宣布：××先生的骨灰落葬正式开始。请全体成员在墓穴前站立，并对墓穴行注目礼。

请工作人员打开墓盖或墓套，为××先生净穴。

接下来，请孝子女用少量黄纸或锡箔放入穴内，并点燃，为亲人暖穴。

请工作人员落葬。

请全体肃立，工作人员封穴。

现在，请家属摆放祭品与鲜花。

最后，请亲属和我一起走向墓碑，行三鞠躬礼：

一鞠躬！再鞠躬！三鞠躬！谢谢！

礼成。请家属自行祭拜！

任务引导

结合其他民政工作原理，谈谈如何在我国地少人多的情况下，解决所有公民“死有所葬”的问题及公墓的“死墓”危机问题。

基础知识

1. 公墓的分类

根据民政部1992年《公墓管理暂行办法》中第三条的规定：“公墓是为城乡居民提供安葬骨灰和遗体的公共设施。公墓分为公益性公墓和经营性公墓。公益性公墓是为农村村民提供遗体或骨灰安葬服务的公共墓地。经营性公墓是为城镇居民提供骨灰或遗体安葬实行有偿服务的公共墓地，属于第三产业。”

从以上规定可以看出，目前，我国公墓分为农村公益性公墓和城市经营性公墓，国家对公墓实行分类审批、管理和指导。国家从严审批经营性公墓，禁止公益性墓地对外出售墓穴。未经批准，任何形式的公益性公墓不得转为经营性公墓。

除上述规定公墓外，我国还有专门埋葬回民的回民公墓以及烈士陵园等类型的公墓，对它们的管理有专门的规定。

2. 公墓的审批

建立公墓应当向管理部门申请：建立公益性公墓，由村民委员会提出申请，报县级民政部门批准；建立经营性公墓，由建墓单位向县级民政部门提出申请，经同级人民政府审核同意，报省、自治区、直辖市民政厅（局）批准。申请时，应向公墓主管部门提交下列材料：

（1）建立公墓的申请报告。

（2）城乡建设、土地管理部门的审查意见。

（3）建立公墓的可行性报告。

（4）其他有关材料。

经营性公墓，由建墓单位持批准文件，向当地工商行政管理部门领取营业执照，方可正式营业。

与外国、港澳台人士合作、合资或利用外资建立经营性公墓的，需经同级人民政府和省、自治区、直辖市民政厅（局）审核同意，报民政部批准。

3. 公墓内部各项工作和物资的管理

公墓内部各项工作和物资管理的内容包括客户服务管理、公墓设施设备的维修养护管理、公墓环境保洁与绿化管理以及公墓安全管理等。

客户服务管理的主要内容包括接待客户、引导定墓、制作墓碑、安葬骨灰、建立档案以及在公墓区组织祭扫活动和其他公益活动等。

公墓设施设备的维修养护管理的主要内容包括向客户说明墓地及附属设施的功能和注意事项、制定墓地设施设备养护计划及日常维护、墓地设备更新方案等。

公墓环境保洁与绿化管理主要内容包括墓地污染的防治、墓地公用场地的清洁与植物的养护、公墓环境的绿化美化等。

公墓安全管理的主要内容包括安全方案的制定、日常安全保卫防护、消防器材的管理与维护、职工安全教育与管理、园区车辆行驶及停放、突发事件应急预案等。

公墓内部事务管理是要营造良好的墓地环境，以切实保护客户、墓地使用者的合法权利，提升墓地的经济效益、社会效益和生态效益。

4. 公墓年检制度

公墓年检制度是民政部门为规范公墓的经营活动，根据验收标准，一年一次对公墓的建设、管理、运行等情况进行检查并验收的制度。具体内容包括公墓审批手续、墓穴用地、服务设施、服务项目、服务质量、经营管理和绿化美化情况等。

根据检查结果，分别作出处理：年检合格的发给经营合格证，容许继续营业；对于存在问题的，要给予批评，责令改正；对于严重违背殡葬管理法规经营的，实行停业整顿，直至明令取缔。通过年检，民政部门还可查处未经批准的非法公墓，并及时清理，保证公墓健康发展。

5. 清明祭祀的管理

清明祭祀管理一直是殡葬管理的一项重要工作。公墓作为祭祀的主要场所，一直是管理重点。民政部《2010 年清明节工作方案》显示，为提高服务接待和安全保障水平，倡导文明祭扫新风尚，清明祭祀主要组织实施阶段任务如下：

（1）全力做好清明节文明祭扫、安全保障工作，确保无重大安全事故和群体事件。

（2）3 月 15 日，民政部和各地举行“优质服务月”活动启动仪式。

（3）民政部网站设立清明节祭扫专栏，实时发布清明节工作信息和各地祭扫信息，介绍各地群众祭扫活动的先进经验和做法，为群众祭扫提供便利服务。

（4）3 月 27 日开始，启动清明节期间的应急值守工作。

（5）收集汇总清明节工作资讯，并对相关情况进行通报。3 月 27 日、28 日，4 月 3 日、4 日、5 日，各观察点按要求上报《2010 年清明节观察点群众祭扫情况日报表》。

（6）4 月 3 日、4 日、5 日连续三天通过新闻媒体发布群众祭扫情况，提醒公众把握祭扫人数变化规律，安全出行，文明祭扫。

6. 墓地服务一般要求

（1）安葬服务　安葬前须交清墓穴相关费用，安葬时须凭交款单据及安葬施工单、客户联至安葬部办理安葬相关事宜。

（2）旧墓搬迁　客户凭《起墓单》取墓，安葬施工单、客户联安葬。

（3）新户选墓　客户凭主办人身份证、逝者死亡证明、逝者身份证或户口簿办理手续。

（4）合墓加字及换碑　客户凭墓穴证书原件，发票、交款单据客户联，主办人身份证原件或复印件及逝者死亡证明办理手续。

（5）补办墓穴证书　客户凭主办人身份证原件或复印件、主办人与落葬人关系证明、墓穴证遗失文字材料（单位、街道、居委会证明）办理手续。

（6）外迁墓　客户凭墓穴证书、主办人身份证原件或复印件、主办人与落葬人关系证明（单位、街道、居委会证明）、正规国家公墓接收证明或县级以上主管民政部门接收证明办理手续。

拓展训练

阅读题

杜绝殡葬“黑龙” 沪“白事热线”962840开通

近年来，殡葬黑中介“一条龙”垄断、宰客的投诉不断，上海市殡葬服务中心主任王宏阶表示，“白事热线”开通不仅方便为丧家服务，同时也有利于杜绝殡葬“黑龙”坑蒙消费者的现象。“丧家只要拨打白事热线，上海市殡葬服务中心所属的龙华、宝兴、益善殡仪馆将快速响应，根据丧家需求，24小时提供免费咨询、上门洽谈丧事、全程陪同家属办理丧葬事宜。殡仪馆坚持便民、利民、惠民原则而推出的一千至五千元惠民套餐和一站式陪同服务也将成为众多丧家可以放心的选择。作为国营殡葬服务机构，我们一贯坚持的就是诚信放心和以人为本的服务宗旨。”

【思考】上海的殡仪服务给百姓带来了哪些实惠？其他地方可否借鉴？

讨论题

浙江：7月1日起 杭州四类人群将免费获得殡葬基本服务

2010年从7月1日起，杭州市民、学生、军人，包括在杭的外来务工者将免费享受殡葬基本服务项目，体面而有尊严地走完人生最后一程。此次殡葬基本服务项目免费对象包括市民、学生、军人和外来务工者四类人群。在杭大中专院校全日制就读的非杭州市区户籍的学生、驻杭部队现役军人和外来务工者也都被纳入其中，这是杭州首创。

普通人群能享受到的殡葬服务免费项目共有4项：遗体接运费（限市区范围内使用普通接尸车辆接运遗体），免费标准300元；殡仪馆内遗体冷藏存放费（存放期限3天以内），免费标准300元；遗体火化费（使用普通火化炉火化遗体），免费标准330元；骨灰寄放费（存放期限一年以内），免费标准300元。杭州市殡仪馆主任罗齐本算了一笔账，相比现在，普通亡者能省去1230元殡葬费。

【讨论】基本殡葬服务是否应当免费？免费的项目有哪些？免费的人群有哪些？

模块五

开展优抚安置工作与双拥工作

项目十四 优待抚恤

项目概述

优待抚恤是优待工作的主要内容，不同的对象有不同的管理要求和工作内容。本项目要求学生掌握法律规则，结合优抚对象自身的伤残死亡情况和个人及家庭情况，理解优抚对象推定、政策落实及优待系列措施的跟进。

背景介绍

保家卫国，人人有责；为国牺牲，英名永垂。当我们走进军人家庭，我们就会发现，军人因献身国防，家庭整整少了一个劳动力。有的负伤致残，带着残疾回家了；有的牺牲疆场，留下年迈的父母和尚未成年的子女。优待抚恤是国家和社会的义务，也是全体中国公民的责任。怎么样安排好军人家属的生产生活，让献身国防岗位的人及家属能共享社会的文明进步，过上与时俱进的幸福生活？优抚工作应该做什么？优抚工作应该怎样做？优抚能给光荣的人带来什么？这是需要民政工作者长期思考并努力开拓的事业。

任务一 优待工作

任务描述

优抚工作管理与服务岗位群包括：各级政府民政部门的优抚（处）科，省级人民政府和市（县）人民政府举办的优抚医院、优抚对象光荣院、优抚对象精神病院等，街道、乡镇、社区管理优抚工作的民政工作专干。优抚工作管理与服务涵盖优抚对象的甄别、优抚对象报批材料的整理和审批，优待政策的落实，优抚对象包扶责任制的建立。

做好优待工作，要求基层民政干部要有比较好的政策法规素质，熟知对象的甄别、批准条件和审批程序。优待工作的重心在基层，基层民政工作者要有良好的政策法规宣传讲解能力，指导群众自我管理、自我服务，开展重点优抚对象包户服务，协调社会有关方面落实社会优待政策，组织营造人人尊重优抚对象，为优抚对象奉献的社会氛围。

任务实施

优待工作是充分体现全心全意为优待对象服务，从各个方面关爱呵护优抚对象的群众性工作。

（1）早在第二次国内革命战争期间，闽西、闽北和闽东等苏区组织群众帮助孤老烈属、单身伤残军人、孤老复员军人挑水、扫院、打柴、磨谷、请医、取药，干各种零活。

（2）安徽省就做好 2010 年优待工作提出明确要求，义务兵家属实行城乡一个标准普遍优待，在乡复员军人实行普遍优待，优待现金标准按本县（市、区）上年度农民人均纯收入的 70%发给；烈属、因公牺牲军人家属、病故军人家属和在乡复员军人享受定期抚恤补助金生活仍有困难的，按不低于义务兵家庭优待标准的 50%发给优待现金，优待面不低于 50%；残疾军人和生活特别困难的带病回乡退伍军人，享受生活补助的参战参试退伍军人按不低于 35%的标准发给；带病回乡退伍军人和享受生活补助的参战参试退伍军人优待面不低于 2%，所需资金由当地地方财政解决。

对在部队荣立一等功的一次性奖励 1000 元，荣立二等功的一次性奖励 500 元，荣立三等功的一次性奖励 100 元。

（3）宿迁市是革命老区，也是优抚大市，2007 年有优抚对象 28 万人，占全市总人口的 6%；有重点优抚对象 2.8 万人，占全市总人口的 6‰。为了做好优待抚恤工作，宿迁市从以下几方面开展优待抚恤工作：

1）加大宣传力度，营造政策落实的浓厚氛围。组织开展“结对帮扶”活动。由当地领导组织各级机关单位干部对重点优抚对象进行调查，对问题严重的重点对象进行结对帮扶；对在发展生产过程中所需的农药、种子、肥料和技术，予以支持帮助。

2）对重点优抚对象子女进行尊重老人、善待老人、照顾好老人的引导教育。

3）加强沟通与协调，邀请财政、卫生部门的相关人员一起到优抚对象家中走访、调研，倾听优抚对象的心声，帮助解决优抚对象的实际困难。

4）从市到各县（市）区、乡镇（办事处）实行责任制，把改善重点优抚对象生活状况作为定期考核目标。对于完成较好的单位和个人，给予奖励和表扬；对于考核不及格的单位和个人，通报批评并给予相应的处罚。建立优抚对象定期抚恤标准自然增长机制。经费渠道由开始的乡村统筹、财政补贴发展到财政预算保证，在解决重点优抚对象生活困难方面，采取提高定补标准、扶持生产等措施，使重点优抚对象每人每年定补、抚恤和优待合计资金达到或高于当地农村人均收入。

任务引导

（1）基层民政工作专干应该帮助基层社区建立哪些优抚工作制度和优待工作机制？

（2）哪些优抚对象享有社会优待？应该在哪些方面进行优待？

基础知识

1．优待工作的源起

早在井冈山时期，革命根据地就形成了给军属挂光荣牌，给军属帮耕帮种，照顾伤残军人工作生活，给军人分一份地、分好地，照顾孤老烈属生产生活的氛围。各种帮助照顾深入到方方面面，无微不至，并且用中华苏维埃的名义立法予以规范。时至今日，优待烈军属，优待其他各类优抚对象，已形成历史悠久的光荣传统。

《中华人民共和国宪法》第四十五条规定："国家和社会保障伤残军人的生活，抚恤烈士家属，优待军人家属。"《湖北省军人抚恤优待实施办法》规定：

"农村现役义务兵家属，可按《中华人民共和国兵役法》规定的服役期限享受优待金。"

"现役义务兵服役期满的，所在乡（镇）人民政府接到部队团以上机关超期服役的通知，应继续发给优待金。"

"义务兵在部队获得荣誉称号、立功受奖的，应当增发奖励优待金。"

"家居农村的义务兵，入伍前承包的责任田和自留地（山）可继续保留，并且不再负担集体提留等义务。其家庭缺乏劳力的，由当地人民政府组织群众帮助耕种。"

"家居城镇的义务兵家属生活困难的，由乡镇人民政府或街道办事处给予适当补助。入伍前是企业、事业单位职工的，其家属继续享受原有的劳动保险和福利待遇。"

"革命烈士家属符合招工条件，是城镇户口的，当地人民政府应当作出安排，用人单位优先录用就业；是农业户口的，应当安排其中一人就业，公安、粮食部门分别办理城镇户口和商品粮供应手续。""革命烈士家属中的孤老、孤儿，由光荣院或福利院收养，或者由当地人民政府组织群众予以妥善安置。其他优抚对象中的孤老、孤儿，也要妥善照顾。"

"革命烈士子女、兄弟姐妹报考中等学校、高等院校，录取分数可适当降低；考入公立学校的，免交学杂费，优先享受助学金，减免群众办学集资负担；符合进幼儿园、托儿所年龄的，优先接收。革命伤残军人报考各类成人学校时，录取分数和其他条件适当放宽，予以照顾。革命伤残军人报考普通中等专业学校、高等院校，除对身体条件有特殊要求的专业外，应予照顾，录取分数可适当降低。以上各款具体优待办法，由省民政厅、省教委另行制定。"

"革命伤残军人凭《革命伤残军人证》乘坐火车、轮船和客运汽车，享受半价优待；乘坐国内民航客机，享受票价减价20%的优待，并优先购票；乘坐市内公共汽（电）车及轮渡，享受免费优待；游览公园、名胜古迹，免收门票。"

"优抚对象在与其他公民同等条件下，享有就业、入学、入伍、救济、贷款、分配住房等方面优先照顾的权利。革命伤残军人从事农业生产的，分不同情况减免农业税、各项公益事业提留款和各项义务工；个人从事劳务、修理、服务性业务的，免征营业税；从事小商品经营纳税后生活有困难的，由省税务局给予定期减免税照顾。家居农村的革命烈士、因公牺牲军人、病故军人、现役军人的家属和带病回乡的复员退伍军人，酌情减免各项义务工。"

"优抚对象住房困难，居住农村需要修建房屋的，应采取个人自筹、群众帮工帮料和当地人民政府补助相结合的办法解决，并优先安排宅基地、供应建筑材料；居住城镇的由所在单位或房管部门统筹优先解决；有工作单位的军官和志愿兵家属，按本单位双职工待遇优先安排住房；义务兵服役期间，作为家庭住房人口参与分房；自愿购买商品房的，给予优惠照顾。"

"各级人民政府要大力扶持家居农村的优抚对象发展农、工、副业生产，通过培训帮助他们掌握科学技术，并从资金、场地、信息、生产资料及其他物资供应等方面给予优先、优惠服务。优抚对象符合乡镇企业招工条件的，应优先录取。"

2．优待工作的组织领导

从中央到地方各级人民政府应加强对军人抚恤优待工作的领导，建立健全国家、社会、群众三结合的抚恤优待制度，保障对军人的抚恤优待与国民经济的发展相适应，使抚恤优待标准与人民的生活水平同步提高。

省民政厅主管全省的军人抚恤优待工作。各地区行政公署和市、州、县人民政府的民政部门主管本行政区内的军人抚恤优待工作。乡镇政府、农村村民委员会和城镇居民委员会有切实落实本行政区域军人抚恤优待工作的责任和义务。

所有国家机关、企业事业单位、社会团体及公民个人，都要履行在军人抚恤优待方面应尽的职责和义务，落实抚恤优待政策和认真照顾优抚对象，帮助他们解决各种实际困难。

3．建立政府负责制

我国宪法和地方组织法规定，中央人民政府和地方各级人民政府对本级地方各项民政工作承担责任，保证现役军人、残疾退役军人及其家属享受优待；另据全国双拥工作领导小组新修订的《双拥模范城（县）创建命名管理办法》要求，各级地方政府年度要有工作计划，季度要有工作安排，节日有走访，平时有活动。各项活动应主题鲜明，内容丰富，形式多样，参与广泛，具有时代特色和地域特点。健全各项制度，定期检查总结，使优待工作社会化、经常化、制度化。优待抚恤工作应纳入当地经济社会发展规划，列入党政领导政绩考核范围，每年要有述职报告，慰问重点优抚对象经费要列入财政预算，优待宣传工作要有年度计划。有下列情况之一的，不能成为先进城（县）：残疾退役军人年度安置任务没有完成的；退役士兵职业技能培训工作达不到规定要求的；因其他优待安置政策规定不落实造成严重后果的。

4．实行重点优抚对象包户服务责任制

对孤老烈属、烈士遗孤、孤独残疾退伍军人，原则上进光荣院或福利院供养，分散供养的，要实行村街干部沟通协调，就地就近寻找近亲属或邻居建立包户服务责任制，党员干部要带头包户，基层政府要定期检查，落实对优抚对象包供养护理协议责任。

案例阅读

S县Z村王婆婆，是抗美援朝烈士遗属，无子女，多年来与堂侄和邻居关系融洽，去年瘫痪在床，本人不愿到乡镇福利院住居，且堂侄、堂侄媳愿意代为伺候。村里从实际出发，将村集体所有的一亩竹林由该堂侄、堂侄媳承包，免去承包应交款，以作为堂侄、堂侄媳付出劳务的补偿，该决定经村民代表会议表决一致通过。

【启示】针对孤老烈属包户服务的社区沟通，在法治国家的背景下，优待工作如何实现公平和权利义务对等？

【思考】重点优抚对象的包户服务，其义务主体包括哪些？

任务二　死亡抚恤工作

任务描述

现役军人献身国防，意味着奉献和牺牲。有因病死亡的，有因公死亡的，有危险时刻勇往直前壮烈牺牲的。为了让死者安息、活着的人生活幸福、全社会褒扬牺牲病故人员的献身精神，基层优抚工作者要依法依规明确死亡者及其家属的身份待遇，并且根据贡献大小，有区别地确定其抚恤待遇和等级。对孤老、孤儿和基本丧失劳动能力的遗属还要配套包户帮扶措施。

任务实施

（1）《烈士证明书》的填写与发放顺序。《烈士证明书》由省、自治区、直辖市统一编号，上冠省、自治区、直辖市简称，号码可编 6 位数，编号后发至县、市、市辖区人民政府负责填发，并登记备查。《烈士证明书》一律用毛笔填写，字迹必须工整。正文中的牺牲原因：属于因战牺牲的，可填写“在第一次国内革命战争中”、“在第二次国内革命战争中”、“在抗日战争中”、“在解放战争中”、“在抗美援朝战争中”、“在中印边界自卫反击战中”、“在保卫珍宝岛战斗中”、“在对越自卫反击战中”等；属于对敌斗争和因公牺牲的，可填写“在革命斗争中”；属于抢救人民生命和国家、集体财产牺牲的，可填写“因抢救人民生命”、“因抢救国家财产”、“因抢救集体财产”等。“日期”填写发证日期，属于补发换证的，要在备注中注明。存根与证明书正文的骑缝处需加盖填发机关（县、市人民政府）的印章。

《烈士证明书》的发放顺序：有父母（或抚养人）无配偶的，发给父母（或抚养人）；有配偶无父母（或抚养人）的，发给配偶；既有父母（或抚养人）又有配偶的，由其自行商定，商量不通的，发给父母（或抚养人）；没有父母（或抚养人）也没有配偶的，按相应顺序发给其他亲属，如子女或兄弟姐妹，无上述亲属不发。

抚养人是指“军人自幼曾依靠其抚养长大，现在又必须依靠军人生活的其他亲属”，指军人出生至 18 周岁期间，因丧失父母或父母无抚养能力，其他亲属自愿或受委托连续抚养军人逾 7 年以上，经乡镇人民政府证明或法律公证，由县、市、市辖区人民政府批准者。其他亲属以外的人员符合规定的抚养人条件的，也按抚养人对待。抚养人等同于父母的地位，是因为军人年幼时抚养人尽了等同于父母一样的责任。

（2）牺牲、病故证明书的填写。《国家工作人员因公牺牲证明书》和《国家工作人员病故证明书》，由各省级民政厅（局）根据民政部规定的式样统一印制，能取得此证书的人员范围是：国家权力机关、行政机关、法院和检察院的工作人员；由国家财政补贴的民主党派、人民团体的工作人员。解放军军队系列（含武警）人员由军队总政治部制发。《病故军人证明书》由军队团级以上政治机关填发。

（3）对孤老烈属、孤老因公牺牲军人家属、孤老病故军人家属及其他孤老优抚对象，设置光荣院或在社会福利院设置光荣间进行集中供养。

（4）对获得定期抚恤生活仍较困难的死亡抚恤对象，由地方政府予以现金优待，使其生活水平略高于当地一般群众的平均生活水平。

任务引导

我们怎样做好死亡抚恤工作？政府和人民应该从哪些方面努力？这是优抚工作者应该经常思考的问题。

（1）有区别地进行死亡抚恤，有利于鼓励人们恪尽职守、为国捐躯。

（2）对死亡遗属不具有劳动能力者要进行定期抚恤，对丧失自理生活能力者，要有集中供养或落实分散包户护理服务措施。

（3）建立国家、社会、群众三结合的优抚工作制度。

基础知识

1．死亡抚恤的对象及范围

抚是慰问、抚慰，恤是救济、帮助。抚恤就是抚慰、帮助的意思。我国的抚恤工作是对在国防和建设岗位上献出生命和器官功能的特殊贡献者安排的一种政治褒奖、精神抚慰和经济补偿的政策措施。我国的抚恤对象有伤残抚恤和死亡抚恤两种。

死亡抚恤的对象有烈士家属、因公牺牲军人（国家工作人员）家属、病故军人家属3大类。死亡抚恤评定对象的范围有现役军人、人民警察、国家机关工作人员、解放军武警序列无军籍的正式职工、参战民兵民工伤亡人员和在和平年代因抢救人民生命、国家集体财产而壮烈牺牲的各类人员。

（1）烈士　因战牺牲人员批准为烈士的，地方由县级人民政府批准，军队由团级政治机关批准。因公或因抢救人民生命、国家集体财产而壮烈牺牲的人员要追认为革命烈士的，军队由军级以上政治机关或解放军总政治部批准，地方由省级人民政府或民政部批准。

《烈士褒扬条例》第八条规定：“公民牺牲符合下列情形之一的，评定为烈士：①在依法查处违法犯罪行为、执行国家安全工作任务、执行反恐怖任务和处置突发事件中牺牲的；②抢险救灾或者其他为了抢救、保护国家财产、集体财产、公民生命财产牺牲的；③在执行外交任务或者国家派遣的对外援助、维持国际和平任务中牺牲的；④在执行武器装备科研试验任务中牺牲的；⑤其他牺牲情节特别突出，堪为楷模的。现役军人牺牲，预备役人员、民兵、民工以及其他人员因参战、参加军事演习和军事训练、执行军事勤务牺牲应当评定烈士的，依照《军人抚恤优待条例》的有关规定评定。”

第九条规定：“申报烈士的，由死者生前所在工作单位、死者遗属或者事件发生地的组织、公民向死者生前工作单位所在地、死者遗属户口所在地或者事件发生地的县级人民政府民政部门提供有关死者牺牲情节的材料，由收到材料的县级人民政府民政部门调查核实后提出评定烈士的报告，报本级人民政府审核。

属于本条例第八条第一款第一项、第二项规定情形的，由县级人民政府提出评定烈士的报告并逐级上报至省、自治区、直辖市人民政府审查评定。评定为烈士的，由省、自治区、直辖市人民政府送国务院民政部门备案。属于本条例第八条第一款第三项、第四项规定情形的，由国务院有关部门提出评定烈士的报告，送国务院民政部门审查评定。

属于本条例第八条第一款第五项规定情形的，由县级人民政府提出评定烈士的报告并逐级上报至省、自治区、直辖市人民政府，由省、自治区、直辖市人民政府审查后送国务院民政部门审查评定。”

修改后的《军人抚恤优待条例》规定：“现役军人死亡，符合下列情形之一的，批准为烈士：①对敌作战死亡，或者对敌作战负伤在医疗终结前因伤死亡的；②因执行任务遭敌人或者犯罪分子杀害，或者被俘、被捕后不屈遭敌人杀害或者被折磨致死的；③为抢救和保护国家财产、人民生命财产或者执行反恐怖任务和处置突发事件死亡的；④因执行军事演习、战备航行飞行、空降和导弹发射训练、试航试飞任务以及参加武器装备科研试验死亡的；⑤在执行外交任务或者国家派遣的对外援助、维持国际和平任务中牺牲的；⑥其他死难情节特别突出，堪为楷模的。”

“批准烈士，属于因战死亡的，由军队团级以上单位政治机关批准；属于非因战死亡的，由军队军级以上单位政治机关批准；属于本条第一款第六项规定情形的，由中国人民解放军总政治部批准。”“现役军人死亡被批准为烈士的，依照《烈士褒扬条例》的规定发给烈士遗属烈士褒扬金。”

（2）因公牺牲 《军人抚恤优待条例》第九条规定：“现役军人死亡，符合下列情形之一的，确认为因公牺牲：①在执行任务中或者在上下班途中，由于意外事件死亡的；②被认定为因战、因公致残后因旧伤复发死亡的；③因患职业病死亡的；④在执行任务中或者在工作岗位上因病猝然死亡，或者因医疗事故死亡的；⑤其他因公死亡的。现役军人在执行对敌作战、边海防执勤或者抢险救灾以外的其他任务中失踪，经法定程序宣告死亡的，按照因公牺牲对待。

现役军人因公牺牲，由军队团级以上单位政治机关确认；属于本条第一款第（五）项规定情形的，由军队军级以上单位政治机关确认。

经确认为因公牺牲军人的，确认机关填发《中华人民共和国军人因公牺牲通知书》，寄给因公牺牲军人遗属户籍所在地县（市、区）人民政府，因公牺牲军人遗属所在地县（市、区）人民政府审核无误后，填写《中华人民共和国军人因公牺牲证明书》。

（3）病故 《军人抚恤优待条例》第十条规定：“因其他疾病死亡的，确认为病故。”这里排除3种死亡情形，即因患职业病死亡、在执行任务中或在工作岗位上因病猝然死亡、因医疗事故死亡（此3种为因公牺牲）。现役军人非执行任务死亡或者失踪，经法定程序宣告死亡的，按照病故对待。

现役军人非执行任务死亡，涵盖军人休息时因个人人为过错事故死亡，或因个人思想问题无犯罪自杀。因执行公务遭他人报复致死的可申请评烈或评定为因公牺牲。

现役军人病故，由军队团级以上单位政治机关确认。

2．抚恤金标准

抚恤金是发给牺牲病故军人家属生活必需的精神抚慰及经济补助，死者已逝，生者长生，为了彰显牺牲病故军人的功绩，让活着的人受到人们的尊重，并享受有保障的生活，国家对牺牲病故军人家属给予一次性抚恤和定期定量抚恤。

（1）一次性抚恤金修改后的《军人抚恤优待条例》规定：“现役军人死亡，根据其死亡性质和死亡时的月工资标准，由县级人民政府民政部门发给其遗属一次性抚恤金，标准是：烈士和因公牺牲的，为上一年度全国城镇居民人均可支配收入的20倍加本人40个月的工资；病故的，为上一年度全国城镇居民人均可支配收入的2倍加本人40个月的工资。月工资或者津贴低于排职少尉军官工资标准的，按照排职少尉军官工资标准计算。”“烈士遗属依照《烈士褒扬条例》的规定享受优待。”

（2）为了鼓励现役军人立功受奖，为国奉献，凡获得中央军委授予荣誉称号的，增发35%的一次性抚恤金。凡获得大军区授予荣誉称号的，增发30%的一次性抚恤金。凡立一等功的，增发25%的一次性抚恤金，二等功的增发15%，三等功的增发5%。获得两项以上奖励的，按最高一级计发。

（3）新条例还规定，对生前作出特殊贡献的牺牲病故军人另外加发给家属特别抚恤金。凡被大军区以上单位授予荣誉称号的英模人物或荣立一等功的人员；生前在边防、海岛、高原部队或其他特别艰苦的环境工作及在国防科研中从事国家规定的有害工种连续满20年的，并作出显著成绩者；生前为师职、专业技术7级以上干部或军龄（含参加革命工作时间）满30年的干部，且事迹突出者；特别抚恤金标准分为一、二、三等，一等为15000元，二等为12000元，三等为10000元。

（4）遗属定期抚恤金。凡年幼、年老、残疾，不具备正常劳动能力，虽有一定收入但不足以维持当地群众一般生活水准的父母、配偶、未成年子女，享受遗属定期抚恤金。定期抚恤金标准见表14-1。

表14-1　定期抚恤金标准

（从2011年10月1日起执行）

单位：元/年

	烈　属	因公牺牲军人遗属	病故军人遗属
城镇	10480	8990	8460
农村	6030	5760	5510

3．国家、社会、群众三结合的优抚制度

国家、社会、群众三结合是我国独创的依靠3方面的力量开展优抚工作的光荣传统和有效举措。国家力量有限，社会和群众的力量无穷，将有限和无限相结合，就具备了很好解决死亡抚恤对象各种疑难问题的有利条件。保障军人的抚恤优待与国民经济和社会发展相适应，保障抚恤优待对象的生活不低于当地的平均生活水平，全社会应当关怀、尊重抚恤优待对象，开展各种形式的拥军优属活动。国家鼓励社会组织和个人对军人抚恤优待事业提供捐助。

4．思想教育、扶持生产、群众优待、国家抚恤的优抚工作方针

（1）思想教育是指对3种不同的对象进行的思想教育：①对优抚对象进行教育，主要是“发扬革命传统，争取更大光荣”，自力更生，奋发图强，谦虚谨慎，团结群众，开展爱国主义、集体主义和共产主义的教育。教育的目的是使他们成为有理想、有道德的人，在自力更生的岗位上起模范带头作用。②对广大干部群众进行教育，主要是“拥军优属，人人有责”，“饮水思源”，“居安思危”，明确拥军优属是自己应尽的责任和义务，帮助安置退伍军人，关心爱护烈士家属、军人家属、伤残军人和复员退伍军人。③对从事优抚工作的干部进行教育，主要是领会优抚工作的意义和作用、优抚工作的方针和政策，使其认识到优抚工作的责任和使命，全心全意为优抚对象服务，切实把优抚工作做好。

（2）扶持生产是指扶持优抚对象发展生产。这是从根本上解决优抚对象各种问题的一个好办法。扶持时要因人因地制宜，从资金、物资、技术等方面积极帮助优抚对象发展生产，通过发展生产，使优抚对象增加收入，改善生活，勤劳致富，奋发图强。

（3）群众优待是指对优抚对象进行社会化优待和群众优待相结合。优抚对象或多或少有自己的短处，有群众和社会给予帮助优待，就会从根本上改变优抚对象的面貌，保证优抚对象的生活略高于当地群众的生活水平。

（4）国家抚恤是对因战、因公、病故人员的家属或致残人员，在物质上给予资助，依法依规实行国家抚恤。这是保证优抚对象生活水平逐年提高的硬措施。

案例阅读

2008 年 7 月，上海闸北分局 6 名在工作岗位上被歹徒袭击牺牲的警察被上海市政府授予“烈士”称号。他们分别是倪景荣、方福新、张义阶、张建平、徐维亚、李珂。

【简评】警察是人民安全的守护者，是社会正义的钢铁卫士。警察为维护社会正义而遭遇歹徒迫害致死，是以身殉职的体现，属于对敌斗争牺牲。

警长赴宴豪饮猝死拟被申报烈士。2009 年 10 月 28 日，“警长陈××喝酒猝死，竟然被上报因公牺牲，甚至还要被评为烈士！”一自称交警中队的内部人士向媒体曝料称，警长陈××受×乡交警中队长谢×之邀，与×村领导在大酒楼应酬，席间喝了大量洋酒轩尼诗，席中醉酒而亡。事后，死者家属到交警中队大摆灵堂，每天放鞭炮祭拜，使得交警队无法正常办公。交警中队长谢×表示，陈××确实是醉酒窒息死亡，当时之所以将其上报因公牺牲和烈士，主要是想从名誉上弥补他，为家属多争取一些抚恤，并无不妥之处。

【简评】警察是社会正义的标杆，警察吃请有违背社会公正廉明之嫌，席间醉死应属于本人大意所致，且非工作需要，又没有证据证明该行为有徇私枉法之嫌。故应当依法评定为病故。

【思考】烈士有很高的政治荣誉和优厚的遗属抚恤，他们在什么情况下才能被评烈？

课间休息

长江大学三大学生舍己救人，用生命谱写了新一代青年励志为民、敢于担待、乐于奉献的顶天立地的浩然正气，被湖北省人民政府追认为烈士。他们的名字是：何东旭，19 岁，湖北枝江市人；方招，19 岁，湖北罗田县人；陈及时，19 岁，湖北通山县人。

任务三 伤残抚恤工作

任务描述

在国防岗位上和国家机关、人民团体工作岗位上，因战、因公、因病伤残也不可避免。为了使伤残者生活有保障，国家对伤残者进行关怀体恤，鼓励人们忠于职守，为国防安全和人民的事业勇往直前。伤残抚恤要区分伤残类别和等级，甄别伤残原因，有区别地确定其抚恤待遇。

任务实施

1．如何办理评残手续

（1）申请人（精神病患者由其利害关系人）向所在工作单位提出书面申请；没有工作单位的，向户籍所在街道办事处或农村乡镇民政办提出书面申请。申请新办评残等级的，应当提交致残经过证明和医疗终结后的诊断证明；申请补办评定残疾等级的，应当提交因战、因公致残档案记载或者原始医疗证明；申请调整残疾等级的，应当提交原评定残疾等级的证明和本人认为残疾情况与原残疾等级明显不符的医疗诊断证明。所在单位或街道办事处审核出具书面意见后，连同个人档案材料一并报市县或城市的区民政局初审。

（2）民政部门经审查认为具备评残资格的，符合受理条件的签发受理通知书，填写《评定、调整伤残等级审批表》，通知申请人到市县劳动能力鉴定委员会进行残情检查，由医疗卫生专家小组根据《军人残疾等级评定标准》出具残疾等级医学鉴定意见。

（3）民政部门根据医疗卫生专家小组出具的残疾等级医学鉴定意见对申请人拟定残疾等级，在《评定、调整伤残等级审批表》上签署意见，写出综合报告，连同其他申请材料，一并报送上一级民政部门审查。

（4）上级民政部门经审查认为符合评残条件的，在《评定、调整伤残等级审批表》上签署审查意见，连同其他材料一并报省民政厅审批。

2．立法保障伤残军人的安置权利

2009 年 8 月 3 日，民政部、财政部和解放军总参谋部、总政治部、总后勤部等军地有关部门联合颁发《伤病残军人退役安置规定》（以下简称《规定》）。这是国家和军队首次以军事行政规章的形式，对伤病残军人的退役方式、安置办法、住房和医疗保障等问题作出全面系统的规范，是军地各级做好伤病残军人退役安置工作的基本遵循和依据。

3．经济措施保障伤残军人的基本生活

例如，辽宁省从 2009 年 10 月 1 日起再一次提高重点优抚对象等人员抚恤的生活补助标准，使其达到和超过当地居民的生活水平。抚恤金在现行的基础上提高 15%，如一级因战残疾抚恤金每人每年达到 26080 元。

4．落实伤残军人的医疗健康保障

例如，2008 年 10 月，贵州省民政厅结合学习实践科学发展观活动，下拨 180 万元，计划用两年时间，由省荣康院和遵义荣康院对分散供养的一至六级残疾军人建立健康档案、开展医疗巡诊和短期疗养。

任务引导

（1）民政部门主管的伤残抚恤工作对象：在部队（含武警）负伤致残退出现役的军人；伤残人民警察；国家机关伤残工作人员（含国家权力机关、行政机关、民主党派人民团体有编制的工作人员、列入军队武警编制无军籍的工作人员）；参战伤残民兵民工，参加军事训练的而无工作单位的民兵；因维护社会治安负伤致残而又无工作的人民群众。

（2）对孤老伤残军人要安排集中供养或分散包户服务。

（3）对生活困难的伤残军人家庭制定帮扶措施。

基础知识

1．伤残抚恤的对象和范围

凡军队、武警编制系列人员，国家机关编制内的工作人员，因战、因公、因病致残，符合国家规定的评残条件，办理了评残手续，取得了《伤残军人证书》或《伤残国家工作人员证书》的，即为伤残抚恤对象。参战民兵民工或参加军事训练的民兵，因战、因公、因参加军训负伤致残取得伤残证书的，也可享受伤残抚恤。因抢救人民生命、国家集体财产，维护社会治安而负伤致残的，经有关部门批准，也可享受伤残抚恤。

（1）因战致残　指对敌作战负伤致残，或在战区执行潜伏、侦察、巡逻、后勤保障工作遭敌攻击或遭敌暗器所伤致残的，或遭敌俘虏，因不屈被敌折磨致残的。

（2）因公致残　指在执行公务中负伤致残，或上下班途中遭到意外事故负伤致残，或因患职业病致残，或因医疗事故致残。

（3）因病致残　主要指服役期间的义务兵或初级士官在服役期间患病，经医疗终结被评定为伤残的。

2. 伤残评定的等级

因战、因公负伤致残的分为一至十级；因病致残的分为一至六级。器官缺失或功能完全丧失，存在特殊医疗依赖或完全护理才能正常生活的，为一级；器官严重缺失或有严重功能障碍，存在特殊医疗依赖或大部分需要他人护理才能正常生活的，为二级；器官严重缺失或有严重功能障碍，存在特殊医疗依赖或部分需要他人护理才能正常生活的，为三级；器官严重缺失或有严重功能障碍，存在特殊医疗依赖或小部分需要他人护理才能正常生活的，为四级；器官大部缺损或明显畸形，有较重功能障碍或并发症，存在一般医疗依赖的，为五级；器官大部缺损或明显畸形，有中度功能障碍或并发症，存在一般医疗依赖的，为六级。因病致残没有七到十级。

3. 残疾军人、伤残人民警察、伤残国家机关工作人员、伤残民兵民工残疾抚恤金标准表（见表 14-2）

表 14-2　残疾抚恤金标准表

（从 2011 年 10 月 1 日起执行）

单位：元/年

残疾等级	残疾性质	抚恤金标准
一级	因战	32990
	因公	31950
	因病	30900
二级	因战	29850
	因公	28290
	因病	27230
三级	因战	26190
	因公	24620
	因病	23050
四级	因战	21470
	因公	19380
	因病	17810
五级	因战	16770
	因公	14660
	因病	13620
六级	因战	13100
	因公	12400
	因病	10480
七级	因战	9960
	因公	8900
八级	因战	6290
	因公	5760
九级	因战	5230
	因公	4190
十级	因战	3670
	因公	3140

案例阅读

长岭镇退伍军人王×，系义务兵服役期间因公负伤致残，回乡时其残疾等级被评定为五级，有较重功能障碍，其伤口经常需要处理，生活起居需要人护理。爱人没有工作，且有一小孩正在读书，家庭生活比较困难，民政办经过调查了解，对其爱人和小孩安排了低保补助，并安排他爱人到镇福利院当钟点服务员，还申请了优待补助，其家庭生活已经达到当地群众的基本生活标准。

【简评】伤残抚恤的本质是要保障伤残军人及其家人的基本生活有保障。我国的优待抚恤法规规定，伤残军人领取伤残抚恤以后生活仍然困难的，应该安排群众优待和其他困难补助。

【思考】上述王姓伤残军人的生活困难，我们还有没有其他方法帮助解决？

【提示】对王×进行劳动技能培训，助其适当就业；或引进适合伤残人工作的家庭劳动项目，搞项目扶贫；或牵线技术能手吸收王×当徒弟学艺。

任务四　老红军与复员退伍军人定期定量补助

任务描述

服役意味着奉献，牺牲病故人员奉献的是生命，伤残人员奉献的是健康，而复员退伍军人奉献的是青春。复员退伍军人把人生最灿烂的岁月留在了部队，而回到地方以后，由于家庭、自身、经济环境等各方面的原因，他们中的一些人在现实生产生活中遇到了困难，复员退伍军人定期定量补助要甄别在乡退伍红军老战士、在乡西路红军老战士、红军失散人员、在乡老复员军人和带病回乡退伍军人。凡生活困难者一律要保障其基本生活，使优抚对象享有同一般群众相比更加优厚的政治经济待遇。凡资历长者、贡献大者待遇要更优厚，以体现优抚工作政治上关心、经济物质待遇方面从优的特点，以激励更多的后人为国奉献、为国建功立业。

任务实施

（1）做好调查取证，依法依规审批确认对象的类别和称谓。复员退伍军人人数众多，类别复杂，时间跨度大，老红军、老复员军人资历长、贡献大，给他们落实政策，既是他们应该享有的物质救助权利，也是他们应该获得的一项崇高的政治荣誉，做好这项工作对于贯彻落实党中央和国务院提出的科学发展观、构建社会主义和谐社会有重要意义。

（2）定期定量补助具有物质救助、生活保障、精神抚慰等经济政治属性，民政工作者一定要有历史使命感和工作责任心，坚持及时、准确、服务周到，体现人文关怀，按月及时将款项发放到定补对象手中。

（3）坚持公开、透明、接受监督、信息对称、平等沟通，让老同志体会到被服务、受尊重、受重视，增加基层社区的和谐因素。

（4）对获得定期定量补助的对象，生活水平仍然达不到当地一般群众基本生活水平的，要通过发放优待金、发放临时困难补助，帮助其渡过难关，保障其基本生活。

任务引导

（1）做好优抚对象定期定量补助工作要依法维护优抚对象的合法权益，适用法律法规要突出一个“准”字。

（2）让定期定量补助对象过上不低于当地群众一般的生活水平，要突出一个“情”字。要想定补对象之所想，忧定补对象之所忧，助人自助，对特殊困难的定补对象要动用更多的社会资源，把他们的生产生活安排好，让他们人人都能过上幸福生活。

（3）做好优抚对象定期定量补助工作，让工作更有效率，工作人员要突出一个“勤”字。勤走访、勤调研、勤思考、勤探索、勤实干。

基础知识

1．老红军与复员退伍军人定期定量补助的对象

老红军与老复员军人是指参加中国工农红军、东北抗日联军、中国共产党领导的脱产游击队、八路军、新四军、解放军、中国人民志愿军，持有复员退伍军人证件或组织批准复员的人员。在乡红军失散人员也属于老复员军人之列。部分带病回乡退伍军人按照有关政策也可享受定期抚恤。

在乡退伍红军老战士是指 1937 年 7 月 6 日以前入伍，参加中国工农红军（包括抗日联军和中国共产党领导的脱产游击队），有退伍手续或确切证明，没有投敌叛变行为，回到地方以后保持革命传统，经本人申请，县市民政部门审核，经省级民政部门批准的人员。

在乡西路军红军老战士是指经当地政府确认为西路军流落人员，且没有发现重大政治历史问题，统称为西路军红军老战士。

红军失散人员是指第二次国内革命战争时期参加红军失散离队的人员，即 1937 年 7 月 6 日以前正式参加中国工农红军（包括东北抗日联军），因伤、因病、因战斗失利或组织动员分散隐蔽离队失散，并在离队后表现较好，经当地群众公认、乡级人民政府审查、县市人民政府批准的人员。被俘、被捕离队失散，但未发现其投敌叛变或离队后被迫担任过一般伪职，对革命没有造成危害的，也可按红军失散人员对待。

带病回乡退伍军人是指在服役期间患病，尚未达到评定残疾等级条件并有军队医院证明的义务兵和初级士官，所患疾病是指能够直接造成《军人残疾等级评定标准》中列举残情的慢性疾病。退伍档案中必须有记载。县级人民政府民政部门认为符合条件的，要安排申请人到指定的医院检查。从批准之日下月起由当地县级人民政府民政部门发给定期补助及享受其他相关待遇。带病回乡退伍军人所患疾病治愈或生活状况发生变化、不再符合享受待遇条件的，中止其享受的带病回乡退伍军人相关待遇。

2．老红军与复员退伍军人定期定量补助的待遇

在乡退伍红军老战士由国家发给定期定量补助金，补助标准随着国家经济的发展和人民

生活水平的改善逐步调整提高，对资历长、贡献大的老同志可适当增加。对没有生活来源的家属，要适当照顾。退伍红军老战士本人的疾病医疗由当地卫生部门列入公费医疗范围。退伍红军老战士中生活自理有困难的孤老，在本人自愿的情况下，可安排到光荣院供养；不愿去的，由所在乡镇或街道安排专人照顾，并对护理人员给予适当的护理费。在乡退伍红军老战士病故后，其配偶生活困难的，由当地民政部门酌情发给抚恤金。

对于在乡西路军红军老战士，民政部门要从政治上关心、生活上体贴，同时号召西路军红军老战士发扬革命传统，争取更大光荣。由于历史原因，西路军红军老战士的待遇略低于退伍红军老战士的标准，曾因作战负伤致残，现又符合评残条件的，可以补办评残发证手续，并从批准之月起发给伤残抚恤金；伤口复发和疾病医疗，由当地卫生部门列入公费医疗范围。对自理生活有困难的孤老，在本人自愿的前提下，可以安排到光荣院供养；没有光荣院的，可安排到乡敬老院供养，也可由所在乡村安排专人照顾，对照顾人员适当发给护理费。

红军失散人员参照在乡老复员军人的定期标准执行。

对优抚对象中的孤老，在部队期间立功受奖、服役年限长、贡献大的老复员军人定期定量补助标准应适当提高。凡年老体弱、丧失劳动能力、生活困难的，带病回乡不能经常参加生产劳动、生活困难的，可适当提高补助标准。

对取得补助金后生活水平仍低于当地一般群众生活水平的，也可同时给予优待金和困难补助；因病无力支付医疗费的，由当地卫生部门酌情给予减免。

从实际出发，多渠道地帮助上述人员解决生产、生活、治病、住房等各方面的实际困难，让他们生活有保障、晚年生活幸福，是城乡基层优抚工作要努力的方向（见表 14-3）。

表 14-3　在乡退伍红军老战士、在乡西路军红军老战士、红军失散人员生活补助标准表

（从 2011 年 10 月 1 日起执行）

单位：元/年

在乡退伍红军老战士	在乡西路军红军老战士	红军失散人员
22870	22870	10320

案例阅读

汪老是 1936 年鄂豫皖革命根据地时期参加中国工农红军的，现在年事已高，但生活尚能自理。老伴没有工作，经济上日常生活开支比较节俭，目前居住的房屋比较破旧。最近，县民政局争取县财政支持，对该户给予建房补助，帮助其翻新重修了三间自有住房，乡镇政府帮助安排了下岗在家的儿子重新进了本镇一家镇办企业上班，家里头重新过上了其乐融融的幸福生活。

【简评】帮助老红军、老复员军人解决具体生活困难，要有以人为本、人文关怀的思想意识。老红军、老复员军人的具体困难是什么？要具体情况具体分析。民政工作者帮助优抚对象解决生活困难，要有系统思想，要抓主要矛盾，让有限的资金援助发挥最大的经济效益和社会效益，关键要体现社会工作者助人自助的价值理念。

【思考】如果你是基层民政工作者，你还有哪些手段和措施，帮助优抚定补对象解决具体生活困难？

【提示】政策资源与非政策资源、政治资源、经济资源、人文资源、环境资源等。

任务五　开展“双拥”模范市、“双拥”模范县建设

任务描述

军队是国家的钢铁长城，军人是人民的忠诚卫士，要让适龄青年踊跃参军、让军人安心国防岗位而无后顾之忧，民政部门就应该做好拥军优属工作；要保家卫国，捍卫国家主权、领土完整，让人民的尊严、权力和利益得到维护，军队和军人则要拥政爱民。

“双拥”活动，首先在于形成人们的一种观念，服兵役是适龄青年的神圣义务，优待军人及其军属是国家、公民、社会应尽的责任和义务；其次，要教育人民养成一种习惯，饮水思源，以感恩的情怀缅怀先烈的英雄事迹和献身精神，继承先烈的遗志，上下一心，众志成城，富国强兵，建设富强、民主、文明的现代化国家；第三，常抓不懈，形成制度，使“双拥”渗透并扎根于公民日常工作和生活中的每一个细节。

任务实施

云安县积极创建省“双拥”模范县

1. 加强领导，提供组织保证

一是县委、县政府把“双拥”工作纳入当地社会和经济发展规划，纳入驻军建设的重要内容，成立了由县委书记任组长，县委副书记、县长为副组长，人武部、宣传部、民政局等有关部门参加的工作班子。

二是建立党委议军会议、军地联席会议制度，每年至少召开一次会议，针对存在的问题进行查漏补缺。县人武部、县消防大队积极与附近8个单位开展军民共建文明单位活动，县工商联成立有60多个企业参加的双拥企业协会，为驻军和军人家属办实事。

三是实行军地联合办公，为高效率地解决军地协调事务，专门设立军地联络员办公室，解决办公设备、办公用品、办公经费，将“双拥”保障资金纳入财政预算。

2. 宣传到位，营造浓厚氛围

一是为宣传爱国拥军，在全县范围国道边、省道、县道两旁制作固定的永久性“双拥”宣传牌。

二是协调联动。宣传、人武、民政、教育、司法、人防和工、青、妇等部门共同配合，把国防教育纳入全民教育规划，在中、小学开设国防教育课程，举办“我心中的长城”“爱我中华”等教育活动，把富林战斗纪念亭、烈士纪念碑和六都富强革命老区纪念亭作为开展国防教育、爱国主义教育的基地，并在每年的清明节定期开展教育活动。

三是形式多样。充分利用电视、广播、墙报、网站和文化娱乐活动，进行军民军政一致的优良传统教育和以弘扬爱国主义为主题的国防教育。

3. 军地互办实事蔚然成风

4年来县财政共投资2400多万用于解决县人武部和县消防大队办公、军训、消防的投资

需要，每年的春节和八一建军节，县有关部门组织慰问团到辖区驻军单位去慰问，帮助解决驻军子女上学、营区周边环境道路建设。帮助困难优抚对象解决粮食、房屋修建、治病等实际问题。驻军单位积极参加地方治安和交通秩序整治，积极参加地方抢险救灾，积极参加地方扶贫济困活动。

4. 优抚安置政策落到实处

一是抚恤、定补对象准确，标准得当。

二是优先、优惠政策落到实处。在车站、码头、医院、公园等地方，对军人和优抚对象实行“三优”服务。

三是妥善接收安置军队转业士官、退伍义务兵，对不要政府安置的发给自谋职业补偿金。

四是对城市退役士兵由劳动和社会保障局进行职业技能培训，每人发给职业技能培训费2000元。

五是按政策逐年提高义务兵家属优待金标准。

六是帮助解决重点优抚对象生活、医疗、住房等困难问题。

七是为现役军人家属、烈士家属挂光荣牌。

5. 军民互帮互建鱼水情深

全县有8个单位和人武部、县消防大队建立了军民共建关系，部队帮助地方开展国防教育、科技教育，并经常到敬老院搞卫生，义务为五保老人剪发，义务帮助县中学搞军训。地方制定《拥军公约》，拥军企业协会每年参与春节和建军节慰问驻军，为驻军解决实际问题。

任务引导

我们应该怎样推动开展“双拥”模范县、“双拥”模范市建设？怎样让“双拥”工作常抓不懈，持之以恒服务于良好的军民军政关系？

（1）我们要善于抓好典型示范，不断总结先进典型的成功经验，用先进典型的好经验、好做法为大家提供示范。通过典型示范，把先进典型的好方法、好经验推广开去，内化为大家的行动指南和行动动力，就能起到以点带面、面面俱到的作用。

（2）“双拥”工作要有检查、有督促、有指导、有评比。通过争先创优，让每个人都争当先进典型，生成行动的激发力。同样，“双拥”工作的开展，也需要给人们提供动力和压力，让动力和压力推动人们去努力做好这项工作。

（3）这项工作的标准化、规范化要有定量考核的指标体系。量化考核的指标见资料阅读。

基础知识

1．“双拥”的由来及作用

“双拥”是拥军优属和拥政爱民的简称。1943年陕甘宁边区政府率先颁布了《拥护军队的决定》、《拥军公约》和《开展拥军运动月的工作指示》，八路军留守团遵照中共中央和毛泽东同志的指示，开展了大规模的拥军优属和拥政爱民群众运动。“双拥”使人民群众和人民子弟兵的关系更近了、团结更紧密了，“军队和老百姓，咱们是一家人”“兵民是胜利之本”

"军民团结如一人，试看天下谁能敌"。

60多年过去了，回顾峥嵘岁月，抗日战争和解放战争的胜利，以及后来社会主义革命和建设的辉煌成绩，无一不是凝聚了军民团结、军民一起战斗、军民一起抗争的经过和奋斗历程。在陕北的南泥湾，我们看到八路军和人民群众一起种地、一起纺纱、一起抗击日本侵略者的身影；新中国成立后，在无数的重大工程工地，重要公路、铁路的施工现场，都留下了军人和老百姓一起劳动的身影；"98抗洪"、"汶川地震"、"玉树地震"等，抢险救灾走在最前面的就是人民子弟兵。战争年代，人民子弟兵有仗打仗，没有仗打，就和人民群众一起劳动。和平年代，人民军队除了保家卫国，就是抢险救灾，保卫国家、集体、人民群众的生命财产安全。

总而言之，做好"双拥"工作，有利于密切军政、军民关系，增强军队的战斗力，支持地方的经济建设，增加社会的和谐因素。做好"双拥"工作，有利于增强人民群众的国防意识，使广大人民群众意识到人民军队是人民的子弟兵。做好"双拥"工作，有利于调动一切积极因素，发展社会生产力。做好"双拥"工作，有利于军民共建"文明社区"。

2．"双拥"模范县、"双拥"模范市的推出

1984年8月1日至8月7日，我国首次全国"双拥"先进单位和先进个人代表大会在北京召开，时任团中央总书记的胡锦涛在会上致辞，他指出："这次盛会，集中表达了全国各族人民对人民解放军尊敬和挚爱的深厚感情""半个多世纪以来，伟大的中国人民解放军始终是中国革命和建设的中流砥柱""和平建设年代，解放军肩负着捍卫祖国领土、保卫人民安全、参加经济建设的多重重任""哪里最艰苦，哪里最危险，哪里就有人民子弟兵英勇善战的高大身影""拥军优属，拥政爱民……是军民团结、克敌制胜的法宝""双拥已经成为社会主义国家中正确处理军民关系、军政关系的一个成功的创造""我们工会、妇联、共青团要大力开展'拥军优属，人人有责'的教育活动，形成人人争当拥军优属模范的好风气""要配合各级政府，认真落实党的各级优抚政策，及时总结和推广……城市综合包户、农村助耕包户等拥军优属的先进典型，切实为军烈属排忧解难，帮助伤残军人和退伍军人成家立业、发展生产，勤劳致富，以实际行动巩固和发展军政关系，加强和增进军民团结"。

时任解放军总政治部副主任的黄玉昆也作了《发扬拥政爱民的光荣传统，建立和发展新型的军政军民关系》的发言，他指出：拥政爱民"要积极参加国家经济建设，支援社会公益事业""广泛开展军民共建社会主义精神文明的活动""开展培养军地两用人才工作，为国家输送四化建设人才""奋勇抢险救灾，保卫国家财产和人民生命安全""发扬雷锋精神，处处为人民做好事"。

3．"双拥"模范县、"双拥"模范市的评选标准

2010年3月1日，全国双拥工作领导小组向全国省级双拥工作领导小组转发了《关于双拥模范城（县）创建命名管理办法的通知》，通知对双拥模范城（县）的评选标准进行了具体的规定。双拥模范城（县）的评比分全国和省（自治区、直辖市）两级，每4年评选一次。具体标准如下：

（1）组织领导坚强有力　地方党委、政府和驻军领导机关把双拥工作纳入经济社会发展和部队建设的总体规划，纳入党政军领导干部政绩考核范围，有明确的任务目标、具体的实施计划、完善的保障措施。坚持党委议军会议、军地联席会议等制度，双拥工作的重点难点问题得到及时解决。双拥工作领导机构健全，成员单位职能作用充分发挥，双拥办实行军地合署办公，有工作人员和经费保障，组织、协调和指导双拥工作有力。

（2）宣传教育广泛深入　认真贯彻《中华人民共和国国防教育法》，把以爱国主义为核心，以拥军优属、拥政爱民为重要内容的国防教育纳入国民教育体系及部队教育规划，列入宣传、教育、文化、广播影视、新闻出版等部门的年度工作计划，有部署，有检查，有总结。有适应本地区、本单位实际情况的教育制度和教育设施，教育对象、时间、内容得到落实，爱国拥军、爱民奉献的社会氛围浓厚。

（3）拥军工作扎实有效　把支持国防和军队建设纳入经济社会发展规划，积极探索军民结合、寓军于民的路子，推动国防和军队现代化建设又好又快地发展。大力支持军事斗争准备，配合部队完成训练演习、战备执勤、科研试验和抢险救灾等多样化军事任务成效明显。广泛开展科技、教育、文化、法律拥军，协助军队实施人才战略工程，大力支持国防和军队现代化建设。积极支援重点军事工程建设，军事设施保护完好。军供站正规化建设成效显著，应急保障能力强。支持部队后勤保障社会化，优惠政策配套，优质服务到位。

（4）拥政爱民成果显著　充分发挥军队优势，积极参加和支援西部大开发、东北地区等老工业基地振兴、中部地区崛起、东部地区率先发展，大力支持社会主义新农村建设和社会公益事业发展，做好扶贫帮困、助学兴教和民族团结进步等工作。奋勇参加抢险救灾，在保护国家利益和人民群众生命财产安全的斗争中发挥生力军和突击队作用。协助地方维护社会和谐稳定，妥善处置各种突发事件。

（5）政策法规落到实处　认真贯彻执行党和国家有关国防建设和加强军政军民团结的法律、规章、政策、制度，并根据形势发展，不断完善与之相配套的政策、法规。转业军官、复员干部、退役士兵、军队离退休干部、残疾退役军人、随军家属安置，以及退役士兵职业技能培训政策得到落实；军人及其家属的合法权益得到保障；兵员数量质量得到保证；优抚对象抚恤补助和医疗、住房等保障落实到位，并保证其生活水平与当地群众生活水平同步提高；现役军人、残疾退役军人及其家属享受优待；加强烈士纪念建筑物保护单位和优抚事业单位建设，做到功能突出，作用明显。军队模范执行党和国家的法律法规，严格遵守群众纪律，尊重少数民族的宗教信仰和风俗习惯，定期开展拥政爱民教育和群众纪律检查，树立人民军队的良好形象。

（6）双拥活动坚持经常开展　双拥活动以基层为重点，注重落实，讲求实效。年度有计划，季度有安排，节日有走访，平时有活动。各项活动主题鲜明，内容丰富，形式多样，参与广泛，具有时代特色和地域特点。健全各项制度，定期检查总结，推进双拥工作社会化、经常化、制度化。

（7）军民共建富有成效　围绕推进社会主义核心价值体系建设和培育当代革命军人核心价值观，深入贯彻落实《公民道德建设实施纲要》和《军人道德规范》，自觉践行社会主义荣辱观，积极参加创建文明城市、文明村镇、文明行业、文明社区等活动，在群众性精神文明创建活动中发挥示范带头作用。军（警）民联防联治活动经常开展，在社会治安综合治理中发挥重要作用。

（8）军政军民关系融洽　地方党委、政府和人民群众爱护军队，尊重军人，关心部队建设。部队尊重地方党委、政府，热爱人民，支持地方工作。军政军民互相关心，互相爱护，互相支持，亲如一家。军地利益关系得到妥善处理，无重大军民纠纷。

有下列情况之一的，不能申报和推荐全国双拥模范城（县）：发生重大军民纠纷，在国家和省级双拥机构、公安部门记录在案，造成严重后果的；双拥组织机构无工作人员和经费保障的；残疾退役军人年度安置任务没有完成的；退役士兵职业技能培训工作达不到规定要求的；因其他优抚安置政策规定不落实造成严重后果的。

资料阅读

全国双拥模范城（县）考评标准（试行）

1. 双拥工作纳入当地经济社会发展规划，列入党政军领导政绩考核范围；年度政府工作报告、军分区（警备区）或人民武装部党委工作报告有双拥工作内容。（每做到一项得 0.5 分）

2. 党委议军会议、军地联席会议制度落实；双拥工作领导小组每年至少召开一次全体成员会议。（会议制度落实的得 0.5 分，领导小组召开会议的得 0.5 分）

3. 领导小组成员单位职责明确，有年度工作计划和总结，每年在双拥工作领导小组全体会议上进行工作述职（或书面述职）。（成员单位职责明确的得 0.25 分，有工作计划和总结的得 0.25 分，进行工作述职（或书面述职）的得 0.5 分）

4. 地级以上市双拥办实行军地合署办公，县级双拥办有相对固定的部队人员参与工作。（达到要求的得 1 分）

5. 慰问部队、重点优抚对象等双拥活动经费列入财政预算。（列入预算且有经费下拨凭证的得 1 分）

6. 国防和双拥宣传教育纳入国民教育体系及部队教育规划，列入宣传、教育、文化、广播影视、新闻出版等部门的年度工作计划。（纳入国民教育体系及部队教育规划的得 0.5 分，列入各部门年度工作计划的得 0.5 分）

7. 有国防和双拥教育阵地或教育基地，每年集中组织开展 1 次以上教育活动。（有教育阵地或教育基地的得 0.5 分，国防教育日组织活动的得 0.5 分）

8. 当地主要媒体开辟国防和双拥宣传教育专栏；城区主要公共场所有永久性双拥标志或宣传牌。（开辟专栏的得 0.5 分，有双拥标志或宣传牌的得 0.5 分）

9. 军烈属家庭挂光荣牌；官兵立功受奖喜报及时送达并予以宣扬。（挂光荣牌的得 0.5 分，喜报及时送达并予以宣扬的得 0.5 分）

10. 编印工作刊物，交流双拥工作经验做法，反映双拥工作动态，宣传双拥先进典型。（有工作刊物的得 1 分）

11. 积极支持部队完成战备执勤、训练演习、科研试验和抢险救灾等多样化军事任务，有计划、有措施、有成效。（有计划和措施的得 1 分，部队执行任务中需要地方支持的合理化需求得到及时解决的得 1 分，训练演习群众损失得到妥善解决的得 1 分）

12. 组织开展科技、教育、文化拥军活动，支持部队信息化建设和实施人才战略工程成效明显。（有科技、教育、文化拥军活动计划的得 1 分，部队建设需求得到及时解决的得 1 分）

13. 大力支持部队后勤保障社会化，及时优质供应粮、油、水、电、气、暖等。（达到

规定标准的得1分）

14. 支持重点军事工程建设，在规划审批、土地征用、设施配套等方面给予优先优惠；在城乡基础设施建设中兼顾到军事需求。（制定并落实优先优惠政策的得1分，在城乡规划和建设中按规定落实军事需求的得1分）

15. 维护国防利益和军人军属合法权益机制健全，依法优先、积极稳妥地处理涉军案件和问题，国防利益和军人军属合法权益得到有效维护。（有维护国防利益和军人军属合法权益政策规定的得1分，涉军案件得到及时妥善处理（无涉军案件）的得1分）

16. 军供站人员、经费按规定落实，设施、设备完善，保障能力强，为过往部队提供优质服务。（军供站编制、经费落实的得1分；设施、设备完善，过往部队对其所提供服务满意的得1分）

17. 车站、码头、医院等公共服务场所设有残疾退役军人、烈属和现役军人等优先优惠服务的标志，积极主动提供服务。（设有优先优惠服务标志的得1分，优先优惠服务对象满意的得1分）

18. 积极扶持随军随调家属就业，年度安置率（含货币化安置）达到90%。（安置率达到要求的得2分）

19. 现役军人和烈士子女入学入托按政策享受优待。（出台地方性优待办法的得1分，政策落实到位的得1分）

20. 公路、桥梁、隧道、渡口等收费交通站点，免收军车通行费用；各类公共收费停车场所设有军车免费停放标志。（免收军车通行费用的得1分，有军车免费停放标志的得1分）

21. 驻地部队每年有拥政爱民工作计划，年中有检查，年底有总结。（有工作计划的得0.5分，有检查和工作总结的得0.5分）

22. 积极参加和支援驻地经济社会建设，有规划措施，有援建成效。（有规划措施的得1分，规划落实的得1分）

23. 勇于承担抢险救灾等急难险重任务，预案健全，准备充分，完成任务圆满。（有预案的得1分，圆满完成任务的得1分）

24. 从实际出发开展多种形式的扶贫帮困工作，积极参加驻地新农村建设或城市社区建设，有扶贫联系点和新农村建设、城市社区建设援建点，每年援建有计划、有项目、有成效。（有扶贫联系点的得0.5分，援建计划落实的得0.5分）

25. 大力开展助学兴教，组织团以上领导干部与贫困学生结对助学。（援建贫困学校的得0.5分，开展结对助学的得0.5分）

26. 参加军地统一组织的捐赠活动，为灾区和贫困地区群众送温暖、献爱心。（参加捐赠活动的得1分）

27. 参加驻地绿化美化建设，在植树造林、环境整治等方面成效明显。（圆满完成地方赋予的植树造林、环境整治等任务的得1分）

28. 扎实做好民族团结进步工作，每年为驻地少数民族群众办一至两件有影响的实事好事。（达到要求的得1分）

29. 广泛参与平安建设，加强军警民联防联治，协助地方处置各类突发事件及时有效。（组织部队参加平安建设的得0.5分，有处置各类突发事件预案的得0.5分）

30. 结合本地区和驻地部队实际，出台综合性双拥政策规定。（有综合性双拥政策规定的得2分）

31. 对在创建双拥模范城（县）活动中作出突出贡献的单位和个人有明确奖励办法。（有奖励办法的得2分）

32. 认真贯彻落实《中华人民共和国军事设施保护法》，军事设施得到有效保护。（把军事设施保护列入全民国防教育、普法教育计划的得0.5分，辖区内军事设施保护完好的得0.5分，地方建设没有影响军事设施安全或部队正常训练、工作和生活的得1分）

33. 严格落实征兵有关政策规定，保证兵员质量。（没有违纪问题的得0.5分，没有责任退兵的得0.5分）

34. 现役军人乘坐市内公共汽车、电车和轨道交通工具享受优待；残疾退役军人免费乘坐市内公共汽车、电车和轨道交通工具；现役军人和残疾退役军人参观游览当地公园、博物馆、风景名胜区享受优待。（现役军人乘坐公共交通工具或参观游览享受优待的各得0.5分，残疾退役军人乘坐公共交通工具免费的得0.5分、参观游览享受优待的得0.5分）

35. 在国家机关、社会团体、企业事业单位工作的残疾退役军人，享受与所在单位工伤人员同等的生活福利和医疗待遇。（按要求落实的得1分）

36. 优抚对象的抚恤补助标准不低于国家和省（区、市）规定标准，并按时足额发放。（达到国家和省（区、市）规定标准的得1分，高于国家和省（区、市）规定标准的得2分）

37. 优抚对象医疗保障政策落实；省（自治区）辖市、直辖市辖区和县级财政预算有重点优抚对象医疗补助资金，并逐步增加。（出台优抚对象医疗保障办法并落实的得0.5分，财政预算有重点优抚对象医疗补助资金的得0.5分）

38. 农村重点优抚对象住房难的问题得到较好解决。（已解决的得1分）

39. 义务兵家庭优待标准不低于当地平均生活水平，按时足额发放。（达到或高于当地平均生活水平的得1分，按时足额发放的得1分）

40. 县级以上烈士纪念建筑物保护单位按规定落实人员、经费，在爱国主义教育中发挥重要作用。（人员、经费按规定落实的得0.5分，开展爱国主义教育活动在2次以上的得0.5分）

41. 优抚医院、光荣院的人员、经费按规定落实，功能发挥良好；光荣院集中供养优抚对象的基本生活费由县级以上人民政府按规定标准足额列入财政预算。（人员、经费落实的得1分，集中供养优抚对象的基本生活费足额列入财政预算的得1分）

42. 军队转业干部及时妥善安置，自主择业的军队转业干部服务管理政策得到落实。（完成年度安置任务的得2分，军队转业干部对安置岗位满意的得1分，自主择业的军队转业干部服务管理政策落实的得1分）

43. 退役士兵安置政策落实，自谋职业生活补助费、待分配期间生活补助费列入财政预算。（年度安置率（含货币化安置）达到90%的得2分，经费足额列入财政预算的得1分）

44. 军队离退休干部妥善安置，政治、生活、医疗待遇落实；军休服务管理机构人员编制、工作经费、附属用房设施落实，补助经费纳入市、县财政预算。（年度安置任务完成，军休干部政治、生活、医疗待遇落实的得1分；编制、经费、附属用房设施落实的得0.5分，补助经费纳入财政预算的得0.5分）

45. 军队无军籍退休退职职工按政策接收安置，地方补助补贴落实。（按政策接收安置的

得0.5分，补助补贴落实的得0.5分）

46. 积极预防和妥善处理部分转业、复员、退伍军人等群体性上访事件。（没有因政策不落实引发群体性（50人以上）上访事件的得1分）

47. 部队模范遵守国家法律法规和党的民族宗教政策，严格执行群众纪律，在驻地群众中形象好。（没有违反国家法律法规和党的民族宗教政策的得1分，没有违反群众纪律的得1分）

48. 双拥活动制度化、经常化，年度有计划，季度有安排，节日有走访，平时有活动。（年度有计划的得0.5分，季度有安排的得0.5分，节日有走访的得0.5分，平时有活动的得0.5分）

49. 广泛开展"爱心献功臣"活动，为重点优抚对象办好事实事成效明显。（开展活动的得1分，重点优抚对象对活动满意的得1分）

50. 党政主要领导每年走访慰问驻军和重点优抚对象；驻地部队领导到地方有关部门走访答谢。（每落实一项得0.5分）

51. 当地有烈士纪念建筑物的，党政军主要领导每年清明节前往祭扫。（按要求落实的得1分）

52. 地方基层单位与驻军基层单位结成共建对子，军地双方有共建公约和共建活动制度。（结成共建对子的得1分，有共建公约和共建活动制度的得1分）

53. 共建活动开展经常、形式多样，效果明显。（每年开展2次以上不同形式活动的得1分）

54. 有贯彻落实《公民道德建设实施纲要》和《军人道德规范》的具体计划和措施，军民自觉践行社会主义荣辱观和当代革命军人核心价值观。（有计划和措施的得1分）

55. 积极参加创建文明城市、文明村镇、文明行业、文明社区等活动，弘扬社会文明新风。（参加创建活动的得1分）

56. 组织非公经济组织和社会组织开展共建（拥军）活动成效明显。（组织开展活动的得1分）

57. 军地相互尊重，相互支持，互办实事。（有互办实事计划的得1分，计划落实的得1分）

58. 军地历史遗留问题得到妥善处理。（没有遗留问题的得1分，有遗留问题但得到妥善处理的得1分）

59. 有预防和处理军（警）民纠纷的规定措施，当发生矛盾和纠纷时，军地双方及时妥善处理。（有规定措施的得1分；没有军（警）民纠纷的得1分，有军（警）民纠纷但得到妥善处理的得1分）

60. 优抚安置对象问卷调查满意度测评，对优抚安置政策落实情况的满意率达到80%以上。（采取问卷调查。调查对象随机抽样，样本容量≥100。问卷设计量度：1. 满意，2. 基本满意，3. 不满意。满意率80%（含）以上的得3分，70%～80%的得2分，60%～70%的得1分，60%以下的不得分）

61. 驻地部队官兵问卷调查满意度测评，对拥军优属工作情况的满意率达到80%以上。（采取问卷调查。调查对象随机抽样，样本容量≥100。问卷设计量度：1. 满意，2. 基本满意，3. 不满意。满意率80%（含）以上的得3分，70%～80%的得2分，60%～70%的得1分，60%以下的不得分）

62. 社会公众网络调查满意度测评，对当地军政军民关系、拥政爱民工作的满意率达到

80%以上。(采取网络调查。问卷设计量度：1. 满意，2. 基本满意，3. 不满意。满意率80%(含)以上的得3分，70%～80%的得2分，60%～70%的得1分，60%以下的不得分)

63. 双拥工作受到党中央、国务院、中央军委领导肯定并作出批示的。(3分)

64. 双拥工作成效突出，经验做法对全国双拥工作具有指导意义，被全国双拥工作领导小组确定为重大典型进行宣传并以文件形式转发的。(2分)

65. 双拥工作经验做法在全国性双拥工作会议上作典型发言的。(2分)

66. 在重大军事演习、科研试验中保障有力、成效显著的。(2分)

67. 申报全国双拥模范城(县)的地区，驻军数量居本省(区、市)前三名的。(前3名分别按3、2、1分给予加分)

68. 辖区内优抚安置对象占人口比例高于省(区、市)平均水平的。(2分)

考评标准总分100分；被考评城(县)没有军供站、烈士纪念建筑物保护单位、优抚医院等项目的，不考评，不计分；不能参加全国双拥模范城(县)申报和推荐的5种情况未列入考评标准之中。

项目十五 安置退出现役军人

项目概述

退出现役军人的兵源来源、当兵资历、立功表现、付出大小有差异，安置工作的安置去向、安置政策也有差异。安置工作要区分不同的安置对象，选择不同的安置方案和配套政策。本项目要求学生通过学习，能够识别安置对象的差异性，熟知安置工作的解决方案和配套政策的细微区别。

背景介绍

舍小家顾大家，投笔从戎，献身国防，历来被称为英雄壮举，现役军人是最可爱的人。然而，当军人离开军营那一天，国家和人民有责任和义务让退役军人有稳定的工作和生活，这既是付出与获得的因果循环，也是军人所拥有的正当权利与义务的体现。退出现役军人安置是支持军队建设的一项重要工作，军队建设要保持军队旺盛的生命力，需要正常的新陈代谢，让新兵进得去、留得住，老兵退得了、安得下。人民政府除了要做好优抚工作外，还要做好退出现役军人安置工作。

任务一 安置退役军人

任务描述

铁打的军营，流水的兵。每年当新兵入伍，老兵退伍的时节，就是基层民政工作者为优抚安置工作忙碌的时候。安置工作政策性强，涉及面广，手段措施复杂多样，要求从事基层退伍军人安置工作的人，具有良好的依法依规办事能力，政策说服讲解能力，政策形成的理解和辨识能力，社会化参与安置退伍军人的动员沟通能力，运用综合手段措施帮助困难退伍军人安排生产生活的协调能力。

任务实施

安置退役现役军人是一项涉及范围广泛的复合性社会工作。

（1）南昌市对在部队获二等功以上奖励、因战因公致残、在边远艰苦地区工作以及从事飞行、舰艇工作的转业干部、退伍军人，在接收安置及分配工作时，应当给予优先照顾。

（2）退伍军人自谋职业的，按照有关规定发给一次性经济补偿金，并享受国家和地方制定的有关优惠政策。

（3）对符合购买经济适用房和承租廉租房条件的优抚对象，有关单位应当优先安排购买或承租。两地分居的现役军人配偶按照有关规定到部队探亲，其所在单位应当优先安排假期，并按照国家规定报销路费，原有工资、津贴、奖金、福利待遇不变，探亲假不计入带薪年休假的假期。

（4）现役军人因工作调动，随调子女入学不受落户时间限制。烈士子女、因公牺牲军人的子女、现役军人和病故军人子女报考南昌市中等学校，经统一考试后的总成绩，分别加20分、15分、10分。

（5）退出现役的一级至六级残疾军人在参加城镇职工基本医疗保险的基础上享受医疗补助，抚恤定补优抚对象凭《江西省抚恤定补优抚对象医疗优待证》到定点医疗机构就诊，优先挂号、优先就诊、优先取药、优先住院，并依照有关规定减免医疗费用。

（6）拒绝接收、安置退出现役军人，由市或县人民政府责令限期改正，拒不改正的，处1万元以上3万元以下罚款，并对单位直接负责的主管人员和其他直接责任人员依法给予处分。

任务引导

（1）保家卫国人人有责；拥军优属、做好退伍安置工作，每个单位、每个公民都有义务。权利义务关系需要法律、法规予以规范，拥军优属、退伍安置工作也同样需要法制予以规范。政府要协调社会各个方面做好普法，要动员和鼓励各个行业、各个方面参与到拥军优属工作中来，鼓励越来越多的人为拥军优属和退伍安置工作作出自己应有的贡献。

（2）做好退伍军人安置工作同样需要建立健全工作责任制度和奖惩制度。要让退伍军人安置工作运作顺畅而具有长期的可持续性，必须赏罚分明、措施得力。

基础知识

1. 安置退出现役军人概述

退出现役义务兵是指在中国人民解放军和中国人民武装警察部队服现役期满或超期服役退出现役的人员，以及服现役期未满，因下列原因之一，经部队师（旅）级以上机关批准提前退出现役的人员：①因战、因公负伤（含因病）致残，档案中有评残材料，部队发给伤残证的；②在部队患病基本治愈，经部队团级以上医院检查证明，不适合继续服现役，或患精神病住院治疗半年未愈的；③因部队编制员额缩减需要退出现役的；④服役期间家庭发生主要成员伤亡病残等重大变故，家庭的生产、生活发生严重困难，经原籍县级民政部门和人民武装部证明，需要退出现役的；⑤因部队成建制撤销需要退出现役的。

安置退出现役军人是指国家和社会依照有关政策法规对退出现役的士兵、士官的生产、生活、工作所作的安排。

2．安置退役军人的历史发展及基本政策

我国现阶段的安置退役军人工作经历了三个发展阶段：起源于1931年中华苏维埃时期；定型于1950～1958年新中国成立初期；完善于改革开放时期。

中华苏维埃时期实行志愿兵制，当兵自愿，苏维埃政权不规定服役年限，除了少数伤、病、残战士实行有组织的安置外，没有经常而大量的退役安置工作。对伤、病、残战士，苏维埃政权出钱，由组织派人护送回家休养，或举办伤残军人工厂就地安置，或由当地老乡认养。

1950～1958年，全面的战争状态基本结束了，大批的军人需要脱掉军装复员转业到地方，回到生产劳动中去。真正意义上的复员退伍军人安置是从这一时期开始的。全国共接收安置复员退伍军人480多万人，人多、量大，各个地方需要解决的实际问题也多，从全国来说，需要有一个统一而又能高效解决退役军人安置问题的政策策略。当时实行“从哪里来，回哪里去”，从农村来，回农村去，退伍兵在原籍都分有自己的土地和房屋，原籍有自己的血亲资源，从农村来，回农村去，可以减少政府异地安排而造成的新增投资和不必要的资源调配。从城市来，回到原来的城市，退伍兵又回到了自己父母、亲人的身边，可以使退伍兵很快适应新的生活，融入到新的群体，通过参加工作，解决自己的社会保障和生活出路，国家同样不需要另行投资和调配资源安置他们。原来是工人的复工，是学生的复学，没有工作的重新安排。

1958年3月17日，国务院发布《关于处理义务兵退伍的暂行规定》，明确“从哪里来，回哪里去”的安置原则，成为最基本的安置退伍现役军人的法规准则，这一准则不仅在整个20世纪50年代行之有效，而且至今仍然没有更好的其他准则能够取代。

为什么“从哪里来，回哪里去”有如此强盛的生命力？

因为它的出台和实施符合中国国情。中国人的传统思想是回到原籍才算落叶归根，回到自己父母的身边，才能忠孝两全。“忠”是忠于职守，尽自己的本分为国家、为社会效力做贡献。“孝”是孝敬父母，父母抚养自己长大，自己常怀报恩之心，常侍候父母身边左右，以报答父母为抚养自己长大而付出的辛劳。这符合中国人的人情世故。再者，退伍兵退役后很快面临成家、立业、生子、买住房等问题，亲情互助，可以消化解决很多国家和社会都难以解决的问题。

案例阅读

小李两年前在Y市入伍，之后一直在地矿五队工作的爸爸妈妈被调回了地矿局驻W市的基地。小李服满现役之后，其户口也回到了W市，地矿局基地为其安排了工作。退伍前夕，Y市按城镇户口正常入伍义务兵给小李落实了义务兵优待款。

【启示】出兵出优待是地方政府的责任；“按系统分配任务，包干安置”也是政府和部门的责任。

【思考】义务兵当兵之后，家庭还会发生哪些变化？家庭发生变化了应该怎么办？

任务二　安置农村退出现役军人

任务描述

农村是一个广阔的天地，在那里是可以大有所为的。一方面，一批批热血青年每年从祖国的四面八方，带着一颗炽热的心投身于军营，报效祖国；另一方面每年又有一批批服满现役的人，带着理想和对未来幸福生活的憧憬，回到了农村，回到了自己的家乡。我们从事退伍军人安置工作的同志要“上为中央分忧，下为百姓解愁”。我们应该为这些可爱的人做些什么？我们应该通过哪些方面的努力，让这些可爱的人劳动、生活得更好些？军队是所大学校，这些经过军营生活熏陶的人，一定有他的长处，我们如何用其所长，补其所短？这是我们做退伍军人安置工作应该经常思考的问题。

任务实施

安置农村退伍兵要立足解决当前困难，着眼未来长远发展，标本兼治，才符合中央提出的可持续科学发展观。

（1）浙江省平湖市探索退役士兵城乡一体化安置。从2002～2008年共接收退役士兵1912名，其中城镇退役士兵642名，农村退役士兵1270名，城镇退役士兵和转业士官自谋职业率达到100%，发放安置补偿金、待安置生活费、养老保险、医疗保险等计3087万元，农村退役士兵安置补助金739万元，受到各方的良好评价。服役满2年的城镇退役士兵的自谋职业安置补偿金从2002年的3.2万元增加到当时的3.8万元，农村退役士兵的自谋职业安置补助金从2002年的4000元增长到当时的1.1万元；转业士官的自谋职业安置补偿金从5.3万元增长到当时的7.6万元。此外，每年义务兵家属优待金实行城乡统一，从2006年的5600元自然增长到2008年的8000元。

（2）将自谋职业的退役士兵纳入平湖市劳动培训计划范围，提供职业技能培训。退役士兵根据个人意愿，参加当年度组织的创业培训（SYB）以及数控车工、汽车维修和保养、计算机操作、电工、叉车工、机电维修、钳焊技术等专业技能培训。2006～2009年，全市共650多名退役士兵参加各类劳动技能培训。

（3）从2004年起，每年春季，平湖市民政局与市劳动和社会保障局联合举办退役士兵专场招聘会，至2008年，为600多名退役士兵提供就业岗位，并推荐30多名退役士兵和转业士官进银行、部门、公司等单位就业，另有530名退伍军人充实到村（居）委会工作，占村（居）委会干部的52%。

（4）平湖市针对少数退役士兵对安置改革和自谋职业政策一时难以理解的情况，通过召开见面会、发放优抚安置宣传手册、上门走访等形式，及时宣讲安置工作相关政策、当前企事业单位改制、用工制度实行市场化择优录用等方面的现实情况，使退役士兵正确对待和理解当前的安置政策。

（5）辽宁省朝阳县建立优抚对象联络员制度。所选聘的联络员既是优抚对象，又热心为优抚对象答疑解惑，同时反馈优抚对象的呼声；只要是优抚对象反映的事，联络员都要认真听、热心协办，并向镇民政办及时反馈情况，当好优抚对象的“服务员”。

（6）巴渝老兵心连心，牵手互助奔小康。重庆市民政局组织全市军休干部开展“手牵手、看战友、扶贫帮困”活动，以老复员军人、伤残军人为重点帮扶对象，采取“一帮一”或集体帮扶的形式，对帮扶对象实施经济资助、医疗资助、科技资助等。

任务引导

（1）市场经济体制改革既是安置工作改革的起因，也是安置工作改革的动力源泉。改革开放极大地提升了我国经济的发展水平，也造就了我们用市场手段解决安置难题的能力。安置工作单靠政府的行政手段，其作用力是有限的，但社会化的力量和影响力是无穷的。人民的事业要人民去办，社会问题的解决要靠社会化。

（2）城乡二元格局最终将在深化改革过程中化解，城乡一体化优抚安置格局将逐渐形成。农村优抚安置工作要以人为本，注重实效，要吸收群众参与，要通过群众的实践把它做好做完善。

基础知识

（1）安置工作的重点在农村。安置工作的重点在农村，是因为我国是一个农业大国，农业人口占全国人口约一半。我国每年征兵、退役人数中，农村兵所占的比重大致也超过一半，农村地区发展水平差异很大，大多数农村地区经济不发达，基础设施欠缺，生产生活发展水平不高，许多农村兵入伍之初，就希望通过当兵跳“农门”，然而现实是，绝大多数农村兵退伍时还得回到农村。因此，农村兵退伍时，生产生活安排方面面临的困难要多一些，思想问题要多一些，带病回乡的人数也要多些。因此，安置工作的重点在农村，要求我们基层做优抚安置工作的同志，要花更多的时间和精力帮助解决农村退伍义务兵的安置困难，要争取更多的政策和资源用于解决农村安置困难户的问题，要呼吁基层社区群众都来帮助安置农村退伍义务兵。应该说，农村退伍义务兵有自己的天然优势，军队是所大学校，经过几年军队的教育和军营生活的熏陶，大多数农村退伍兵较没有当兵的农村青年，有更高的觉悟和更好的组织管理能力，有些农村退伍兵还在部队学到一技之长，只要把这些农村退伍兵放在恰当的工作岗位上，他们是能够发挥自己的优势和专长的。农村是一个广阔的天地，在那里也可以大有所为。

（2）安置农村退伍义务兵的重点，是扶持农村退伍义务兵勤劳致富。贫穷是发展的拦路虎，发展可以解决农村退伍义务兵的各种问题。安置农村退伍义务兵要把工作的重点放在帮技术、帮项目、提供发展机会方面，鼓励乡村企业技师、乡土人才吸收农村退伍兵当学徒；乡村招聘社区公职人员要同等条件优先录取农村退伍兵；各类公立、私立学校或培训机构，提倡和鼓励以优惠的价格、甚至免费招收农村退伍义务兵接受培训，以帮助提高农村退伍兵自身的素质和工作技能；农村社区公共工程、扶贫开发工程，要优先吸收农村退伍兵上岗就业，对帮扶农村退伍义务兵勤劳致富做得好的单位和个人，政府要定期组织评选，给予先进单位和先进个人以表彰和奖励。

（3）建立农村退伍义务兵安置的工作责任制。①各级政府要当好农村退伍义务兵安置的第一责任人、第一义务人，对立有二等功以上的要进行保底安置；对带病回乡、生活困难的，政府要给予必要的补助；对因天灾人祸，农村退伍兵回家时无住房、无必要生产生活资料的，政府要帮助建房和帮助解决具体的生产生活困难，使其能同正常的社会成员在同一起跑线上勤劳致富。②明确各级政府一直到基层社区在从事农村退伍义务兵安置工作方面的职责分工。民政部、民政厅要重点抓好政策调研和政策修订、典型经验推介、“双拥”模范县市评比和各级政府民政部门退伍安置工作奖惩制度的拟订。地、市、县民政部门重点做好安置工作社会化平台的搭建，地方优录、优抚政策的协调落实，社会化参与安置农村退伍义务兵激励机制的创建。乡、村社区要做好宣传工作、帮扶落实工作，领导干部要以身示范，要注意发现社区好的单位和个人典型，予以推广示范。乡村干部要深入到安置困难户的家中帮助办实事，解决具体困难。

案例阅读

小马入伍前是孤儿，入伍时是从乡福利院走的，在部队学习的是汽车驾驶与修理技术。退伍回乡前，村干部组织本村村民义务帮工对他父母留下的旧房子进行了翻修；征得小马同意动用了属于小马的两年义务兵优待款，不足部分，由市民政局申请财政提供补助。如今，小马已回到了自己的家乡。因自家门前就是市级公路主干道，小马正张罗开办属于自己的汽车修理店，在乡民政干事的帮助下，工商、税务、信用社给小马在办证、办信贷方面给予了优惠，如今小马已实现了妥善安置。

【启示】政策是办事的根据，要把事情办好，仅有政策是不够的，更重要的是从事基层优抚安置工作的同志要有事业心、责任心、爱心和耐心，做到人到、心到、力到、财到，才能把事情办好。

【思考】做好农村退役军人安置工作，乡镇民政干事应该具有怎样的工作风格？

任务三　安置城镇退出现役军人

任务描述

城市是我国一定区域的政治、经济、科技、文化、金融中心，城市居民最基本的生活保障和经济依靠就是要有一份工作，刚刚退役的义务兵也一样。有了一份工作，就有了最基本的社会保障。退伍军人安置工作，就是从这一最基本的民生需求入手，为最可爱的人服务。

任务实施

安置城镇退役军人要体现奖励、保障、有区别，实现妥善安置，各得其所。例如：

（1）山东省日照市试行考试考核安置城镇退役士兵。凡符合安置政策规定的退役士兵、士官，采用考试与考核相结合的办法实行公开安置。考核由当地安置部门根据退役士兵的档案材料、所在部队提供的有效证件和待分配期间的表现，对退役士兵进行考核计分。凡服役期满由部队批准正常退役的为 50 分。每超期服役满 1 年加 10 分，中共党员加 10 分，副班长加 5 分，班长（包括同等职务的车长、台长、站长等）加 10 分，优秀共青团员加 5 分，优秀中共党员加 5 分，红旗车驾驶员、专业技术能手加 5 分，优秀士兵加 10 分，嘉奖加 5 分，三等功加 50 分，二等功加 100 分，一等功和被大军区以上单位授予荣誉称号的加 200 分。高中（或中专）毕业加 5 分，大专毕业加 10 分，本科毕业加 30 分。在我国香港、澳门服役加 10 分，进藏服役满 2 年加 20 分（每超 1 年加 2 分），在救灾抢险中作出重大贡献以及长期在边防、海岛等艰苦地区服役加 20 分，女兵加 10 分，六级伤残军人加 20 分、五级伤残加 25 分、四级伤残加 40 分、三级伤残加 50 分，转业军官、退伍军人子女加 20 分，烈属子女加 30 分。警告减 10 分，严重警告减 20 分，记过减 30 分，记大过减 40 分。

在考核的基础上，由安置部门组织统一培训考试，实行百分计分制。根据考试考核结果，将考试和考核两项成绩合并计算，对退役士兵排列名次。转业士官和退伍义务兵按照 7：3 的比例，由高分到低分依次排列名次。同等分数条件下，按下列方法排列名次：①在救灾抢险中作出重大贡献以及长期在边防、海岛等艰苦地区服役的排在前；②立功受奖等级高的排在前；③党员排在前；④在部队职务高的排在前；⑤伤残、烈属子女排在前。

当地安置部门组织召开退役士兵公开选择工作单位大会。退役士兵按照考核考试成绩名次排列顺序，根据安置计划，从高分到低分依次选择工作单位，填写《退役士兵分配志愿表》确定分配单位，办理分配手续。

（2）新疆对退役士兵实施政府指令性安置、自谋职业安置、培训就业和公益性岗位安置。5 年（2006～2010）来新疆安置退役士兵 1.4 万多人，安置率逐年递增。为鼓励退役士兵自谋职业，在中央下拨自谋职业补助经费的基础上，每年拿出 100 万元用于退役士兵自谋职业经费补助。各地在财政状况十分困难的情况下，筹措资金 4000 多万元，对退役士兵自谋职业进行一次性经济补助。5 年来，新疆共发放自谋职业补助金 1.3 亿多元。与此同时，新疆还对自谋职业退役士兵全面落实各项优惠政策。据不完全统计，工商、税务、银行等相关部门共为 5400 多名自谋职业退役士兵办理了税收减免和小额贷款。这些措施极大地鼓励了城镇退役士兵自谋职业，5 年内新疆共接受退役士兵 1.9 万多人，7432 名城镇退役士兵申请自谋职业，自谋职业率由原来的不足 20%逐年提高到 61.5%。

从 2008 年起，自治区争取到了全国“雨露计划”示范基地暨全国贫困地区退伍军人培训基地——广州碧桂园集团国良职业培训学校的支持，先后安排 300 余名退役士兵参加免费职业技能培训，并有部分退役士兵实现跨省易地就业。乌鲁木齐市、昌吉市民政部门积极与职业教育培训机构协作，先后组织 300 余名退役士兵在待安置期间学习计算机、汽车驾驶、餐饮服务，与劳动保障部门联合举办“优先录用退役士兵，向退役士兵送岗位”活动，先后使 1300 多名退役士兵被当地企业录用。

（3）安徽省开展“阳光创业”活动。在2009年全国优秀复员退伍军人表彰大会上，有8名安徽籍复员退伍军人获得大会表彰。他们退役不退志，保持和发扬革命传统，主动自谋职业、艰苦创业，自觉投身于国家经济社会建设实践，做守法的模范、创业的先锋、致富的骨干，受到社会高度赞扬和人民群众好评。

（4）国务院办公厅转发民政部等9部门《关于扶持城镇退役士兵自谋职业优惠政策的意见》指出：自谋职业的城镇退役士兵，在两年内被行政机关或财政补助的事业单位录用的，要将《城镇退役士兵自谋职业证》交回民政部门，并退回发给的一次性经济补助金，不再享受自谋职业优惠政策。

自谋职业的城镇退役士兵就业后，要按照国家和当地政府有关规定，参加基本养老、基本医疗、失业等社会保险，军龄视同社会保险缴费年限，并和实际缴费年限合并计算，享受相应社会保险待遇。在服役期间参加基本养老、基本医疗保险的个人账户储存额，并入新建立的基本养老、基本医疗保险个人账户。

自谋职业的城镇退役士兵报考成人高等学校的，投档总分可增加10分，其中服役期间荣立三等功以上的，投档总分可增加20分；自谋职业的城镇退役士兵报考普通高等学校的，投档总分可增加10分，其中服役期间荣立二等功以上或被大军区以上单位授予荣誉称号的，投档总分可增加20分；自谋职业的城镇退役士兵具有本科学历报考研究生的，在同等条件下，可优先予以复试或录取。

自谋职业城镇退役士兵从事个体经营的，除国家限制的行业（包括建筑业、娱乐业以及广告业、桑拿、按摩、网吧、氧吧等）外，自工商部门批准其经营之日起，凭《城镇退役士兵自谋职业证》，3年内免交以下费用：工商部门收取的个体工商户注册登记费（包括开业登记、变更登记）、个体工商户管理费、集贸市场管理费、经济合同示范文本工本费；卫生部门收取的民办医疗机构管理费；劳动保障部门收取的劳动合同鉴证费；各省、自治区、直辖市人民政府及其财政、价格主管部门批准设立的涉及个体经营的登记类和管理类收费项目；其他登记类、管理类收费项目。

对自谋职业的城镇退役士兵从事个体经营的（特殊行业除外，同上），自领取税务登记证之日起，3年内免征营业税、城市维护建设税、教育费附加和个人所得税。

自谋职业的城镇退役士兵在县级以下城镇具有合法固定住所、稳定职业或生活来源的，应准予其凭《城镇退役士兵自谋职业证》和相应证明办理落户，其家属和子女是农业户口的，允许办理“农转非”手续并随其落户。

自谋职业的城镇退役士兵在地级以上城市落户的，其随调（迁）配偶、子女落户时，不得收取国家政策规定以外的费用。

为安置自谋职业的城镇退役士兵就业而新办的服务型企业（特殊行业除外，同上）当年新安置自谋职业的城镇退役士兵达到职工总数30%以上，并与其签订1年以上期限劳动合同的，经县级以上民政部门认定、税务机关审核，3年内免征营业税及其附征的城市维护建设税、教育费附加和企业所得税。不足职工总数30%的，3年内可按计算的减征比例减征企业所得税。减征比例=（企业当年新招用自谋职业的城镇退役士兵÷企业职工总数×100%）×2。

对从事农业机耕、排灌、病虫害防治、植保、农牧保险和相关技术培训业务，以及家禽、牲畜、水生动物的繁殖和疾病防治业务的，免征营业税。

自谋职业的城镇退役士兵从事个体经营或创办经济实体，符合贷款条件的，商业银行应优先予以信贷支持。

（5）河南省新乡市对确因特殊情况不能落实安置计划，要求实行有偿转移安置的单位，应填写《退役士兵安置任务有偿转移审批表》。经批准，每少接一名退役士兵，向政府缴纳5万元有偿转移安置金。

任务引导

（1）人才是资源，城镇退伍士官和城镇退伍义务兵同样是人才资源。是资源就要经过市场配置，这样才能发挥资源价值的最大化，这是市场经济的基本特征和基本要求。退伍军人安置要与市场经济接轨，就是要把退伍军人当成人才资源放在人才市场上，让人尽其才、才尽其用，让资源流到该去的地方，实现国家宏观经济效益和微观经济效益双丰收。

（2）安置城镇退伍军人要重视社会公平。保家卫国、捍卫祖国的钢铁长城，主要体现在公民履行服兵役的义务，服兵役就是一种奉献，有付出就要有获得。怎么样让城镇退伍军人在市场经济背景下，既能充分实现人才的价值，又能在退伍安置环节获得足够的公平补偿？这是每一个做退伍军人安置工作的人要认真思考解决的问题。

基础知识

（1）安置城镇退伍义务兵，仍然执行由原征集地的县、自治县、市、市辖区的人民政府接收安置的原则，为了保证接收顺畅、安置有力，我国从改革开放以来，各地就试行“按系统分配任务，包干安置”的包干政策。

“按系统分配任务，包干安置”，是城镇退伍义务兵安置的工作责任制。城镇退伍义务兵入伍前是国家机关、事业单位、企业单位职工的，退伍回原籍时，复工复职。因单位撤并、破产，原单位已不存在的，可另行安置，另行安置的安置责任，仍然属于原工作单位所在的系统。入伍时没有工作的，退伍时，由父或母所在的工作单位系统予以接收，包干安置，包干安置所用的劳动用工指标，每年由国家总参谋部提出，国家发展和改革委员会下达，在安置指标没有下达前，各地也可以先行安置，最后再统一结算，以保证退伍义务兵得到及时妥善安置。安置城镇退伍义务兵是各个单位的一项政治任务，任何单位不得拒绝安排。

（2）对退伍义务兵安置实行的奖惩政策。为配合部队对战士的管理，地方退伍安置工作试行奖优罚劣的安置政策。凡在部队获得大军区以上单位授予的荣誉称号，或荣立二等功以上奖励的，安排工作时享有优先安排的权利，且应尽量照顾本人意愿。对在部队荣立三等功和超期服役的亦应优先安排，并尽量照顾本人技术专长和工作志愿。对自学成才、或已经形成一定专业特长的，要尽可能安排到专业对口的岗位。对无正当理由不按规定服满现役而中途退伍的，或在部队表现不好被部队开除军籍或除名的，或在退伍待安排工作期间犯罪被判处有期徒刑的，一律不按城镇退伍义务兵进行安置，而按照社会待业人员对待。

（3）用市场手段安置城镇退伍义务兵的创举。在市场经济条件下，行政机关、事业单位转变用人观念，通过“公开、公平、择优、竞争”录用人才，企业单位用人与市场供需接轨，城镇退伍义务兵参与市场经济体制改革，就是供需见面，双向选择，优胜者胜出。因为城镇退伍义务兵安置是与国防建设配套的工程，安置工作具有政治任务的属性，政府提供一次保底安置的机会，是政府的责任，也是当年城镇退伍义务兵的权利和利益的体现。为了兼顾公平与效率，改革开放以来，各级政府民政部门试行“有偿转移安置”的改革，即对当年退伍回城的退伍义务兵负有安置义务的用人单位，当没有能力安置该退伍兵时，可以用支付一定数量现金进行补偿的方式代替安置义务的履行。

国家鼓励城镇退伍义务兵自谋职业、自主创业，凡持有《城镇退伍义务兵自谋职业证》的城镇退伍兵，都可以领取一次性自谋职业补偿金，并在参加社保、享受劳动就业服务、减免税收、申请信贷、接受教育和参加职业培训等方面享受优先、优惠政策的优待。

案例阅读

“雨露计划”碧桂园项目四年助近万退伍军人家庭走上致富路

“授人以鱼不如授人以渔”，2008 年，碧桂园控股有限公司董事局主席杨国强捐助安徽省“雨露计划”2500 万元，用于贫困地区退役士兵的技能培训。4 年过去了，9200 多名安徽贫困农村退伍军人参加培训，万人家庭因此受益走上脱贫致富之路。

据了解，“雨露计划”碧桂园项目是广东碧桂园集团创始人杨国强先生个人捐资 2500 万元，在全省范围实施的大型慈善行动，用于农村退役士兵的免费培训。计划免费培训 1 万名农村退役士兵，以使他们掌握一技之长，就业增收，脱贫致富。培训期间免除培训费、实习费、技能鉴定费、住宿费、伙食费、进校交通费等，同时参与我省贫困地区劳动力转移培训“雨露计划”。

该培训项目从 2008 年 1 月份全面启动，定点培训基地分布全省，包括合肥、宿州、阜阳、亳州、池州等地。培训专业包括数控机床、普通车床、厨师、电工电子、维修电工、钳焊、建筑材料员、建筑施工员、旅游服务与管理、物业管理等。免费范围包括培训费、技能鉴定费、食宿费、入学单程交通费等。学员经考试合格获得相应技能证书，可以自谋职业，也可以由培训机构推荐就业。

据了解，2008 年至今，已培训农村退役士兵 7800 余人，就业率 90%以上，目前尚有 1400 余名退役士兵在校学习，至今，已有 9200 多名农村退役士兵参加培训，并走上工作岗位，近万个家庭因此走上脱贫致富之路。培训后学员主要输往安徽省各地，以及江苏、浙江、海南、广东、福建等发达地区，输出率 91.2%。

【思考】我们怎样让更多的“国良学校”落户中西部地区？

任务四　安置伤、病、残退出现役军人

任务描述

有国防，就有当兵的人；有军事突击任务产生，就会有伤残、牺牲的事发生。因此，伤、病、残退役军人是最光荣的人，也是退伍军人中最困难的人之一。退伍安置工作怎样让伤、病、残退役军人妥善安置、各得其所，让他们不因为伤、病、残而发生生活困难，人民政府和人民群众应该从多个方面给他们以帮助。

任务实施

（1）退出现役的残疾军人因病死亡的，对其遗属增发 12 个月的残疾抚恤金，作为丧葬补助费。其中，因战、因公致残的一级至四级残疾军人因病死亡的，其遗属享受病故军人遗属抚恤待遇。

（2）伤、病、残退休军人住房保障，纳入军队退休干部住房保障计划，采取购买经济适用住房或自理住房的方式，优先落实安置住房。伤、病、残退休军官、士官的基本住房补贴不足 10 万元按 10 万元计发，本人基本住房补贴数额高于 10 万元的，按照个人住房补贴实际数额计发。安置在高房价地区的，按照军队规定给予地区住房补贴。

分散供养的一级至四级残疾的退役初级士官和义务兵的购（建）房经费保障标准，按照安置地县（市）经济适用住房价格（没有经济适用住房的按照普通商品房价格）和 60 平方米建筑面积确定，中央财政按照规定标准给予补助，不足部分由地方财政解决。

其中，初级士官按有关规定领取住房补贴，住房补贴与中央财政补助之和不足购（建）房经费标准的，由地方财政按购（建）房标准补齐。

伤、病、残军人退役安置补助费被评定为一级至四级残疾等级的，每人一次性补助 1.5 万元；被评定为五级至六级残疾等级和因病经医学鉴定为基本丧失工作能力的，每人一次性补助 0.75 万元。这一标准将根据经济社会发展适时进行调整。

（3）对分散安置的一级至四级残疾军人，因病瘫痪、双目失明生活不能自理、饮食起居需要人扶助的发给护理费，护理费的标准为：因战、因公一级和二级残疾的，为当地职工月平均工资的 50%；因战、因公三级和四级残疾的，为当地职工月平均工资的 40%；因病一级至四级残疾的，为当地职工月平均工资的 30%。退出现役的残疾军人的护理费，由县级以上地方人民政府民政部门发给；未退出现役的残疾军人的护理费，由军队发给。

残疾军人需要配制假肢、代步三轮车等辅助器械，退出现役的由省级人民政府民政部门负责解决。

（4）士官因战、因公致残被评定为一级至四级残疾的，或者因病医疗期满后经医学鉴定为基本丧失工作能力的，可以作退休安置。

初级士官患精神病被评定为一级至四级残疾的，义务兵因战、因公、因病被评定为一级至四级残疾的，由国家供养终身，国家供养可采取集中供养和分散供养；被评定为五级至六级残疾的，按照国家有关规定进行安置。

（5）伤、病、残退休军人移交政府安置后的医疗保障，比照安置地国家机关退休公务员参加基本医疗保险和实行公务员医疗补助，享受同职级退休公务员医疗待遇。

对规定范围内个人自付医疗费较多的，由安置管理单位给予适当补助。其中一级至六级残疾退休军人由安置地民政部门按照国家有关规定给予残疾军人医疗补助。

任务引导

安置伤、病、残退役军人涉及的领域多，问题纷繁复杂，但最基本的问题还是经济问题。

我们从事基层退役军人安置工作的同志，要心系安置对象的困难疾苦，从多个方面想办法，为伤残退役军人办实事，以人为本，全心全意为伤残退役军人及其家庭谋福利。

基础知识

（1）一级、二级伤残军人由国家供养终身。因伤残后遗症需要经常医疗处理的；或者生活需要人护理，回家安置家属不便照顾的；或者独身一人，无依无靠，不便分散安置的，分别由省级民政部门接收入荣军休养院集中安置。一级、二级伤残军人不需要经常医疗处置的，或虽符合入院条件但本人愿意回家的，应帮助他们回家，回家以后应享受在乡伤残军人的各项待遇，生活不能自理、饮食起居需要人扶助的，应参照当地一个普通工人的工资标准发给适当的护理费。凡集中收养于省荣军休养院的一、二级伤残军人，一律不发给护理费。

（2）对于三级、四级及以下的伤残军人由原征集地区的县市民政部门妥善安置，家居农村的，享受在乡伤残军人的各项待遇。在服现役期间患有精神病症的退伍义务兵，已经基本治愈的，办理退伍手续、交地方安置。在部队治疗半年不愈的，亦应办理退伍手续，由地方复员退伍军人精神病院接收治疗，对于病情稳定且较轻的，应以回家疗养为主，地方复员退伍军人精神病院可以组织定期走访复查，预防、治疗兼顾，巩固疗效。三级以下伤残军人，有一定的生产工作能力的，可以安排力所能及的工作，不能安置的，要保障他们的基本生活。

（3）带病回乡的退伍军人，旧病复发，地方医疗单位应积极予以治疗，住院和门诊医疗费用，本人负担确有困难的，农村集体可给予适当帮助，集体无力解决的，县市民政部门应给予适当补助。

（4）退伍义务兵伤、病、残战士住房困难、家居城镇的，由城市房管部门从现有公房中调剂解决，建有经济适用房和廉租房的城市，应将退伍义务兵伤、病、残战士住房困难户列为重点帮助对象。家居农村的，由省级民政部门酌情补助一些建房费用，所在农村村民委员会应组织本村村民义务帮工，帮助修造该伤、病、残战士的房屋。

案例阅读

S县A镇王老是参加抗美援朝战争的老复员军人，有一儿一女。小儿子王×参军后在执行军事运输任务时因公致残，被评定为伤残五级。王×退伍回乡后坚持参加自学考试，拿到汉语言文学大专文凭，在参加乡镇公务员考试时，被加分录取为乡镇公务员。王老因女儿已出嫁，自己年老体弱，且家庭不富裕，民政部门在给王老落实老复员军人定期定量补助待遇的同时，仍然给王×落实了伤残抚恤金待遇。

【启示】伤残抚恤金是对伤残人士因身体残疾给生活和日常起居带来不便的一种经济补偿，王×没有找到工作时拿伤残抚恤金，考上公务员仍然可以享受伤残抚恤金。

王老因年老体弱，基本丧失劳动能力，虽然勉强能耕种自己的承包土地，但没有其他经济来源，应该给予定期定量补助。如果获取定期定量补助生活仍然困难，还可以考虑给予低保补助。

【思考】在什么情况下拿到定期定量补助金和伤残抚恤金的人能再申请其他补助？

任务五　安置退出现役士官

任务描述

国防建设需要一批稳定的核心兵员，这就涉及士官制度。士官的服役有一到六期，士官的退役有满一期就退的，也有干满六期才退的，还有中途满任何一期就退的。因此，士官的退役安置也多种多样，有的退役即退休，有的退役要复员，有的退役要转业安置。

任务实施

士官有较长时间奉献国防岗位的经历，除了奖励安置机制配套，应该有更多体现人性化安置的措施相衔接。

（1）福建省惠安县按照“计分排序、依序择岗”安置军队退役士官（兵）。惠安县出台军队退役士官（兵）重点安置对象安置办法，明确重点安置对象为服役满 12 年的三期以上转业士官，平时荣立二等功或战时荣立三等功以上的退役士兵，因战致残的五级至八级残疾退役士兵，以及烈士子女退役士兵。办法规定对重点安置对象实行“计分排序、依序择岗”，按照考试、考核、体检、公示、安置等程序进行；同时，鼓励重点安置对象自谋职业，对自谋职业的重点安置对象给予一次性经济补助金 8 万元，服役超过 12 年的，每增加 1 年增发 0.5 万元，并可享受免费职业指导等就业信息服务和一次性职业培训补贴政策，享受小额贷款贴息政策。

（2）四川省采取自谋职业和安排就业相结合的办法，对参加过“5. 12”汶川特大地震抗震救灾、抗击低温雨雪冰冻等重要军事任务的转业士官和荣立二等功以上奖励、因战因公伤残被评为五级至八级的退役士兵，要本着鼓励先进、区别对待、积极稳妥的原则，重点安置、优先安排，有条件的地区应尽量安排工作岗位；对自谋职业的，发给一次性经济补助。对其他退出现役的城镇义务和城镇复员士官，引导和鼓励他们自谋职业。确保自谋职业的城镇退役士兵按时足额领取一次性经济补助。此外，开展多层次多形式的职业技能培训，提高他们的就业能力。

（3）信州区扶持退伍军人发挥自身优势改变就业思路，民政与国土、工商、科技、金融等部门协调，积极为退伍军人提供政策、资金、技术和信息帮扶，帮助他们解决在创业过程中遇到的各种困难。2006 年帮助 300 多名退伍军人基本实现就业，还帮助了 180 多名退伍军人在家门口实现创业。

（4）全国人大代表谈文虎建议，设立退役士官技能培训机构，由地方财政拨付资金，在退役士官待分配期间进行 3～6 个月的劳动技能培训；为退役士官提供劳务用工中介、政策咨询、法律援助、就业指导等全方位服务保障；建立完善与社会保险制度相衔接的现役士官基本养老、基本医疗、失业保险制度，解决在职士官的后顾之忧。

任务引导

（1）人力资源的开发使用，强调适才适用，唯才是举。妥善安置退役士官最有效、最长久的策略措施，还是强调“授人以鱼，不如授人以渔”。

（2）政府设计的安置政策是要保障公平、保障民生。对退下来的士官，政治上要爱护、生活上要关心、机会上要保护，要让退下来的士官在不牺牲效率的前提下，尽可能人尽其才，才尽其用，用有绩效。部队是所大学校，士官常常是有专长的人才，市场经济给人才使用带来压力、带来挑战的同时，也给人才的发展带来了更大、更多的发展机会。安置工作的更高境界还是要实现经济、科技、国防、人文、社会的科学发展观。

基础知识

1．士官概述

我国自 1955 年第一部兵役法颁布实施以来一直实行单一的义务兵役制，义务兵役制有许多优越性，它不仅能够使部队兵员得到定期轮换和更新、保持兵员年轻化，而且有利于积蓄大量的训练有素的后备兵员。但改革开放后的国际国内形势发生了很大变化，我们迫切需要建设强大的国防，随着我军武器装备不断改善、技术越来越复杂，就需要保留一部分技术骨干，较长时期地在部队服现役，以便熟练地掌握和使用现代化的武器装备，提高部队的战斗力。1978 年第五届全国人民代表大会常务委员会第一次会议通过了《关于兵役问题的决定》，决定在我国实行义务兵与志愿兵相结合的制度。1984 年 5 月 31 日第六届全国人民代表大会第二次会议通过的《中华人民共和国兵役法》规定“中华人民共和国实行义务兵役制为主体的义务兵与志愿兵相结合、民兵与预备役相结合的兵役制度”。这就标志着志愿兵，也就是本文所称的士官，成为我国的一种兵役制度进入我国的退出现役安置系统。

志愿兵必须是超期服现役的义务兵服现役满 5 年，已成为专业技术骨干，由本人申请，经师级以上机关批准。志愿兵的服役期限从改为志愿兵之日算起，至少 8 年，不超过 12 年，年龄不超过 35 岁。部队需要，本人愿意，经军级以上机关批准，可适当延长。

2009 年 9 月 10 日解放军总参谋部、总政治部、总后勤部、总装备部联合颁发《中国人民解放军士官管理规定》，明确：士官是从服现役期满的义务兵中选取，或者直接从非军事部门具有专业技能的公民中招收，士官按照工作性质分为专业技术士官和非专业技术士官，非专业技术士官和女士官服现役的期限原则上为第一期。

选取士官按照本人申请、基层推荐、机关考核、组织审批的程序办理，第一期、第二期士官由团（旅）级单位批准，第三期、第四期士官由师（旅）级单位批准，第五期、第六期士官由军级单位批准。

士官选取前必须经过相应培训，非专业技术士官培训对象，主要从服现役第二年的义务兵中选拔，培训时间一般为 3 个月；专业技术士官培训对象，主要从服现役第一年的义务兵中选拔，培训时间 5 个月左右；专业技术复杂的士官培训对象，主要从具有相应专业基础和文化程度、服现役第二年的义务兵和第三年的士官中选拔，培训时间 2 年以上。专业技术复杂的士官培训对象，由院校和总部、各大单位训练机构承训；其他专业技术士官培训对象，由军级以下单位专业训练机构承训；非专业技术士官培训对象，由教导机构承训。团（旅）级有计划地组织士官进行在职培训，利用函授、电大、自学考试等多种形式，组织士官参加在职学历教育，使初级士官达到中专（中技）水平、中高级士官达到大专以上水平。

师级以下作战部队的士官，因工作需要，可以选送入军队院校培训后改任现役军官。

经院校培训2年以上的专业技术士官，服现役未满第三期的，原则上不安排退出现役。士官退出现役，由团级以上司令机关拟制，与士官选取计划同时逐级上报，经总参谋部批准后下达执行。士官退出现役，填写《士官退出现役登记表》，退休士官还应当填写《退休士官安置登记表》，改按义务兵退伍的，填写《士官改按义务兵退伍审批表》。

2．士官退出现役

士官退出现役有以下几种情况：服现役满本期规定年限，没有被批准继续服更高一期现役的；服现役满30年或者年满55岁的；军队缩减编制员额需要退出现役的；国家建设需要调出军队的；经驻军县团级以上医院诊断证明本人健康状况不适于继续服现役的。

3．士官退出现役作复员安置

士官退出现役作复员安置的有以下几种情况：服现役满第一期或第二期规定年限的；符合转业或者退休条件，本人要求复员并经批准的；未服满本期规定年限，本人无正当理由坚决要求退役的，或严重违反纪律，经批准按义务兵退伍的；因家庭发生变故，县民政部门证明，服现役不满10年而退役的。农村入伍的初级士官服现役期间，保留承包土地、自留地；中级以上士官复员后，没有承包土地、自留地的，重新划给；农村入伍符合转业条件的士官，本人要求并经批准作复员安置的，允许落户城镇户口。退出现役士官作复员安置的与退伍义务兵同时离队。

4．士官退出现役作转业安置

士官退出现役作转业安置的有以下几种情况：服现役满10年的；服现役期间荣获二等功以上奖励的；服现役期间因战、因公致残被评为二等、三等伤残等级的；服现役未满10年，国家建设需要调出军队的；符合退休条件，地方需要和本人自愿转业的。作转业安置的按照地方安置部门规定的时间离队。

在安置转业士官时，应尽量按专业对口分配，其工资级别评定，军龄（入伍前有工龄的应加入伍前工龄）满8年不满15年的定三级工；满15年不满20年的定四级工；满20年以上的定五级工。

士官退出现役时，对经组织批准随军的家属，按军队转业干部的有关规定办理，有正式工作的，由劳动人事部门负责安排。

5．士官退出现役作退休安置

士官退出现役作退休安置的有以下几种情况：年满55周岁的；服现役满30年的；服现役期间因战、因公致残，被评为一等、二等伤残的；服现役期间基本丧失工作能力，并经驻军医院诊断证明，军以上卫生部门鉴定确认的。退休士官由本人原籍或直系亲属居住地的县（市）民政部门接收安置。患精神病治疗半年不愈的或患麻风病的，按有关规定办理退休手续。麻风病人退休后，部队应与有关地方的民政、卫生部门联系好后，直接将麻风病人送麻风病院或麻风病村。

6．士官退出现役作易地安置

士官退出现役作易地安置的有以下几种情况：服现役期间父母户口所在地变更的，可以在父母现户口所在地安置；符合军队有关现役士兵结婚规定且结婚满2年的，可以在配偶或者配偶父母户口所在地安置；其他特殊情况，由部队师（旅）级单位出具证明，经省级以上人民政府退役士官安置工作主管部门批准易地安置的，易地安置的退役士兵享受与安置地退役士兵同等安置待遇。

案例阅读

在解放军驻汴某部一个设施齐全的实训场地里，开封高级技工学校的老师正在教30多名解放军战士学习如何做菜。这是开封市军民共建、培养军地两用人才的一个缩影。“市劳动部门与驻汴某部共同开展培养军地两用人才以来，截至当时，已培养4000多名军地两用人才。这项工作不仅帮助战士掌握了一门实用技术，也为地方安置退伍复员军人工作减轻了压力。”开封市人力资源和社会保障局职业技能鉴定中心主任陈某高兴地对记者说。

开封市有着悠久的拥军优属、拥政爱民的光荣传统，先后5次被命名为全国“双拥模范城”，6次被评为全省“双拥模范城”。为适应新时期军队建设、培养军地两用人才需要，市劳动部门与解放军驻汴某部把军地两用人才的培训作为一项长期、固定的重要工作来抓，联合进行了中式烹调、面点、维修电工和焊工等10多个专业的培训。自1990年双方合作开展培训以来，劳动部门每年为部队基层连队免费培训200人左右，截至当时已累计免费培训4000多人。通过考试，这些人还取得了初、中级职业资格证书。

中式烹调是开封市人力资源和社会保障局所属的开封高级技工学校的主打专业。开封市人力资源和社会保障局从该校中选派具有国家高级中式烹调师职称的骨干教师专门负责部队培训工作。在为期近3个月的培训过程中，教师住在部队，与广大官兵同吃、同住，配合部队管理，随时指导、督促、检查学员的学习情况，从原料加工、菜肴制作、冷菜制作、热菜烹制的理论到各种实际操作，都精心施教，确保了教学过程的顺利实施。学员经过正规培训后，受到部队各级各部门的青睐，一部分人员被部队上级机关留用，一部分人员回到连队为基层官兵服务。他们退伍复员后，有的人还自主创业，既实现了个人人生价值，又为地方安置退伍复员军人工作减轻了压力。战士小刘退伍后，利用所学技能在商丘开了一家饭店，生意很是红火。记者电话采访他时，他开心地说：“开封是我的第二故乡，在这里我学到了专业技能，为我今后的人生路打下了坚实的基础。”

【启示】给人一份工作不如给人一项技能，对此你是怎样认识的？

【思考】在市场经济条件下，退伍安置工作应该树立怎样的科学发展观？

模块六

开展社会福利事业

项目十六 开展老年人福利事业

项目概述

中国已经进入了人口老龄化阶段，老年人社会福利在社会福利体系中的重要地位更是日显重要。本项目要求学生通过学习了解中国人口老龄化的基本情况，熟悉老年人社会福利的主要内容及我国已初步形成的老年人社会福利服务体系。

背景介绍

2011年4月28日，国家统计局公布第六次全国人口普查数据。这次普查中，60岁及以上人口占13.26%，比2000年上升2.93个百分点，其中65岁及以上人口占8.87%，比2000年上升1.91个百分点。中国老龄化进程逐步加快。

随着我国老年人口的增多，老年人福利事业显得日益重要，如何健康发展老年人福利事业，真正实现老有所养、老有所医、老有所学、老有所为、老有所乐，是民政工作者开展老年人福利事业所追求的目标。

任务一 搜集老龄化社会资料

任务描述

人的一生，都要经过幼年、青年、壮年和老年几个阶段，这是不以人的意志为转移的客观规律。我国是一个人口大国，也是老年人口最多的国家之一，老龄问题是一个世界性的社会问题。搜集人口老龄化社会资料，了解中国人口老龄化的基本情况，有针对性地应对人口老龄化所产生的各种问题，维护老年人的尊严和权利，使他们安享晚年。

任务实施

我国是一个发展中国家，尽管经济比较落后，人民的生活水平还不高，但是我们依靠国家立法、行政措施、宣传教育与社会舆论，使全社会尊敬老年人、爱护老年人、赡养老年人，从而推动了经济的发展，促进了社会的安定团结，改善了社会的道德风尚，维护了老年人的尊严和权利。

（1）加强法制建设，建立老龄法律法规体系，依法保障老年人的权利。全国人大及其常委会、国务院以及国家部委颁布的老龄法律、法规、规章及有关政策达200余件。国家颁布了《中华人民共和国老年人权益保障法》，各省、自治区和直辖市制定了《老年人权益保障法》实施办法或老年人权益保护条例。初步形成涉及老年社会保障、福利与服务、卫生、文化教育和体育、权益保障以及老龄产业等多方面内容的老龄法律法规政策体系。

（2）加强人口老龄化的宣传教育工作，在全社会树立积极老龄化的新观念。（“积极”一词，是指人们不断参与社会、经济、文化、精神和公民事务，不仅仅指身体的活动能力或参加体力劳动的能力。从工作岗位上退休的老年人和那些患病或残疾的人仍对其家庭、地位相同的人、社区和国家作出积极的贡献。“积极老龄化”就是指人到了老年时，为了提高生活质量，使健康、参与和保障尽可能获得最佳机会的过程。）

（3）把老龄事业的发展列入整个国民经济发展规划。把健康、参与、保障列入老龄事业发展规划，列入国家的社会经济发展规划，作为政府的工作目标来落实。

（4）加大对老龄事业的资金投入。根据老龄化发展的实际和国家的经济发展水平，把资金列入财政计划，并做到逐年有所增长，建立财政资金保障机制。同时要拓宽资金来源渠道，建立多元化的投融资体制。加强对老龄发展资金的管理，做到专款专用，防止资金挪作他用。

（5）调整产业结构，大力发展老龄产业和涉老服务业。为了满足老年人口日益增长的物质和文化的需要，发展老龄产业，增加老年人所需要的社会服务业，改造不适应人口老龄化的住宅、社区和环境，发展老年人衣、食、住、行、用、文等各种消费品。

（6）加快社会保障体系建设。在健全和完善城市社会养老保险、医疗保险的同时，大力推广城乡医疗救助制度。完善农村五保供养制度，实行农村新型合作医疗制度，并在有条件的地方建立农村居民最低生活保障制度，积极进行农村养老保险制度的试点工作。

（7）社会福利社会化。为贯彻落实《中共中央国务院关于加强老龄工作的决定》，建立健全社区老年福利服务体系，民政部在全国启动了“社区老年福利服务星光计划（以下简称‘星光计划’[㊀]）”：

——在城市，以社区居委会为重点，新建和改扩建一大批社区老年人福利服务设施和活动场所，逐步形成社区居委会有站点、街道有服务中心的社区老年人福利服务设施网络。社区居委会的老年人福利服务站、点要突出实用性特点，以活动场所为主，因地制宜，力求方便实用、灵活多样，不搞小而全。新建和改扩建的街道级社区老年人福利服务设施要突出综合性特点，从当地老年人急需的服务项目入手，逐步具备多种功能。

——在农村，以乡镇敬老院为重点，新建和改扩建一批乡镇老年人福利服务设施和活动场地，逐步形成县（市）有中心、乡镇有敬老院的老年人福利服务设施网络。农村新建、改扩建的敬老院要逐步具备住养、入户服务、日间照料、文体活动等功能，并向综合性、多功

㊀“星光计划”是民政部部署的在全国统一实施的、主要由福利彩票资金资助的一项民心工程，是应对人口老龄化、推进社会福利社会化的有效形式。由于这项计划立足社区、面向老人、方便实用、小型分散、星罗棋布、形成网络，故称为“星光计划”。

能的社会福利服务中心发展。

——在确有需要的地方，有控制地建设少量示范性、窗口式、综合性的老年人社会福利机构。同时对原有一些设施条件很差的老年人社会福利机构进行必要的改造。

任务引导

（1）老龄问题是一个世界性的社会问题，我们应如何应对人口老龄化？

（2）民政部门该如何更好地为老年人提供服务？

基础知识

1．我国人口老龄化的基本状况

老龄社会定义：老龄社会是指老年人口占总人口达到或超过一定的比例的人口结构模型。

老龄化社会标准：联合国的传统标准是一个地区 60 岁以上老年人口占总人口的 10%，新标准是 65 岁以上老年人口占总人口的 7%，即该地区为老龄化地区。

2000 年 11 月底，我国第五次人口普查统计结果显示：60 岁以上老年人口占总人口的 10.7%，65 岁以上老年人口占总人口的 6.96%，以上比例按国际标准衡量，我国当时即已基本进入了老年化国家行列。

2．我国人口老龄化的特点

（1）老年人口数量大。据 2011 年第六次全国人口普查统计的数据，60 岁及以上人口为 177648705 人，占总人口的 13.26%，其中 65 岁及以上人口为 118831709 人，占总人口的 8.87%。与 2000 年相比，60 岁及以上人口的比重上升 2.93 个百分点，65 岁及以上人口的比重上升 1.91 个百分点。

（2）人口老龄化的速度快、来势猛　我国人口年龄结构从成年型进入老年型仅用了 18 年左右的时间，与发达国家相比，速度十分惊人。据预测，到 2020 年，我国 65 岁及以上老年人口所占比重将达到 11.92%，比 2000 年提高 4.96 个百分点。届时，每 8 个人中就有一个 65 岁及以上老年人。2020 年以后，老龄化程度将继续提高，到 21 世纪中叶，老年人口比重将达到 25%，每 4 个人中就有一个老年人。

（3）人口老龄化超前于经济发展　发达国家的人口老龄化是在经济发达时期出现的，对老龄化的承受力强。同时，由于老龄化速度慢，允许其有一段较长时间的准备和适应。中国人口老龄化是由于生育率急剧下降造成的，老龄化超前于经济发展，即“未富先老”，薄弱的经济基础尚不具备供养老年人口的能力。

（4）地区老龄化程度差异较大　上海的人口年龄结构早在 1979 年就进入了老年型，而宁夏 2010 年第六次人口普查的数据显示，65 岁及以上人口为 403917 人，占宁夏总人口的 6.41%，仍未进入老龄化阶段。

目前，中国虽已步入老年型社会，但尚处于人口老龄化的早期，未来中国人口类型将从轻度老龄化转变成深度老龄化，进而转化成重度老龄化，银发浪潮将成为 21 世纪我国主要的人口问题之一。如何在应对人口老龄化和促进经济社会发展之间架起一座桥梁，达成双赢的局面，是民政工作者亟待研究思考的问题。

3．人口老龄化对社会经济发展的影响

人口老龄化是社会文明进步的重要标志，同时也会给经济增长、产业演变、文化进步、社会发展等带来一系列的影响。

（1）老龄人口的增长会改变人口的抚养比，被抚养人口的增加必将加重现有劳动人口的负担。数据表明，1990年中国每100个劳动年龄人口抚养13.74个老年人，2000年抚养15.60个老年人，据预测2025年抚养29.46个老年人，2050年抚养48.49个老年人。总抚养比也相应上升，从2025年的59.5%上升到2050年的76.8%。（老年人口抚养比，也称老年人口抚养系数，指某一人口中老年人口数与劳动年龄人口数之比，通常用百分比表示，用以表明每100名劳动年龄人口要负担多少名老年人。总抚养比，也称总负担系数，指人口总体中非劳动年龄人口数与劳动年龄人口数之比，通常用百分比表示，说明每100名劳动年龄人口大致要负担多少名非劳动年龄人口。）

（2）伴随人口老龄化而产生的劳动力年龄结构的老龄化，必将对经济发展和劳动生产率的提高产生一定的消极影响。

（3）人口老龄化使用于老年社会保障的费用大幅增加，给政府带来比较沉重的财政负担。

（4）人口老龄化客观上要求调整现有的产业结构，以满足老年人口对物质和精神文化特殊的需要。

（5）人口老龄化必然会引起家庭规模和家庭结构的变化，使家庭的养老功能不断削弱。因而迫切要求发展以社区为中心的各项社会福利和社会服务事业，以补充家庭养老功能的不足。

案例阅读

张老师是湖北某县一中学退休教师，现已70岁。几年前老伴因病去世，子女都已成家并在外地工作，无暇照顾老人。因不放心老人独自一人生活，子女提出送老人到当地的福利院去，但张老师宁愿请保姆在家照顾自己，也不愿去福利院。

【启示】我们国家对福利的潜在需求巨大，我国老年人众多，每年在递增，现在又面临家庭小型化，未来的社会化养老需求很大。但是，由于人们的观念制约，有的老年人觉得自己有儿有女到福利机构不好，有的家庭则是子女不同意；另外，有些人受支付能力的限制，到福利机构养老在经济上还有一定的困难。所以说，尽管潜在的需求还很大，但是没有变成现实需要。当这些转变为现实需求的时候，就会有效地拉动社会办福利机构的热情和投资的增长。

【思考】社会福利社会化的发展趋势如何？

任务二　熟悉居家养老、社区服务、机构养老

任务描述

老年人最值得尊敬和爱戴，也最需要关心和帮助。中华民族素有敬老、尊老的传统，随

着经济社会的发展、人民生活水平的提高、社会生活方式的转变，老年群体在日常生活照顾、精神慰藉、心理支持、康复、护理、临终关怀、紧急救助等方面呈现出日益增长的需求。妥善处理人口老龄化问题、关心老年人的需求、加快发展养老服务业，是贯彻落实科学发展观、坚持以人为本的具体体现。认真解决老年人生活中的实际问题，有利于保持家庭关系稳定和睦，促进老年群体与其他群体和谐相处，这是构建社会主义和谐社会的重要内容，是社会文明进步的重要标志。同时，加快发展养老服务业，有利于促进相关行业发展、推动经济增长、提高全体人民生活质量和水平。民政工作者要充分认识发展养老服务业的重要意义，采取有效措施，推动养老服务业加快发展。

任务实施

1. 养老服务工作重点

民政部《关于加快发展养老服务业的意见》指出，养老服务工作有以下重点：①进一步发展老年社会福利事业；②大力发展社会养老服务机构；③鼓励发展居家老人服务业务；④支持发展老年护理、临终关怀服务业务；⑤促进老年用品市场开发；⑥加强教育培训，提高养老服务人员素质。

2. 具体做法

（1）政府重视　养老服务社会化工作是一项系统工程，离不开政府的高度重视和大力支持，不同地方采取了不同措施：有的成立养老服务社会化工作领导小组；有的将推进养老服务社会化、发展养老服务事业列入经济社会发展规划、城乡建设规划及其他专项规划；有的将养老机构建设、养老服务体系完善列入为民办实事项目和目标考核责任内容，同时，出台优惠政策，扶持社会力量兴办养老机构，使养老服务社会化工作强势推进，蓬勃开展。

（2）居家养老　从出台政策、建立机构、明确任务入手，大力推进居家养老，确立了居家养老在养老服务体系中的基础性地位。例如，河南省郑州市金水区制定了《居家养老服务工作规章制度》、《居家养老服务人员守则》、《居家养老服务网络及责任分工》等各项制度。

（3）社区服务　通过建设和整合社区服务设施、培育发展社区养老服务中介组织、建立社区养老服务信息平台等，极大提升了社区为老服务能力和服务水平。

（4）机构养老　持续加大财政投入，陆续新建、改建、扩建了一批养老机构，极大改善了在院人员的生活条件。

（5）养老服务补贴及评估制度　适应人口老龄化的形势，加大财政投入，积极探索建立养老服务补贴及评估制度。区别不同老年人，根据不同的经济状况和服务需求，实施不同的养老服务补贴及服务内容，有力推动了老年社会福利由补缺型向适度普惠型的转变。例如，天津市和平区确定 90 岁以上老人、历届老年志愿者荣誉标兵、老市级劳动模范、离任老协会长、各类孤老、享受“低保”和特困救助的老人、70 岁以上的独居或空巢老人为重点服务对象，大多数享受“全额补贴”免费服务；少数相对困难老人和规定服务范围之外的项目，享受“部分补贴”。又如，北京市东城区通过建立居家养老服务评估体系，包括对申请老人的补贴资格和居家养老服务人员的服务质量进行评估，不断提高老年人对服务需求的满意度，保障政府购买服务的有效落实。

（6）民办公助　充分发挥政府投入的带动作用，采取建设补贴、床位补贴、人数补贴及综合补贴等形式多样的方式，对社会力量兴办养老机构进行资助，进一步调动了社会力量参与养老服务事业的积极性，使民办养老机构异军突起，成为推动养老服务事业快速发展的生力军。例如，河北省保定市北市区民政局补助资金40万元，区政府支持资金100万元，自筹资金1260万元，建设了保定市益寿园敬老院；天津市塘沽区对社会力量兴办的福利养老机构，一次性给予5万元资金扶持，对已建成并达标的民办福利机构和农村敬老院，按照实际入住床位给予每张床位每年600元的资金扶持；江苏省南京市对非政府组织和个人运营的养老机构，每收住一名本市籍老人，给予每月60元的运行补贴。此外，上海市长宁区先后推出3项补贴政策，鼓励社会力量兴办养老机构，包括：床位补贴，在市政府对每新增一张养老机构床位一次性补贴0.5万元的基础上，区政府再给予匹配一次性补贴0.5万～1万元；租金补贴，即对采用租赁形式兴办的社会办养老机构给予0.3～0.5元/天/平方米的租金补贴；入住补贴，即对收住本区老人的养老机构，按75元/月/床的标准给予补贴。

（7）公建民营　解放思想，大胆探索，将国办养老机构尤其是将现有管理不规范、服务水平差的机构，委托给社会力量来管理和运营，盘活了国办养老机构的存量，为养老服务事业发展注入了蓬勃的生机和活力。例如，广东省广州市越秀区全区1间区老人院、14间街道托老中心都实行“公建民营”的方式运营，占养老机构总数的94%；床位数688张，占总数的60%。

（8）队伍建设　把养老服务队伍建设摆在工作的突出位置，大力进行专业知识和职业技能培训，逐步建立养老护理员职业资格制度，并与促进“4050”人员、下岗失业人员、农村进城务工人员就业和再就业相结合，建立起一支专业化和志愿者相结合的养老服务队伍。例如，河北省秦皇岛市海港区在下岗失业和享受低保的大龄妇女中择优选择了376名养护员，并对选出的养护员进行老年心理特征、老年常见疾病防治急救知识、家政服务等方面培训，培训合格后发放上岗证，切实提高了养护员的服务水平和就业技能；天津市塘沽区把养老服务人员纳入公益岗位，把招聘助老服务员和再就业工程结合起来，制定了聘用助老服务员审批程序和用工补贴标准，以“4050”下岗失业人员为主，组建了专业化的服务队伍，进行了岗前培训，签订了服务协议；北京市广大社区志愿者与2780位居家老人签订了帮扶协议，开展“一帮一”、“多帮一”结对服务，青年志愿者还与孤寡老人、空巢老人开展“认亲助老”活动，通过签订认亲协议，使助老服务制度化。

（9）城乡统筹　在大力发展城市养老服务的同时，积极探索建立适应农村老年人养老服务需求的服务网络，在一定程度上提高了农村老年人的生活质量。例如，重庆市忠县采取4种模式实行“委托代养”，解决农村“空巢老人”的生产、生活困难问题。①专业机构托管模式。以敬老院、五保家园和民办老年康乐院等为托养机构，坚持老人自愿入住原则，实行集中委托代养，使一部分家庭经济条件较好的老人享受到养老机构的全面养老服务。②社区结对救助模式。以社区为依托，由村（居）委会班子成员、村（居）民小组组长及志愿者与

“空巢老人”签订帮扶协议书，实行一帮一结对帮扶，做到帮扶对象、帮扶责任人、帮扶时间、帮扶地点四落实。③邻里亲友帮扶模式。由社区牵线搭桥，依靠“空巢老人”的友邻关系，确定帮扶对象，安装爱心救助门铃，实行定期上门服务。④以老帮老互助模式。积极鼓励年轻老人照顾高龄老人，形成相互照应、相互帮助的和谐氛围。

（10）加强管理　通过加强规范、制定标准和严格审批等多种手段的运用，确保居家养老、社区服务、机构养老的正常运行和健康发展。

任务引导

（1）熟悉我国养老服务体系。

（2）不同形式的养老服务如何为老年人提供服务？各提供哪些方面的服务？

（3）从哪些方面入手能更好地开展我国的养老服务？

基础知识

1. 老年社会福利的内容

社会福利是国家或社会在法律和政策范围内，在居民住宅、公共卫生、环保、基础教育领域，向全体公民普遍提供资金帮助和优价服务的社会性制度。它表现为国家及社会团体兴办的多种福利设施、提供的社会服务以及各项社会福利事业。老年社会福利是国家为改善老年人物质生活和精神生活所提供的福利项目、设施和服务的总称。老年社会福利具有特殊性，其享受对象是丧失劳动能力、体弱多病的老年人，其内容必须符合老年人的生理和心理特点，需要国家和社会予以特殊考虑和照顾。为做好老年福利工作，《老年人权益保障法》第33条规定了各级地方政府在这方面的义务。老年社会福利的内容包括：

（1）满足生存与安全需要的福利　如住房福利、生活照顾福利、医疗护理福利。

（2）满足尊重与享受需要的福利　如建立适合老年生活和活动的配套设施；开展适合老年人的群众性文化、体育、娱乐活动，丰富老年人的精神生活；在参观、游览、乘坐公共交通工具等方面为老年人提供优待和照顾。

（3）满足发展需要的福利　如国家发展老年教育事业，办好各类老年学校，为老年人继续受教育提供方便；国家为老年人参与社会主义物质文明和精神文明建设创造条件，发挥老年人的专长和作用。

2. 我国养老服务体系

养老服务业是为老年人提供生活照顾和护理服务，满足老年人特殊生活需求的服务行业。

民政部《关于加快发展养老服务业的意见》指出：发展养老服务业要按照政策引导、政府扶持、社会兴办、市场推动的原则，逐步建立和完善以居家养老为基础、社区服务为依托、机构养老为补充的服务体系。要建立公开、平等、规范的养老服务业准入制度，积极支持以公建民营、民办公助、政府补贴、购买服务等多种方式兴办养老服务业，鼓励社会资金以独资、合资、合作、联营、参股等方式兴办养老服务业。

3．居家养老

居家养老是指政府和社会力量依托社区，为居家的老年人提供生活照料、家政服务、康复护理和精神慰藉等方面服务的一种服务形式。它是对传统家庭养老模式的补充与更新，是我国发展社区服务、建立养老服务体系的一项重要内容。

具体来讲，居家养老服务就是在社区建立一个社会化的养老服务体系，为居住在家中的老年人开展社会化服务。老年人按照我国民族生活习惯，通常选择居住在家庭中，而不是入住在养老机构内安度晚年生活的传统养老方式。居家养老的主体是老年人，居家养老的载体是家庭，养老照料的责任是亲属。让老年人生活在熟悉的家庭环境中，接受家庭其他亲属成员对其晚年生活的照顾，享受亲情融合的家庭生活氛围，是符合中国国情的主要养老传统选择。随着家庭小型化和空巢家庭的出现，为改善居家老年人的生活质量、减轻家属的照顾压力，可依托社区居家养老服务照料机构和日间服务机构对老年人提供生活照料、医疗康复和休闲娱乐等服务。居家养老的服务内容主要是生活照料和康复护理，逐步向精神慰藉领域拓展，居家养老服务的方式主要是上门进行个案服务，同时发展社区老年人日间服务机构，对老年人进行综合性的集中服务照料。

4．社区服务

社区服务是指在政府倡导和组织下居民所进行的自助服务，是以社区为单位开展的社会服务，是一种公益性质的福利性便民利民服务，是一种为提高社区居民生活质量、有偿和无偿相结合的社会服务。

为老年群体提供的社区服务，主要包括老年人包户服务、老年人收养和寄托服务、老年人文化生活服务、老年人庇护服务和老年人生活综合服务等。

5．机构养老

机构养老是指以社会机构为养老地，依靠国家资助、亲人资助或老年人自备的形式获得经济来源，由养老机构统一为老年人提供有偿或无偿的生活照料与精神慰藉，以保障老年人安度晚年的养老方式。这样的机构包括老年社会福利院、养老院（老人院）、老年公寓、护老院、护养院、敬老院、托老所或老年人服务中心等。

6．托老

托老是指设有生活起居、文化娱乐、康复训练、医疗保健等多项服务设施的社区养老服务场所（托老所）短期接待老年人托管服务，分为日托、全托、临时托等，属于机构养老的一种形式。

案例阅读

上海闵行区某街道社区居家养老情况：街道有 2.4 万老人，推出“9073”养老模式，即 90%居家养老、7%托老所养老、3%养老院养老。街道层面成立居家养老服务社，为 60 周岁以上，需生活照料的本区户籍老人服务。首先是对其中低保和低收入的老人、优抚对象服务，为社区孤老和对社会作出特殊贡献的老人提供帮助，经评估参加居家养老。助老服务员是从万人就业项目中招聘并经过一定培训的人员，月工资 1200 元。所开展的居家养老服务一是上门为老人家政服务；二是居家养老个性化服务，如定时上门理发、洗浴等。目前有300多个上门家政服务，300多个个性化服务。

【启示】根据老年人的不同情况、不同需求，因地制宜地为他们提供服务，使老年人真正体会到社会这个大家庭的温暖，安享晚年。

【思考】如何针对老年人的不同情况，因地制宜地提供养老服务？

课间休息

新加坡老年人当清洁工是社会福利？

只要在新加坡生活过几天的人，都不难发现一个奇特的景象，那就是白发苍苍的老人在公共场所从事一些简单重复性的劳动，如清洁工、保洁员等。具体来说，日常生活中最常见的，是老人在商场里的那些“美食城”中收盘子、擦桌子。这在全世界都是很难看到的景象，且不说西方福利社会，他们的老人有退休金和其他社会福利，就拿社会福利比较少的亚洲国家来说，也很少见到这样的情景。因为老人到了这个岁数，一般都在家里享受天伦之乐呢，出来工作会被看作是生活不幸、儿女没有赡养父母。那么新加坡作为一个经济发达的国家，为什么有这么多老人要工作呢，而且还是这种体力活！

老人出外工作的主要原因是老人的储蓄不够养老，需要做一些工作来维持生计。新加坡过去几十年发展太迅速了，所以一些老年人在早年间并没有存下多少公积金，钱不够用；也有些人并非为了生计。新加坡历史上一直是个“苦力”聚集的码头，从社会习惯上说，许多人是闲不下来的。许多老年计程车司机有足够的钱养老了，却还是要继续开。新加坡的孩子们总体上还算孝顺，但有些老人并没有孩子，新加坡独身的老年人很多，特别是女性。

许多人批评新加坡政府不为老人提供福利，其实这些工作优先录取老人（新加坡公民），这本身就是一种社会福利，新加坡政府“不以为耻，反以为荣”。在新加坡，没有人可以不劳而获，任何人都要凭着自己的劳动和才能养活自己。通过这种方式，刺激也好、鼓励也好、鞭策也好，让市民努力向前。可能这种模式颠覆了中国人心中的一些观念，相比之下，西方人更容易理解这种“准福利”。

项目十七

开展儿童福利事业

项目概述

儿童福利是我国社会福利体系的一个重要内容。本项目要求学生通过学习了解儿童福利事业，熟悉残疾儿童康复服务，熟悉主要的儿童养育模式。

背景介绍

儿童是祖国和民族的未来，党和政府历来十分重视和关心儿童的生存、保护和发展。儿童年龄小，自我保护能力弱，辨别是非的能力差，易于受到各种违法犯罪行为的侵害。尤其是在当今社会，受多种因素影响，城乡各类“困境儿童”大量涌现，如弃婴、孤儿、残疾儿童、流浪儿童、贫困家庭的儿童、受艾滋病影响的儿童、遭受家庭暴力和受拐卖的儿童等，他们成为儿童中需要特别关爱和特别照顾的弱势群体。开展儿童福利事业，对儿童的健康成长有重要意义。

任务一　了解儿童福利事业

任务描述

儿童福利事业有广义和狭义之分。广义的儿童福利事业是指为促进儿童身心健康，使儿童健全发展而制定的社会福利政策，以及根据政策由国家和社会举办的社会事业，服务对象是所有的家庭和儿童；狭义的儿童福利事业是指政府和社会为有特殊需要的儿童群体提供特定服务的社会事业，服务对象主要是处于不幸境地的儿童，而服务功能则相应地倾向于救助、矫治、扶助等恢复性功能。儿童福利事业与社会的发展和进步有着密切的联系。

任务实施

（1）《中华人民共和国宪法》规定“儿童受国家的保护，禁止虐待儿童，国家培养儿童在品德、智力、体质等方面全面发展”为发展儿童福利事业提供了重要的法律依据。

（2）新中国成立以来，我国各项儿童福利法规政策取得了重要进步，不仅签署了联合国《儿童权利公约》，颁布施行了《未成年人保护法》、《义务教育法》、《禁止使用童工规定》等相关法规，而且自20世纪90年代开始，每10年制定并出台一部儿童发展纲要。

（3）将儿童福利事业纳入国民经济和社会发展规划，促进儿童福利事业的发展水平与国民经济和社会发展水平相适应。建立专门的国家儿童行政管理机构，进而形成一个普惠、多元的儿童福利体系，给“最脆弱的儿童”提供受保护、有尊重、可发展的成长环境。

（4）加强基础设施建设，增加对儿童（社会）福利院的资金投入。

（5）提高社会福利机构中收养儿童的生活费标准，儿童生活费标准不低于当地居民平均生活水平。

（6）建立和完善对孤儿和弃婴的救治制度。民政部等部门对孤残、流浪、大病、贫困以及受艾滋病影响的儿童，都有救助政策，涵盖了儿童的基本生活保障、医疗、教育及预防性保护等内容。

（7）扶持儿童福利事业的发展。福利机构的车辆减免征收养路费，重视儿童福利院的专业技术人员和其他各类工作人员的配备和队伍的稳定工作，建立一支专业化、职业化的儿童福利工作人员队伍，在社区设立专业专职的儿童福利工作岗位，培养一批儿童养护人员和社工。

（8）加强对孤残儿童的保护，维护儿童的切身利益。

（9）建立多维度的儿童福利的目标体系，纳入儿童照料、经济保障、成长发展和社会参与等多方面的需求，建立以公民权利为基础的儿童福利制度。例如，尽快在全国普及儿童大病救助的福利制度，建立残障儿童福利津贴制度，杜绝儿童看不起病或因残疾被遗弃的现象；逐步推广单亲家庭乃至所有儿童的福利津贴制度；开设更具针对性的儿童教育专业；在城乡社区建设儿童之家，为儿童提供活动场所；鼓励所有公民关注和报告儿童安全隐患……

任务引导

（1）儿童福利的主要内容有哪些？

（2）结合我国儿童福利事业的现状和存在的问题，如何有针对性地开展儿童福利工作？

基础知识

1．弃婴出现的原因

（1）重男轻女。

（2）婴儿患有先天性疾病或身体残疾。

（3）对计划生育认识不足。

（4）私生子女被遗弃。

2．孤儿问题存在的主要原因

（1）各种自然灾害的发生。

（2）各种不幸事故的发生。

3. 我国儿童福利事业的现状

长期以来，民政部门儿童福利工作的服务对象主要是无劳动能力、无经济来源、无法定抚养义务人的孤残儿童，但在实际工作中主要限于社会福利机构集中养育的孤儿和弃婴，福利服务范围通常局限于基本生活服务，服务对象和服务范围相对较窄。

2010年以来，民政部以儿童权益优先的原则和让儿童共享改革开放成果的理念，促使儿童福利工作从内涵到外延都有质的突破和量的拓展。

一是贫困儿童全部纳入了社会救助体系，基本生活得到保障。截至2010年底，全国农村五保供养对象总数554.9万人，其中未成年人32.7万；全国城市低保对象总数2311万人，其中未成年人581.3万；全国农村低保对象总数5228.5万人，其中未成年人661.4万。同时，逐步将符合条件的儿童纳入医疗救助的范围，不断提高其医疗救助水平。

二是孤儿福利普惠制度基本建立，保障范围进一步扩大，内容逐步完善。2010年，国务院办公厅下发了《关于加强孤儿保障工作的意见》，提出了建立健全与我国经济社会发展水平相适应的孤儿保障制度，明确了孤儿基本生活、教育、医疗和就业等各方面的保障措施。中央财政当年专项安排25亿元，用于补助地方发放孤儿基本生活费，65万孤儿从中受益。

三是流浪未成年人权益得到重视，救助保护体系日益完善。2011年8月，国务院办公厅印发了《关于加强和改进流浪未成年人救助保护工作的意见》，提出了开展主动救助、加强教育矫治、帮助回归家庭、强化源头防治等政策措施。2011年中央财政安排专项资金10亿元，用于地方救助经费补助。目前全国共有救助管理机构（流浪未成年人救助保护中心）1593个。

四是儿童福利机构建设得到加强，管理水平显著提高。到2011年8月，全国有335家独立儿童福利机构，800多家社会福利机构内设儿童部。儿童福利机构已由封闭型向开放型，救济型向福利型，单纯供养型向养育、康复及教育型转变，儿童福利机构功能不断完善，服务水平逐步提升。

4. 我国儿童福利事业存在的困难和问题

福利院数量少，规模小，床位不足，收养能力低；生活标准低，医疗、教育、康复比较困难；基础设施差；工作人员队伍不稳定。

5. 儿童福利的主要内容

（1）儿童普遍社会福利　①对儿童的养育。儿童福利的重要内容之一就是通过多方努力，促进对儿童良好的养育。首先是保护儿童的生命健康，保证儿童不被虐待、遗弃；其次是保证儿童的营养获取；再次是保证儿童良好的居住环境。②对儿童的教育。对儿童的教育应该是全面的，通过教育使儿童学会做事，学会与人相处，学会生存的本领。③儿童的卫生保健，包括妇婴保健，预防接种、学校卫生工作等。④儿童的娱乐游戏。包括修建儿童场所、推广有益有趣的儿童游乐形式、普及儿童娱乐知识、举行竞赛活动等。⑤儿童权益的保护。保护他们的合法权益，保护他们健康成长。

（2）特殊儿童社会福利　“特殊儿童”指那些患有残疾或被遗弃的儿童，他们除了享受与正常儿童同等的待遇外，还应该在国家、政府，以及包括每个人为他们创造的团结、友爱、互助的社会环境中得到特别的照顾和保护。特殊儿童社会福利主要包括：①对孤儿、被遗弃儿童的救助。主要方式有儿童福利院、家庭辅助、家庭寄养、收养等。②对残疾儿童的康复治疗和教育。

案例阅读

广西柳州年仅6岁的艾滋病孤儿阿龙独自住在山上，一个人生火做饭，一个人挑水捡柴，一个人玩耍，一个人入睡，陪伴他的只有一条名叫“老黑”的狗。6岁，当同龄小朋友上学堂，看动画片，玩悠悠球，在爸爸妈妈怀里撒娇时，阿龙却用一口大锅为自己煮了一锅没油没盐的晚饭。艾滋病孤儿这个“禁忌”的称谓曾让学校不答应阿龙入学，亲戚因偏见拒绝抚养，社会福利院也不接收……阿龙的情况多次被热心人向各级部门反映，让他得到了每个月70元的低保和免费的抗艾滋药物，如有好心人士愿意收养阿龙，阿龙的将来有了着落。

【启示】弃婴、孤残儿童问题是一个长期性的社会问题，我国正在尝试以国家补助的方式来鼓励家庭领养这些孩子。发展儿童福利事业，使他们的生活、教育、医疗、康复等得到基本保证，是全社会的责任。

【思考】如何更好地发展我国儿童福利事业？

任务二　管理儿童福利院

任务描述

儿童福利院是孤残儿童温暖的家，它使孤残儿童的养育、医疗、康复、教育等得到基本保障，合法权益得到维护，心灵得到安抚，为孤残儿童的成长提供了一个良好的环境。随着我国社会经济的蓬勃发展，儿童福利院也得到了长足发展，加强儿童社会福利机构的规范化管理，有助于维护儿童权益、促进儿童社会福利事业的健康发展。

任务实施

怎样做好儿童福利院的人性化管理和管理科学规范呢？天津市儿童福利院标准化管理经验如下：

1．规范化是儿童福利机构标准化管理的根基

天津市儿童福利院通过建立健全高效的管理体制，实现管理观念转变；通过引进国际先进的管理理念，强化管理体系的形成；通过持续改进、不断完善，提升整体管理质量水平。经过努力，天津市儿童福利院已经将儿童利益优先、完善管理程序、确定服务标准落实到每个细节，通过规范化管理搭建了高质量的孤残儿童养育平台、奠定了机构标准化管理的根基。

2．细节化是儿童福利机构标准化管理的关键

天津市儿童福利院主要从以下几个方面强化了细节的管理：

（1）把亲情投入与中西方理念相结合，应用到儿童抚育中。在婴幼儿抚育、养护方面，没有仅仅停留在单纯的养育照料层面，而是同时对儿童开展早期康复、亲子教育和按需喂养。在养育方式上，将我国的传统养育模式和西方的育儿理念相结合，通过游戏，使婴幼儿与护理人员在互动中产生交流，在交流中增进了解，在了解中增进亲情，从而达到训练他们的空间能力、思维能力、听觉能力，以及手、眼和身体的协调性。同时按照孩子年龄段的不同，按月、季度、年度定期进行体检，每月评估婴幼儿体重增长情况，随时了解、跟踪、掌握孩子的身体变化。专门设计了“成长岁月”册，这是一本特殊的日记，每个孩子从入院起就开始拥有，由照顾孩子的工作人员或寄养家长填写，翔实记录孩子长第一颗牙、说第一句话、走第一步路……记录孩子们成长过程中每个珍贵的片段，等将来孩子长大成人或是被国内外家庭收养的时候，可作为一份礼物让其带走，这对孩子的成长是非常有纪念性意义的。

（2）运用“引导式教育”、“作业疗法”、“音乐疗法”、“聋儿语训”及导平、针灸、水浴、熏蒸、功训等专业性、多样化康复手段，实现康复覆盖率的100%。

（3）坚持把适龄儿童送到社会主流学校接受正规教育，经常组织参观和开展各种比赛活动，用爱的教育为孩子搭建成长的阶梯。

（4）尊重生命、解救病痛、重建新生。坚持预防为主，所有的孩子从入院起就要建立预防接种证，预防接种证由所在部门保管，工作人员像家长一样，了解孩子的需求，了解孩子在不同年龄段应该进行的接种计划，计划内疫苗确保接种，计划外疫苗也根据传染病的流行趋势积极购置，为孩子进行注射。同时，按照季节的变化，定期进行预防投药，降低儿童的发病率，提高孩子的生命质量，使孩子少受痛苦，工作也少走弯路。确实需要手术治疗的，做到使每名患病孩子都能得到及时救治，很多疑难病症和脑瘫的孩子得到了宝贵的救治机会，行动变得灵活，生命得到延续，功能得到提高，健康得到恢复。

（5）本着首先收养、其次寄养、最后机构照料的原则，积极为儿童寻找符合条件的国内外收养家庭，满足儿童最大需求，还孤残孩子一个家。

3．人性化是儿童福利机构标准化管理的灵魂

规章制度的规范化、服务内容的细节化固然非常重要，但是构建人性化的服务环境和通过人性化的管理推动团队建设，更是工作的重中之重。

（1）构建人性化的服务环境。2000年至2007年先后进行多方面基础设施改造，兴建了儿童气息浓郁的“希望乐园”、“友好健身园”和“阳光辅助心理治疗室”等，共计大小工程60多项，给孩子们营造了一个温馨、安全、舒适的生活、教育空间。

（2）人性化地锻造一支团结高效的员工队伍。通过人才的培养和引进，充分发挥中层及年轻人骨干的作用，不断完善激励机制，锻造了一支团结高效的员工队伍。

任务引导

（1）儿童福利院的管理制度。

（2）儿童福利院的工作方针。

（3）各地如何结合本地实际，实行儿童福利院规范化、细节化、人性化管理？

基础知识

1. 儿童福利院的管理制度

中国的儿童福利院已形成一套较完善的系统的管理制度。例如，规定入院的儿童需经观察期，在为时2～3个月的观察期里，由有关部门寻找其父母或进行身份认定，做体格检查，实行医护隔离，使儿童入院后身体健康，不带传染病；规定福利院必须有一定数量的专业技术人员，其中国家一级福利院专业技术人员需占职工总数的70%以上，二级福利院占65%以上。各个儿童福利院都制定了规章制度，各项工作规程有十分严格的要求，这些制度和规程涉及福利院内部管理及儿童生活的各个方面，如养育、护理、医疗、康复、科研、培训、社区康复、后勤保障等。

为了监督这些管理办法的执行，民政部门经常进行检查，对执行好的单位予以表彰，对严重违反规定的单位与个人予以处罚。

2. 儿童福利院的工作方针

中国的儿童福利院实行“养、治、教”相结合的办院方针，重养、重治、重教。羸弱无助的孤儿和被遗弃的病残儿童会在福利院得到精心照料和养育，他们中的许多人在这里长大成人后走上了社会。

来到福利院的儿童，大部分入院时身患重病或有严重的先天性残疾。儿童福利院很重视对这些儿童的医疗和康复，使病残儿童最大限度地得到救治。对重度病残儿童，福利院将其送往所在地区的医院进行治疗。儿童福利院均配有医生、康复师、营养师，设置医务室、康复室、抢救室、化验室和药房，对监护养育儿童所患疾病及时进行医治。许多儿童福利院在政府和社会各界的关心下，拥有了较先进的医疗设施，以满足儿童的基本医疗需求。

从1995年起，民政部与卫生部在全国实施了残疾孤儿康复工程，大型医院对施行手术的孤儿免费住院，半费收取手术费和治疗费。福利院的残疾儿童，都不同程度地参加了形式多样的康复训练。一些经过康复训练的残疾儿童已恢复或基本恢复了身体功能。

在儿童福利院，智力健全的儿童，无论是否身体残疾，均与正常儿童一样接受义务教育。对视力、听力、智力有欠缺的儿童，由福利院负责把他们送到特殊教育学校学习。

3. 儿童福利院收养对象的变化

新中国成立初期儿童福利院的收养对象，主要是旧社会留下来的大量弃婴、孤儿和流浪儿童。20世纪80年代以来，儿童福利院收养的绝大部分是各种残疾的婴幼儿。

4. 儿童福利院的行业标准

2007年12月，民政部发布了《儿童社会福利机构基本规范》，对于儿童福利机构的宗旨进行了确定，对于孤儿、弃婴、残疾儿童康复中心、家庭寄养等一些专业术语进行了定义，对于膳食、护理、康复、心理、教育等各方面服务内容进行了要求，对于机构证书、人力资源配置、制度建设等管理方面进行了说明，对于设施设备等方面进行了规定。各省市制定了相应的儿童福利院管理规定，按照规划和标准、规范进行机构的建立、软硬件的配置和职工、护理人员的配备与培训。

案例阅读

天津市儿童福利院始建于1882年（清光绪八年），至今已有一百多年的历史，1960年正式定名为天津市儿童福利院。20世纪90年代以来，病残弃婴收养数量逐年增加。尤其2006年以来，年均新接收弃婴170～180名，新入院儿童大多数为婴幼儿，至2008年年底共收养孤儿、弃婴700多名。其中，病残儿童多年来始终占儿童总数的96%以上。

多年来，天津市儿童福利院坚持“一切为了孩子”的服务宗旨，坚持“人为本、院似家、爱如海”的文化理念，秉承儿童利益最大化、儿童利益优先的原则，使孩子们的医疗救治、康复、教育覆盖率达到100%，以“首先收养、其次寄养、最后机构照料”为原则积极开展各项工作，让他们在机构中健康、快乐成长；在寄养家庭中，感受亲情，融入社会；在收养过程中，维护合法权益，为他们找到幸福的归宿。天津市儿童福利院努力完善制度、规范管理，构建人性化的孤残儿童服务环境，不断提高孩子的生存、生活、生命质量。

【启示】由于儿童年龄跨度大、来源背景复杂、残疾病种多样，养护、教育、康复、治疗的工作难度大幅度上升，对儿童福利院的工作提出了严峻的考验，对规范管理、提高效率、优化程序、机构建设提出了更新的要求。

【思考】儿童福利机构如何实现规范管理？

任务三　熟悉残疾儿童康复服务

任务描述

残疾儿童康复是一项抢救性工程，是中国儿童福利事业的重要内容之一。全社会共同关心和支持残疾儿童康复，推进残疾儿童康复事业健康发展，使残疾儿童能够得到及时、有效的康复训练和服务，对残疾儿童的成长具有重要意义。

任务实施

残疾儿童康复能带给残疾儿童美好的明天，应坚持多措并举，聚集社会各方面的力量。共同做好这项工作。

（1）将残疾预防纳入国民经济和社会发展规划，相继出台一系列法律法规，如《中华人民共和国残疾人保障法》、《中华人民共和国母婴保健法》等，用法律法规的形式在全国范围内广泛采取婚前保健、孕产期保健、新生儿保健、出生缺陷监测、新生儿疾病筛查等措施，有效控制致残疾病，减少和预防残疾的发生。

（2）扩大计划免疫规划、提高免疫覆盖率，基本消灭脊髓灰质炎，有效控制新生儿破伤风、麻疹、乙脑、流脑等急性传染病，减少因上述传染病所致的残疾；推广全民食用合格碘盐和为特需人群补碘等措施，大幅度减少因缺碘导致的智力残疾和听力残疾。

（3）促进医学技术不断进步和新药物的使用，使许多患病儿童得到及时、有效的治疗，减少残疾的发生；同时，规范使用药品，降低因滥用、误用药物导致的残疾。

（4）促进我国国民经济、科学、文化和教育的迅速发展，不断提高城乡人民物质和文化生活水平，日益改善医疗卫生条件，不断提高残疾预防意识，有效地控制残疾的发生。

（5）开展白内障复明、小儿麻痹后遗症矫治、失聪儿童听力语言训练、特需人群补碘、精神病防治康复、残疾人用品用具供应、社区康复等一系列康复工作，不断拓展残疾儿童康复业务领域，逐步增加服务项目，使康复机构从无到有，专业队伍由小到大的工作体系、业务格局、运行机制日臻完善，服务能力不断提高；促进康复和康复医学研究不断发展，康复观念得到社会的广泛认同，康复知识得以普及，残疾儿童家长康复意识普遍提高，使广大残疾儿童得到不同程度的康复。

（6）2004 年 5 月，民政部在全国启动“残疾孤儿手术康复明天计划”，为城乡各类社会福利机构中 0～18 岁具有手术适应症的残疾孤儿进行手术矫治和康复。“明天计划”工程，对具有手术适应症的孤残疾儿童进行康复治疗。

申请条件：各类社会福利机构中及民政部门监护的具有手术适应症的残疾孤儿和城乡低保家庭残疾儿童。

办理程序：①残疾儿童提出申请，所在区县提出手术康复方案填报手术康复申请表。②各区县民政局审核汇总后报市民政局“明天计划”办公室。③市民政局汇总后，报省审批并申请资金资助，并与定点医院签订“明天计划”实施协议。④省民政厅下达手术计划后，由市民政局会同定点医院共同制定残疾孤儿手术方案，组织手术实施，实行费用减免。

（7）2008 年 4 月，民政部与李嘉诚基金会联合启动“重生行动——全国贫困家庭唇腭裂儿童手术康复计划”，资助全国贫困家庭中患有唇腭裂及相关畸形、年龄在 0～18 周岁的未成年人接受手术矫治（贫困家庭中的成年人符合救助条件的也可酌情考虑），使他们能够摆脱疾患，建立信心，重塑命运。此次行动还起了在国内推动建立集手术治疗、康复训练一体化的唇腭裂综合治疗模式，探索社会力量参与社会救助的有效途径，引领社会掀起“助无助者”的慈善风气。

（8）2009 年，中残联制定了《中国残联贫困残疾儿童抢救性康复项目实施方案》，此方案旨在“使脑瘫儿童提高运动功能及生活自理、社会适应和学习能力，使家长掌握康复的基本原则，坚定信心、坚持训练，为社会和家庭减轻负担”。各省残联选择省、市、区具有脑瘫儿童康复工作基础的康复服务机构承担任务。

任务引导

（1）如何采取措施减少和预防残疾的发生？

（2）从哪些方面入手来促进残疾儿童康复？

（3）相关部门如何协作共同做好残疾儿童康复工作？

基础知识

1．中国残疾儿童状况

根据 2007 年 5 月 28 日国家统计局、第二次全国残疾人抽样调查领导小组公布的数据显示：0～14 岁的残疾人口为 387 万人，占儿童总数的 4.66%；6～14 岁学龄残疾儿童为 246 万人，占全部残疾人口的 2.96%。其中视力残疾儿童 13 万人，听力残疾儿童 11 万人，言语残疾儿童 17 万人，肢体残疾儿童 48 万人，智力残疾儿童 76 万人，精神残疾儿童 6 万人，多重残疾儿童 75 万人。学龄残疾儿童中，63.19%正在普通教育或特殊教育学校接受义务教育，各类别残疾儿童的相应比例为：视力残疾儿童 79.07%，听力残疾儿童 85.05%，言语残疾儿童 76.92%，肢体残疾儿童 80.36%，智力残疾儿童 64.86%，精神残疾儿童 69.42%，多重残疾儿童 40.99%。

2．残疾儿童康复现状

（1）随着我国国民经济和社会发展总体水平的提高，以及残疾人事业的迅速发展，0～6 岁残疾儿童的康复现状也得到了较大的改善。

根据《2010 年中国残疾人事业发展统计公报》公布的数据，全国为盲、聋、智残少年儿童兴办的特殊教育学校发展到 1705 所，义务教育普通学校附设特教班有 2775 个，在校的盲、聋、智残学生 51.9 万人。已开办特殊教育普通高中 99 所，在校生 6067 人。其中，聋高中 84 所，在校生 5284 人；盲高中 15 所，在校生 783 人。残疾人中等职业教育机构有 147 个，在校生 11506 人，毕业生 6148 人，其中获得职业资格证书 4685 人。全国有 7674 名残疾人被普通高等院校录取，1057 名残疾人进入特殊教育学院学习。

（2）群众性助孤活动蓬勃开展。

中国政府倡导助孤活动，要求全社会都来关心和帮助孤儿健康成长。近几年，中国群众性助孤活动日益深入。

群众性献爱心活动广泛开展，涌现出一批志愿者队伍。在上海、北京等地开展的“好心人抱一抱孤儿”“为孤残儿童献爱心、送健康”“援助孤儿大行动”“爱心同盟”等活动，均得到社会各界的积极响应。在这些活动中，众多城市的许许多多家庭或在节假日或在平时纷纷将福利院的儿童接到自己家中，使他们能享受到家庭的温暖和爱抚。

3．残疾儿童康复需求

虽然残疾儿童的康复现状有了明显的改善，但是与日益增长的残疾儿童康复需求之间仍存在较大差距。目前，残疾儿童的康复以家庭康复为主，但对特殊机构、医院治疗、普通机构的需求明显上升，说明残疾儿童对专业化的康复服务及技术指导的需求越来越大。不同种类的残疾儿童的康复现状之间也存在差别，视力和精神残疾儿童的康复现状不容乐观，这可能与残疾儿童家长缺乏相应的康复训练知识和意识以及专业技术资源不足有关。

为残疾儿童提供学前教育的特殊机构严重匮乏，普通学前教育机构缺少接纳残疾儿童的师资力量和相应设施。3～6 岁残疾儿童学前教育状况尤其是农村亟待改善。

案例阅读

患儿张昕旸在出生后 5 个月即被确诊为先天性极重度耳聋，必须植入人工电子耳蜗才能真正解决听力残疾问题，但近 20 万元的人工电子耳蜗费用让其工薪阶层的父母根本无力承受。2008 年年底，《北京市残疾儿童少年康复补助暂行办法》出台，为聋儿康复带来了曙光。

在市、区残联的帮助下，张昕旸有幸成为政策实施后的首批受益儿童。2009 年 1 月 16 日，张昕旸在北京友谊医院接受了人工电子耳蜗植入手术，成为《北京市残疾儿童少年康复补助暂行办法》实施后，首例享受到植入人工电子耳蜗全部免费政策的儿童。小昕旸的父亲激动地说：“作为第一个政府补助免费植入人工电子耳蜗的聋儿的家庭，我们太幸运了！党、政府的好政策改变了我儿子的人生，也改变了我们家庭的命运。”

【启示】残疾儿童的康复是修复生命的工程，全国各地纷纷实施的残疾儿童康复工程，是逐步实现残疾人“人人享有康复服务”目标的重要举措，将帮助残疾儿童有更好的条件在将来实现就学、就业。

【思考】如何推进我国残疾儿童康复事业健康发展？

任务四 熟悉家庭寄养

任务描述

家庭寄养是为孤儿、弃婴回归家庭、融入社会而采取的一种养育方式。它既符合儿童成长规律和我国目前的经济、社会发展水平，又发扬了中华民族爱幼护幼的优良传统，对于发挥民间力量，减轻政府和社会福利机构的压力，塑造儿童健康的心理和性格，具有重要作用。

任务实施

1. 家庭寄养的办理程序

登记报名→遴选家庭→审查批准→签订协议→选择匹配儿童→寄养前培训→院内实习→儿童进入家庭→监督检查→信息反馈→效果评估。

2. 家庭寄养试寄养时间

县级以上地方人民政府民政部门与寄养家庭签订寄养协议，也可以授权家庭寄养服务机构与寄养家庭签订寄养协议，明确寄养期限、双方的权利义务、寄养家庭中的主要照料人等。协议必须约定对被寄养儿童安排试寄养，实施试寄养的时间最长不得超过 90 天。寄养家庭有协议约定的事由在短期不能照料被寄养儿童的，家庭寄养服务机构必须对被寄养儿童提供短期养育服务，短期养育服务的时间一般不超过 30 日。此外，寄养协议中约定的主要照料人不得随意变更。寄养家庭因家庭条件发生变化不能继续寄养被寄养儿童的，应当与家庭寄养服务机构协商解除寄养协议，以便另行安置。

3. 寄养家庭在寄养期间必须做到的事情

（1）保障被寄养儿童的人身安全。

（2）对被寄养儿童提供生活照料，帮助其提高生活自理能力。①科学地照顾寄养儿童的一日生活，保证儿童健康成长。②做好家庭环境卫生的清洁和儿童用具的消毒工作，防止传染病的发生。③培养儿童良好的生活习惯及生活自理能力。④对重点照料的儿童，随时注意病情变化，发现异常情况要及时向家庭寄养服务机构汇报，以保证寄养儿童得到及时、适当的治疗。⑤对寄养儿童的药品要妥善保管，按医嘱要求或说明书科学使用。

（3）培育被寄养儿童树立良好的思想道德观念。

（4）按国家规定安排被寄养儿童接受学龄前教育和义务教育。负责与学校沟通，配合学校做好被寄养儿童的教育工作。

（5）为残疾的被寄养儿童提供矫治、肢体功能康复训练、聋儿语言康复训练和智障教育等方面的服务。

（6）定期向家庭寄养服务机构反映被寄养儿童的成长情况。

（7）保障被寄养儿童其他权益。

4．家庭寄养服务机构主要承担的工作

（1）制定本行政区域内家庭寄养工作计划并组织实施。

（2）建立本地区家庭寄养工作网络并指导其运行。

（3）培训寄养家庭中的主要照料人，组织寄养工作经验交流活动。

（4）为寄养家庭养育被寄养儿童提供技术性服务。

（5）定期探访被寄养儿童，及时解决存在问题。

（6）监督、评估寄养家庭的养育工作。

（7）建立健全被寄养儿童和寄养家庭的文档资料。

（8）向上级民政部门反映家庭寄养工作情况并提出建议。

5．武汉孤残儿童家庭寄养模式

武汉市儿童福利院实行的孤残儿童家庭寄养模式就是将孤儿寄养在夫妻双方关系和谐的爱心家庭中，让孤儿和普通孩子一起享受家庭温暖、父母亲情。

据新华网武汉 2009 年 10 月 23 日报道，武汉市儿童福利院有孤残儿童近 700 名，残障儿童人数达到 95%以上，其中大多数是有智力障碍的儿童。武汉市从 1994 年起开始探索社区家庭寄养孤残儿童的各种方式，并逐步规范寄养家庭的筛选、查询、走访、管理等方面制度，有效促进了孤残儿童的社会融合。寄养孤儿的家庭要经历申请、初选、家访、体检、培训、配对、审批、试寄养、进入家庭 9 道程序，每个月还要接受如何与各阶段的孩子打交道等的培训。

为了使孤残儿童不与主流社会脱节，武汉市儿童福利院探索社区家庭寄养孤残儿童的养育方式，经常为寄养家庭提供指导和培训等服务，出台了许多有效的激励机制，更好地调动了家庭寄养的积极性；同时，这项工作得到了寄养点所在社区的大力支持，在社区形成了以寄养孤残儿童为荣的浓厚氛围。

武汉市儿童福利院制定了一整套严格、完整的家庭寄养工作制度。①每月回访制度。全天候开通电话咨询，每周电话采访，每月家庭回访。对寄养儿童的学习、生活、康复等进行指导、检查和监督，帮助寄养家庭尽快了解孩子的性格、习惯，共同探讨和解决寄养过程中遇到的新问题，为制定儿童个案护理、康复方案收集第一手资料。②坚持儿童生长发育体检制度。③坚持家长培训制度。在孩子进入家庭前和进入家庭后，举办家庭培训班，院医务人员和护理人员讲述孤残儿童的心理状况及行为分析、残疾儿童的特别照顾及康复训练等知识，帮助家庭适应孩子，满足他们的心理、生理的特殊需要，促进孩子的健康成长。④建立残疾儿童家庭训练康复制度，由院医生定期走访残疾儿童寄养家庭，检查、指导残疾儿童家庭康复训练计划及实施情况，不断提高残疾儿童的康复效果。

任务引导

（1）寄养家庭应具备哪些条件？

（2）寄养家庭和家庭寄养服务机构各自的主要工作是什么？

（3）社区如何为寄养家庭提供指导和培训等服务？

基础知识

1．家庭寄养的含义

家庭寄养是指经过规定的程序，将民政部门监护的儿童委托在家庭中养育的照料模式。家庭寄养应当有利于被寄养儿童的抚育、成长，保证被寄养儿童的合法权益不受侵犯。寄养父母把孤残儿童带回家，要视其为家庭成员，给孩子温暖与关爱。孩子的法定监护人仍是儿童福利院。

2．家庭寄养的法律依据

民政部颁布的《家庭寄养管理暂行办法》于 2004 年 1 月 1 日起正式实施。办法共 8 章 27 条，对被寄养儿童、寄养家庭、家庭寄养服务机构、寄养协议的履行、监督管理和责任等作出明确的规定。

3．寄养家庭应具备的条件

寄养家庭，是指经过规定的程序，受县级以上地方人民政府民政部门或者民政部门批准的家庭寄养服务机构委托，寄养不满 18 周岁的孤儿、查找不到生父母的弃婴和儿童的家庭。

寄养家庭应当同时具备以下条件：

（1）要在交通便利，环境优美安全，人文氛围浓厚，教育、医疗、康复资源丰富的社区中，有寄养服务机构所在地的常住户口和固定住所。被寄养儿童入住后，人均居住面积不低于当地人均居住水平。

（2）有稳定的经济收入，家庭成员人均收入水平在当地人均收入中处于中等水平以上。

（3）家庭成员未患有传染病或者精神疾病，以及其他不利于被寄养儿童成长的疾病。

（4）家庭成员无犯罪记录，无不良生活嗜好，关系和睦，与邻里关系融洽。

（5）主要照料人的年龄在 30 至 65 岁之间，身体健康，具有照料儿童的能力、经验，初中（或相当于）以上文化程度。

（6）无配偶的男性寄养女性的，寄养人与被寄养人的年龄应当相差 40 周岁以上。

4．家庭寄养服务机构

家庭寄养服务机构，是指经过县级以上地方人民政府民政部门批准成立，从事家庭寄养工作的社会福利机构，分儿童福利机构和专门从事家庭寄养服务机构两类。

家庭寄养服务机构必须聘用具备社会工作、心理学、医疗康复等专业知识的专职工作人员。

家庭寄养服务机构工作人员与被寄养儿童的比例不得高于 1:25。

案例阅读

春节将至，西安市长安区杨沟村里已经透出“年”的气息。刚走进西安市儿童福利院设立在该村的一处寄养点，就听到从屋内传来“妈妈！妈妈！”的呼唤。

“妈妈”韩玉芬正在喂 4 岁多的奇奇吃饼干。韩玉芬家领养的孩子奇奇患有先天性心脏病，2005 年 7 月做完手术后就寄养在她家。和其他的小朋友一样，奇奇如今享受着“爸爸”、“妈妈”的呵护，幸福地生活着。

“妈妈”韩玉芬每天都要为她活动手脚，教她走路，现在日子长了，也摸清了孩子的脾气。孩子路走得稳当了，吃饭、上厕所基本也能自理。为保证营养，“妈妈”每天都要变着法地给孩子做不同的饭菜。

【启示】在我们的社会中，有些富有爱心的家庭愿意抚养孤残儿童并把他们视为自己的孩子，家庭寄养能使这些孩子从普通的家庭中享受到家庭式的生活。孩子进入家庭，改变以往集体供养的生活模式，可以享受到家庭的温暖、父母的关怀、兄弟姐妹的手足亲情；孩子和家庭相互联系起来，形成新的一家人，可以弥补儿童生理、心理上的缺陷，同时培养自尊、自强的性格，促进其健全人格的培养，为今后融入社会奠定基础。

【思考】对家庭寄养应如何管理？

课间休息

SOS 儿童村

SOS 儿童村是一个国际性的民间慈善组织，总部设在奥地利的因斯布鲁克，创始人是奥地利著名医学博士赫尔曼·格迈纳尔先生。他于 1949 年在奥地利的伊姆斯特建立了第一所 SOS 儿童村。现任国际 SOS 儿童村组织主席是海尔姆特·库廷。

SOS 儿童村办村宗旨是以家庭方式抚养、教育孤儿，让孤儿得到母爱、家庭温暖，使其身心得到健康的发展，将来能够自立于社会，并用 SOS 这个国际上通用的求救信号，呼吁全社会都来关心和帮助那些在灾难中幸存的孩子。

任何一个 SOS 儿童村的建立都要遵循以下 4 个原则：SOS 妈妈与孩子们生活在一起，对每个孩子进行抚养和照料；SOS 儿童互为兄弟姐妹，数名不同性别、不同年龄的孩子和妈妈生活在一个家庭中；SOS 家庭都有自己独立的住宅；SOS 村是由若干个家庭组成的，村子是与外界联系的桥梁。

儿童村采用小家庭分养方式，每个家庭有 6～8 名不同年龄、不同性别的孤儿，由一位妇女充当家庭中的妈妈。该妇女要有献身精神，喜欢孩子，爱护孩子，并能教育孩子，使他们的身心健康成长。这位母亲角色的生活态度和行为方式与正常家庭中的母亲一样。每一个儿童村有 15～20 个家庭。进入就学年龄的孤儿可就近上学，这些孤儿进入青年期后，迁至

SOS 青年宿舍居住，直到完全独立走向社会。

2005 年，SOS 儿童村事业已经走过了 56 年的光辉历程，全世界已经在五大洲 131 个国家建立了 439 个儿童村、326 所青年公寓、250 所幼儿园、162 所格迈纳尔学校、131 所职业技术培训中心、296 所社交中心和 51 所格迈纳尔医疗中心，总计各类组织机构 1665 个。

在中国，1985 年，赫尔曼·格迈纳尔先生亲自为中国的烟台、天津两处 SOS 儿童村奠基。继烟台、天津两处 SOS 儿童村之后，又有齐齐哈尔、南昌、开封、成都、福建莆田、拉萨、乌鲁木齐、北京 8 个 SOS 儿童村相继落成。随着格迈纳尔先生以家庭方式抚养、教育孤儿的思想的进一步发展，烟台、天津、齐齐哈尔、南昌、成都、开封又建成 6 处青年公寓和烟台格迈纳尔中学、齐齐哈尔职业技术学校，把孤儿教育向前推进了一大步。

项目十八 开展残疾人福利事业

项目概述

残疾人福利是我国社会福利体系的重要内容之一。本项目要求学生通过学习了解我国残疾人福利事业，熟悉残疾人康复和就业状况。

背景介绍

第二次全国残疾人抽样调查显示，至 2006 年 4 月 1 日，我国有残疾人 8296 万，其中，视力残疾人 1233 万，听力残疾人 2004 万，言语残疾人 127 万，肢体残疾人 2412 万，智力残疾人 554 万，精神残疾人 614 万，多重残疾人 1352 万。各类残疾人中共有重度残疾人 2457 万。有残疾人的家庭为 7050 万户，其中有 2 个以上残疾人的家庭为 876 万户。

党中央、国务院历来重视残疾人事业的发展，对广大残疾人给予极大的关心、扶持。胡锦涛总书记一再强调，要努力在全社会形成尊重、关心、帮助残疾人的良好风尚。党的十六大报告明确指出要“发展残疾人事业”，这是党的代表大会报告中第一次对发展残疾人事业提出要求，说明我们党把残疾人工作的重要地位和作用提到了新的高度，体现了新世纪新阶段党对残疾人的深切关怀。党的十七大报告也明确提出：“发扬人道主义精神，发展残疾人事业。”这充分体现了党中央在中国特色社会主义建设中，对残疾人和残疾人事业的亲切关怀和高度重视。

进一步做好残疾人工作，给予残疾人更多的温暖和关爱，使残疾人更多地享受到改革开放和经济社会发展的成果，是坚持以人为本、落实科学发展观的必然要求，是构建和谐社会的应有之义，也是社会文明进步的重要标志

任务一　了解残疾人福利事业

任务描述

残疾人事业包括残疾人康复、教育、就业、社会保障等。改革开放以来，我国残疾人事业不断发展壮大，残疾人参与社会生活的环境和条件明显改善，生活水平和质量不断提高，但是，我国残疾人事业基础还比较薄弱，残疾人社会保障政策措施还不够完善，残疾人在基本生活、医

疗卫生、康复、教育、就业、社会参与等方面还存在许多困难，总体生活状况与社会平均水平存在较大差距。社会上歧视残疾人、侵害残疾人权益的现象时有发生。促进残疾人事业发展，改善残疾人状况，已成为全面建设小康社会和构建社会主义和谐社会的一项重要而紧迫的任务。

任务实施

1. 加强法制建设，建立残疾人事业法律法规体系，依法保障残疾人的权利

颁布《残疾人保障法》、《残疾人教育条例》、《残疾人就业条例》等法律法规，出台《中共中央、国务院关于促进残疾人事业发展的意见》，制定《中国残疾人事业“十二五”发展纲要》，设立政府残疾人工作机构，制定涉及残疾人康复、教育、就业、社会保障等各领域的政策措施，目前已初步确立了以《中华人民共和国宪法》为核心，以《残疾人保障法》为基本法律，包括相关法律、法规、规章，以及保障残疾人权益、发展残疾人事业的法律法规体系。60 多部重要法律中有保障残疾人权益的具体规定，国务院颁布了《残疾人教育条例》和《残疾人就业条例》，各省、自治区、直辖市制定了残疾人保障法实施办法，大部分县（市）、乡镇和街道也制定了对残疾人的优惠扶助规定。

2. 实施发展残疾人事业的国家计划和行动

两次开展全国残疾人抽样调查，摸清了残疾人的基本情况和基本需求，为制定发展残疾人事业、保障残疾人权益的法律、政策和发展规划提供了科学准确的依据；全面开展残疾人康复、教育、就业、扶贫、社会保障、维权、文化体育、无障碍环境建设、残疾预防等各项事业；出台《中共中央、国务院关于促进残疾人事业发展的意见》，全面阐述了促进残疾人事业发展的重要意义和指导思想，提出了当前和今后一个时期的目标任务、指导原则和一系列重大措施，对发展残疾人事业作出重大部署；设立政府残疾人工作机构，综合协调有关残疾人事业方针、政策、法规、规划的制定与实施，协调解决残疾人工作中的重大问题。

3. 加强残疾人康复工作

根据《中国残疾人事业“十二五”发展纲要》，完善康复服务网络，通过实施重点康复工程帮助 1300 万残疾人得到不同程度的康复，普遍开展社区康复服务，初步实现残疾人“人人享有康复服务”目标。

4. 发展残疾人教育

完善残疾人教育体系，健全残疾人教育保障机制。适龄残疾儿童少年普遍接受义务教育，积极发展残疾儿童学前康复教育，大力发展残疾人职业教育，加快发展残疾人高中阶段教育和高等教育。

5. 促进残疾人就业

加大职业技能培训和岗位开发力度，稳定和扩大残疾人就业，城镇新就业残疾人 100 万；规范残疾人就业服务体系，保障有就业需求的残疾人普遍得到就业服务和职业培训。

6. 保障残疾人基本生活

将符合条件的残疾人全部纳入城乡最低生活保障制度，实现应保尽保；靠父母或兄弟姐妹供养的成年重度残疾人单独立户的，按规定纳入低保范围。对符合条件的重度残疾人、一户多残、老残一体等困难残疾人家庭和低收入残疾人家庭给予临时救助，将住房困难的城乡低收入残疾人家庭优先纳入基本住房保障范围。将符合条件的城乡贫困残疾人纳入医疗救助范围，逐步提高救助标准。加强农村残疾人扶贫开发，扶持1000万农村贫困残疾人改善生活状况、增加收入、提高发展能力；为100万农村残疾人提供实用技术培训；改善农村贫困残疾人家庭居住条件。建立残疾人托养服务体系，为智力、精神和重度残疾人托养服务提供200万人次补助。

7．加快无障碍建设和改造

大中城市普遍开展无障碍环境建设，设置和改造了一大批无障碍设施，一些公共服务机构提供了无障碍信息服务。

8．加大对残疾人法律援助、司法救助工作力度

建立残疾人法律救助工作协调机制，加快残疾人法律救助工作站建设，为符合规定的残疾人法律援助案件提供补助。

9．发展残疾人文化体育事业

2010年，中国残联在全国600个城市社区开展了“文化进社区”项目，75个社区开展了“格兰仕爱心助残书柜”项目，与教育部共同命名了全国200所特殊教育学校为“特殊艺术人才培养基地”。截至2010年底，全国省级和地市级公共图书馆设立盲文及盲人有声读物阅览室已达到47和394个，举办残疾人事业展览分别是86和541个，举办残疾人文化艺术类比赛及展览分别是87和631个，已成立残疾人艺术团队19和175个，设立省级和地市级残疾人综合服务设施内的文化场所分别是59和950个。

10．加强残疾人工作队伍建设

抓好残疾人专职、专业队伍建设。广泛动员社会力量，发展壮大助残志愿者队伍。

11．促进残疾人广泛参与社会活动

2010年，成功举办以“加大扶持与救助力度，帮扶农村贫困残疾人”为主题的第二十次全国助残日活动；建立省级残疾人事业新闻宣传促进会29个；建立地市级新促会184个。

12．推进残疾人事业国际交流合作

积极参与国际残疾人事务，发起并推动《联合国残疾人权利公约》的制定和通过，与30个国家的残疾人组织建立交流与合作关系。

任务引导

（1）残疾人福利事业的主要内容有哪些？

（2）民政部门应从哪些方面入手帮助残疾人更好地参与社会生活？

基础知识

1．残疾人的概念及分类

残疾人是指在心理、生理、人体结构上，某种组织、功能丧失或者不正常，全部或者部分丧失以正常方式从事某种活动能力的人。残疾人包括视力残疾、听力语言残疾、肢体残疾、智力残疾、精神残疾、综合残疾。

（1）视力残疾　是指由于各种原因导致双眼视力障碍或视野缩小，而难以做到一般人所能从事的工作、学习或其他活动。视力残疾包括盲和低视力两类。

（2）听力语言残疾　是听力残疾和语言残疾的合称。听力残疾是指由于各种原因导致双耳听力丧失或听觉障碍，而听不到或听不真切周围环境的声音；语言残疾是指由于各种原因导致不能说话或语言障碍，从而难以同一般人进行正常的语言交往活动。听力语言残疾包括：①听力和语言功能完全丧失（既聋又哑）。②听力丧失而能说话或构音不清（聋而不哑）。③单纯语言障碍，包括失语、失音、构音不清或严重口吃。

（3）肢体残疾　是指人的四肢残缺或四肢、躯干麻痹、畸形，导致人体运动系统不同程度的功能丧失或功能障碍。肢体残疾包括：①上肢或下肢因外伤、病变而截除或先天残缺。②上肢或下肢因外伤、病变或发育异常所致的畸形或功能障碍。③脊椎因外伤、病变或发育异常所致的畸形或功能障碍。④中枢、周围神经因外伤、病变或发育异常造成躯干或四肢的功能障碍。

（4）智力残疾　是指人的智力活动能力明显低于一般人的水平，并显示出适应行为的障碍。智力残疾包括在智力发育期间（18 岁之前），由于各种有害因素导致的精神发育不全或智力迟缓；智力发育成熟以后，由于各种有害因素导致的智力损害或老年期的智力明显衰退。

（5）精神残疾　是指精神病患者病情持续一年以上未痊愈，从而影响其社会交往能力和在家庭、社会应尽职能上出现不同程度的紊乱和障碍。精神残疾包括：①脑器质性、躯体疾病伴发的精神障碍。②中毒性精神障碍，包括药物、酒精依赖。③精神分裂症。④情感性、偏执性、反应性、分裂情感性、周期性精神病等造成的残疾。

（6）综合残疾　又称多重残疾，是指一个人在视力、听力语言、智力、肢体和精神 5 类残疾中，具有两类或两类以上残疾的。综合残疾的等级按症状分别评定。

2．残疾人的主要特征

（1）生理和心理缺陷　如盲人视力障碍、精神病患者精神障碍。

（2）生理功能代偿　残疾人部分生理功能的丧失或不全，可以从其他健全器官的生理功能中得到一定代偿，如盲人丧失视觉，而手和耳的功能增强，触觉、听觉超过常人。

（3）较强的自卑感　表现在经历婚姻、升学、就业上的不顺利后，产生失望、忧虑、悲观等情绪。

3．残疾人的社会问题

由于城乡差别日趋明显，城镇和农村中的残疾人所面临的问题，表现有所不同。

（1）城镇残疾人的主要问题　①就业难，家庭的经济收入较少而开支却较多，所以比一般健全人家的经济状况有明显的困难。②住房困难是当前城市居民生活中普遍存在的大问题，残疾人家庭的这种困难在相当长的时间里难以解决。③在婚姻恋爱方面，不仅残疾人本身困难重重，而且直接影响到残疾儿童的丧偶父母再婚和残疾人的兄弟姐妹寻偶。④残疾人家庭在成员患病时，大都面临比健全人家庭更大的困难。不仅残疾人求医有特殊困难，而且作为配偶或父母的残疾人，当其他成员因病求医或住院治疗时，自己缺乏帮助的能力。这个问题在夫妻双方都是残疾人的家庭中特别突出。⑤残疾家庭大多数存在着社会交往方面的困难。由于世俗的偏见、物理性障碍和心理负担，作为配偶或父母，残疾人参与社会交往的机会很少，有时不得不放弃。

（2）农村残疾人的主要问题　城镇残疾人家庭的上述问题，对于生活在农村的残疾人来说也普遍存在着，而农村残疾人更为突出的问题有以下几种：①交通不便严重影响残疾人求学、就医、就业和其他社会交往。由于大多数农村地区道路崎岖、交通工具少，或山路狭窄、泥泞，或缺乏轮椅、支具，使残疾人很难离开居室。②难于从事繁重的体力劳动，生活缺乏保障。农村一些地方还没有在贯彻《残疾人保障法》时颁布相应的优惠政策和具体措施，残疾人家庭照样负担分配的耕地，而残疾人本身无力参加繁重的田间劳动，使很多残疾人家庭困难重重。③农村缺医少药，给残疾人家庭求医治病造成了比城市更多的困难。

4．残疾人社会福利的含义

残疾人社会福利是指国家和社会根据社会的经济、文化发展水平，通过制定相关的法律和政策，为残疾公民在年老、疾病、缺乏劳动能力及退休、失业、失学等情况下提供基本的物质帮助，并给予残疾人相应的康复、医疗、教育、劳动就业、文化生活、社会环境等方面的权益保障，以改善残疾人的生活状态，提高残疾人的生活质量，帮助他们参与社会生活的各个领域，与健全人一道前进，从而实现残疾人“平等、参与、共享”的目标。

案例阅读

一块只有 2.8 厘米宽的香樟木，经过十几分钟的雕刻，就会变成一个造型别致的小傩面具展现在人们眼前。雕刻者，就是江西省南丰县莱溪乡西山村的聋哑青年曾童良。

曾童良在 3 岁时因患病失去了听觉，从此，他的人生进入了一个无声世界，快乐的童年离他远去。看着同龄人高兴地背着书包去上学，他沮丧、流泪。父亲只好将他送到抚州聋哑学校接受基础教育。

曾童良 16 岁那年，父亲将他送到南丰县民间工艺雕刻师王志明创办的雕刻厂学习木雕手艺。由于不能用语言交流，他只能靠眼睛看和手语比画，师父雕刻的一招一式、每件作品的造型他都记在心里。经过五年的学艺，曾童良满师了。2001 年，为了使自己雕刻的艺术作品走向商品化、产业化，曾童良辗转福建、广东等地的雕刻工艺厂，边打工边学习，月薪三千余元。由于他雕刻工艺出色又不能言语，颇受老板和工友怜爱。

2008 年，在外务工 7 年之久的他谢绝了老板的挽留，回到家乡创办了工艺雕刻作坊，每天从早到晚雕刻接来的订单或进行雕刻创作。

从事雕刻 12 年来，曾童良雕刻的作品很多，不但造型生动而且刀法细腻，体现了一个山里残疾青年对人生的深刻领悟和对艺术的精益求精。一件件作品呈现出的是一个无声却丰富的心灵世界，更体现着他在无声世界里雕刻着的灿烂的人生。

【启示】康复难、上学难、就业难……与健全人相比，残疾人的生活充满艰辛。积极发动社会力量，共同关注帮扶残疾人，开辟多种渠道，保障残疾人受教育的权利、就业的权利，不断促进残疾人平等参与社会生活，实现全面发展。

【思考】如何解决我国残疾人事业发展中遇到的困难和问题？

任务二　熟悉残疾人康复

任务描述

“十二五”时期是我国残疾人事业发展极为重要的战略机遇期，在残疾人康复方面，我国提出在 2015 年初步实现全国残疾人“人人享有康复服务”的目标。康复工作是残疾人事业不可缺少的重要组成部分，是帮助残疾人恢复或补偿功能、提高生活自理能力和社会适应能力的重要途径，是残疾人的基本需求。通过给残疾人提供系统的康复服务——医学、教育、职业和社会康复，协助残疾人尽量发挥本身的体能、智能及适应社会生活的能力，鼓励他们融入社区和投入社会。

任务实施

1．加强康复制度建设与政策研究

结合国家医疗卫生、社会保障等重点领域的政策，加强残疾人医疗及康复保障制度建设，积极将有关残疾人康复的内容纳入其中，扩大残疾人康复服务受益面，建立长效机制。

2．加大城乡残疾人社区康复工作力度

坚持典型引路，以点带面，在积极开展残疾人社区康复示范县（市、区）培育活动的同时，探索和总结具有普遍指导意义的做法和经验，带动残疾人社区康复工作扎实、有效、深入地全面开展，在城市社区主要解决康复服务质量，在农村社区主要解决康复服务覆盖面。不断深化康复服务内涵，探索有特色、满足社区残疾人需求的康复服务模式，提高服务质量和水平。特别是通过开展农村康复示范县培育活动，突破农村地区社区康复工作。

3．做好康复人才培养工作

多途径、多形式培养康复人才，着力推动康复知识和技能进学校、进课堂、进医院、进社区。做好残疾人康复咨询师等相关执业资格申报、人员培训和管理工作。

4．推进残疾人康复机构规范化建设

按照有关规范和要求，结合实际确定各级各类残疾人康复机构的定位、发展方向，充分整合资源，不断加强康复机构的软硬件建设。促进各级各类残疾人康复机构全面发展，不断提高专业化服务能力和水平。

5．做好各类康复救助项目

开展好白内障患者复明工程，做好残疾人事业专项彩票公益金项目、贫困残疾儿童抢救性康复项目、辅助器具服务车配置项目、长江新里程计划项目等各类救助项目工作，适时进行督导检查，总结推广经验，发现存在问题，采取措施予以改正。加强项目管理人员和技术人员培训，提高项目管理水平。以项目工作带动康复救助制度建设和各地残疾人康复救助水平的提高。

6．推动残疾预防工作

宣传普及康复知识。协调有关部门开展出生缺陷防治和残疾儿童康复工作，共同开展儿童残疾预防工作调研，制定儿童残疾预防行动计划，探索建立相关部门分工协作、共同推进的工作体系，形成早预防、早筛查、早转介、早治疗、早康复的工作机制。利用多种形式，宣传残疾人康复事业和康复项目，向公众、残疾人及其亲友普及康复知识。

7．利用社会和民间的力量开展残疾儿童医疗教育福利

2000年，李嘉诚及其属下公司捐款一亿元港币，与中残联合作实施了“长江新里程计划”项目。该计划由长江普及型假肢项目、聋儿语训教师培养项目、中西部地区盲童入学项目、贫困地区基层残疾人综合服务项目、盲人保健按摩师培训项目等5个项目组成，使众多残疾人从中受益。2007—2011年，李嘉诚基金会再次捐资1亿港元，支持“长江新里程计划”项目（第二期），配合中国残疾人事业“十一五”规划，实施了“假肢服务”“高科技助残就业”“脑瘫儿童康复及残疾预防”3个子项目。

2004年5月，民政部启动了“残疾孤儿手术康复明天计划”。

2006年，中国残联和中国科学院启动实施了“科技助残行动计划”（2006—2015年），以帮助解决残疾人迫切需求，特别是以康复需求为目标，通过科技创新和技术集成，组织实施一批重点科技项目，直接服务于残疾人及残疾人服务机构，实现科技成果与残疾人共享。

任务引导

（1）城市社区和农村社区残疾人康复工作的侧重点各是什么？

（2）相关部门如何分工协作共同推进残疾人康复工作？

基础知识

1．康复的定义

康复是采用医学的、工程的、心理的、社会的和教育的各种手段，使残疾人的功能恢复到尽可能好的水平，以便在身体、精神、社会活动、教育就业等方面的能力得到最大限度的发挥，从而最大限度地实现回归社会。在工作实践中，康复概念有广义和狭义之分。广义康复也就是“全面康复”，包括医学康复、教育康复、职业康复和社会康复等一整套完整的内容；狭义康复则指医学康复。现代康复提出：对残疾儿童要早发现、早治疗、早康复；对成年残疾人要树立其自尊、自强、自立的信念，使之积极参加康复训练，同时学习健康的心理知识。

2．康复类型

（1）医学康复　医学康复是康复的首要的、最重要的内容，也是使残疾人全面康复的基础。

（2）教育康复　教育康复是指应用文化教育及技能教育等对残疾人进行康复工作。教育康复包括对肢体残疾者进行的普通教育，以及对智力残疾、精神残疾、视力残疾、听力残疾

和语言残疾者进行的特殊教育等。

（3）职业康复 职业康复包括了职业评定、职业咨询、职业培训和职业指导4个连续的过程，最终使残疾人能找到从事某项适合本人能力的工作岗位。

（4）社会康复 社会康复是使残疾人在完成各项康复的同时，为其创造一个必要的社会环境条件。这个社会环境包括了文化、经济、社会生活、法律等方面，使残疾人与健全人一样获得平等的权利和尊重。

3．康复模式

我国目前采用的康复模式和机制主要有以下几种：

（1）世界卫生组织模式 主要由卫生部门负责，是以社区和家庭为基础，依靠初级卫生保健系统及上级医疗系统，建立社区康复网，通过残疾人及病人家属、社区康复员，采用简单、实用、有效、经济的康复措施。

（2）社区服务模式 主要由民政部门负责，将社区康复纳入社区服务系列，为残疾人、老年人及生活能力有限的人提供职业康复和医学康复。例如，开办福利工厂、敬老院、残疾儿童寄托所、工疗站、康复站、残疾人用品用具供应服务站等社区康复机构。

（3）家庭病床模式 主要由社区卫生部门和康复医疗机构负责，向社区康复对象提供在家庭进行的医疗、预防、保健、护理和康复服务。

（4）特殊类型残疾人的社区康复模式 主要由民政部门与社区卫生部门、社区康复组织负责，专门为特殊类型的残疾人提供社区康复服务。

4．社区康复

社区康复是指以社区为基地开展残疾人康复工作。它是一种康复方式和制度，与过去一向实行的“医院康复”完全不同。1994年，联合国教科文组织、世界卫生组织、国际劳工组织联合发表了一份关于社区康复的意见书，对社区康复作了以下的解释：“社区康复是属于社区发展范畴内的一项战略性计划，它的目的是促进所有残疾人得到康复，享受均等的机会，成为社会的平等一员。社区康复的实施，要依靠残疾人自己和他们的家属、所在社区以及相应的卫生部门、教育部门、劳动就业部门和社会服务部门等的共同努力。”以上的解释，清楚地说明了社区康复的性质、目的和依靠力量。

案例阅读

甘肃永登的蒙向延，因摔下悬崖后冻伤被截去四肢。他只能将破篮球绑在下肢残端上跪行，度日维艰，想一死了之。“长江新里程计划”中的“长江普及型假肢”让他又站了起来。贵州息烽的宋露露、宋娇娇两位盲姐妹，早已过了入学年龄，“长江新里程计划”的相关项目资助使她们走进课堂。田楠自幼失聪，也是“长江新里程计划”的聋儿语训项目使她学会了说话，得以与健全孩子一起在普通学校学习……

【启示】不同类型的残疾，需要采取不同的康复手段：肢体残疾的人希望通过治疗、训练和配备假肢等康复手段，提高或恢复肢体功能；听力残疾的人希望通过听力检测、助听器验配和康复训练指导等，补偿听力缺陷，增强听觉能力；视力残疾的人希望通过手术、配镜等方法，恢复视力，重见光明；精神残疾的人则需要采取药物治疗、心理疏导、康复训练和社会服务等措施，促进康复……

【思考】如何加强残疾人康复工作，到2015年实现残疾人“人人享有康复服务”？

任务三　熟悉残疾人就业

任务描述

残疾人是最需要关心、扶持和帮助的特殊困难群体。做好残疾人就业工作，帮助残疾人全面参与社会活动，给予其参与社会生活和国家建设的平等地位和均等机会，是一个重要的社会问题。它不仅关系到广大残疾人及其家庭成员的切身利益，而且事关改革发展稳定的大局，事关全面建设小康社会、构建社会主义和谐社会目标的实现。

任务实施

1. 党和政府通过制定法律法规给予保障，并出台相应优惠政策予以支持和鼓励

《中华人民共和国宪法》明确规定“国家和社会帮助安排盲、聋、哑和其他有残疾的公民的劳动、生活和教育”。《残疾人保障法》规定，国家保障残疾人劳动的权利，各级政府要为残疾人创造劳动就业的条件。《残疾人就业条例》对用人单位按比例安排残疾人的责任、各级政府保障残疾人就业的政策措施、政府为残疾人提供免费就业服务等作出了更加具体的规定。这一系列的法律法规和政策，有力地保障了残疾人的劳动权利。

2. 具体办法

用人单位安排残疾人就业的比例不得低于本单位在职职工总数的1.5%（具体比例由省、自治区、直辖市人民政府根据本地区的实际情况规定），达不到其所在地省、自治区、直辖市人民政府规定比例的，应当缴纳残疾人就业保障金。

集中使用残疾人的用人单位中，从事全日制工作的残疾人职工，应当占本单位在职职工总数的25%以上。

用人单位招用残疾人职工，应当依法与其签订劳动合同或者服务协议，应当为残疾人职工提供适合其身体状况的劳动条件和劳动保护，不得在晋职、晋级、评定职称、报酬、社会保险、生活福利等方面歧视残疾人职工，应当根据本单位残疾人职工的实际情况，对残疾人职工进行上岗、在岗、转岗等培训。

县级以上人民政府应当采取措施，拓宽残疾人就业渠道，开发适合残疾人就业的公益性岗位，保障残疾人就业。

国家鼓励扶持残疾人自主择业、自主创业。

各级人民政府和有关部门应当为就业困难的残疾人提供有针对性的就业援助服务，鼓励和扶持职业培训机构为残疾人提供职业培训，并组织残疾人定期开展职业技能竞赛。

3. 集中就业

由政府和社会依法兴办残疾人福利企业、盲人按摩机构和其他福利性单位，集中安置残疾人。国家对上述单位实行资格认定和税收优惠，并在生产、经营、技术、资金、物资、场地使用等方面给予扶持。

（1）适当发展非营利性的福利事业单位。

（2）注意发展保障性就业训练的社会福利机构。

（3）积极探索适合残疾人就业的社会服务性项目或行业　例如，洗车、网吧、书报亭、彩票销售点等是最适宜残疾人就业的岗位，由于社会需求量大、范围广、服务性强，把它们作为残疾人专营的项目或行业，对于解决大批残疾人就业是比较直接的、有效的方法。

4. 分散就业

国家机关、企事业单位、社会团体，都要依法按照职工人数的一定比例安排残疾人就业，并为残疾人提供适当的工种、岗位。

5. 自主择业、自主创业

对残疾人从事个体经营的，国家给予税收优惠和小额信贷扶持，有关部门免收管理类、登记类、证照类的行政事业性收费。贫困的残疾人个体经营者参加养老保险，残疾人就业保障金给予补贴。

任务引导

（1）我国残疾人就业方针是什么？

（2）残疾人就业途径有哪些？如何采取措施帮助残疾人就业，提高残疾人就业率？

基础知识

1. 残疾人就业方针

残疾人劳动就业，实行集中就业与分散就业相结合的方针，县级以上人民政府应当将残疾人就业纳入国民经济和社会发展规划，采取优惠政策和扶持保护措施，通过多渠道、多层次、多种形式，使残疾人劳动就业逐步普及、稳定、合理。

2. 保障残疾人劳动权的有关规定

国家对残疾人福利性企业事业组织和城乡残疾人个体劳动者，实行税收减免政策，并在生产、经营、技术、资金、物资、场地等方面给予扶持。地方人民政府和有关部门应当确定适合残疾人生产的产品，优先安排残疾人福利企业生产，并逐步确定某些产品由残疾人福利企业专产。政府有关部门下达职工招用、聘用指标时，应当确定一定数额用于残疾人。对于申请从事个体工商业的残疾人，有关部门应当优先核发营业执照，并在场地、信贷等方面给予照顾。对于从事各类生产劳动的农村残疾人，有关部门应当在生产服务、技术指导、农用物资供应、农副产品收购和信贷等方面，给予帮助。

国家保护残疾人福利性企业事业组织的财产所有权和经营自主权，其合法权益不受侵犯。对于国家分配的高等学校、中等专业学校、技工学校的残疾毕业生，有关单位不得因其残疾而拒绝接收；拒绝接收的，当事人可以要求有关部门处理，有关部门应当责令该单位接收。

案例阅读

2007 年，上海建设 50 所“阳光工场”，对近 1500 名中、轻度智障人士进行以就业为方向的烹饪、客房服务等职业技能培训。等学员培训合格后，政府、社会将联系企业，努力为他们正式就业创造机会。22 岁的上海智障人士徐国娟没有想到，她竟然有望通过技能培训找到一份稳定的工作：不久前，她刚刚获得在上海“良友金伴”便利连锁店试训的机会。如果合格，她将成为一名正式员工，从事货品的搬运、上架的工作。

【启示】中国政府把就业作为残疾人改善生活状况、自强自立、实现人生价值的主要途径。

【思考】残疾人就业难表现在哪些方面？如何解决残疾人就业难的问题？

课间休息

李梅是辽宁某大学人力资源专业的应届毕业生。和其他同学相比，来自农村的她能进入大学深造，是非常不容易的。李梅自幼丧父，在她上小学一年级的时候，由于脊椎瘤的压迫，永远失去了站立行走的能力。2001 年，她以优异的成绩考入大学，并且靠从民政部门申请到的助学贷款完成了自己的学业。

因为知道自己在找工作中所处的劣势，还未毕业，她就开始收集求职信息。但一封封投出去的求职信和简历均如石沉大海。“毕业后，我一家家展台走，可听到最多的一句话却是：‘对不起，公司从来没招过你这样的员工，得研究研究，等消息吧。’他们都不问我要联系电话，就让我回去等消息，这简直就是一种搪塞。我求职时始终跟招聘人笑，不能为难招聘人呀，可回到车上，我就哭，哭得很伤心。法律规定的和现实发生的为什么相差这么远？”

模块七

开展慈善事业和福利彩票

项目十九 认知福利彩票

项目概述

福利彩票是社会福利事业的重要工作之一，是国家社会福利经费的重要补充。福利彩票的发行与销售可以救助社会上的弱势群体和困难群体，促进社会公平正义，对于构建我国的和谐社会，加强社会主义精神文明建设有积极的意义。

本项目要求学生通过学习掌握福利彩票的基本含义、基本类型、营销方式及福利资金的管理使用，对整个福利彩票工作有一个基本认知。

背景介绍

彩票在我国的发行始于 20 世纪 80 年代中期。1987 年，第一张中国福利彩票（当时称为“中国社会福利有奖募捐券”）面世，标志着新中国福利彩票业的起步。经过二十几年的发展，福利彩票现已成为国家、省、地、县筹集社会福利资金、兴办社会福利事业的重要资金渠道。

任务一　熟悉福利彩票营销

任务描述

在我国社会主义市场经济条件下，彩票业是一个新兴的事业，彩票的营销是福利彩票工作的重要环节和重要内容。它关系到彩票事业能否健康、顺利地向前发展。掌握和熟悉福利彩票营销的管理规定、销售方式，结合当今新的彩票营销理论，研究和探索彩票业营销的新方法和新途径，是彩票业不断向前发展的重要推手，也是彩票业发展的必然趋势，更是广大民政人和福彩工作者需要共同努力的目标和方向。

开展社会福利事业要坚持两条腿走路，一是靠国家和各级地方财政投资，二是要坚持社会福利事业社会化。福利彩票是社会福利事业向社会筹资的重要渠道。该任务要求学生研究和探索福利彩票营销的方法和途径，让福利彩票越来越深入民众生活，滚雪球式发展，为我国城乡基层福利救济事业筹集越来越多的资金。

任务实施

1. 福利彩票销售的相关管理规定

（1）福利彩票必须直接上市销售，必须坚持自愿购买的原则，严禁任何单位和个人摊派或变相摊派。

（2）福利彩票必须按照票面标定的面值销售，任何单位和个人不得任意和随便变更其面值进行销售。

（3）福利彩票必须按照中国福利彩票发行中心制定的规则及福利彩票销售合同确定的技术参数销售，任何单位和个人不得擅自改变规则和技术参数销售。

（4）经各省、自治区和直辖市民政厅（局）审查批准，具有法人资格、资信良好、有销售场地和设施以及可行的销售方案的企业、事业单位和社会团体，在省级彩票中心的直接监督和管理下，可以在该地区范围内承担福利彩票的代销业务，但不得采取承包买断的形式。

福利彩票的销售实行销售许可证制，有关规定由中国福利彩票发行中心另行制定。

（5）从事福利彩票发行、销售以及参与彩票规则设计和生产的人员，必须保守相关秘密，且不得直接或间接购买福利彩票。

（6）福利彩票的开奖活动必须公开进行，并有公证人员现场公证。即开型福利彩票的中奖办法须在销售前经公证人员公证。

2. 福利彩票销售的主要形式

中国福利彩票从 1987 年销售以来，票种从单一的传统型发展到传统型、即开型、即开传统结合型和电脑型 4 大类，共数十个品种、上千种画面。目前已基本形成了比较完整的福利彩票销售体系。归结起来主要有两种形式，一是网点销售，二是集中销售。

（1）网点销售是国际上通用的方法，其主要优势是占用的场地小，位置固定，便于建立专业销售队伍，适合在大中城市立足。

电脑彩票的兴起，为网点销售的兴盛提供了条件。从 1995 年以来，经过准备，福彩制定了电脑彩票的行业标准；研制、开发了准热线销售系统；进行了热线系统的引进招标工作；建成全国电脑彩票系统监控中心；制定、出台了系列规范性文件，从而为网点销售形式的推广奠定了基础。从 1999 年开始，网点销售形式成为福利彩票的主要销售方式。2001 年 10 月，福彩又推出了“风采系列”电脑福利彩票。电脑福利彩票采用网点销售、分级管理、发行运作方式完全市场化的做法。

（2）集中销售方式是中国独有的彩票销售方式。它的基本形态是在一定时间内，同一地点或同一区域内，集中销售较大数量的彩票。

奖组从开始的几万元逐渐加大到几十万元、几百万元、几千万元，甚至上亿元。销售场面从开始时的单点百十人到成千上万以至多点数十万人，声势从开始时的桌上宣传到提前一个月的传单、彩车巡游、报纸、广播、电视以及现场演出等多种形式立体宣传，销售时间也从开始时的一个奖组几周，到几天甚至几个小时。

3．我国福利彩票营销创新的几种方式

（1）彩票业与电信业结合的创新方式　通过发送短信的方式购买福利彩票，是我国福利彩票机构正在发展的营销新渠道。

发送短信方式购买福利彩票可以使消费者节省大量的时间，相对解决了空间和时间的限制。

（2）彩票业与网络业结合的创新方式　彩票业可以和网络运营商达成协议，在网络上开辟一种新形式的彩票，通过网络运营商的虚拟币进行购买，甚至在网络游戏中都可购买彩票。

（3）彩票业与各种便利店结合的创新方式　北京、上海等城市的彩票与便利店合作。首先，便利店、超市等商业场所人流量大，靠近居民居住点，如果将彩票点开到便利店、超市，可免去许多选址的麻烦。其次，人们在便利店、超市购物后，往往会找回大量零钱，许多人就可利用零钱购买彩票。

（4）彩票业与其他行业结合的创新方式　彩票业在尝试与电信、网络、超市等行业结合后，同样也可以和其他行业结合起来。比如，和运输业结合，在汽车站设立投注点，利用人们等车的无聊时间吸引他们购买彩票。也可以在飞机场，尤其是在国际机场开设投注站，效果会更好。因为坐飞机的人往往经济条件较好，受教育程度和综合素质也相对较高。因此，在机场设立投注站可使这类人既购买了彩票，碰碰运气，又奉献了爱心。此外，彩票业还可和饮食业、娱乐业、旅游业等进行结合，逐步探索出新的方式方法。例如，我国山东省某地开设了一家彩票餐厅，彩民可以在餐厅用餐并且购买彩票，这是彩票业和餐饮业结合并成功的一个典型案例。

（5）重视福利彩票从业人员的培训工作　2010 年 8 月 9 日，山东省淄博市福利彩票销售管理中心在凤阳大厦举行了“淄博市福利彩票销售管理中心营销培训会”。贺常松、王林两位讲师分别从“投注站服务与经营策略”“对销量影响最大的四种因素”“做好小卖场的开发”“销量的构成与彩民群体”“决定销量的三要点”等方面为大家做了精彩的讲授，广大销售员受益匪浅。

任务引导

（1）掌握福利彩票的 4 种主要类型，对彩票的各种玩法及规则有一个基本了解。

（2）熟悉福利彩票的主要销售形式，在此基础上研究和探讨今后彩票营销创新的新方式。

（3）与彩民沟通，注意听取和收集彩民的意见和建议，以便于今后更好地开展工作。

基础知识

1．福利彩票的含义及渊源

社会福利彩票是指为筹集社会福利事业发展资金而发行的，印有号码、图形或文字，供人们自愿购买并按照特定规则取得中奖权利的凭证。福利彩票不记名，不挂失，不返还本金，不计付利息，不能流通使用。

我国人口多，优抚救济对象多，福利救济事业完全由国家负担会使国家财政不堪重负。另外，逐年增多的弃婴、每年受灾地区被毁的福利设施重建、流浪儿童收容设施建设、革命伤残军人假肢换装、孤残儿童助医等社会问题也越来越突出。这些问题，光靠政府财政拨款是难以解决的，必须改革原有的社会福利政府包办的状况，实行社会福利社会化，走社会福利社会办的改革之路，开通向社会筹集资金的渠道。发行福利彩票正是这一改革思路的具体体现。

1986 年 6 月 18 日，民政部向国务院正式报送《关于开展社会福利有奖募捐活动的请示》；同年 12 月 20 日，国务院第 128 次常务会议讨论，同意由民政部组织一个社会福利有奖募捐委员会，在全国范围内开展有奖募捐活动。1987 年 2 月 5 日，中央书记处 12 届第 323 次会议讨论并原则同意民政部的报告，明确指出“除民政部门开展社会福利有奖募捐活动外，其他单位和个人一律不准搞类似有奖募捐活动”。中央书记处的意见报中央政治局常委后，常委们均表示同意。1987 年 3 月 13 日，中共中央统战部和全国政协联合召开了关于社会福利有奖募捐活动问题的座谈会，经过与会的 27 个民主党派充分讨论，最后达成一致意见，同意开展这项工作。

1987 年 6 月 3 日，中国社会福利有奖募捐委员会（简称中募委）在北京成立，同时召开了第一次全体委员会议，通过了中募委章程。1987 年 7 月 28 日，第一批福利彩票在河北石家庄市销售。

2. 福利彩票的几种主要类型

（1）传统型　传统型福利彩票，就是指沿袭早期方法的彩票，即每期彩票的发行总是固定的，号码事先印制在票面上，中奖等级、奖数和奖金额都在销售前规定好，并公布于众。这种彩票的特点是统一印制，统一编号，先销售，后开奖，一般情况下，在预定的发行量销售完毕后，集中开一次奖，也可按期开奖。中奖者持中奖彩票到指定的地点去兑奖。

（2）即开型　即开型福利彩票，全称是“即开即兑型福利彩票”，是购票者在一个销售点上一次完成购票和兑奖全过程的一种彩票。即开型彩票的特点有三：一是即开即兑，当你买到彩票并刮开、撕开或揭开兑奖区后，马上就可以知道是否中奖，节奏快并且趣味性强；二是设奖灵活，可根据不同地区的需要设计适应当地经济条件的奖组、奖级和奖金额，方法简便并且易于操作；三是安全性能好，保险可靠，尤其是刮开式即开型彩票，防伪性能好，很难作弊。

（3）即开传统结合型　即开传统结合型福利彩票又称“双开票”，就是在一张彩票中既有即开型彩票的玩法，又有传统型彩票的玩法，目前主要有两种形式。一种是在一张彩票上既印有即开即兑区，又印有固定号码的传统区。这种彩票票面有两个可揭开的窗口，其中，下方为即开兑奖区，上方为传统兑奖区。当购买者买了这种彩票后，可以先看即开区，揭开以后，如果符号与组织者事先公布的符号相同，那就表示中奖了。同时，购买者要把彩票保管好，因为传统区还未兑奖，传统区兑奖要经过一段时间（半个月或一个月）后，按组织者公布的摇奖号码来兑奖。当这两种兑奖方式都完成以后，这张彩票就可以作废了。另一种是把即开型与传统型分别印成两张，然后叠放一起，将号码或数字向内折叠起来，两边用线缝上，形成一张票。购票者把两边缝线撕开后，就可以拿着即开型彩票去兑奖；另一张彩票印有传统兑奖号码，要待组织者公布了中奖号码后，才可以兑奖。

(4) 电脑管理型　电脑彩票是通过电脑联网销售，定期开奖的彩票。电脑福利彩票单注奖金最高限额实行上限封顶，最高不得超过500万元人民币，超过部分进入奖池基金。特别奖单注奖金与高奖等单注奖金的最高限额相同。当期高奖等的单注奖额在未达封顶限额时，应高于下一奖等单注奖额，当期可用奖金不足部分由调节基金补足。高奖等中奖者按各奖等的中奖注数均分该奖等的奖金；低奖等中奖者按各奖等的单注固定奖额获得奖金。当期每注投注号码只有一次中奖机会，不能兼中兼得，另行设奖除外。目前的电脑福利彩票有三种主要的类型，即乐透型、数字型和基诺型。

3. 福利彩票发行的管理机构

1994年9月16日，民政部部长办公会议研究了中募委领导体制问题，同意将"中国社会福利奖券发行中心"更名为"中国福利彩票发行中心"，面市的奖券也更名为"中国福利彩票"。

2001年7月15日，中央机构编制委员会办公室批复"中国社会福利有奖募捐委员会"更名为"中国福利彩票发行管理中心"。

中国福利彩票发行管理中心是民政部直属事业单位，负责全国福利彩票发行和销售业务，对各地福利彩票发行销售机构实施业务领导和全面监控。

省级福利彩票发行中心是福利彩票的销售机构，受当地民政部门的行政领导，同时受上级发行机构的业务领导和监督检查。

地市、县销售机构是福利彩票的基层销售单位，其工作以直接组织销售福利彩票为主。

基层销售单位的职责：

(1) 要遵守上级福利彩票发行中心制定的各项规章、规定、制度等。

(2) 在销售福利彩票过程中要坚持"公正、公平、公开"的工作原则，不准营私舞弊、弄虚作假，不得强行摊派和超值销售等。

(3) 要按时、按比例上缴销售款项。

(4) 要及时给中奖者准确兑付奖金、奖品，办理好各种兑奖登记手续并备案在册。

(5) 要履行好销售合同中规定的其他责任。

2012年7月27日据福彩新闻《二十五年，福利彩票与你共同走过》披露：福利彩票在地级以上销售机构400多个，销售站点超过14万个，全系统从业人员超过30万人，其中有很多残疾人、下岗职工和高校毕业生，成为缓解就业压力的新兴领域。

案例阅读

深圳市福彩中心在沃尔玛购物广场华侨城店、蛇口店、园岭店、新安罗田店、香蜜湖店开展了大型的刮刮乐户外促销活动，彩民踊跃购买，仅仅两天，就募集超过10万元的公益金。

这次活动，得到了广大彩民的一致赞许。一位姓李的顾客说道："没想到在沃尔玛也可以买到彩票，在购物的时候，也可以享受购买彩票的乐趣，为社会福利事业作出自己的贡献，这是一举多得的好事，希望以后会有更多这样的活动。"

据深圳福利彩票发行中心的负责人透露："这次活动，是我们开展户外促销以来，办得非常成功的一次。通过这次活动，我们深深感受到了沃尔玛高度的企业社会责任感，体会到其对于中国社会福利事业长久以来的支持。”

【启示】中国福利彩票销售的效果如何，除市场等因素外，更主要取决于社会各界的关爱、理解和支持。如果没有社会各界的积极参与和支持，福利彩票的销售将举步维艰。在当今社会市场经济的背景下，应如何整合社会资源、改变传统营销模式、不断提高销售水平，值得我们认真研究和思考。

【思考】福利彩票业如何更好地与市场对接？

任务二　熟悉福利彩票资金使用与管理

任务描述

发行社会福利彩票，为筹集社会福利资金开拓了一条社会化的新渠道，有效地弥补了国家资金的不足。社会福利资金必须全部用于社会福利事业，专款专用；要建立健全各项财务制度，接受审计部门的审计和社会的监督；要有利于社会福利事业的健康发展，保证良好的社会效益；真正做到取之于民，用之于民，达到扶老、助残、救孤、济困、赈灾的目的。

任务实施

1．社会福利资金的分配使用原则

（1）重点用于基层　社会福利事业资金重点应该放在基层。中国福利彩票发行管理中心发布的《彩票资金的分配比例和发行费用的管理使用规定》明确：福利彩票所筹集的公益金有50%留在地方，其余50%上缴中央财政，在社会保障基金、专项公益金、民政部和国家体育总局之间按 60%、30%、5%、5%的比例分配，主要用于补充社会保障基金不足，部分用于农村医疗救助、城市困难群体医疗救助、青少年教育基地建设、大型体育活动、红十字会和残疾人等其他社会公益项目。

（2）重视整体效益　重点项目需要国家整体布局，一些紧急、特殊的救助需要国家从全局上统一安排，因此适当集中一部分社会福利资金由国家统筹使用，可最大限度发挥社会的整体效益。

（3）注意吸纳各方资金　社会福利社会办是我国现阶段发展社会福利事业的基本方针。在资助地方福利项目建设中坚持“三个一点”，即中国彩票中心和地方彩票中心资助一点，地方财政拨一点，福利单位或社会各方面筹集一点。这种方式吸纳和整合了各方资金，为实践证明是一条符合我国国情的非常有效的筹资方式。

（4）合理运用政策　目前，各级福彩机构分级留成比例既划清了政策界限，但也有灵活掌握的一面。比如，规定独立组织销售的县级单位的留成比例不得低于彩票面值的20%。在实际工作中，有的县还可放宽留成比例。

（5）有效调动地方积极性和主动性　福利资金的资助与销售挂钩，倡导多销售多得益，打破“等、靠、要”的传统习惯，由以前的“伸手要钱”变为现在的“自己筹钱”，最大限度地调动了各级地方福彩机构和广大福彩人的积极性、主动性和创造性。

2. 社会福利资金的使用范围

（1）城乡福利类　主要指社会福利院、儿童福利院、精神病人福利院、荣军康复医院、复员军人慢性病疗养院、复退军人精神病院、光荣院和流浪儿童救助中心、乡镇敬老院。

（2）社区服务类　主要指老年公寓、社区服务中心、社会福利中心、社区康复中心等。

（3）福利企业类　主要指福利企业的具体技术改造和实施项目。

（4）其他类　主要指三项康复项目（白内障复明、小儿麻痹后遗症矫治及聋哑儿童听力语言训练）和特殊教育（智障儿童特殊教育）等项目。

3. 社会福利资金财务管理规定

（1）遵守国家法律、合理定向使用，严格会计核算　销售彩票筹集社会福利资金，要严格遵守国家的宪法、法律，以及国务院、民政部制定的一系列有关法规、规定，严格按照规定比例分配和使用资金。资金的收支和审批程序按照相关规定办理。彩票代销单位销票收入中的福利资金应全额上缴当地发行机构，不得坐支、截留。要严格地对资金的筹集、管理和使用过程及其结果进行独立、完整的会计核算。

（2）重点倾向基层、突出重点项目，彰显社会效益　福利事业的工作重点在基层，福利资金使用的主要方向和投资比例的大头都必须放在基层；同时又要照顾社会福利事业的辐射面、受益面，要计划建设一批代表社会福利事业发展方向的示范性重点项目，搞好规划和论证；在普通项目与重点项目（如改造危房等）发生矛盾时，要优先安排重点项目，保证良好的社会效益。

（3）遵守职业道德、建立有效监督，实行综合考评　从事财务工作的同志必须要政治素质好、思想作风正派、专业技术精通，要忠于职守、廉洁奉公、遵守职业道德；在财务管理的每个层次和环节上，都要设立严格有效的监督机制，落实好监控措施，资金使用情况要公开透明，定期向社会公布并接受社会监督；要考评资金投入后产生的社会效益和经济效益，同时还要定期考评财会人员的思想、业务素质，实行奖惩制度。

（4）坚持“十个不准”、严禁挤占挪用，杜绝一切风险　①不准搞风险性投资。福利资金不能用来购买股票、基金、期货和从事经商、办公司、办企业等一切风险性活动。②不准向外借贷。福利资金不能借贷给与福利事业无关的部门和单位。③不准任意调拨。福利资金必须按项目评审委员会的决定和正式批件拨付，其他部门和个人均不得任意调拨，遇有特殊情况，必须经评委会集体讨论通过。④不准用于行政性开支。包括彩票发行机构在内，均不得将福利资金用于行政开支。⑤不准彩票代销单位动用。不能将留用福利资金作为鼓励代销单位的优先政策，代销单位销售彩票所筹集的福利资金必须全额上缴发行机构。⑥不准仓促投放。没有经过科学论证和审批程序，不得仓促投放福利资金，呈报资料不完整，评委会不得受理和讨论。⑦不准包揽建设项目的全额投资。任何工程项目都必须落实主体资金和配套资金，不能由福利资金包揽某个项目的全额投资。⑧不准长期闲置。加快福利资金的流动周转，做到早投放、早生效。当年筹集的福利资金，当年投放率不得低于70%。⑨不准公款私存。绝对禁止将福利资金以个人名义和其他任何名义存入银行。⑩不准用于赞助无关的社会活动。不能用福利资金赞助与福利事业无直接关系的各类演出、竞赛、典礼等活动。

任务引导

（1）社会福利资金重点用于基层和特定对象。对于设立的专项资金必须按要求立项申报，按程序审批。

（2）社会福利资金财务管理，必须依法管理，实行会计核算，定向使用，接受审计部门和社会的监督。

（3）严防社会福利资金被挪用和挤占，应该科学理财，杜绝一切风险投资，掌握好“十个不准”，并在此基础上总结提高，把监督管理工作做实。

基础知识

1．福利彩票销售总额为彩票资金

彩票资金分为彩票奖金、彩票发行费和彩票公益金3大类。彩票返奖比例不得低于50%，发行费比例不得高于15%，彩票公益金比例不得低于35%。在实际执行中，所有彩票游戏的资金构成比例统一定为：返奖奖金占50%，彩票发行费占15%，彩票公益金占35%。我国发行的彩票品种涵盖了乐透型、数字型、竞猜型、即开型等多种类型。不同类型的彩票游戏资金构成比例有所不同，如靠大额奖池吸引彩民的乐透型彩票，返奖比例通常在50%左右即可，而靠中奖体验吸引彩民的即开型彩票和竞猜型彩票，则返奖比例高一些。目前，我国彩票游戏返奖率最高的是竞猜型彩票，返奖率达69%。

关于兑奖规定，在2009年7月1日之前，福利彩票的兑奖截止期为开奖后的30天，体育彩票的兑奖截止期为开奖后的28天。《彩票管理条例》实施后，兑奖截止日期统一延长至开奖后 60 个自然日。兑奖期限的最后一天如果遇到国家法定节假日或者彩票市场休市的，顺延至法定节假日或者彩票市场休市结束后的第一个工作日。这样的规定，保护了彩民和中奖者的利益，也更显人性化。对彩票中奖者个人信息予以保护。面对媒体采访时，中奖者拒绝接受采访或要求化妆后再接受采访的，都应遵循中奖者的个人意愿。同时，彩票机构在宣传或接受采访时，也主动对中奖者的个人信息进行保护，如未经过中奖者本人同意，不得发布中奖者的个人信息。

彩票中奖奖金不得以人民币以外的其他货币兑付，不得以实物形式兑付，不得分期多次兑付。在与代销者签订的代销合同中，还要求不得向未成年人销售彩票或兑奖。

2．彩票资金账户管理

（1）彩票机构应在指定的国有商业银行开设彩票销售资金专用账户，用于归集彩票机构销售彩票的全部资金，并按规定比例将发行经费和彩票公益金缴入财政专户。

（2）彩票公益金和发行经费缴入财政专户，按“收支两条线”原则进行管理，专款专用。

（3）彩票公益金实行省级统管。在省级行政区域内销售彩票所筹集的公益金，统一由省级彩票机构集中，并于每月 10 日前将上月计提的彩票公益金从彩票销售资金专用账户全额缴入省级财政专户。

（4）发行经费实行分级管理。各级彩票机构应在每月 10 日前，将上月计提的属于本级使用的发行经费，扣除电脑型彩票代销点经费后的余额缴入同级财政专户，同时按规定的比例缴拨应上缴上级和下拨下级彩票机构的发行经费。

（5）进行彩票大奖组销售时，基层彩票机构应在销售活动结束后 3 周内，对彩票销售资金进行清算，编制销售报表，加盖彩票销售组织单位公章和主管财务人员章后，报送同级财政主管部门和上级彩票机构，并按规定及时解缴彩票公益金和发行经费。

（6）各级彩票机构应在年度终了后 20 天内，按年度实际销售量结清应上缴财政专户的彩票公益金和发行经费，不得拖延。

（7）各级财政主管部门应定期或不定期对彩票公益金和发行经费上缴财政专户情况进行检查。

（8）财政部门在财政专户中未拨付的发行经费，应用于弥补彩票机构以后年度彩票销售亏损和事业发展。

案例阅读

福彩为汶川灾后重建筹集“赈灾公益金”逾 39 亿

2010 年 5 月 12 日是汶川地震两周年纪念日。自汶川大地震发生之日起，汶川的一切就牵动着福彩人的心弦，时至今日，福彩人为灾区重建所做的筹款公益工作也从未停止。两年前，福彩人不仅通过捐款捐物的形式支援灾区，还启动了“福彩赈灾专项募集活动”，将从 2008 年 7 月 1 日起历时两年半的时间内，销售网点即开票和中福在线即开型彩票所筹集的公益金作为“福彩赈灾公益金”，全部用于汶川大地震灾后恢复重建。

据悉，从 2008 年 7 月 1 日到 2010 年 4 月 30 日，各地福彩机构通过积极开展“福彩赈灾专项募集活动”，网点即开型彩票和中福在线即开型彩票共销售 200 多亿元，所筹集的 39 亿多元公益金全部用于汶川大地震灾后恢复重建。其中，50%上缴中央财政统筹安排用于汶川大地震灾后重建，50%通过地方政府支援汶川大地震灾后重建；有对口支援任务的省区市，纳入本地政府对口支援资金，没有对口支援任务的省区市，由当地政府选择支援对象、项目，地震灾区各省份可直接用于本省灾后重建。

据了解，筹集到的部分公益金已经投入到灾区的福利事业的建设中，比如对敬老院和福利院的建设，提高五保对象的供养水平，解决汶川地震农村新“三孤”人员和无房散居五保对象的住房问题以及对遭受地震影响特困人群的补助等。如今再去看望汶川等地，昔日的满目疮痍已不见踪影，新设施、新建筑布满震区，到处呈现其乐融融的景象，赈灾彩票公益金的确用在了实处。

【启示】社会福利资金必须取之于民，用之于民，必须遵循扶老、助残、救孤、济困、赈灾的宗旨。汶川灾后重建筹资的“赈灾公益金”用于敬老院和福利院的建设，提高了民政对象的供养水平和生活质量，充分体现了社会福利资金的社会效益。

【思考】“赈灾公益金”如何更好地发挥它的社会效益？

拓展训练

名词解释

福利彩票　福利彩票资金

问答题

1. 福利彩票的主要类型有哪些？
2. 省级福利彩票销售机构的职责是什么？
3. 福利彩票销售的主要形式有哪些？
4. 我国福利彩票营销创新有哪几种方式？
5. 社会福利资金的分配使用原则是什么？

项目二十 认知慈善捐赠

项目概述

慈善工作是一项爱心工作，发展慈善事业可以改善贫苦困难群体的生存状况，维护人的尊严和追求幸福的权利。开展慈善捐赠工作正是实现这一目的的有效过程。慈善工作怎样弘扬慈善文化，营造慈善捐赠氛围，让更多的人心系弱势人群，让更多的企业组织、社会组织、群团组织、党政机关，以及企业家、职工、社会爱心人士，参与到慈善捐赠中来，使滴水成海，让孤木成林。只要我们这样做了，弱势群体的救助，就不会捉襟见肘，社会的公平与正义就不是停留在观念上，而是落实到行动中，社会会因此变得更加美好。

背景介绍

20 世纪 90 年代初期，随着我国改革开放的不断深入和发展，社会发生了巨大变革，一些深层次社会矛盾日渐显现，效率与公平的协调问题成为社会关注的热点之一。弘扬中华民族乐善好施、扶贫济困的传统美德，整合社会慈善资源，协调效率与公平，为政府分忧，为弱势群体解愁成为老一辈慈善活动家奋斗的目标。以中华慈善总会的成立为标志，中国慈善事业得到了飞速发展。近年来，各级慈善组织“立足民政，面向社会，服务大局”，以社会救助为己任，充分发挥慈善事业筹集善款、善物的功能，在救助弱势群体、促进社会公平、缓解社会矛盾、维护社会稳定等方面，发挥了重要作用。

任务一　熟悉慈善捐赠工作

任务描述

慈善捐赠工作是慈善事业的重要组成部分，开展各种形式的慈善捐赠活动，需要动员社会各界力量积极参与、解囊相助、奉献爱心；要广辟渠道、多方筹集、创新思路，形成慈善捐赠工作的长效机制。同时，慈善捐赠还需要在政府推动下，实行公开公正、无偿自愿的原则，以真正达到扶贫济困的目的。

任务实施

慈善捐赠常用形式有以下几种：

① 采用义务服务的形式。动员社会有运输能力和运输实力的单位，为慈善公益事业无偿提供运输服务。组织各类有技术专长和特长的人士，经常为特殊困难群众或各类慈善公益活动提供义务服务。

② 采用动员捐赠的形式。例如积极动员每个市民每年捐出一天的收入，动员单位每年捐出一天的办公经费，动员企业每年捐出一天的利润，动员学生每年捐出一天的零花钱。

③ 采用举办文娱活动的形式。慈善机构可以通过组织大众喜闻乐见的演艺明星，举办大型慈善晚会吸引爱好艺术的人士或明星参与。晚会以文艺表演为主，有时穿插少量的现场拍卖。还可组织一些专场舞会，邀请爱心人士参加。通常舞会成本费由举办方负担，而门票收入用于资助困难群众。

④ 采用对外交往和联谊的形式。可以邀请一些国际友人参加以慈善公益为主题的慈善晚宴。举办形式多样的慈善联谊活动，如“交友联谊会”“青年联谊会”等，既结交了朋友，又可以团结不同阶层的爱心人士参与到慈善活动中来，形成人人参与、个个知晓、全民捐赠的良好态势。

有影响力的慈善捐助营销个案有：

① 2010 年 6 月 16 日晚，“为了我们的孩子”大型慈善晚会在北京人民大会堂举行，第十届全国人大常委会副委员长、中国关心下一代工作委员会主任顾秀莲，民政部、卫生部、文化部、中国关心下一代工作委员会、海峡两岸关系协会、中华慈善总会、中国广播电视协会、中国音乐文学学会相关领导，以及全国各省、自治区、直辖市的慈善会代表，社会各界爱心人士共计八千多人出席活动。

此次为贫困先天性心脏病儿童募捐的专项活动由中华慈善总会、中国广播电视协会、中国音乐文学学会共同发起，全国各省、自治区、直辖市的慈善会共同主办，得到了民政部、卫生部、文化部、中国关心下一代工作委员会、海峡两岸关系协会等单位的支持，以及中华慈善总会光明基金的特别支持。

中华慈善总会常务副会长李本公在发言中指出，我国每年约有 12 万先天性心脏病患儿出生，其中有近半数贫困患儿在 1～2 岁时因得不到及时治疗而死亡，给家庭和社会带来巨大的不幸和深重的负担。多年来，中华慈善总会和各省市地方慈善会一直致力于联合社会力量，为贫困患儿提供手术费用。早在 10 年前，中华慈善总会就通过社会筹集善款，将贫困先天性心脏病儿童送到美国接受手术。近几年，中华慈善总会和各省市地方慈善会，更是加大了对患病儿童的救助力度。在社会各界的大力支持下，对先天性心脏病儿童的捐助额也呈现出快速上升趋势。仅 2009 年以来，中华慈善总会和各省市地方慈善会，就筹集近两亿元人民币，救治了近一万名先天性心脏病孩子。

② 为让部分贫困学生过个有意义的寒假，感受社会的关爱。2010 年 1 月 8 日下午，湖

北省慈善总会联合东风本田汇丰特约销售店，组织 20 辆爱心车驱车近百公里，来到湖北省鄂州市梁子湖区涂镇金海希望小学，给该校师生送来 6000 余本爱心书籍，数百名爱心人士和志愿者共同见证了这一爱心之旅。

捐赠仪式上，活动负责人代表湖北慈善总会领导致辞，感谢东风本田公司的大力支持和武汉近千名爱心人士的参与，并特别感谢来自武汉理工大学等 20 所高校近 3000 名义工的艰辛劳动。慈善总会领导表示捐资助学是湖北省慈善总会的品牌项目，自 2003 年以来，湖北省慈善总会先后在全省 17 个市（州）的重点高中开设了 90 个慈善“阳光班”，资助特困特优高中生 4508 人。已毕业的 14 个班、708 名“阳光班”学生全部考上了大学，其中 73%以上考入重点大学。希望贫困地区的孩子们好好利用这些书籍，过一个充实的寒假，努力学习知识，用行动来报答爱心人士的资助。

③ 2010 年 4 月 25 日，临汾市尧都区慈善总会在平阳广场举办“情系玉树、奉献爱心”募捐活动。为地震灾区捐款的倡议发出后，得到尧都区社会各界的大力支持。尧都区区委、区政府领导都出席了募捐活动并带头捐款。

募捐当天下起了大雨。但是雨水隔不断尧都人民的爱心，企业界爱心人士、临汾市鲜花协会、在校师生和幼儿园的小朋友都冒雨捐款，用行动声援灾区的群众。本次活动共计募集善款人民币 50 余万元。

④ 2010 年 8 月 13 日上午，“中国首善”陈光标再行善举，由他捐赠的 5000 台电脑将通过中华慈善总会送达遭受泥石流灾害的甘肃舟曲县以及新疆、青海、云南、贵州、四川、山西等省区。至此，陈光标已累计捐出善款 13.39 亿。

任务引导

（1）思想是行动的先导，观念影响人们抉择。观念进步一小步，往往意味着社会进步一大步，社会进步常常需要从观念进步开始。

（2）创新是一个国家和民族发展永不枯竭的动力源泉。慈善需要营销，慈善营销同样需要不断创新方法和模式，要形成灵活多样的慈善捐赠营销机制。

基础知识

1．慈善工作的含义

慈善工作是指众多的社会成员建立在志愿基础上所从事的一种无偿的，对不幸无助人群的救助行为。它通过合法的社会中介组织，以社会捐赠的方式，按特定的需要，把可汇聚的财富集中起来，再通过合法途径，用于无力自行摆脱危难的受助者。

2．慈善工作的意义

（1）可以维护人的尊严和追求幸福的权利，改善社会上弱势群体的生存状况和生活质量，可以维护民族团结，增强凝聚力。

（2）可以化解社会矛盾，保持社会稳定与和谐，促进社会经济协调发展。

（3）可以促进社会各领域的公平与公正，抵制一切不良风气，促进社会主义精神文明建设的发展。

3．慈善工作的主要目标

（1）大力宣传慈善文化，增强公民的慈善意识和慈善理念，全民参与慈善活动，形成慈善事业高尚的社会氛围。

（2）健全各类慈善组织和慈善机构以及慈善服务网点，加强慈善组织的能力建设和公信力建设，形成以国家举办的福利机构为示范、社会力量兴办的福利机构为骨干、社区福利服务网点为依托的慈善组织机制。

（3）加强志愿者服务队伍建设，建立和建全志愿服务政策和制度，不断拓宽服务领域，形成较为完善的志愿服务体系。

（4）不断健全和完善慈善工作的政策、法律法规，初步形成良好的政策和法制环境，建立适应慈善事业发展的政策法律体系，依法推进慈善事业的健康发展。

4．慈善工作的主要原则

（1）扶贫济困的原则。发展慈善事业要重视弱势群体，解决困难群众的基本生活，帮助困难群众排忧解难，提高困难群众的生活水平。

（2）自愿无偿的原则。慈善捐赠不得强行摊派或者变相摊派，要由捐赠人自愿无偿地实施捐赠行为。

（3）公开公正的原则。要将捐赠的程序、捐赠的款物以及管理使用情况向社会公开透明，接受社会监督。同时，公布捐赠款物要尊重捐赠人的意愿，得到捐赠人的许可。

（4）政府推动的原则。要制定慈善政策法规和优惠政策，依法有效地实施监督管理，规范募捐行为，规范使用各类捐赠款物，切实维护好慈善组织和捐赠人、受益人的合法权益。

（5）民间实施的原则。发挥慈善组织的主体作用，正确引导群众的慈善行为，营造良好的社会慈善氛围，大力调动和整合各类慈善资源、推动各类志愿服务活动不断向前发展。

5．慈善组织机构

我国的慈善总会是由中国公民、法人及其他社会组织自愿参加的非营利公益社会团体。慈善总会分为国家级和地方级两大类。国家级慈善总会即中华慈善总会于 1994 年成立，具有独立的法人资格，业务主管单位为中华人民共和国民政部，接受民政部的业务指导和监督管理。地方级慈善总会可分为省、地（地级市）、县三级慈善总会，各自具有独立的法人资格，业务上接受上一级慈善总会的指导，当地政府民政部门和民间组织管理局的对其进行业务指导和监督管理。

案例阅读

2010 年 7 月 12 日，由重庆市烟草专卖局、重庆市慈善总会、重庆电视台联合启动的为资助 2010 年重庆市家庭贫困优秀大学新生的“温暖上学路”慈善公益行动正式启动。在启动仪式上，重庆市烟草专卖局向慈善总会捐赠 100 万元，为 100 名家庭贫困、自立自强、品学兼优的大学新生圆了大学梦。

【启示】慈善捐赠要体现它的社会效益。重庆市烟草局捐赠的 100 万元圆了 100 个贫困孩子的大学梦，也温暖了无数人的心田。如何体现教育的公平性，让更多的贫困孩子都上得起大学，如何让慈善捐赠工作发挥出它的最大社会功能，值得我们认真思考。

【思考】慈善捐赠如何体现它的社会效益？

课间休息

慈善超市：

慈善超市是在政府支持下，直接面对属地困难群体，以实物（生活必需品为主）济困为基本功能，以领用卷为兑换凭证，由各类组织严格以慈善为目的开办的超市。其目的是以随时、就近的方式接受单位和个人捐赠的闲置物品，并以属地帮困对象自选的方式领取物品，既实现物尽其用又实现一线帮困。

“慈善超市”起源于美国的“好意慈善事业组织”，是非营利机构开办的一种免税“公司”，至今已有 100 多年的历史。其主要业务是接受、处理、销售市民们捐赠的旧物，一般采用“前店后厂”模式，即前面是“慈善商店”，后面是捐赠物品的维修处理车间、工厂。我国的“慈善超市”出现于上海，随后广州、沈阳、温州、苏州等地也都陆续开办起来。

慈善超市是社会捐助和慈善事业结合的重要载体，是新型社会救助体系落实在基层的重要平台。慈善超市救助的对象，包括社会困难群众，包括城乡低保户、高于低保标准的边缘户和因突发事件造成生活困难的其他居民。

募捐箱：

募捐箱的形式除了传统的塑料和有机玻璃箱外，还有近两年来出现的多媒体慈善募捐箱，这种多媒体慈善募捐箱不仅改变募捐箱的“原始”质地，同时对募捐箱赋予了更多的内涵和功能。从多媒体募捐箱的电子屏幕上可以看到受助对象的情况简介，一方面让助资者能够了解到个人资助经费的使用方向，另一方面更容易让人对受助对象的困境有认同感，激发乐善好施的同情心，方便人们的日常捐款。

任务二　熟悉善款筹集与使用

任务描述

善款筹集与使用主要是围绕资金来展开的，通过什么方式和渠道筹集到资金，怎样使用好这些资金，如何管理好这些资金，根据基金会的相关条例如何募集和使用好这些专项基金是本任务中需要重点掌握的内容。

任务实施

1. 善款筹集的方式和渠道

（1）接受国内外各种机构、企业和个人的现金捐赠。接受社会各界爱心人士和单位的主动捐赠是目前筹集善款的主要方式之一。

（2）组织举办义演、义卖等社会活动。通过组织各种大型的文艺演出活动、物品拍卖活动筹集资金，如举办“慈善晚会”、古董拍卖等。

（3）建立符合本宗旨的基金。通过成立各种类型的基金会，创立慈善基金，如“中国青少年基金会”“中国扶贫基金会”“李连杰慈善基金会”等。

（4）其他合法方式的筹集。一切符合国家法律法规和慈善宗旨的筹集方式都可使用。

2. 善款的使用发放原则

（1）举办或资助各类慈善事业和公益事业。主要用于各种慈善项目，如“微笑列车”“烛光工程”等。

（2）开展社会救助，帮助社会上困难的家庭和个人。用于无依无靠的孤儿、家庭贫困无法上学者、遭遇天灾人祸的家庭、生活困难的残疾人等弱势群体。

（3）开展国内外慈善活动的费用。用于开展各种慈善活动的工作经费。

（4）运用创始基金利息支付工作人员工资、福利及办公费用。慈善部门工作人员的工资福利及办公经费可从各类基金利息中开支，不得从善款中列支。

（5）符合其宗旨的其他费用。符合慈善工作宗旨和各类型基金会宗旨的经费都可使用。

3. 善款的管理办法

（1）建立严格的财务管理制度，确保会计资料合法、真实、准确、完整，配备具有专业资格的会计人员。任何单位和个人不得侵占、私分和挪用善款。

（2）善款必须用于规定的业务范围和事业的发展，不得超范围使用。

（3）建立监察机构，对善款的使用实施全程跟踪监督。

（4）接受审计机关的审计，并将经费的使用情况以适当的方式定期向社会公布，提高资金使用的透明度。

任务引导

（1）善款筹集的方式和渠道主要是接受社会群体和个人的捐赠以及建立各种慈善基金。应该怎样激发和动员全社会的力量参与到慈善捐赠中来，积极奉献爱心，这是我们应该努力的方向。

（2）善款的使用必须用于慈善事业和公益事业，必须帮助社会上困难的家庭和个人，善款要严格遵守财务管理制度，接受审计机关的审计监督和社会的广泛监督。

（3）怎样使用好善款？让善款使用既有经济效益，又有卓著的社会效益，这是我们每一个慈善工作者要经常思考的问题。

基础知识

1. 资金捐赠的具体方式

（1）相互上门捐款的方式。捐款人可以自己亲自到慈善机构上门捐款（现金、支票），身体不便时也可委托他人帮忙捐款，但要写委托书，以免发生纠纷。捐款后慈善机构会出具专用统一的捐赠发票并发放捐赠荣誉证书。慈善机构还可根据捐赠人的意愿派人上门服务。

（2）银行转账和邮局汇款的方式。捐赠人将自己银行账户内的资金划拨到慈善机构的银行账户内（此法较多用于单位转账）。慈善机构收到转账后，将根据捐款人提供的联系方式给捐款人邮寄捐赠发票和捐赠荣誉证书。银行转账必须弄清楚慈善机构的开户银行、账号、户名、详细地址等，以免款项不能及时到账。捐款人也可到所在地附近的邮局将现金汇到慈善机构，慈善机构收到汇款后，将根据汇款地址给捐款人邮寄捐赠发票和捐赠荣誉证书。

（3）网络通信捐赠的方式。捐款人可以通过网上银行，将自己银行账户里的资金划拨到慈善机构的银行账户内。慈善机构收到转账后，将根据捐款人提供的联系方式给捐款人邮寄捐款发票和捐赠荣誉证书。也可通过手机编辑短信和固定电话语音提示的方式进行捐款。现在各地慈善机构都开通了捐赠热线。

（4）募捐箱的方式。现在各地慈善机构在宾馆、商店、超市、机场、影院、银行、大卖场等公共场所都设立了募捐箱，捐款人可就近将善款投到募捐箱内并提供个人基本信息，以便慈善机构出具发票和捐赠荣誉证书。

（5）信用卡捐款的方式。现在都流行刷卡消费，慈善机构如能与银行合作，积极开通信用卡捐款渠道，将会给许多的持卡人提供一个快捷便利的捐款献爱心渠道，这也是今后捐赠发展的趋势。

案例阅读

近日，江苏省泗洪县由慈善总会牵头，劳动和社会保障、金融、工商部门配合，对2007年县慈善总会成立时少数企业尾欠的291万元捐款进行追缴。县委副书记、县长、县慈善总会会长徐德同志强调：企业要讲究诚信，要用实际行动回报社会，不能说话不算数，举牌不兑现。

把日历翻回到2007年7月26日：这一天，泗洪县隆重召开慈善总会成立大会，全县党政机关、企事业单位、社会组织、大型国有及知名民营企业老总共1000多人参会。会上，包括国有及知名民营企业、私立医院、房地产开发商等多家企业纷纷举牌认捐，奉献爱心，每家认捐款都在100万元以上，当场募集资金（含合同认捐数）3206万元。他们的慷慨义举赢得了全县人民的称赞，当地报纸、电视媒体竞相报道了募捐活动和各举牌企业生产经营状况。

3年过去了，大部分企业都信守承诺，向慈善总会缴清了认捐款，但也有少数企业事后反悔，以各种理由拒不履行承诺，使得当初的举牌有沽名钓誉和广告之嫌。为此，为壮大慈善基金规模，提升救助能力，泗洪县决定启动慈善认捐尾欠款追缴程序，明确规定：凡是有支付能力但故意不履行义务的，将通过法律诉讼渠道解决，劳动保障、工商、金融部门将其记入信用不良企业名单，不再享受产品免检待遇，降低其银行贷款额度直至全部取消，是外地建筑企业的，不得参与本地建筑市场工程的招投标，提高其失信成本。

【启示】企业既要献爱心，又要讲诚信，不能只追求荣誉。如果捐款都停留在口头上，落不到实处，那岂不是自欺欺人吗？慈善是一项公益事业，需要社会的理解和支持，更需要诚信和信誉作保证。

【思考】

（1）对不讲信誉的认捐企业，应采取怎样的追缴程序？

（2）怎样将募集资金落到实处？请你提出更好的方式方法。

课间休息

中国十大慈善机构

中华慈善总会

作为中国规模较大、业绩较好的公益组织之一，自 1994 年 4 月在民政部部长崔乃夫的倡导下成立，总会发扬人道主义精神，弘扬中华民族扶贫济困的传统美德，帮助社会上不幸的个人和困难群体，开展多种社会救助工作。

按照总会章程，慈善总会最高权力机构是会员代表大会，每届五年，理事会是会员代表大会执行机构，每年召开一次，总会经费来自会费、政府资助、利息、核准业务范围内开展活动或服务的收入及其他合法收入，行政经费来源于创始基金增值部分、会费、行政经费专项捐赠、政府资助、捐赠款利息、新办实体的收入等。按照国家规定，从捐赠款中提取一定比例作为项目管理经费。

中国残疾人联合会

1988 年 3 月 15 日成立，作为国家法律确认，国务院批准的各类残疾人全国性统一组织，他的全国代表大会是其最高领导机构，其下设主席团、执行理事会、评议委员会、专门协会和各类地方组织。

残联章程规定，其资金来源有 5 部分，即社会各界（国内外组织机构和个人）捐赠、政府资助、国际合作项目、创收和其他收入。

中国青少年基金会

1989 年在北京正式成立的中国青少年基金会（简称中国青基会）是以中国青少年教育、科技、文化、体育、卫生、社会福利事业和环境保护事业发展为宗旨的全国性非营利的社会团体。他所实施的项目包括人们所熟知的希望工程以及保护母亲河行动、中华古诗文经典诵读工程、公益信托基金、国际青少年消除贫困奖、中国十大杰出青年评选。

截至 2011 年，希望工程累计募集捐款 78.5 亿元人民币，资助农村家庭经济困难学生（包括小学、中学、大学生）逾 420 万名，建设希望小学 17574 所，建设希望工程图书室约 14950 个，配备希望工程快乐体育园地 3760 套，配备希望工程快乐音乐教室 353 个，配备希望工程电脑教室 132 个，配备希望工程快乐电影放映设备 287 套，建设希望厨房 257 个，培训农村小学教师 64000 余名。

中国扶贫基金会

1989 年 3 月成立，中国扶贫基金是一个没有基金的基金会。那时基金会的工作人员没有从事民间扶贫工作的经验。通过多方联络，基金会努力争取海内外各界人士对扶贫事业的理解和支持，动员社会各界人士积极加入扶贫行列。

1996—1999 年，是中国扶贫基金会发展的第二阶段。这一阶段基金会主要采用扶贫到户和开发式扶贫工作模式，实施了“贫困农户自立工程”“科技扶贫”“教育及医疗设施援建”等项目。

从 1999 年下半年起中国扶贫基金会进入了第三个发展阶段。这一年也是中国扶贫基金会第二个十年的开始，这一阶段的工作方式是：通过项目援助、受援人参与等方式，帮助贫困社区的弱势群体改善生产、生活和健康条件并提高其素质和能力，实现脱贫致富。

中国妇女发展基金会

中国妇女发展基金会是在民政部登记注册的全国性非营利性社会组织，他向国内外企事业单位、社会组织和个人募集资金和物质，旨在全面提高妇女素质，维护妇女合法权益，促进社会为妇女发展创造良好环境。

该基金会的最高权利机构是理事会，由正会长、副会长、常务理事、秘书长和理事组成。理事会实行届任制，每届任期三年，每年召开一次会议，遇有特殊情况，也可以采用其他形式召开。

基金来源主要是：①接纳海内外热心妇女事业的企业、社会组织、人士的捐赠；②国家政策允许的基金增值和服务收入；③利息及其他合法收入。基金的增值部分必须用于基金的任务范围，基金的使用需根据与捐赠人、资助人约定的目的、对象、方式合法使用。

中国红十字会

中国红十字会的历史可以追溯到 1904 年。当时正值清朝末年，为救助日俄战争中受害的我国同胞而成立。1912 年，中国红十字会会正式成为国际红十字会的成员，1993 年全国人大制定的《中华人民共和国红十字会法》，明确中国红十字会是“从事人道主义工作的社会救助团体”，他的职责较以前有所扩大。

目前，中国红十字会主要履行以下职责：开展救灾的准备工作；在自然灾害和突发事件中，对伤病员和其他受害人进行救助；普及卫生救助和防病知识，进行初级卫生救护培训；参与输血献血工作，推动无偿献血；开展红十字青少年活动，参加国际人道主义救援工作等。

中国红十字会的最高权力机构是全国会员代表大会，一般情况下五年开一次，会员代表大会闭会期间，由理事会执行其决议，理事会闭会期间由常务理事会执行其决议。总会机关的常务理事组成执行委员会，对常务理事会负责。

中华环保基金会

1992 年，在巴西里约热内卢的联合国环境与发展大会上，为奖励首任国家环保局局长曲格平教授为环境保护作出的贡献，特别颁发十万美元作为奖金。这笔钱后来成为中国第一个具有独立法人资格、非营利性的专门从事环境保护事业的民间基金会——中华环保基金成立的基础资金。

1993 年 4 月，环保基金正式成立，其宗旨主要是资助和奖励对中国环保事业作出贡献的个人和组织，推动中国环境的保护和管理、科学研究、人才培训及国际合作等各项环保事业的发展。基金会的基金来源主要有三条途径：国内外热心于环保企事业单位、团体的捐赠；其他组织、个人的捐赠；国内外有关组织和友好人士的捐赠。

基金会的最高权力机构为理事会。理事会设常务理事长一名、副理事长若干名、秘书长一名、常务理事和理事若干名。理事会聘请若干国内外著名人士担任名誉理事长。

宋庆龄基金会

十大全国性慈善机构中，宋庆龄基金会是唯一以国家领导人名字命名的慈善机构。

1981 年 5 月 29 日中华人民共和国名誉主席宋庆龄逝世，一年后，在宋庆龄逝世的一周年纪念日里，宋庆龄基金会成立，基金会成立后，宗旨集中体现为“和平、统一、未来”六个字，以及维护世界和平，促进祖国统一，关注民族未来。

在机构上，基金会设理事会和常务理事。在领导人员上，基金会设名誉主席、主席、副主席，由理事会民主推选产生；秘书长为基金会法人代表。

募捐方法有三种：现金和现金支票，可以直接寄到基金会；股票、有价证券、产权契约，在住所所在地的中国银行办理；各类物资，向基金会去信去电商处。

中华见义勇为基金会

作为指向性最强的基金会，中华见义勇为基金会1993年6月由公安部、中宣部、中央综治委、民政部、团中央等部委联合发起成立。成立9年以来，该会同有关省市组织了大量表彰活动，募集见义勇为基金7000多万元，发放奖励抚恤、补助慰问和助学金2000余万元。

目前中华见义勇为基金的工作模式是：①每两年开一次全国性表彰大会，由中宣部、公安部、民政部等单位组成评审委员会，对各省上报的人员事迹进行评审；②面对日常申请补助的见义勇为人员，由基金会办公会进行研究，看够不够标准、够哪一级标准，形成意见后报基金会会长或常务副会长审批，再对外发放。

据统计数据显示，全国共有28个省、自治区、直辖市，近千个市、县设有见义勇为事业组织管理机构，从事见义勇为工作的人员近万人。近十年来，各级见义勇为管理组织已募集资金十几亿元。

中国光彩事业促进会

中国光彩事业促进会是1994年4月为配合“国家87扶贫攻坚计划”而发起的，是以刘永好为代表的十位民营企业家在全国工商联七届二次常委会议上，联名倡议“让我投身到扶贫的光彩事业中来”，进而在中共中央统战部、中华全国工商业联合会（中国民间商会）发起下成立的。她是光彩事业的组织机构，是经由国家民政部注册的非营利社团法人组织，享有联合国经社理事会特别咨商地位。她以广大非公有制经济人士和民营企业为参与主题，包括港澳台侨工商界人士共同参加。

促进会的最高权力机构是理事会，下设常务理事会。促进会的经费来源：一是会费；二是有关社会团体、企业人士的赞助；三是其他资助。

拓展训练

名词解释

慈善工作　　基金会

问答题

1. 慈善工作的意义是什么？
2. 慈善捐赠的几种主要形式是什么？
3. 善款的使用发放原则有哪些？
4. 慈善捐赠如何体现它的社会效益？

参 考 文 献

[1] 金双秋，李少虹．民政概论[M]．北京：北京大学出版社，2009．

[2] 周良才．民政工作[M]．天津：天津大学出版社，2010．

[3] 民政部人事教育司．民政理论与实务培训教材[M]．北京：中国社会出版社，2006．

[4] 李宝库．中国民政工作手册[M]．北京：人民日报出版社，2007．

[5] 江立华．社区工作[M]．武汉：华中科技大学出版社，2009．

[6] 张良礼，刘爱莲．民政运作体系探索与构建[M]．北京：社会科学文献出版社，2007．

[7] 王思斌．社会工作综合能力（中级）[M]．北京：中国社会出版社，2010．